# 지식의 고고학

*L' Archéologie du Savoir*

## L'Archéologie du Savoir

by Michel Foucault

# 지식의 고고학

미셸 푸코 　이정우 옮김

민음사

# 역자 서문

> 사유하는 인간이기를 그만두고서는
> 사유하기를 원하지 않는
> 사람들에게,
> ……우리는 철학적 웃음으로밖에는
> 대답할 길이 없다.
>
> ——미셸 푸코

여기에 번역한 미셸 푸코Michel Foucault의 『지식의 *考古學 L'archéologie du savoir*』(Gallimard, 1969)은 푸코 사유의 철학적 핵심을 이해하는 데 가장 중요한 저작이라고 할 수 있다. 최근 한국에서 푸코에 관한 여러 종류의 번역서와 논문이 나왔지만 그 대부분의 경우 푸코에 대한 철학적 이해와는 거리가 있는 것들로 보인다. 한국에 있어서의 프랑스 철학은 거의 언제나 다소 왜곡되고 축소된 형태로 소개되어 온 것이 사실이다. 예컨대 베르그송의 철학이 그의 희랍철학과의 연관성, 고전역학과 양자역학 또는 엔트로피 이론과 진화론,[1] 19세기

---

[1] 엔트로피 이론과 진화론의 상관관계는 베르그송 철학의 이해에 있어 결정적인 의미를 지닌다. 많은 독창적인 철학들이 그러하듯이 베르그송의 철학도 그의 시대가 야기시킨 〈모순〉을 해결하고자 하는 〈문제〉의 철학이다. 즉 그의 철학은 엔트로피 이론과 진화론이 야기시키는 모순을 해결하고자 했으며 그의 철학에 있어서의 宇宙의 〈상승운동〉과 〈하강운동〉이라는 개념은 바로 그 해결책으로서 제시된 것이다. 이와 같은 구체적인 맥락을 모르고서 〈생명의 약동〉과 같은 그의 철학의 결과에 대한 表現을 가지고서 베르그송을 이해하려는 것은 전혀 잘못된 발상인 것이다. 과거에 베르그송이 생철학자로 이해되어 온 것, 오늘날 푸코가 포스트모더니스트로 이해되고 있는 것은 한국에 있어 프랑스 철학에 대한 왜곡이 뿌리 깊음을 나타낸다.

의 심리학 및 생리학 등과의 밀접한 관계, 그리고 쿠르노와 부트루 같은 과학철학자들과의 깊은 관계 등은 무시된 채, 엉뚱하게도 딜타이 등과 묶여져서 소위 〈生철학자〉로 이해된다거나 레비-스트로스 Claude Lévi-Strauss의 철학이 그 민속학적인 기초와 인식론적인 성과는 거의 무시된 채 그의 철학이 가지는 일종의 문명비판적인 어떤 측면만이 부각되는 등 한국에 있어서의 프랑스 철학은 대부분의 경우 그 본래적인 모습대로 소개되어 오지 못했던 것이다. 그러나 이는 불어원전을 읽지 못한다거나 프랑스 철학사가 제대로 소개되어 있지 않다고 하는 등의 피상적인 이유에서 오는 현상이 아니라 프랑스에 있어서의 철학의 개념을 모르는 데서 오는 현상이라는 사실을 이해하는 것이 중요하다.

　프랑스의 철학자들은 언제나 兩面性을 지닌다. 그 하나는 그들의 철학이 순수사변의 영역에서 이루어지는 것이 아니라 항상 과학적인 一次的 연구를 바탕으로 해서 이루어진다는 점이다. 양자역학의 바슐라르 Gaston Bachelard, 정신분석학의 라캉Jacques Lacan, 생물학사 및 의학사의 깡길렘Georges Canguilhem, 수학의 세르Michel Serres 등 굳이 이름을 열거할 것 없이 마르셀Gabriel Marcel이나 레비나스Emmanuel Lévinas 등 일부의 철학자들을 예외로 하고서 (그런데 한국에서는 바로 이 예외적인 인물들을 통해서 프랑스 철학이 이해되고 있다!) 프랑스의 대부분의 철학자들은 철학자이기 이전에 우선 과학자인 것이다. 이 점이 프랑스의 철학과 독일의 철학을 구분해 주는 변별점인 것이다. [2]

---

2) 한국에 있어, (九鬼周造 교수도 강조한 바 있는) 프랑스 철학의 실증과학과의 연계성이 철저히 무시되어 온 데에는 여러 가지 이유가 있겠지만 그중 중요한 이유들로는 ①우선 한국의 인문학자들이 상당히 反과학적인 성향을 가지고 있다는 점, ②지금까지 한국에 독일철학과 미국철학이 주로 소개되었기 때문에 프랑스 철학을 자꾸 그러한 틀에 흡수시켜 이해하려고 한다는 점 등을 들 수 있을 것이다.

그러나 우리는 이러한 사실과 함께 다음과 같은 사실도 잊어서는 안 된다. 즉 프랑스의 철학자들은 언제나 자신의 철학을 사회 전체와 문화 전체——문학, 예술, 일반적인 사상, 정치, 대중문화 등——의 場 속에 위치시키고자 애쓴다는 사실이다. 꼴레쥬 드 프랑스와 같은 제도도 이러한 맥락에서 이해될 수 있을 것이다(물론 이들의 이러한 노력이 성과를 거둘 수 있는 것은——예컨대 프랑스에서는 『존재와 무』『말과 사물』 같은 책들이 〈빵처럼〉 팔려나갔다고 한다——고등학교 졸업반에서 무려 여덟 시간을 철학에 할애하는 교육제도가 뒷받침해 주고 있기 때문에 가능할 것이다). 프랑스의 철학은 언제나 사회 전체와 대화하고자 노력하며 이것이 세계의 어떤 나라에서와도 달리 프랑스의 철학자들이 사회의 주도적인 知性人들로서 존경받을 수 있는 이유인 것이다. 바로 이 점이 英美의 철학자들과 프랑스의 철학자들을 구분해 주는 변별점인 것이다.

위의 두 가지 특징을 한마디로 요약하면 프랑스 철학은 결국 〈구체적인〉 철학이라고 말할 수 있다. 즉 프랑스 철학은 과학으로부터 유리된 추상적 사변을 일삼지 않는다는 점에서 구체적이며(그래서 프랑스 철학에서는 〈하나〉도 모르면서 〈모든 것〉을 아는 척하는 용감한 사람들이 나올 수가 없다), 다른 한편 현실과 유리된 비현실적 추상화를 일삼지 않는다는 점에서 역시 구체적인 것이다(그래서 프랑스에서는 실재론-관념론 논쟁이니 하는 무의미한 논쟁이 나올 수가 없다). 이러한 프랑스 철학의 전통과 같은 성격을 지니고 있는 유일한 철학 전통이 있다면 그것은 고대 그리스의 철학 전통일 것이다. 요컨대 프랑스의 철학은 〈과학적 기초〉와 〈사회적 실천〉이라는 이 두 가지 요소——어떤 의미에서는 철학 자체에 내재하는 근본적인 긴장이라 할 수 있는——를 빼어나게 아우르고 있다는 것을 그 최대의 장점으로 가지고 있는 것이다.

그러나 한국에서는 프랑스 철학의 이러한 장점——그중에서도 특히 그 실증과학적 맥락——은 사상한 채 과거에는 독일철학의 안경을 통해[3] 오늘날에는 영미철학(보다 정확히 말하면 영미의 문예비평이나 사회과학)의 안경을 통해[4] 변질된 모습으로 이해되고 있는 것이다. 최근에 미셸 푸코에 대한 관심이 거의 기하급수적으로 증폭되었지만 그 이해의 質에 있어서는 위와 같은 범주를 그다지 벗어나지 못하고 있다. 그 가장 기본적인 이유는 미셸 푸코를 그의 佛語原典에 입각해서 그리고 보다 본질적으로는 프랑스 철학이라는 場에 입각해서 이해하는 것이 아니라, 미국에서 나온 번역서나 해설서 등을 통해서 그리고 보다 본질적인 것으로서 프랑스 철학이라는 것이 과연 무엇인가를 거의 모르고서 이해하고 있기 때문이다.

푸코의 철학을 이해하기 위해서는 최소한 세 가지의 지적 배경을 지니고 있어야 한다. 우선 무엇보다도 다른 프랑스 철학자들에 있어서와 마찬가지로 푸코에 있어서도 그의 철학을 떠받쳐주고 있는 〈과학적 기초〉를 이해해야 한다. 푸코에 있어 이 기초는 바로 科學史이며 프랑스에서는 언제나 인식론이라는 과목이 〈과학사의 철학적 이해〉로 정의되어 왔다는 사실을 이해해야 한다. [5] 따라서 푸코의 철학을 올바르게

---

3) 이는 베르그송의 철학을 생철학으로 이해했던 경우와 20세기 중엽의 프랑스 철학에 있어 카바이에스, 바슐라르, 깡길렘, 꼬이레 등의 과학적 전통은 거의 무시한 채 사르트르, 메를로 퐁티 등의 독일철학적 전통만이 소개되어 온 경우에 있어 두드러진다. 과학적 토대 위에서 이루어지는 프랑스 철학을 反과학적 풍토 속에서 형성되는 독일철학의 안경을 통해 이해하고자 했다는 점에서 이는 무척이나 비극적인 것이었다.

4) 이는 오늘날의 프랑스 철학이 포스트모더니즘으로 이해되고 있는 경우에 있어 가장 두드러지게 나타난다. 물론 미국의 포스트모더니즘과의 밀접한 관련 하에서 철학 한 사람들이 있긴 하지만(예컨대 리오따르나 보드리야르 등, 이들은 때때로 철학자로서보다는 사회학자로서 분류된다), 푸코와 데리다를 이런 시각에서 보는 것은 잘못된 이해이며 또 이들이 프랑스 철학을 대표한다고도 볼 수 없는 것이다. 다만 미국이라는 큰 〈시장〉을 통해 이들이 프랑스 철학의 대표적 인물들인 양 소개된 것뿐이다.

5) 한국에서는 과학철학이라는 과목이 20세기 초 논리실증주의로부터 시작했으며 과학사는 20세기 중엽 미국에서 생겨난 것인 양 소개되고 있다. 그러나 〈philosophie des sciences〉라는 표현은, 그리고 그 표현에 적절한 유형의 탐

이해하기 위해서는 오귀스트 꽁트로부터 쿠르노, 포앙카레, 메이에르송 등을 거쳐 카바이에스Jean Cavaillès, 바슐라르, 깡길렘에 이르기까지의, 나아가 오늘날의 미셸 세르에 이르기까지의 프랑스 인식론(즉 과학사의 이해)을 알아야 하는 것이다. 프랑스 철학의 이 부분을 빼고서 프랑스 철학을 이해하겠다는 것은 마치 존재론을 빼고서 희랍철학을 이해하겠다는 것과 마찬가지의 잘못인 것이다. 한국에서 프랑스 철학이 올바르게 이해되지 못하고 있는 가장 기본적인 이유는 프랑스 철학이 지니고 있는 이러한 성격 자체가 이해되어 있지 않기 때문인 것이다.

또 하나의 중요한 요소는 넓은 의미에 있어서의 구조주의라는 명칭으로 불리는 20세기 중엽 프랑스에 있어서의 〈인간과학〉의 전반적 상황을 이해해야 한다. 특히 아날 학파의 역사학(그리고 폴 베인Paul Veyne 등의 비판), 야콥슨Roman Jacobson 등의 언어학, 레비-스트로스의 민속학, 라캉의 정신분석학(그리고 反정신분석학의 입장들), 마르샬 게루Martial Guéroult의 철학사 서술 등을 반드시 이해해야 하며 푸코는 이 과학들에 대한 메타적인 분석을 통해 자신의 철학적 입장을 확고히 했던 것이다. 이 부분은 특히 제반 인문사회과학을 전공하는 사람들과의 협력이 필요한 부분이다. 한 철학자의 사상은 아무래도 그의 바로 앞세대 사상과의 연관 아래에서 형성되는 것이므로 구조주의에 대한 이해는 푸코 철학의 이해를 위한 필수적인 선결조건이라고 할 수 있을 것이다.

마지막으로 중요한 요소는 현대의 전반적인 문학, 예술에 대한 소양이다. 모든 프랑스 철학자들에 있어서와 마찬가지로 푸코 철학의 이해를 위해서도 문학과 예술에 대한 교양은 과학에 대한 교양만큼이나 중

---

구는 오귀스트 꽁트로부터 비롯된 것이며 앙페르의 『과학철학 시론』이 나온 것은 1834년이었다. 그리고 프랑스의 과학철학은 처음부터 과학사의 기초 위에서 이루어졌던 것이다. 한국에서의 과학사·과학철학 과목은 다시 이해되어야 한다.

요한 것이다. 이 문학적인 요소는 어떤 사람들이 생각하는 것처럼 단순한 〈수사학적〉 의미를 지니는 것이 아니다. 즉 프랑스 철학자들에 있어서의 문학적 내지 예술적 소양이란 단순히 과학적 탐구 위에 덧씌워지는 장식물이 아니라 그들이 그로부터 철학적 문제의식을 이끌어내는 중요한 원천인 것이다. 현대 프랑스의 중요한 철학자로서 문학 및 예술에 대한 저작을 한 권도 남기지 않은 철학자는 거의 없다는 사실이 이를 잘 말해 주고 있다. 즉 프랑스의 철학은 과학이라는 아니무스와 예술이라는 아니마를 한몸에 지녀야만 비로소 이해될 수 있는 것이다. 프랑스의 철학이란 數學과 詩가 지양되는 그 어디에 있다고 생각하면 틀림없다. 오늘날처럼 파편화된 교육 속에서 자라난 사람들에게 과학·철학·문학이 한덩어리로 용해되어 있는 프랑스 철학이 웬지 생소하고 기이한 것으로 느껴지는 것도 무리가 아닌 것이다. 푸코의 경우에 있어서도 모리스 블랑쇼Maurice Blanchot, 죠르쥬 바따이유 Georges Bataille, 피에르 클로소프스키Pierre Klossowski 등을 비롯한 문학적 사상가들에 대한 이해는, 그리고 마그리트René Magritte, 클레Paul Klee 등의 미술과 불레즈Pierre Boulez 등의 음악에 대한 이해는 필수적이다.

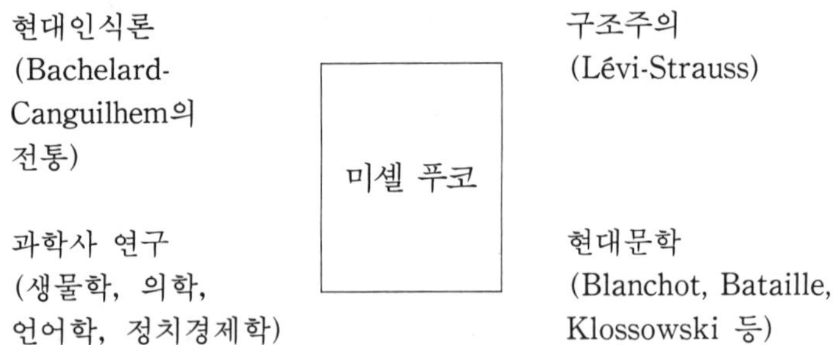


그러나 불행하게도 우리는 서로 다른 사람들의 전공에 대해서 이야기를 끄집어내는 것조차도 싫어하며 전공이 다른 사람들끼리 서로서로

경멸하는 이상한 분위기에 속해 있다. 나아가 어떤 한 분야에서는 뛰어난 사람이 다른 분야에서는 너무나도 무지한 현상을 자주 본다. 이러한 문화풍토 속에서 과학, 철학, 예술에 대한 복합적인 교양을 필수적으로 요구하는 프랑스의 철학이 제대로 이해되지 못하고 있는 것은 어쩌면 당연한 일인지도 모르겠다. 이런 상태에서 푸코에 대한 〈서구의 로고스 중심주의를 비판하는 하이데거적인 문명비판가〉〈세기말을 대표하는 니체적 허무주의〉〈권력의 개념을 가지고서 마르크스를 변형시킨 신좌익〉〈후기자본주의 사회의 문화현상인 포스트모더니즘의 대변자〉와 같은 단순한 이해들이 퍼지고 있는 것이다.

　물론 우리는 위와 같은 이해들이 전혀 옳지 않다거나 무의미하다는 것을 말하고자 하는 것은 아니다. 푸코에게는 위와 같이 이해될 수 있는 요소들이 분명 있으며, 철학사적인 차원에서 위와 같은 여러 비교들은 필요한 것들이기조차 하다. 문제는 푸코에 대한 진정으로 기본적이고 일차적인 이해는 제쳐둔 채 그에 대한 개론적인 해석들만이 인구에 회자되고 있다는 사실인 것이다. 이는 마치 인도의 歷史와 文化에 대해 무지하고 또 실제 불경을 거의 읽어보지도 못한 사람이 『불교와 비트겐슈타인』『재미있는 불교이야기』『한국불교 어디로 가야 하나』 등과 같은 몇 권의 책들을 읽고서 불교를 이해했다고 생각하는 것과도 같은 것이다.


　본 역서의 번역은 푸코 철학의 이해를 위해서도 핵심적인 것이지만 위와 같은 상황을 조금이라도 개선해 보고자 시도된 것이다. 『지식의 考古學』은 푸코 사유의 철학적인 이해를 위해서는 반드시 건너야 할 江이라고 할 수 있다. 이 책을 읽음으로써 우리는 비로소 푸코 사유의 진면목이 무엇인가를 알 수 있는 것이다. 푸코는 이 책에서 『광기의 역사』『임상의학의 탄생』『말과 사물』에서 전개되었던 그의 고고학적 탐구들에 그 방법론적 기초를 부여함으로써 고고학 archéologie에 확고한 형태를 부여하고 있다. 이 책은 결국 푸코 자신에 의한 푸코 철학의 해설이라 할 수 있으며, 현대의 反인간중심주의적 철학의 聖經이라고 할 수 있다.

『지식의 고고학』의 내용을 일별해 보는 것이 필요할 것 같다. 우선 이 책의 1장에서는 푸코의 철학이 그에 속해 있는 바의 〈인식론적 場〉이 다루어지고 있다. 푸코에게 역사서술의 측면에서 하나의 모델을 제공해 준 아날 학파, 현대 과학철학의 아버지로 손꼽히는 가스통 바슐라르, 바슐라르의 제자로서 과학사를 바라보는 새로운 메타과학사적인 안목을 일구어냄으로써 푸코에게 가장 본질적인 영향을 끼친 죠르쥬 깡길렘, 바슐라르-깡길렘의 전통 속에서 마르크시즘에 과학철학적 기초를 제공해 준 루이 알튀세르, 바슐라르-깡길렘-푸코의 위대한 계열을 잇고 있는 미셸 세르, 17세기 철학을 칸트와 헤겔의 예고편(칸트와 헤겔이 바로 그 神話의 著著인)으로서가 아닌 각 철학자들의 건축학적 통일성으로서 기술함으로써 철학사 서술에 있어서의 그리고 구조주의적 사유방식에 있어서의 결정적인 일보를 내디딘 마르샬 게루, 〈저자의 죽음〉을 논함으로써 현대의 反주관주의 철학의 형성에 큰 영향을 준 (블랑쇼, 바따이유, 클로소프스키, 《Tel Quel》, 《Critique》 등의) 문학비평, 현대사상의 선구로 손꼽히는 마르크스와 니체, 마지막으로 (야콥슨, 레비-스트로스, 라캉 등의) 구조주의가 언급되고 있다. 고고학은 이러한 〈인식론적 場〉 속에서 그리고 그와의 투쟁을 통해서 형성된 것이다.

2장에서는 〈고고학이란 무엇인가?〉라는 물음에 답하고 있다. 여기에서 푸코는 고고학을 〈言說的 形成과 그의 變換에 대한 分析〉으로 정의하고 그 구체적 내용을 보여주고 있다. 이와 같은 방법론적 구도하에서 비로소 『광기의 역사』『임상의학의 탄생』『말과 사물』과 같은 책들의 인식론적 구조와 목적이 분명하게 드러나게 된다. 언설적 형성을 대상의 형성, 언표행위적 양태의 형성, 개념의 형성, 전략의 형성으로 나누고 각 형성의 내용들을 전개시키고 있는 이 부분을 우리는 〈고고학적 범주론〉이라고 부를 수도 있을 것이다. 그 내용은 다음과 같다.

3장에서는 고고학의 基本概念들이 정의되고 있다. 이 부분은 푸코 철학의 용어확립에 매우 중요한 기여를 하고 있다. 무엇보다도 〈언표 l'énoncé〉의 개념을 이해하는 것이 중요하다. 고고학은 결국 과학사적 텍스트들을 다루는 학문이고 따라서 이 텍스트들 속에 들어 있는 言語들을 어떤 관점에서 다룰 것인가 하는 점은 고고학의 기본성격을 규정해 주는 것이기 때문이다.

| 대상의 형성 | 출현의 표면<br>제한의 심급<br>특이화의 그물 |
|---|---|
| 언표행위적<br>양태의 형성 | 주체의 지위<br>주체의 제도적 定位<br>주체의 상황 |
| 개념의 형성 | 繼起의 형태들<br>공존의 형태들<br>간섭의 과정들 |
| 전략의 형성 | 回折點들의 규정<br>언설적 별자리의 경제학<br>비언설적 형성들과의 관계 |

첫째, 푸코는 언표의 정의를 통해 그의 철학이 논리학이나 언어학 또는 분석철학처럼 언어의 形式을 다루는 것이 아니라 언표가 관계맺고 있는 대상들을, 즉 그 內容을 다루고 있는 것임을 분명히 하고 있다.

둘째, 그는 〈누가 말하는가?〉라는 물음을 〈어디에서 말하는가?〉로 대치시킨 깡길렘을 따라, 언표를 그 속에서 주체가 그 위치를 잡게 되는 場으로 정의함으로써 그의 철학을 데카르트, 칸트, 후설로 이어져 내려오는 초험적 주체의 철학과 상반되는 철학임을 분명히 하고 있다.

셋째, 그는 언표를 그의 방계공간 속에 위치지음으로써 과학사를 일반적인 역사로부터 추상해 다루는 것을 비판하고 있다. 이러한 그의 시도는 과학사라는 과목의 내용을 좀더 풍요로운 것으로 만들어주고 있다.

마지막으로 푸코는 언표를 〈물질성〉의 기초 위에서 정의함으로써 고고학이 가지고 있는 反형이상학적 성격을 보여주고 있는 것이다. 이 언표의 정의 위에서 〈언설〉〈언설적 형성〉〈실증성〉〈역사적 아프리오리〉〈문서고〉 등의 개념을 정의하고 있다.

4장은 고고학적 사유의 성격을 고고학이 거부하고 있는 사유형태들과 비교함으로써 뚜렷이 하고 있다. 결국 고고학적 사유란 反현상학적, 反해석학적, 反변증법적 사유라고 결론지을 수 있다. 20세기 중엽에 위의 사유들이 많은 영향력을 행사했지만 구조주의는 이들의 허구성을 날카롭게 파헤쳤던 것이다. 고고학은 이와 같은 구조주의의 연장선상 위에서 전혀 새로운 歷史哲學을 구축하고 있는 것이다. 이 논의는 5장으로 이어져 마지막으로 主體의 개념을 옹호하는 사람들과의 논쟁 및 구조주의와 고고학의 차이점이 다루어지고 있다.

『지식의 고고학』은 매우 깊이 있는 책이다. 水墨畵와도 같은 언어를 통해, 구체적인 예들이 거의 배제된 채(그러므로 이 책을 읽는 사람들은 최소한『광기의 역사』『임상의학의 탄생』『말과 사물』에 대한 어느 정도의 이해를 가지고 있어야 한다), 처음부터 끝까지 추상적이고 정교한 인식론적 논의로 일관되어 있다. 그것은 바하의 「파르티타」처럼 모든 파토스가 배제된 무색, 무미, 무취의 세계이다. 그러나 이 無의 世界를 터득한 사람은 갖가지 質들로 어우러져 있는 세계에서는 결코 느끼지 못할 깊은 감동을 맛볼 수 있을 것이다.

1992. 8. 정릉 골짜기에서

지식의 고고학

차례

# 1장 서론

역사가들의 관심이 특히 장기적인 기간에 돌려진 지도 이제 몇십 년
이 지났다. [1] 그들은, 정치적 돌발사건들과 그들의 逸話 아래에서, 안
정적이고 깨어지기 어려운 平衡들과 비가역적인 과정들, 항상적인 조
절, 오랫동안의 지속을 거쳐 頂上에 달했다가 전복되는 일정한 경향의
현상들, 축적과 느린 포화의 운동들, 전통적인 이야기들의 연쇄가 사
건들의 모든 두께로부터 복구해 낸 不動의 그리고 말 없는 커다란 주
춧돌을 드러내고자 했던 것이다. 이러한 분석을 행하기 위해 역사가들
은 한편으로 그들이 주조해 낸, 또 한편으로 다른 과학들로부터 받아
들인 도구들을 사용했다 : 경제적 성장의 모델들, 교환유통의 量的 분
석, 인구통계학적 성장과 퇴보의 단면도, 풍토와 그의 진동에 관한 연
구, 사회학적 상수들의 지표화 repérage, 技術들의 배분에 대한 그리
고 그들의 확산 및 존속에 대한 記述. 이 도구들은 그들로 하여금, 역
사의 場에 있어, 다양한 침적층들을 구분할 수 있게 해주었다. 지금까

---

1) Fernand Braudel의 〈장기지속〉을 말한다. 『역사학논고』(이정옥 옮김, 민
  음사)를 참조. 아날 학파 일반에 대해서는 金應種, 『아날 학파』(민음사)를 참
  조. 현대역사학과 고고학의 관계에 대해서는 Paul Veyne의 *Comment on
  écrit l'histoire*(Seuil, 1978)의 부록을 참조.

지의 탐구대상이었던 線形的 繼起들은 그들의 밑바탕에서 작동하는 풀
어짐들 décrochages의 작용으로 치환되었다. 정치적 動性으로부터
〈물질문명〉2)에 고유한 완만함들로 분석의 수준들이 複數化되었다 : 각
수준들은 각자에 특이한 비약들을 가지며 각자에게만 속하는 마름질
découpage을 지닌다. 그리고 가장 깊은 주춧돌들로 내려감에 따라
分節들의 크기는 점차 증가하는 것이다. 정치적 지배, 전쟁, 기근으
로 시끄러운 역사의 이면에서 거의 부동의 것으로 보이는, 극히 완만
한 경사를 그리는 제역사가 드러난다 : 航路의 역사, 소맥과 금광의 역
사, 가뭄과 홍수의 역사, 윤작의 역사, 굶주림과 풍요 사이에서 인류
에 의해 획득된 평형의 역사. 전통적인 분석들이 제기해 온 오래된 질
문들(잡다한 사건들 사이에 어떤 연결을 수립할 것인가? 그들 사이에 어떻
게 필연적인 연쇄를 수립할 것인가? 그들을 관통하는 연속성 또는 그들이
형성하는 총체의 의미작용 signification이란 무엇인가? 총체성을 정의할
수 있겠는가? 아니면 연쇄들을 재구성하는 데에 만족해야 하는가?)은 그
후 다른 종류의 질문들에 의해 대치되었다 : 어떤 層들 strates을 서로
분리시켜야 하는가? 어떤 유형의 계열들séries을 수립해야 하는가?
이들 각자를 위해 周期化 périodisation에 대한 어떤 규준들이 채택될
수 있겠는가? 어떤 관계들의 體系(위계, 우세함, 層化, 일의적인 결정,
순환적인 인과)를 하나하나씩 기술할 수 있겠는가? 어떤 계열들의 계
열들3)을 수립할 수 있겠는가? 그리고, 커다란 연대기에 있어, 어떤

---

2) Fernand Braudel의 *Civilisation matérielle : économie et capitalisme
   XV^e-XVIII^e siècle*(3 vols., 1967)을 염두에 둔 표현이다.

3) 〈계열〉이라는 개념은 스토아 학파에 의해 생성되었고(cf. Victor Gold-
   schmidt, *Le système de stoïcien et l'idée de temps,* Vrin, 1953) 특히 라이
   프니츠에 의해 발전된 개념이다. 세르는 〈라이프니츠의 철학은 系列들의 法則
   들에 관한 존재론적 多元論이자 方法論으로서 제시된다〉고 보고 있다(자세한
   내용은 Michel Serres, *Le Système de Leibniz et ses modèles mathémati-
   ques,* puf, 1968, pp. 30-39를 참조). 이 개념은 현대철학(구조주의)에 있어서
   도 핵심적인 위치를 점하고 있다. 구조주의가 탐구하는 상징적 차원의 요소들

18

表 속에서 사건들의 구분적인 繼起를 규정할 수 있겠는가?

  그러나 거의 같은 시기에, 우리가 지성사, 과학사, 철학사, 사상사, 문학사(이들의 특이성들은 당분간 무시될 수 있을 것이다)로 부르는 분야들은, 그들이 〈史〉라는 이름을 가지고 있음에도 불구하고, 대부분 역사가들의 작업과 방법을 비켜갔다. 이 분야들에 있어서는, (일반적인 역사학과는) 반대로, 흔히 〈시대〉나 〈세기〉로 기술되는 방대한 단위들로부터 飛躍의 현상들로 관심이 옮겨졌던 것이다. 사유의 위대한 연속성 아래에서, 정신의 혹은 집단의식의 등질적이고 둔중한 顯示 아래에서, 처음부터 존재하는 데에 그리고 성취하는 데에 열중하는 과학의 완고한 생성 아래에서, 장르의 그리고 형식의, 분야의, 이론적인 활동의 존속 아래에서, 이제 우리는 차단의 우발사건들을 추적하고자 하고 있는 것이다. 그 지위와 본성이 매우 다양한 차단들. 바슐라르 Gaston Bachelard에 의해 기술된 인식론적 활동과 문턱[4] : 이들은

---

은 항상 계열을 이룸으로써 작동한다. 이러한 계열들은 서로 불연속을 이루며 따라서 單一한 존재들이다. 이 계열들의 계열들을 수학에 있어서의 행렬처럼 구성해 表를 작성하는 것이『말과 사물』의 기본적인 방법이다. 기호학에 있어서의 음소들이나 형태소들, 알튀세르에 있어서의 경제적 계열(심급)과 다른 사회적 계열들의 관계, 푸코에 있어서의 언어학적, 생물학적, 경제학적 계열들이 형성하는 에피스테메 등을 생각해 볼 수 있을 것이다. 〈계열〉의 현대적 이해를 위해서는 Gilles Deleuze, "A quoi reconnait-on le structuralisme?", *Histoire de la philosophie VIII* (Hachette, 1973)을 참조.

4) 바슐라르는 과학의 역사를 不連續的인 것으로 파악함으로써 과학사 이해의 새로운 장을 열었다(최근에 한국에서 과학사의 연속/불연속 문제가 Kuhn, Feyerabend, Lakatos 등의 논쟁을 통해 형성된 것처럼 논의되고 있지만 이 문제는 이미 1930년대에 바슐라르에 의해 확고하게 수립된 주제이다). 즉 그는 과학의 발전이 여러 사람들의 노력에 의해 조금씩 전진해 나아가는 과정으로 보지 않고, 뛰어난 상상력의 소유자에 의해 기존의 이론들이 지니고 있는 (진정한 과학의 성립을 방해하는) 〈인식론적 장애물〉이 제거됨으로써 전혀 새로운 合理性이 도래되는 과정으로 보았다(바슐라르는 후대의 합리성이 앞의 합리성을 감쌀 envelopper 수 있기 때문에 과학사——구체적으로는 물리학사——가 불연속적임에도 불구하고 하나의 合理的인 과정을 이룬다고 보았다).

인식들의 무한한 축적을 의심하고 그들의 느린 성숙을 잘라버림으로써 그들을 새로운 시간 속에 들어가도록 했으며(과학사의 불연속), 그들을 그들의 경험적인 始源과 최초의 동기로부터 절단시켰으며(인식론적 단절), 그들을 그들의 상상적인 共謀性들로부터 정화시켰다(前과학적 정신의 정신분석). 따라서 이들(활동과 문턱)은 역사적인 분석에 말 없는 시작의 탐구나 최초의 선구자들로의 끝없는 회귀라는 과제를 부여하는 것이 아니라[5] 새로운 유형의 합리성과 그의 다양한 결과들에 대한 지표화라는 과제를 부여하는 것이다. 개념들의 **變位**와 **變換**[6] : 깡길렘

---

이와 같이 새로운 합리성이 형성되기 위해 반드시 넘어야 할 〈인식론적 문턱 seuils épistémologiques〉을 뛰어넘는 행위를 바슐라르는 〈인식론적 활동 actes épistémologiques〉이라 불렀다. Lavoisier의 化學은 선구자들의 업적을 발전시킨 것이 아니라 그들과의 첨예한 〈모순〉 속에서 탄생했던 것이다. 그리고 새로운 합리성의 형성은 많은 경우 그 대상에 대해 일반인이 가지고 있는 상식(이마쥬)과의 〈인식론적 단절〉을 통해 형성되는 것으로 보았다. 바슐라르의 과학철학에 대해서는 *Le nouvel esprit scientifique* (puf. 1934)를 참조.

5) 소위 〈선구자의 신화〉를 말한다. 과학사를 어떤 결정적인 비약과 불연속으로 보는 현대인식론에서는 〈A는 B의 선구자이고, B는 C의 선구자이고……〉 하는 식의 논리를 거부한다. 이는 바슐라르와 깡길렘의 저작들을 통해 확립되었다. 또 François Jacob, *La logique du vivant* (Gallimard, 1970)의 introduction을 참조. 〈始源 origine〉에 대한 푸코의 끊임없는 거부는 이런 맥락에서 오는 것이라고 볼 수 있다.

6) 깡길렘은 과학사를 〈개념〉의 수준에서 다룬다. 깡길렘은 槪念과 理論을 구분한다. 바슐라르가 이미 지적했듯이, 순수한 자료 또는 해석되지 않은 자료는 없다. 그러나 깡길렘은 자료의 해석을 그들을 이론에 의해 읽는 것으로 보지 않는다. 자료를 최초로 해석하는 것은 개념이다. 그 뒤에 이론은 자료를 〈설명〉하는 것이다. 개념은 한 대상에 대한 〈최초의 이해〉를 담지하며, 그 대상을 이해하는 출발점을 이룬다. 이 개념은 어떤 사람들이 말하듯이 한 이론 속에서만 의미를 가지는 것이 아니다. 깡길렘에 따르면, 오히려 한 개념이 여러 이론들의 변환과정을 담지할 수 있다. 즉 개념은 〈이론적으로 多價〉이다. 깡길렘에 있어서 과학사는 바로 이러한 槪念의 形成과 變換 formation et transformation des concepts을 다루는 것이다. 그래서 한 개념은 마치 하

Georges Canguilhem의 분석이 모델을 제공할 수 있다. 이들은 한 개념의 역사란 반드시 그의 점진적 세련화의, 계속 증가하는 그의 합리성의, 그의 추상화의 변화율의 역사가 아니라, 그의 구성과 유효성의 다양한 場의, 그의 사용에 있어서 계기적인 규칙들의, 그의 정교화가 추구되고 성취되는 복수적인 이론적 環境 milieu의 역사일 수 있다는 것을 보여주었다. 역시 깡길렘에 의해 수행된, 그를 통해 사건들과 그 결과들이 서로 다른 방식으로 配分되는, 과학사의 미시적 階段과 거시적 階段 사이의 구분[7] : 그래서 하나의 발견, 어떤 방법의 성공, 한 과학자의 작품 나아가 그의 좌절까지도 같은 결과를 가지는 것이 아니게 되며 한 水準에서 그리고 다른 水準에서 같은 방식으로 기술될 수 없는 것이다. 여기에서 그리고 저기에서 논의되는 역사는 동일한 역사가 아닌 것이다. 그 현재가 수정되는 한에서의 하나의 유일하고 동일한 과학 내부에, 다양한 과거와 다양한 연쇄들의 형태, 중요성에 있어서의 다양한 위계, 규정성들에 있어서의 다양한 그물망, 다양한 목적론을 나타나게 하는 반복적 再分配[8] : 그래서 역사적인 記述들은 필연

나의 생명체처럼 태어나서 성장하고 소멸하는 것이 아니다. 그것은 수많은 變位 déplacements와 변환을 담지하는, 자신 안에 수많은 갈등과 모순을 내포하는 존재인 것이다. 그래서 개념을 어떤 水準과 地域 regions에서 다루는가에 따라, 과학사는 複數化되고 凹凸化되는 것이다.

7) 예컨대 역학, 광학, 전자기학 등의 분야를 합해 우리는 물리학이라고 부른다. 그러므로 물리학사를 기술한다는 것은 광학의 역사, 역학의 역사 등에 대한 연구결과를 합해 놓은 것이라고 생각할 수 있다. 그러나 깡길렘은 이러한 생각을 거부한다. 그에 따르면 전체는 부분의 합이 아니다. 즉 우리가 과학사를 다룰 때, 우리가 다루는 대상의 單位를 어떤 水準 niveaus과 階段 échelles (직역하면 사닥다리라고 할 수 있다)로 잡느냐에 따라 전혀 다른 과학사가 나올 수 있는 것이다. 예컨대 우리가 〈의학〉이라는 단위를 잡고서 연구한 결과가 〈정신병리학〉이라는 단위를 잡아서 연구한 결과와 경우에 따라서는 兩立不可能할 수조차도 있다는 것이다. 이런 맥락에서 깡길렘은 과학사의 미시적 계단과 거시적 계단을 구분한 바 있다.

8) 과학의 역사를 기술할 때, 우리는 무엇을 기술하고 무엇을 버릴 것인가? 과학사 기술에 있어서의 選擇과 排除의 역학의 규준은 무엇인가? 바슐라르는 이

적으로 지식 savoir의 현실성(현재)에 맞춰 조절되며 또 그(지식)의
변환들에 의해 복수화되고 이 변환의 결과를 또한 다시 계속 절연된다
(이 현상들에 대해 세르 Michel Serres는 수학의 영역에서 理論을 제시한
바 있다). [9] 게루 Martial Guéroult에 의해 분석된, 그리고 그에 있어
서는 영향의, 전통의, 문화적인 연속성의 기술보다는 내적인 정합성
의, 公理들의, 연역적 연쇄들의, 양립가능성의 기술이 적절한, 體系들
의 건축학적 통일성. [10] 마지막으로 의심할 바 없이 가장 급진적인 분절

문제와 관련하여 〈승인된 역사 l'histoire sanctionnée〉와 〈폐기된 역사 l'
histoire périmée〉를 구분한 바 있다. 즉 과거의 과학들은 현재에 의해 〈인식
론적 가치〉를 부여받으며, 이러한 가치부여에 입각해 과학사가 씌어지는 것이
다. 이런 의미에서 바슐라르는 과학사를 〈반복적 역사 l'histoire récurrente〉
라고 불렀다. 다시 말해 그 자체 불완전한 현재(왜냐하면 역사란 끝나지 않는
것이기 때문에)에 입각해서 끝없이 다시 과학사가 씌어져야 하는 것이다.

　이러한 테제는 깡길렘에 의해 다시 제기되었다. 과학사는 순수히 중성적이
고 객관적인 것이 아니며 일종의 〈법정〉과 같은 성격을 지니는 것이다. 즉 과
학사는 어느 정도까지 규범적인 학문인 것이다. 그래서 현재의 가치부여에 의
해 과거의 과학적 요소들은 반복적 재분배를 겪게 되는 것이다. 깡길렘의 메타
과학사에 대해서는 *Etudes d'histoire et de philosophie des sciences* (Vrin,
1968)의 introduction (l'objet de l'histoire des sciences)을 참조. 보다 구체
적인 과학사적 탐구로는 *La formation du concepts de réflexe aux XVII<sup>e</sup> et
XVIII<sup>e</sup> siècles* (puf, 1955)를 참조.

9) Michel Serres의 *Hermès I : La communication* (Les éditions de Minuit,
1968)의 1부 1장을 참조. 이 책의 2부 1장에서는 『광기의 역사』와 『말과 사
물』에 대한 뛰어난 해설이 전개된다.

10) 많은 경우——특히 한국에서는 거의 절대적으로——서구의 근대철학은 데카
르트로부터 헤겔에 이르는 연속적인 전개의 과정으로 기술되곤 했다. 마치 칸
트는 헤겔의 예고편이고 데카르트는 칸트의 예고편인 듯이(또는 반대로 칸트
는 데카르트의 자식이고 헤겔은 칸트의 자식이라도 되는 듯이), 마치 데카르
트에서 맺은 꽃봉오리가 헤겔에서 활짝 피어나기라도 했다는 듯이.

　Guéroult는 한 철학자와 다른 철학자 사이에 존재하는 환원불가능한 간극을
보여줌으로써, 한 철학자의 저작들이 지니고 있는 건축학적 통일성 unités
architectoniques을 구조주의적으로 기술함으로써(칸트와 헤겔이 바로 그 저
자들인) 위와 같은 神話的 이해로부터 철학사를 결정적으로 해방시켰다. 즉

들은 〈하나의 과학을 그로부터 그의 과거의 이데올로기를 분리시킴으로써 그리고 이 과거를 이데올로기적인 것으로 드러냄으로써 기초지을 때의〉 이론적 變換의 작업에 의해 생겨나는 절단들이다. [11] 여기에 물론 하나의 단위로서 한 시대의 영혼이나 감수성이 아닌, 〈그룹〉이나 〈학파〉 또는 〈세대〉나 〈운동〉이 아닌, 저자의 삶과 그의 〈창조〉를 묶어주는 교환들의 작동 속에서의 저자의 人格조차도 아닌, 하나의 작품에, 하나의 책에, 하나의 텍스트에 고유한 構造를 제시하는, 현대의 문학적 분석을 덧붙여야 할 것이다. [12]

그러므로 이러한 역사적 분석들에 대해 제기될——제기되고 있는——커다란 문제는 어떤 길을 따라 연속성들이 성립될 수 있었는가, 어떤 방식에 의해 유일하고 동일한 圖案이 그렇게 다른 그리고 계기적인 사람들을 위해 지속되고 구성될 수 있었는가, 어떤 행동양식과 버팀목이 轉移, 재포착, 망각, 반복의 놀이를 함축하는가, 始源은 어떻게 그 자신을 넘어서 그리고 이전에는 결코 주어지지 않았던 이 성취에 이르기까지 그의 지배를 확장할 수 있었는가 하는 것을 아는 것이 더 이상 아니다——문제는 더 이상 전통과 흔적이 아니라 切斷과 極限인 것이다. 즉 더 이상 항구적인 土臺의 문제가 아니라 토대로서 또는 토대의 쇄신으로서 기능하는 변환[13]의 문제인 것이다. 그래서 우리

---

그는 철학사를 凹凸化시켰다(〈dénivellation〉이란 수준들 niveaus을 複數化시킴을 말한다). 그의 3부작인 『이성의 질서에 따른 데카르트』(1953), 『말르브랑슈』(1955-1958), 『스피노자』(1권 1968, 2권 1974)는 이런 의미에서 현대의 철학사연구에 있어서의 기념비적인 저자들이라고 할 수 있다.

11) Louis Althusser, *Pour Marx* (Maspero, 1965), p. 168.

12) 특히 Maurice Blanchot, Georges Bataille, Pierre Klossowski에 대한 이해는 중요하다.

13) 〈변환 trans-form-ation〉이라는 개념은 본래 수학에서 사용되는 용어로서 〈변화〉라는 다소 애매한 개념에 비해 뚜렷한 함축을 지니고 있다. 현대의(특히 구조주의에 있어서의) 변환이라는 개념은 하나의 〈체계〉가 자신의 형상 eidos을 바꾼다는 것을 의미한다. 이에 대해서는 Jean Piaget, *Le structuralisme* (puf, 1970)을 참조. 이 개념을 보다 깊이 있게 이해하기 위해서는 그

는 물음들의 모든 場——그 일부는 이미 친숙한 것이고, 그들에 의해 이 새로운 형태의 역사가 그의 고유한 이론을 구축하고자 하는——이 펼쳐지는 것을 본다 : 不連續(문턱, 비약, 단절, 변이, 변환)을 생각할 수 있도록 해주는 상이한 개념들을 어떻게 特異化할[14] 것인가? 문제 되고 있는 단위들을 어떤 규준들에 의해 분리시킬 것인가 : 〈하나의〉 과학이란 무엇인가? 〈하나의〉 작품이란 무엇인가? 〈하나의〉 이론이 란 무엇인가? 〈하나의〉 개념이란 무엇인가? 〈하나의〉 텍스트란 무 엇인가? 우리가 그 위에 위치할 수 있는 그리고 그 각자가 자신의 분 절과 분석형태를 내포하고 있는 水準들을 어떻게 다양화할 것인가 : 公 式化에 합당한 수준은 무엇인가? 解釋에 합당한 수준은 무엇인가? 구조적 분석에 합당한 수준은 무엇인가? 因果의 부여에 합당한 수준 은 무엇인가?

요컨대 사유의 역사, 인식의 역사, 철학의 역사, 문학의 역사는 비 약들을 복수화시키고 불연속의 모든 直立을 추구하며, 따라서 좁은 의 미의 역사, 매우 짧은 역사는 불안정성이나 사건들의 파열이 없는 構 造들을 위해 사라지는 것으로 보인다.

그러나 (좁은 의미의 역사와 지식의 역사 사이의) 이러한 교차가 환상

---

를 位上學的topologique 맥락에서 이해해야 한다. 현대철학은 근본적으로 위 상학적이며 푸코가 사용하는 용어의 상당수도 모두 위상학적 맥락에서 나오는 것이다. 이는 현대철학에 있어 동일성/차이성의 문제 못지않게 연속/불연속의 개념이 중요하며 이 문제에 대한 세련된 언어를 현대수학의 꽃이라고 할 수 있 는 위상학이 제공해 줌을 의미한다.

14) 〈特異한〉은 spécifique를, 〈單一한〉은 singulier를 뜻한다. 현대철학이 총체 화를 거부함으로써 이 개념들은 핵심적인 것들로 떠올랐다. 이 개념들 역시 보 다 깊이 있게 이해하기 위해서는 位上學的 맥락에서 이해해야 한다. 특히 René Thom, *Stabilité structurelle et morphogénèse*(InterEdition, 1972)를 추천한다. 이 책은 유클리드 기하학이 그리스 철학에 대해, 무한소미분이 베 르그송에 이르기까지의 근대 유럽철학에 대해 가지고 있는 중요성을 우리에 대 해 가지고 있는 것으로 보인다.

을 만들어내지는 않는다. 어떤 역사적 분야들이 연속에서 불연속으로 간 반면 다른 분야들은 불연속들의 혼잡함으로부터 간단없는 거대한 통일성으로 갔다고 상상하지 않는 것, 정치에 대한, 제도 또는 경제에 대한 분석에 있어 사람들은 점차로 전체적인 규정들에 예민해졌지만, 개념들에 대한 그리고 지식에 대한 분석에 있어서는 점차 차이의 놀이에 큰 주목을 하게 되었다고 상상하지 않는 것, 記述의 이 거대한 두 형태들이 서로를 인지함이 없이 교차되었다고 믿지 않는 것이 중요한 것이다.

사실상 이는 여기저기에서 제기되었던, 그러나 전도된 결과들의 표면에서 유발되었던 동일한 문제들이다. 우리는 이 문제들을 한마디로 요약할 수 있다 : 文書의 개념에 의문을 제기하는 것. 물론 오해가 있어서는 안 될 것이다 : 역사학이라는 분야가 존재하게 된 이래, 사람들은 문서를 이용했고 그를 조사했으며 그에 대해 의문을 제기해 왔다는 것은 분명한 사실이다. 사람들은 그들에 대해 그들이 의미하는 바뿐만이 아니라 그들이 진리를 말하고 있는지를 그리고 그들이 진지한 것이라면 혹은 거짓된 것이라면(그들이 올바른 정보를 지니고 있다면 혹은 그렇지 않다면, 진본이라면 혹은 가짜라면) 그렇게 주장할 수 있는 근거는 무엇인지를 물어보았다. 그러나 이 모든 물음들 각자는 그리고 이 모든 거대한 비판적 불안은 하나의 동일한 목적으로 향한다 : 이 문서들이——종종 암시적으로——말해 주는 바에서 출발해, 그들 뒤에서 펼쳐나오는 그리고 그들 뒤 멀리에서 소멸되어 가는 과거를 재구성하는 것. 문서는 언제나 이제 침묵으로 환원된 목소리——희미한 그러나 해독가능한 흔적——의 언어로서 취급되어 왔다. 그러나 이미 오래전부터 시작된, 의심할 바 없이 아직 완성되지 않은 탈바꿈에 의해, 역사는 문서에 대한 그의 입장을 바꾸었다 : 역사는 문서를 해석하는 것, 그의 참 여부를 결정하는 것, 그 표현적 가치를 결정하는 것이 아닌 내부로부터 그를 가공하는 것, 정교화시키는 것을 그의 최초의 과업으로서 부여받는다 : 역사는 그를 조직화하고, 마름질하고, 분배하고, 질서지우고, 여러 수준들로 분배하고, 계열들을 수립하고, 관여적인 것과 그렇지 못한 것을 구분하고, 요소들에 지표를 부여하고, 통일성을 정의하고, 관계들을 記述한다. 그러므로 문서는 더 이상, 역사에 대해, 역사가 그를 통해서 사람들이 말하고 행했던 바를, 사건들이 발생했던 바를 그리고 그 발자국만이 남아 있는 것을 재구성하고자 하는 이 관성적 물질이 아닌 것이다 : 역사는 이제 문서적 직물 자체 내에서 통일성들, 집합들, 계열들, 관계들을 정의하고자 하는 것이다. 역사로 하여금 오랫동안 스스로 만족하게 했던 그리고 스스로의 인간학적 정당화를 찾도록 했던[15] 이마쥬——과거의 생생함을 되찾기 위해 물질적 문서들에 덧붙여지는 매우 오래되고 집단적인 記憶의 이마쥬——로부터 벗어나게 하는 것이 필요하다. 이 기억이란 모든 사회에 있어 保磁性[16]의 형태들(자발적인 것이든 조직된 것이든)을 언제나 그리고 도처에서 제시하는 문서적인 물질성(책들, 텍스트들, 이야기들, 기록들, 활동들, 구조물들, 제도들, 법규들, 技術들, 대상들, 관습들)의 작업과 사용이다. 문서는 역사——그 자체에 있어 또 충분한 권리를 가지고서 기억이라고 할 수 있을——의 바람직한 도구가 아니다. 이 도구를 사용하는 역사란 한 사회에 있어 그것이 떨쳐버릴 수 없는 방대한 문서들을 정교화하고 그에 지위를 부여해 주는 어떤 방식인 것이다.

간단히 다음과 같이 말할 수 있을 것이다. 위와 같은 의미에 있어서의 역사란, 그 전통적인 형태에 있어, 記念碑들 monuments을 〈기억화시키고〉 그들을 문서들 documents로 바꾸며, 이 흔적들——그들 자체 종종 전혀 언어적이 아니며 침묵 속에서 그들이 말하는 바와 다른 것을 말하는——로 하여금 말하게 하고자 시도하는 것이다. 우리

---

15) 즉 역사에 어떤 폭력을 가해 인간중심적 관심에서 나오는 목적론에 종속시키는 것.

16) 물리학의 용어. 자석이 계속해서 磁氣를 띠고 있음을 뜻한다. 여기에서는 〈文書的 記憶〉으로 이해할 수 있다.

시대에 있어서의 역사란 〈문서〉를 〈기념비〉로 변환시키는 작업이며, 또 사람들에 의해 남겨진 기록들을 해독하는 곳에서, 헛되이 그들의 옛모습을 알아보려고 하는 그곳에서, 한 무더기의 요소들(분리시키고, 분류하고, 관여적이게 하고, 서로 관계맺게 하고, 여러 집합들로 구성해야 할)을 펼치는 작업이다. 말 없는 기념비들, 관성적인 흔적들, 문맥 없는 대상들과 과거에 묻혀진 사물들에 대한 연구로서의 **考古學**이 역사를 지향하고, 역사적 언설의 재건에 의해서만 의미를 취했던 때가 있었다. 이제 우리는, 재치 있게 말해서, 우리시대에 있어 역사란 고고학을, 기념비의 내재적인 **記述**을 지향한다고 말할 수 있을 것이다. 이로부터 여러 가지 결과들이 이끌어져 나온다.

1 우선 우리가 이미 지적한 **表面**의 효과[17] : 지성사에 있어서의 비약들의 복수화와 좁은 의미의 역사에 있어서의 장기지속의 대두. (좁은 의미의) 역사는 그 전통적인 형태에 있어 결국 사실들 또는 유래된 사건들 사이의 제관계(단순한 인과관계, 순환적 결정, 대립, 표현)를 정의하는 것을 과제로서 부여받아 왔다 : 계열이 주어지면 이제 각 요소들의 이웃관계[18]를 정확히 해야 했던 것이다. 그러나 이제 문제는 계열들을 구성하는 것이다 : 그 각 요소들을 정의하는 것, 그의 경계선들을 고정시키는 것, 각 요소들에 특이한 유형의 관계들을 드러내는 것,

---

17) 즉 현대의 〈인식론〉과 〈역사학〉이 표면적으로는 반대의 길을 달리고 있는 것처럼 보이는 현상. 푸코는 이들의 심층적 유사성을 지적하고자 하며 그곳이 바로 고고학이 머무는 자리이다. 현대역사학(아날 학파)은 오랜 기간 동안의 평형을 발견했고 현대인식론(바슐라르-깡길렘의 〈새로운 과학정신〉)은 비약의 현상들을 발견했다. 고고학은 이 두 성과를 종합하고 있다.

18) 〈이웃관계 voisinage〉란 **位上學**의 핵심적인 개념이다. 여기에서는 간단한 예로써 설명해 보자. 예컨대 수유 지하철역에서 화계사를 가기 위해서는 우리는 지하철에서 내려서 차를 바꿔 타야 한다. 반면 수유리에서 쌍문동을 가기 위해서는 계속 지하철을 타고 있기만 하면 된다. 즉 차를 바꿔 탄다는 관점에서 볼 때, 수유리와 화계사는 불연속이지만 수유리와 쌍문동은 연속이다. 즉 이웃관계란 한 **地域**의 연속성 여부를 수학적으로 검증하는 방식을 일컫는다. 위상학의 기본개념에 대해서는 André Delachet, *La topologie* (puf, 1978)를 참조.

그들의 법칙을 공식화하는 것, 그리고 더 나아가 상이한 계열들 사이의 관계들을 기술함으로써 계열들의 계열들을 혹은 〈表tableaux〉를 구성하는 것 : 이로부터 層들의 복수화, 그들의 풀어짐, 시간의 특이성과 그들에 고유한 연대기들이 나온다. 이로부터 중요한 사건들(그 결과들의 긴 연쇄와 함께)과 사소한 사건들만이 아니라 전혀 다른 수준의 사건들(어떤 것들은 짧고, 다른 것들은 다소 긴 : 技術의 확장이나 통화의 수축, 또 다른 것들은 매우 느린 : 인구학적인 평형이나 풍토변화에 대한 경제의 점진적인 적응)을 구분해야 할 필요성이 나온다. 이로부터 희박한 사건들이나 반복적 사건들에 의해 구성된 거대한 지표들에 있어 계열들이 나타나도록 할 수 있는 가능성이 나온다. 오늘날의 역사에 있어 장기지속의 출현은 여러 형태의 역사철학들에로의, 세계사의 위대한 時代에로의, 문명의 운명에 의해 새겨진 단계들에로의 회귀를 의미하는 것이 아니다. 그것은 방법론적으로 집약된, 계열들의 구축이다. 그러나 개념의 역사, 사유의 역사, 과학의 역사에 있어서는 동일한 탈바꿈이 상반된 결과를 야기시킨다 : 그것은 의식의 진보에 의해 구성된 긴 계열이나 理性의 目的論 또는 인간 사유의 진화에 의해 구성된 긴 계열을 해체시킨다. 그것은 수렴의 테마와 성취의 테마를 다시 문제삼는다. 그것은 총체화totalisation의 가능성을 의심한다. 그것은 서로 병치되는, 서로 계기하는, 서로 포개지는, 하나의 線形的 圖式으로 환원될 수 없도록 서로 교차하는 상이한 계열들의 개별화를 가져온다. 이렇게 해서 종종 급박한 계단들(서로가 구분되는, 하나의 유일한 법칙이라는 개념에 저항하는, 종종 각자에 고유한 유형의 역사를 가져오는 그리고 성취하고, 기억하고, 진보하는 意識의 일반적인 모델에로 환원불가능한)이, 접근불가능한 시원에로 또 정초지우는 開現에로 언제나 되돌려 보내지는 이 理性의 연속적인 연대기를 대신해서 나타난다.

  2 두번째 결과 : 불연속의 개념은 역사학적 탐구들에 있어 주요한 자리를 점하게 된다. 고전적인 형태의 역사학에 있어서는, 불연속이란 주어진 것이면서 동시에 사유불가능한 것이었다. 즉 그것은 분산된

사건들의 범주 아래에 주어지는 것——개인적인 결심들, 事故들, 발단들, 발견들——이자, 사건들의 연속성이 부각되기 위해서는 분석에 의해 제거되고, 배제되고, 지워져야 하는 것이었다. 불연속이란 그로 인해 역사가들이 역사를 지워버리게 되는 부담을 져야만 했던 시간적 분산의 傷痕이었다. 그러나 이제 그것은 역사적 분석의 기본적인 요소들 중 하나가 되었다. 불연속성은 역사적 분석에 있어 三重의 역할을 한다. 그것은 우선 역사가의 숙고된 조작을 구성한다(즉 더 이상 그가 취급하는 재료로부터 본의 아니게 받아들여야 하는 것이 아니다) : 왜냐하면 그는, 적어도 체계적인 가설로서, 각자에 고유한 방법들, 분석의 가능한 수준들 그리고 그들에 합당한 기간화들을 구분해야 하기 때문이다. 그것은 또한 그의 記述의 결과이기도 하다(즉 더 이상 그의 분석의 결과 아래에서 소멸되어야 하는 것이 아니다) : 왜냐하면 역사가가 발견하고자 하는 것은 한 과정의 극한들, 한 곡선의 변곡점, 한 조절운동의 전복, 한 진동의 경계들, 한 기능작용의 문턱, 한 순환적인 인과의 變調의 순간이기 때문이다. 마지막으로 그것은 역사가의 작업이 끊임없이 특이화하고자 하는 개념이다(즉 두 형태들 사이의 균일하고 무차별적인 여백으로서 무시되는 것이 아니다). 불연속은 그것이 부과되는 영역과 수준에 따라 특이한 기능과 형태를 취한다 : 인식론적 문턱에 대해, 인구곡선의 직립에 대해, 한 技術의 다른 技術로의 치환에 대해 기술할 때, 우리는 동일한 불연속성에 대해 말하고 있는 것이 아니다. 불연속의 개념은 하나의 역설적인 개념이다 : 왜냐하면 그것은 탐구의 도구이자 동시에 대상이기 때문이다. 그것은 그것의 원인이 되는 場을 제한하기 때문이다. 그것은 영역들을 개별화할 수 있도록 해주지만, 이는 오직 그들 사이의 비교에 의해서만 가능하기 때문이다. 그리고 마지막으로 아마도 그것은 단순히 역사가의 언설 속에 현존하는 하나의 개념이 아니라 역사가 자신이 비밀스럽게 전제하는 바의 것이기 때문이다 : 역사가는 결국 역사가 그에게 그의 대상으로서 제공해 주는 이 비약으로부터가 아니라면 어디에서부터 말할 수 있을 것인가? 새로운 역사의 가장 본질적인 특징들 중의 하나는 의심할 바 없이 불연속의 이 위상변화이다. 장애물로부터 실천으로의 그의 이행, 역사가의 언설——그곳에서 불연속이 더 이상 환원되어야 할 외부적 숙명이 아니게 되는, 사용가능한 조작적 기능으로서 기능하는——속으로의 그의 통합. 그리고 이로 인해 기호들——그로 인해 불연속이 더 이상 역사적 독해의 부정(그의 逆, 그의 실패, 그의 한계)이 아닌 그의 대상을 규정해 주고 그의 분석을 유효한 것으로 만들어주는 긍정적 요소가되는——의 전복이 존재하는 것이다.

3 세번째의 결과 : 전체사histoire globale의 테마와 가능성이 소멸되기 시작하고 그와는 전혀 다른 일반사 histoire générale라고 부를 수 있는 것의 초벌그림이 소묘되는 것을 볼 수 있다. 전체사의 기획은 한 문명의 총체적 형태, 한 사회의 물질적 또는 정신적 원리, 한 시대의 제현상에 공통되는 의미작용, 그들의 정합성을 설명해 주는 법칙 등——우리가 은유적으로 한 시대의 〈얼굴〉이라고 부르는——을 찾아내는 것이다. 이러한 기획은 몇 가지의 가설에 의존하고 있다 : ① 잘 정의된 시공간적 영역에서의 모든 사건들 사이에, 우리가 그 흔적을 찾아낸 모든 현상들 사이에, 等質的인 관계들의 체계를 수립할 수 있어야 한다. 다시 말해 그들 각자를 이끌어낼 수 있도록 해주는 因果의 網을, 그들이 서로를 어떻게 상징화하는지 또는 어떻게 하나의 유일한 중심핵을 표현하는지를 보여주는 類比의 관계들을 수립할 수 있어야 한다. ② 다른 한편 유일하고 동일한 형태의 역사성이 경제적 구조들, 사회적 안정성들, 정신의 관성, 技術的인 습관들, 정치적 행위들을 운반해야 하며 이들을 동일한 유형의 변환에 복속시켜야 한다. ③ 역사 자체가 각자의 정합성의 원리를 소유하는 거대한 통일성들(단계들 또는 위상들)로 분절될 수 있어야 한다. 새로운 역사가 계열들, 분절들, 극한들, 凹凸化, 어긋남, 연대기적 특이성, 保磁性의 단일한 형태들, 관계의 가능한 유형들을 문제화할 때 의문에 부치는 것은 바로 위와 같은 가설들인 것이다. 그러나 이는 새로운 역사가 서로 병치

되는 그리고 독립적인 역사들의 **多數性**——제도들의 다수성 옆의 경제들의 다수성, 그리고 다시 그 옆의 과학의, 종교의, 문학의 다수성——을 얻고자 한다는 것을 의미하지 않는다. 또 이는 새로운 역사가 단지 이 상이한 역사들 사이에 존재하는 날짜들의 일치, 형태와 의미의 유비를 가리키고자 한다는 것을 의미하지도 않는다. 그렇게 해서 열리는, 일반사의 과제를 정의해 주는 문제는 이 상이한 계열들 사이에서 어떤 형태의 관계가 합법적으로 기술될 수 있는가를, 이 계열들이 어떤 수직적 체계를 수립할 수 있는지를, 그 계열들 서로에 있어 상호관계와 영역들의 작동이 무엇인지, 어긋남, 상이한 시간성들, 다양한 보자성들은 무엇의 결과일 수 있는가를, 일련의 요소들이 어떤 구분적인 집합들 내에서 동시적으로 모양지어질 수 있는가를 결정하는 것이다. 간단히 말해 어떤 계열들이, 나아가 어떤 〈계열들의 계열들〉이 즉 어떤 〈표〉가 구성될 수 있는가를 결정하는 것이다. 전체적인 **記述**은 모든 현상들을 하나의 유일한 **中心**——원리, 의미작용, 정신, 세계관, 총체적인 형태——의 주위에서 포착한다. 반면 일반사는 **分散**의 **空間**을 전개시키는 것이다.

**4** 마지막 결과 : 새로운 역사는 일련의 방법론적 문제들——그중의 다수가 의심할 바 없이 그에 앞서 존재했지만 이제 그들이 그를 특성화해 주고 있는——을 만난다. 이들 중에서 우리는 특히 다음의 것들을 열거할 수 있을 것이다 : 문서들로부터의 등질적이고 정합적인 **文集**(열려진 혹은 닫혀진 문집, 유한한 혹은 무한한 문집)의 구성, 선택원리(그에 따라 일련의 문서들을 다루고자 하는, 그에 따라 통계적 공제의 방법에 입각한 견본과의 대조를 실천하는, 그에 따라 가장 대표적인 요소들을 미리 결정하고자 하는)의 수립. 분석수준과 그에 관여적인 요소들의 정의(연구된 재료들에 있어, 우리들은 여러 가지 지표들을 지적할 수 있다 : 사건들, 제도들, 실천들에의 명백한 또는 명백하지 않은 **指示**. 사용된 말들과 그들의 사용규칙, 그들이 그리는 의미론적 **場** 또는 명제들의 형식적 구조, 그들을 연결하는 연쇄들의 유형). 분석방법의 특이화(소여들의 양적

취급, 그 상호연관들의 연구를 가능하게 해주는 일련의 특징들에 따른 분해, 해석적 독해, 빈도와 분배의 분석). 연구된 재료들(분야들, 시기들, 통일적인 과정들)을 분절시키는 집합들과 부분집합들의 제한. 하나의 집합을 특성화할 수 있게 해주는 관계들의 규정(이는 다양한 또는 논리적인 관계들의 문제 그리고 기능적인, 유비적인, 인과적인 관계들의 문제일 수 있으며, 시니피앙의 시니피에에 대한 관계의 문제일 수도 있다).

이 모든 문제들이 이제 역사의 방법론적 場을 형성하고 있다. 두 가지 이유에서 주목할 만한 場. ① 우선 최근까지도 역사철학을 구성하고 있었던 것이 그리고 역사철학이 제기했던 물음들(합리성 또는 生成의 目的論에 관한, 역사적 지식의 상대성에 관한, 과거의 慣性에 있어 그리고 현재의 완성되지 못한 총체성에 있어 하나의 의미를 발견하고 구성할 수 있는 가능성에 관한)이 크게 개선되었기 때문이다. ② 이 場이 다른 곳——예컨대 언어학, 민속학, 경제학, 문학비평, 신화의 영역——에서 유래하는 문제들의 어떤 점들을 다시 재단해 주기 때문이다. 원한다면 이러한 문제들에 〈구조주의〉라는 이름을 부여할 수도 있을 것이다. 물론 몇 가지의 전제조건하에서 : ⓘ 이들은 그들 자체만으로 역사의 방법론적 장을 형성할 수 없다. 이들은 각각 영역들에 따라 그리고 분석수준들에 따라 그 중요성이 변하는 부분들에 관련될 뿐이다. ⓙ 상대적으로 제한된 얼마간의 경우를 제외하고서, 그들은, 오늘날 빈번하게 그러하듯이, 언어학이나 민속학으로부터 수입된 것이 아니며, 역사 자체의 場 안에서 탄생한 것이다——본질적으로 경제사의 場 안에서[19] 그리고 경제사가 제기한 물음에 의거해서. ⓚ 마지막으로 그들은 역사의 구조화에 대하여 또는 적어도 구조와 생성 사이의 〈갈등〉이나 〈대립〉을 극복하기 위한 시도에 대해서 말할 수 있게 해주지 못한다 : 이제 역사가들이 그들이 살아 있는, 유연한, 동요하는 〈역사〉가 비껴가도록 내버려두고 있지나 않은지를 자문해 보지도 않은 채 구조

---

19) 아날 학파의 연구들을 말한다.

들을 지표화하고, 기술하고 분석하게 된 지도 오래되었다. 구조-생성 structure-devenir의 대립은 역사적 장의 정의를 위해서도 그리고 의심할 바 없이 구조주의적 방법의 정의를 위해서도 적절한 것이 못 된다.

역사의 이와 같은 인식론적 탈바꿈은 오늘날 아직 완성되지 못하고 있다. 그러나 이는 어제로부터 유래한 것은 아니다. 왜냐하면 우리는 의심할 바 없이 그 최초의 순간을 마르크스 Karl Marx에게로까지 거슬러 올라갈 수 있기 때문이다. 그러나 이 탈바꿈이 그의 성과들을 획득하는 데에는 오랜 시간이 걸렸다. 우리의 시대에 있어 아직까지도, 특히 思惟의 歷史에 있어, 이 탈바꿈은 보다 최근의 다른 변환들——예컨대 언어학의 경우——에 있어서처럼 등록되지도 반성되지도 못했다. 마치 사람들이 그들의 고유한 개념들과 고유한 인식들을 추적했던 이 역사에 있어, 불연속, 계열, 극한, 통일성, 특이한 질서, 자율성, 분화된 의존성에 대한 일반적 이론을 공식화하는 것이 특히나 힘들었던 것처럼. 마치 근원을 거슬러 올라가는 것에, 전통을 재구성하는 것에, 진화론적 곡선을 따라가는 것에, 목적론을 기획하는 데에 그리고 끊임없이 生命이라는 은유에 호소하는 데에 익숙해져 있는 바로 그곳에서, 차이를 생각하는 것에 대한, 간극 écarts과 분산을 기술하는 것에 대한, 동일한 것의 확고한 형태를 해체시키는 것에 대한 어떤 거부감을 느낀 듯이. 또는 보다 정확히 말해, 문턱의, 탈바꿈의, 독립적인 체계들의, 제한된 계열들의 개념들(그들이 사실상 역사가들에 의해 사용된 바대로에 있어)로부터 이론이나 일반적 결론들을 만들어내지 못했으며 나아가 가능한 함축들을 이끌어내지조차 못했던 것처럼. 마치 우리가 우리의 고유한 사유의 시간 속에서 他者 l'Autre에 대해 생각하는 것을 두려워하기라도 했던 것처럼.

이에는 하나의 이유가 있다. 사유의 역사가 간단없는 연속성의 장소로서 존속될 수 있었다면, 어떤 분석도 추상화 없이는 부술 수 없는 연쇄들을 끊임없이 연결시켰다면, 사람들이 말하고 행한 것 주변에,

그를 앞지르는, 그를 준비하는 그리고 그를 끝없이 그의 미래로 인도
하는 애매한 종합들을 짜곤 했다면, 그것은 의식의 至高함souver-
aineté을 위해서는 하나의 특권적인 도피처였을 것이다. 연속의 역
사, 그것은 주체의 정초하는 행위에 없어서는 안 될 상관자이다 : 그를
비켜가는 모든 것이 결국 다시 그에게 주어질 것이라는 보장. 시간은
재구성된 통일성 속에서 재건할 계획 없이는 아무것도 분산시키지 않
으리라는 확실성. 주체가 언젠가는——역사적 의식이라는 형태 아래
에서——차이에 의해 멀리에서 존속되어 온 이 모든 것들을 다시금
전유하고 그들에 대한 그의 지배를 재건하며 그들에게서 우리가 그들
의 머무름이라고 부를 수 있을 것을 되찾아내리라는 약속. 역사적 분
석으로부터의 연속에 대한 언설을 이끌어내는 것, 인간의 의식으로부
터 모든 생성과 실천의 시원적인 주체를 이끌어내는 것, 이는 사유의
동일한 하나의 체계가 가지는 두 얼굴일 뿐이다. 이 사유 속에서는 시
간이란 총체화에 의해 이해될 뿐이며 혁명들이란 의식의 포착으로만
이해될 뿐인 것이다.

  이 테마는, 여러 상이한 형태 아래에서, 19세기 이래 일정한 역할
을 수행해 왔다 : 모든 형태의 脫中心化 décentrements에 대항해서,
주체의 절대성을, 인간학[20]과 휴머니즘이라는 쌍둥이를 구해 내는
것. 이 테마는, 마르크스에 의해 수행된 탈중심화(생산관계에 대한, 경
제적 결정에 대한, 계급투쟁에 대한 역사적 분석)에 대항해서, 19세기 말
에, 한 사회의 모든 차이를 하나의 유일한 형태로 집약시키는 전체사
를 그리고 세계관의 조직과 가치의 체계, 문명의 정합적인 유형을 나
타나게 할 것이다. 또 이 논제는, 니체 Friedrich Nietsche의 계보학
에 의해 수행된 탈중심화에 대항해, 합리성으로부터 인류의 목적 telos
을 주조해 낸 시원적인 정초의 탐구를 내세우고, 사유의 모든 역사를
이 합리성의 보호에, 이 목적론의 존속에 그리고 언제나 필수적인 이

---

20) 푸코에 있어 인간학이란 인간중심주의를 가리킨다.

정초에로의 회귀에 연결시켰다. 마지막으로 보다 최근에 민속학의 연구, 언어학의 연구, 정신분석학의 연구가 주체를 그의 행위 혹은 그의 신화적·우화적 언설의 놀이에 관련시켜, 그의 욕구의 법칙에 관련시켜 탈중심화시켰을 때,[21] 이제 그가 무엇이었던가에 관련해 의문을 제기받은 인간 자신이 그의 허구들의 규칙성을, 그의 언어의 체계적 형태들을, 그의 性과 무의식을 설명할 수 없게 되었을 때, 새로이 역사에 대한 연속의 테제가 재활성화되었던 것이다 : 분절이 아닌 생성의 역사가, 관계들의 유희가 아닌 내적 역동성의 역사가, 체계가 아닌 자유의 힘든 노동의 역사가, 형식이 아닌 끝없이 그 자신을 되찾고 그의 조건의 가장 깊은 곳까지 스스로를 움켜쥐려고 하는 의식의 부단한 노력의 역사가 : 결국에 모든 극한들을 파괴하게 될 운동의 생생함이자 동시에 간단없는 긴 인내이기도 한 역사가. 제구조의 〈부동성〉, 그들의 〈닫혀진〉 체계, 필연적인 〈공시성〉에 역사의 생동하는 열림을 대립시키는 이 테마를 주장하기 위해서는, 분명 역사적 분석 그 자체에 있어 불연속의 사용이, 수준들과 극한들의 정의가, 특이한 계열들의 기술이, 차이들의 모든 놀이들의 시도가 부정되어야 하는 것이다. 그래서 사람들은 마르크스를 인간학화하고, 그를 총체성의 역사학자로 만들어버렸으며, 그에게서 휴머니즘의 논제를 되찾아내었던 것이다. 그래서 사람들은 니체를 초험적 철학의 용어를 써서 이해했고, 그의 계보학을 시원을 찾아가는 계획으로 받아들였던 것이다. 마지막으로 사람들은 오늘날 새로운 역사가 제기한 모든 방법론적 문제들의 場을, 마치 아직까지도 이 장이 평평하게 다듬어지지 못했다는 듯이,[22] 옆으로 제쳐놓았던 것이다. 왜냐하면, 만일 불연속성의, 체계와 변환의, 계열과 문턱의 물음들이 역사적인 모든 과목들 속에서(그리고 경제와 사회에 대한 물음들 못지않게 개념과 과학에 관련된 물음들 속에서) 제기

---

21) 레비-스트로스, 야콥슨, 라캉의 구조주의적 탐구를 가리킨다.

22) 즉 〈dénivellation〉의 〈dé〉를 아직도 떼어내지 못했다는 듯이.

된다는 것이 증명되었다면, 어떻게 〈체계〉에 대해 〈생성〉을, 순환적 조절에 대해 운동을 그리고 흔히 피상적인 무반성을 가지고서 말하듯이 〈구조〉에 대해 〈역사〉를 대립시킬 수가 있겠는가?

　문화적 총체성이라는 논제(이를 가지고서 사람들이 마르크스를 비판하고 왜곡했던)에 있어, 시원적인 것의 탐구라는 논제(이를 가지고서 사람들이 니체를, 그를 도치시키고자 하기 이전에, 논박했던)에 있어 그리고 생생한, 연속적인, 열린 역사라는 논제에 있어 작동하고 있는 보수적인 기능은 동일한 것이다. 그래서 사람들은 역사적 분석에 있어——특히 사유에, 개념에, 인식에 관계되는 문제일 경우——불연속의, 차이의, 문턱의, 개념적인 비약의 그리고 변환의, 계열과 극한에 대한 記述들의 범주들이 사용되는 것을 볼 때, 〈암살된 역사!〉라고 외칠 것이다. 사람들은 그곳에서 역사의 결코 소진될 수 없는 권리와 모든 가능한 역사의 가능한 기도에 대한 음모를 탄핵할 것이다. 그러나 이에 속을 필요는 없다 : 사람들이 그토록 비분강개하는 것, 그것은 역사의 소멸이 아니다. 그것은 비밀스러웠던 그러나 결국 主體의 종합적인 활동에 연결되어 있던 역사의 이러한 형태의 소멸인 것이다. 그것은 의식의 절대성에 신화나 친족체계, 언어, 性 또는 욕구보다 더 안전한, 덜 노출되어 있는 피신처를 제공해 줌이 틀림없는 이 생성의 소멸인 것이다. 그것은 의미의 노동 또는 총체화의 운동을, 물질적 결정작용의 놀이를, 실천의 규칙과 무의식적 체계들을, 엄격한 그러나 무반성적인 관계들을, 모든 생생한 경험을 비켜가는 상호관계들을 기투에 의해 다시 살려낼 수 있을 가능성의 소멸인 것이다. 그것은 사람들로 하여금 인간에 있어, 한세기 이전부터, 계속 그를 비켜갔던 모든 것을 복구할 수 있도록 해주는 역사의 이데올로기적 사용인 것이다. 다른 한편 사람들은 모든 보물들을 이 역사의 오래된 성채 속에 쌓았다. 사람들은 이를 견고한 것으로 믿었으며 신성화했다. 사람들은 이를 인간학적 사유의 마지막 보금자리로 만들었다. 사람들은 그곳에서 그에 심한 증오를 품고 있는 것들을 포획할 수 있다고 믿었다. 그러나 역사가들은 이 오래된 성채를 오래전부터 포기했으며 다른 곳에서 작업하기 시작했던 것이다. 나아가 사람들은 마르크스 또는 니체가 사람들이 그들에게 부여했던 보호를 받아들이지 않는다는 것도 인지했던 것이다. 특권을 유지하기 위해서도, 나아가 다시 한번——그러나 오늘날의 곤경 속에서 그것이 필요한 것인지 아무도 모르는바——역사가, 적어도 그것이, 생생한 것이고 연속적인 것이라는 것, 그것이, 물음을 던지고 있는 주체에 있어, 휴식의, 확실성의, 화해의——즉 무마된 잠의——장소라는 것을 긍정하기 위해서도 이들(마르크스와 니체)을 포섭할 필요는 없는 것이다.

이러한 점에 있어 『광기의 역사』『임상의학의 탄생』『말과 사물』이, 매우 불완전하기는 하지만, 그 도안을 그린 바 있는 시도가 규정된다. 역사의 영역에서 일반적으로 작동되는 탈바꿈의 정도를 파악할 수 있게 해주는 시도. 그를 통해 지성사의 고유한 방법, 한계, 테마가 의문에 부쳐지는 시도. 그곳에서 마지막 인간학적 구속들이 해체되는 시도. 그리고 그 대신 어떻게 이 구속들이 형성될 수 있었는가를 드러나게 해주는 시도. 이 과제들은 어떤 무질서 속에서, 그리고 그들의 일반적인 분절이 분명하게 정의되지 않은 채 소묘되었다. 이제 이들에 정합성을 부여할 때이다——아니면 적어도 이를 시도할 때이다. 이 시도의 결과, 그것이 여기 이 책이다.
오해를 방지하기 위해 시작하기 전 몇 가지의 언급을 해야 할 것 같다.

1) 여기에서 문제되고 있는 것은 다른 여러 분야에서 성공을 거둔 구조주의적 방법을 역사의 영역에 특히 인식의 역사에 이전시키려는 것이 아니다. 여기에서 문제가 되고 있는 것은 역사적 지식의 영역에서 성취되고 있는 토착적인 변환의 원리와 결과를 전개시키는 것이다. 이러한 변화, 그것이 제기하는 문제들, 그것이 사용하는 도구들, 그것이 정의하는 개념들, 그것이 얻어낸 결과들은 어떤 면에

있어 우리가 구조주의적 분석이라고 부르는 것에 낯선 것이 아닐 수
있다는 것, 그것은 분명 가능하다. 그러나 구조주의적 분석 안에서
특이하게 작동되는 것은 우리의 분석과는 다른 것이다.

2) 여기에서 문제가 되고 있는 것은 역사에, 그의 본성을 무시한
채, 구조주의적 분석의 형태들을 부과하기 위해 문화적 총체성의 범
주들(그것이 세계관이든 아니면 이상형이든, 시대의 특이한 정신이든)을
사용하는 것이 아니다. 기술된 계열들, 고정된 극한들, 수립된 비
교들과 상호관계들은 전통적인 역사철학에 의거하고 있는 것이 아니
며, 목적론적인 총체화를 비판하기 위한 것이다.

3) 인간학적 테마를 쇄신한 분석방법을 정의하는 것이 문제되는
한에서, 이제 소묘하고자 하는 이론은 이미 수행된 탐구들[23]과 이중
적인 관계를 맺고 있다는 것을 알 수 있다. 새로운 분석방법은, 일
반적인 용어들을 써서(많은 교정 및 정교화와 함께), 이 탐구들이 도
중에 사용했던 또는 원인의 요구에 부응하기 위해 만들어냈던 도구
들을 공식화하고자 한다. 그러나 다른 한편 이 방법은 모든 인간학
으로부터 벗어난 분석방법을 정의하기 위해 그렇게 획득된 결과들을
강화시킨다. 그것이 기반하는 토양은 그것이 발견한 토양이다. 광
기와 심리학의 출현에 대한, 병과 임상의학의 탄생에 대한, 생명·
언어·경제의 과학들에 대한 탐구들은 어떤 면에서는 맹목적인 탐구
들이었다 : 그러나 그들은, 그들의 방법을 점차 명확히 했을 뿐만 아
니라 인간학 및 휴머니즘과의 투쟁을 통해 그 역사적 가능성의 돌자
리를 발견함으로써, 점차 명료화될 수 있었던 것이다.


요컨대 이 책은, 앞선 책들처럼, 구조——생성에, 역사에, 시원에
대립적으로 수립된——에 대한 논쟁을 다루고 있는 것이 아니다. 이
책은 그 안에서 인간존재에 대한, 의식에 대한, 시원에 대한 그리고

---

23) 『광기의 역사』 『임상의학의 탄생』 『말과 사물』을 뜻한다.

주체에 대한 물음들이 현시되고, 교차하고, 중첩되고, 특이화되는 場
에 관한 것이다. 그러나 의심할 바 없이 구조의 문제가 제기되는 곳도
바로 여기라고 말한다면 틀린 말은 아닐 것이다.

　이 책은 『광기의 역사』 『임상의학의 탄생』 또는 『말과 사물』에서 읽
어낼 수 있는 것에 대한 정확한 기술과 재검토가 아니다. 여러 가지
점에서 그와는 다르다. 또한 이 책은 꽤 많은 내적인 교정과 비판을
포함하고 있다. 일반적인 방식에 있어 『광기의 역사』는 하나의 〈경험〉
——이 말에 의해 우리가 역사의 익명적이고 일반적인 주체를 인정하
는 것에 얼마나 가까이 머물렀는가를 알 수 있는바——으로서 지시될
수 있는 것에 매우 심각한 그리고 수수께끼 같은 부분을 공유하고 있
었다. [24] 『임상의학의 탄생』에 있어서는, 여러 번 시도되었던 구조주의
적 분석에로의 호소가 제기된 문제의 특이성과 고고학에 고유한 수준
을 지워버리게 되는 위험을 드러냈다. [25] 마지막으로 『말과 사물』에 있
어서는, 방법론적 지표설정의 부재가 분석을 문화적 총체성에 의거한
것으로 믿게 만들 가능성이 있었다. [26] 내가 이러한 위험들을 피할 수
없었다는 것, 이것이 나를 슬프게 한다 : 나는 그들은 우리의 시도 자
체에 새겨져 있었노라고 스스로에게 말함으로써 위안받고자 한다. 왜
냐하면 그 시도는 자신의 적절한 척도를 취하기 위해 다양한 방법들과
역사의 다양한 형태들로부터 몸을 빼내야 했기 때문이다. 그리고 또한
나에게 제기된 물음들이 없었더라면, 제기된 어려움들이 없었더라면,
반론들이 없었더라면, 나는 의심할 바 없이 그 후 이럭저럭 내가 그에

---

24) 즉 이 책을 쓸 당시 그가 (그의 청년 시절 큰 영향력을 행사했던) 現象學的
　　전통으로부터 완전히 결별하지 못했음을 말한다. 젊은 시절 푸코의 철학적 변
　　신에 대해서는 Gary Gutting, *Michel Foucault's archaeology of scientific
　　reason* (Cambridge University Press, 1989)의 2장을 참조.
25) 푸코는 『임상의학의 탄생』을 썼을 당시까지만 해도 스스로를 구조주의자라고
　　생각했다. 그러나 이 책의 재판에서는 〈구조주의적〉이라는 단어가 많이 삭제
　　되었다.
26) 『말과 사물』이 불러일으킨 많은 오해들을 염두에 둔 표현이다.

연루되어 있던 시도가 분명한 방식으로 그려지는 것을 보지 못했을 것이기 때문이다. 이로부터 이 텍스트의 꼼꼼하고 복잡한 방식이 나왔다 : 매순간 이 책은 여기저기에 척도를 수립하며, 그 한계들을 모색하고, 그것이 의미하지 않는 바를 깨버리고, 그의 고유한 길을 정의하기 위해 도랑을 판다. 매순간마다 이 책은 가능한 혼동을 제거해 버린다. 이 책은 스스로의 동일성을 거부한다, 그 기본전제를 말하면서 : 나는 이것도 또 저것도 아니다. 이는 대부분의 경우 비판이 아니다. 이는 결코 모든 사람들이 왼쪽에서 그리고 오른쪽에서 틀렸다고 말하는 방식이 아니다. 이는 그의 이웃관계들의 외재성에 의해 단일한 定位 emplacement를 정의하는 것이다. 이는 타자들을 그들의 주제는 헛된 것이라고 말하면서 침묵으로 환원시키는 것이 아니라 내가 그곳에서 말하는 바의, 내가 아직은 그토록 일시적이고 불확실한 것이라고 느끼는 언설 속에서 천천히 형태를 취하는 白色의 空間을 정의하고자 하는 것이다.

　——당신[27]은 당신이 말하는 바를 확신하고 있지 못한 것이 아닌가? 당신은 또다시 변화하려고 하고 있으며, 사람들이 제기한 물음들에 관련해 자리를 피하려고 하고 있으며, 반론이 당신이 말했던 바의 장소를 제대로 겨냥하고 있지 않다고 말하려는가? 당신은 또다시 나는 사람들이 비난했던 바의 그러한 존재였던 적이 없다고 말하고자 하는 것인가? 당신은 이미, 당신의 최근의 책에서, 당신을 달리 나타날 수 있도록 해주는, 당신이 지금 그렇게 하고 있듯이 업신여길 수 있도록 해주는 주제를 정초하고 있다 : 〈아니다. 그렇지 않다. 나는 당신들이 나를 노리고 있는 그곳에 있지 않다. 여기 이렇게 웃으면서 당신들을 바라보고 있는 것이다〉라고.
　——당신들은 내가 그렇게 고통스럽게 또 그렇게 즐겁게 쓰고자 한

---

27)  Michel Foucault.

다고 생각하는가. 내가, 다소간 열에 들뜬 손으로, 앞으로 전진하고, 나의 기대를 옮기고, 그에게 지하통로를 열어주고, 그 자신으로부터 멀리 밀어넣고, 그에게서 그의 자취를 요약하고 변형시키는 돌출부를 찾아낼 수 있는 그리고 내가 길을 잃고 결국 다시는 더 이상 만나지 못할 두 눈에 나타날 수 있는 迷路를 준비하지 못한다면, 뒤도 돌아보지 않은 채 그에 집착하리라 믿는가. 한 사람 이상이, 의심할 바 없이 나처럼, 더 이상 얼굴을 가지지 않기 위해서 쓴다. 내가 누구인지 묻지 말라. 나에게 거기에 그렇게 머물러 있으라고 요구하지도 말라Ne me demandez pas qui je suis et ne me dites pas de rester le même : 이것이 나의 도덕이다. 이것이 내 신분증명서의 원칙이다. 쓴다는 것이 필요할 때, 이것이 우리를 자유롭게 하는 것이다.

# 2 장  言說的 規則性

## 1 언설의 단위들

불연속, 비약, 문턱, 극한, 계열, 변환과 같은 개념들의 사용은 모든 역사적 분석에 있어 과정상의 물음만이 아니라 이론적인 문제들을 제기한다. 여기에서 연구되어야 할 문제들은 바로 이 이론적인 문제들이다(과정상의 문제들은 앞으로의 경험적 탐구들을 통해 다루어질 것이다. 적어도 기회와 욕구 그리고 용기가 나에게 힘을 불어넣어 준다면). 또한 이 문제들은 특수한 場 안에서만 다루어질 것이다 : 지성사, 사상사 또는 과학사 내지 인식의 역사라고 불리는, 그 경계들이 매우 불확실하고 그 내용들이 매우 유동적인 분야들 내에서.

우선 부정적인 작업을 수행해야 한다 : 연속성의 테마를 그 각자의 방식에 따라 다양화시키는 개념들의 모든 놀이들로부터 벗어나는 것. 이들은 의심할 바 없이 충분히 엄격한 개념적 구조를 가지고 있지 않다. 그러나 그들의 기능은 분명하다. 傳統의 개념 : 이는 계기적이면서 동시에 동일한(아니면 적어도 유비적인) 현상들의 집합에 단일한 시간적 지위를 부여하고자 한다. 또 전통의 개념은 역사의 분산을 同一者 le même 의 형태 아래에서 다시 생각할 수 있도록 해준다. 나아가 이 개념은 시원으로의 무한한 소급을 통해 단절 없이 거슬러 올라가기 위해, 모든 출발점들의 고유한 차이를 환원하도록 해준다. 전통이라는 개념에 입각해 사람들은 존속의 기초 위에서 새로움들을 배제시킬 수 있으며, 그들로부터 시원성에로, 천재에로, 개인에게로 그 공적을 이전시킬 수 있는 것이다. 影響의 개념 : 이는 전이와 소통의 사실들에 잘 분석되기에는 너무나 마술적인 지지를 제공한다. 또 이 개념은 유비 또는 반복의 현상들을 인과적인 성격의 과정(그러나 엄격한 제한이나 이론적인 정의가 없는 과정)의 탓으로 돌린다. 또 이 개념은 개인, 작품, 개념 또는 이론으로서 정의된 단위들을 (전파매체의 중개에 의한 것처럼) 거리를 두고 그리고 시간을 관통해서 연결시킨다. 發展과 進化의 개념 : 이들은 분산된 사건들의 계기를 재분류할 수 있게 해주며, 그들을 유일하고 동일한 조직원리에 관계맺어 줄 수 있으며, 그들로 하여금 생명[1] 의 뛰어난 능력들을(그들의 적응하는 행위들을, 개혁의 능력을, 그를 구성하는 상이한 요소들의 부단한 상호관계를, 동화와 교환의 체계를) 본받게 할 수 있으며, (이미 각각의 출발점들 속에서 기능하고 있는) 정합성의 원리와 미래의 통일성의 소묘를 발견할 수 있게 해주며, 시간을 (결코 주어져 있지 않은 그러나 항상 기능하고 있는) 시원과 종말 사이에서의 영구히 可逆的인 관계를 가지고서 제어할 수 있도록 해준다. 마지막으로 〈정신〉이나 〈의식구조 mentalité〉[2] 의 개념들 : 이들은 한 시대의 동시적인 또는 계기적인 현상들 사이에 의미의 공유를, 상징적인 연결을, 유사성과 거울의 놀이를 수립할 수 있도록 해준다——또는 통일성과 설명의 원리로서 집단의식의 지고함이 드러나도록 해준다. 이제 이 종합들, 사람들이 일반적으로 검토도 하지 않은 채 인정하는 분류들, 그 유효성이 처음부터 인정되는 연결들을 의문에 부쳐야 한다. 사람들로 하여금 인간의 제언설을 끊임없이 연결하는 습

---

1) 생명은 계속 변화하면서도, 그 변화를 소화하면서 자기동일성을 유지한다. 전통적인 역사철학은 이 〈생명〉이라는 隱喩에 의해 고무되었다.

2) 이 단어는 경우에 따라서는 〈心性〉이라고도 번역했다.

관을 가지게 만드는 이 애매한 형태들과 힘들을 몰아내야 한다. 그들을 그들이 지배하는 그늘로부터 쫓아내야 한다. 그리고 그들이 자발적으로 가치 있는 것이 되도록 내버려두기보다는, 방법을 위해 그리고 처음부터, 分散된 事件들의 무리에만 관심을 가질 것을 받아들여야만 하는 것이다.

　우리는 또한 우리가 현재 친숙해져 있는 분절들과 분류들을 의심해 보아야 한다. 3) 과학과 문학, 철학, 종교, 역사, 허구 등을 서로 대립시키는 그리고 이들로부터 일종의 거대한 역사적 개별성들을 만들어내는 장르, 형식 또는 언설의 유형과 같은 구분을 인정할 수 있는가? 우리는 우리 자신 우리의 것인 이 언설의 세계 속에서 이러한 구분들의 사용에 대해 확신을 가지고 있지 않다. 발화되는 순간에 있어서, 전혀 다른 방식에 의해 분할되고, 분배되고 특성화되었던 言表들의 集合에 대해 분석하는 것이 문제될 때에는 더욱 그렇다 : 결국 〈문학〉이나 〈정치학〉은 회고적인 가설에 의해서만 그리고 형식적인 유비나 의미론적 놀이의 유사성에 의해서만 중세문화에 또는 고대문화에까지 적용될 수 있는 최근의 범주들일 것이다. 17, 18세기에는 문학도 정치학도 나아가 철학도 과학도 언설적 장을 19세기와 같은 방식으로 분절하지는 않았던 것이다. 어쨌든 이 분절들——그들이 우리가 인정하는 것들이라 할지라도——은 그들 자체 언제나 반성적인 범주, 분류의 원리, 규범적인 규칙들, 제도화된 유형들인 것이다 : 이들 또한 다른 것들과 함께 나란히 분석되어야 할 言說的 事實들이다. 분절들은 분명 이들과 복잡한 관계를 맺고 있지만, 이들의 내적인, 토착의 그리고 보편적으로 인지가능한 특성들은 아닌 것이다.

---

3) 즉 푸코는 여기에서 〈존재론적 분절 articulation ontologique〉의 문제를 제기하고 있다. 이러한 작업은 언설에 대한 기존의 단위들을 비판적으로 검토함으로써 고고학의 진정한 〈대상〉을 찾는 작업이다. 이와 같은 작업을 통해 찾아낸 고고학적 대상은 뒤에 논의될 〈언설적 형성〉이다.

그러나 특히 검토해 보아야 할 單位들[4]은 가장 직접적인 방식으로 부과되는 것들이다 : 책과 작품의 통일성. 겉으로 보아, 극단적인 인위성 없이 이들을 제거할 수 있을까? 이들은 가장 확실한 방식으로 주어지지 않는가? 즉 일정한 공간을 차지하는, 어떤 경제적인 가치를 지니고 있는, 일련의 기호들에 의해 스스로의 시작과 끝을 보여주는 책의 물질적 개별화. 사람들이 일련의 텍스트들을 저자에게 귀속시킴으로써 인지하고 제한하는 작품의 수립. 그럼에도 불구하고 조금만 자세히 들여다보면 어려움들이 떠오른다. 책의 물질적 통일성? 이는 詩모음집, 유고모음, 『원추곡선론』, 미슐레의 『프랑스史』 1권을 같이 놓고 볼 때 동일한 것으로 생각할 수 있는가? 『주사위놀이』, 질르 드레의 訴訟, 『싼 마르코』 미사경본을 같이 놓고 볼 때 동일하다고 할 수 있을까? 다시 말해 책의 물질적 통일성이란 그것이 담지하고 있는 언설적 통일성에 비하면 약하고 부차적인 것이 아닌가? 그러나 나아가 이 언설적 통일성 자체는 또한 과연 등질적이고 균일하게 적용될 수 있는 것인가? 스탕달의 한 소설 또는 도스토예프스키의 한 소설은 『인간희극』과 같은 방식으로 개별화되지는 않는다. 그리고 이들은 또한 서로 『오딧세이』로부터 『율리시즈』가 구분되는 것과 같은 방식으로 구분되지 않는다. 즉 한 책의 여백들은 분명하지도 결코 엄밀하게 재단되어 있지도 않다. 제목, 첫번째 줄, 마지막 구두점의 저편에, 그의 내적인 구조 및 그에 자율성을 부여해 주는 형태의 저편에, 그것은 다른 책들, 다른 텍스트들, 다른 구절들에로의 참조의 체계 속에서 포착된다 : 그물의 코. 그리고 이 참조의 놀이는 수학적 논구, 어떤 텍스트에 대한 주석, 역사적인 이야기, 소설적인 사건들 속에서의 에피소드 등의 각 경우에 따라 相同的이지 않다. 이곳 저곳에서의 책의 동일성은, 그것이 網들의 망으로 이해된 경우라 할지라도, 동일한 것으로 생각될 수 없는 것이다. 책이 우리의 손 안에 있는 대상으로서 주어진

---

4) unité는 맥락에 따라 〈통일성〉 또는 〈단위〉로 번역했다.

다고 해도 사정은 마찬가지이다. 그것이 그를 테두리짓고 있는 이 작은 직사각형 안에 압축된다 해도 역시 마찬가지이다 : 그의 통일성은 가변적이고 상대적인 것이다. 결국 자세히 살펴보자마자 그것은 그의 자명성을 잃어버린다. 그것은 言說의 복잡한 場 un champ complexe de discours으로부터 출발해서만 지시되고 구성될 수 있는 것이다.

  作品에 관해 말해 본다면, 그것이 일으키는 문제들은 훨씬 어려운 것들이다. 외견상으로 볼 때에는 이보다 간단한 것이 어디 있겠는가? 한 고유명사로서의 기호에 의해 지시될 수 있는 텍스트들의 집합. 그러나 이 지시(귀속의 문제는 차치한다 하더라도)는 등질적인 기능을 가지지 않는다 : 저자의 이름은 그가 자신의 이름으로 펴낸 텍스트를, 그가 가명으로 펴낸 텍스트를, 그의 죽음 뒤에 사람들이 찾아낸 초안을, 난필로 적어놓은 텍스트를, 노트해 놓은 수첩들을, 〈신분증명서〉를 동일한 방식으로 지시하는 것일까? 전집의 또는 작품집의 구성은 정당화하기가 쉽지 않은 일련의 선택들을 전제한다 : 출판된 책들에다가 출판하기로 계획된 책들 그리고 저자의 죽음에 의해 미완성으로 그친 것들을 덧붙이는 것으로 충분한가? 초안, 계획, 책의 여백에 써넣은 교정과 삭제 모두를 덧붙여야 하는가? 포기된 소묘들도 덧붙여야 하는가? 또한 편지들, 노트들, 대담들, 청중들에 의한 기록들, 요컨대 한 개인이 죽은 뒤에 남겨놓은 그리고 무한한 교착 속에서 그렇게 상이한 언어들을 말하는 言說的 痕迹들의 무더기에 어떤 지위를 부여해야 하는가? 어쨌든 〈말라르메〉라는 이름은 영어논문에 있어, 에드거 포의 번역에 있어, 그의 詩들에 있어, 질문들에 대한 대답들에 있어 같은 것을 지시하지 않는다. 마찬가지로 니체라는 이름과 그의 젊은 날의 자서전, 학구적인 논문들, 문헌학적인 논문들, 『차라투스트라』 『이 사람을 보라』, 편지들 그리고 〈디오니소스〉 또는 〈황제 니체〉로 서명된 최후의 전보들, 세탁소의 노트들과 격언들의 기획으로 가득 차 있는 수많은 수첩들 사이에 존재하는 것은 동일한 관계가 아닌 것이다. 사실 우리가 저자의 〈작품〉에 대해 별 생각없이 말한다면, 이는 우리가 그것을 表現의 어떤 기능에 의해 정의되어 있는 것으로 가정하기 때문이다. 우리는 작품이 그 모든 조각들에 있어, 가장 미세하고 비본질적인 부분에 있어서까지, 사유의 또는 경험의, 상상력의 또는 저자의 무의식의, 저자를 둘러싸고 있는 역사적 규정들의 표현이라는 것을 드러내주는 하나의 水準(상상을 요구할 만큼 충분히 심오한)이 존재해야 한다는 것을 인정한다. 그러나 우리는 곧 이러한 단위는 직접적으로 주어진 것이 아니며 하나의 조작에 의해 구성된다는 것을 그리고 이 조작은 해석적이라는 것을(왜냐하면 이 조작이, 텍스트 안에서, 그 텍스트가 숨기고 있는 그리고 동시에 드러내 보여주는 어떤 것의 移書, 즉 표현을 해독하기 때문에), 작품집을 그리고 결과적으로 작품 자체를 그 통일성에 있어 결정하는 조작이 『演劇과 그의 分身』의 저자에 있어 혹은 『論考』의 저자에 있어 동일하지 않으리라는 것을, 따라서 여기에서 그리고 저기에서 〈작품〉이라고 불리는 것이 동일한 것을 의미하는 것이 아니라는 것을 곧 알게 된다. 작품이란 직접적인 단위로서도, 확실한 단위로서도, 등질적인 단위로서도 생각될 수 없는 것이다. [5]

　사람들로 하여금 그들이 구성하고자 하는 언설을 무반성적으로 조직하게 해주는 연속성들을 제거하기 위한 마지막 사전조치가 남아 있다 : 서로 연결되어 있으며 마주보고 있는 두 가지의 테마를 제거하는 것. 하나는, 언설의 질서에 있어, 진정한 事件의 破裂을 제공하는 것이 불가능하기를, 모든 외관적인 시작을 넘어서 언제나 하나의 비밀스러운——너무 비밀스럽고 시원적이기 때문에 결코 그 자체에 있어서 완전히 포착되지 않는——始源이 존재하기를 원한다. 그래서 사람들은, 연대기들의 소박성을 통해, 어떤 역사에도 결코 현존하지 않으며 또 무한히 소급되는 지점으로 불가피하게 이끌려갈 것이다. 그래서 사건들은 그 자체 그 자신의 공허일 뿐이다. [6] 그리고 그로부터 출발해

---

5) 이상의 내용에 대해서는 「저자란 무엇인가?」, 『구조주의를 넘어서』 (이정우 옮김, 인간사)를 참조.

6) 즉 (시원이 아닌) 現存——사건——은 단지 시원의 不在일 뿐이다. 따라서

모든 시작들은 재시작이나 掩蔽——사실은 유일하고 동일한 몸짓에 있어, 이것이고 저것인데도 불구하고[7]——가 될 수밖에 없을 것이다. 이 테마에 또 하나의 테마가 덧붙여진다. 그에 따르면 모든 명시적인 (현존하는 즉 가시적인) 언설은 이미 말해진 것 déjà-dit[8] 위에 비밀스럽게 근거를 두고 있다. 그리고 이 이미 말해진 것은 단지 이미 발음된 구절이나 이미 씌어진 텍스트가 아니라, 〈결코 말해지지 않은 것〉, 육체 없는 언설, 숨결과도 같이 말 없는 목소리, 스스로의 흔적에 있어서의 구멍일 뿐인 글쓰기인 것이다.[9] 그래서 사람들은 언설에 있어 일어나는 모든 것들은 그에 앞서는, 그의 아래에서 집요하게 흐르는 그러나 그가 다시 덮고 침묵시키는 이 半침묵 속에서 이미 다듬어져 있다고 가정한다. 결국 명시적인 언설은 그가 말하지 않은 것의 억압적인 現存 présence répressive[10]일 뿐이다. 그리고 이 말해지지 않은 것 non-dit 은 말해지는 모든 것을 내부로부터 파내는 구멍인 것이다. 첫번째 동기는 언설에 대한 역사적 분석을 모든 역사적 규정을 비켜가는 시원의 탐색과 반복에 바친다. 또 하나의 동기는 끝없이 그를 (동시에 非言이기도 한) 旣言의 청취와 해석에 바친다.[11] 언설의 무

---

이러한 입장에 있어서는 모든 존재는 자기 자신으로서 평가되는 것이 아니라 어떤 기준점(시원)——예컨대 헤겔의 절대정신——으로부터의 거리에 의해 평가된다. 이러한 철학들에 있어 현실은 언제나 시원으로부터의 〈마이너스〉로 해석된다(전통적인 철학에 있어 현실적인 세계가 흔히 부정적인 것으로 평가되는 이유가 여기에 있다). 현대의 〈事件의 哲學〉은 이러한 입장을 극복해서 모든 존재들을 그 자체의 가치에 있어서 보고자 한다.

7) 즉 a, b, c, d……는 A의 재시작일 뿐인(베르그송이 비판하는 〈Tout est donné〉) 것이 아니라 단지 〈a 그리고 b 그리고 c 그리고 d ……〉일 뿐이다.

8) 즉 시원.

9) 즉 시원은 결코 완전하게 현존한 적이 없다. 그러면서도 그것은 언제나 현존한다.

10) 가시적인 현존이 결국 시원의 부재일 뿐이라는 사실에 대한 정신분석학적인 표현.

11) 전자는 형이상학적 절대자를 추구하는 철학을, 후자는 해석학을 가리

한한 연속성을 그리고 언제나 갱신되는 不在의 놀이 le jeu d'une absence[12] 속에서의 그의 비밀스러운 自己現存을 보장하는 것으로 기능하는 이 논제들을 버려야 한다. 사건들의 파열 irruption d'événement 속에서 언설의 각 순간들을 모으는 것.[13] 그(언설)를 나타나게 하는 이 시간적 정확성 속에서, 그로 하여금 반복되고, 인식되고, 잊혀지고, 변환되고, 그의 최소한의 흔적에 이르기까지 지워지고, 모든 시선으로부터 외면된 채 매장될 수 있게 해주는 이 시간적 分散 dispersion temporelle 속에서, 책들의 먼지 속에서. 언설을 시원의 먼 현존에 관련시키지 말자. 그것을 그의 순간의 놀이 속에

---

킨다.

12) 즉 始源의 부재. 始源은 부재하면서도 명시적 언어의 밑바탕에서 항상 작동됨으로써 비밀스럽게 현존한다. 비밀스러운 현존으로서의 사이비 不在의 놀이.

13) 푸코 언어철학의 핵심은 우리의 사유와 언어가 결코 상응하지 않는다는 것, 우리의 사유가 언어화될 때 또는 언어가 우리로 하여금 사유하게 할 때 可視的인 언어와 말하는 주체 사이에는 보이지 않는 어떤 〈언설의 질서 l'ordre du discours〉가 존재한다는 것이다. 주체는 이 질서에 따름으로써만이, 즉 그 공간 속에 자리를 잡음으로써만이 의미를 담지할 수 있다(〈언어란 주체의 사라짐 속에서만 그 자체로서 모습을 드러낸다〉〈말하는 주체는 그가 그에 대해 말하고 있는 바의 대상과 동일한 것이다〉).

　이러한 공간은 주체의 동일성을 끊임없이 분산시키는 불연속적 체계들로 이루어진 外在性의 공간이자 끊임없는 〈권력과 욕구의 놀이〉가 벌어지는 비물질적 物質性의 공간이자(Habermas의 이상적 대화상황과 같은 것은 존재하지 않는다), 秩序와 偶然의 놀이가 벌어지는(즉 순수한 意圖로 충만된 공간도 기계적인 因果가 지배하는 공간도 아닌) 새로운 출현의 공간 즉 事件 événement의 공간인 것이다. 동일자는 타자의 나타남을 끊임없이 배제하지만, 고고학은 사건들을 그 자체의 분산 속에서 다루는 것이다. 이 핵심적인 논제를 잘 이해하기 위해서는 *La pensée du dehors* (Fata Morgana, 1986) ; *L'ordre du discours* (Gallimard, 1971) ; "Theatrum Philosophicum", *Critique* (1970), pp. 885-908을 읽어보는 것이 좋다.

서 다루자.[14]

  연속성의 이와 같이 미리 전제되는 형태들, 사람들이 문제시하지 않
고 받아들이는 또 충분한 권리를 가지고서 그에 가치를 부여하는 이
모든 종합들, 우리는 이들을 의심해 보아야 한다. 분명 이들을 결정적
으로 거부하는 것은 아니라 그들을 무심코 받아들이는 습관을 거부하
는 것이 필요하다. 그들이 결코 자명하지 않다는 것, 그들이 그 규칙
들을 인식하고 정당화들을 조절해 보아야 할 어떤 구성의 결과들일 뿐
이라는 것을 보여주는 것, 일련의 분석들이 어떤 조건하에서 그리고
어떤 관점으로부터 합법성을 획득하는가를 정의하는 것, 어쨌든 더 이
상 받아들여질 수 없는 것들을 지적하는 것이 필요하다. 예컨대 〈영
향〉이나 〈진화〉의 개념이 다소간 긴 시간 동안 그들을 쓸모없게 만들
었던 비판[15]에서 회복되는 경우도 가능한 것이다. 그러나 〈작품〉
〈책〉 또는 〈과학〉이나 〈문학〉과 같은 단위들 없이 어떤 논의가 가능
할 것인가? 이들을 환상들로, 비합법적인 구성물들로, 잘못 획득된
결과들로 간주할 수 있을까? 이들에 대한(설사 잠정적인 것이라 할지라
도) 지지를 취하는 것을, 그에 언젠가는 정의를 부여할 것을 포기해야
할까? 사실상 문제가 되는 것은 이들로부터 사이비자명성을 제거하는
것, 그들이 제기하는 문제들을 해결하는 것이다. 이들은 조용한 장소
──그로부터 출발해 다른 질문들(그들의 구조에 대해서, 정합성에 대해
서, 체계성에 대해서, 변환들에 대해서)을 제기할 수 있는──가 아니
라는 것, 차라리 그들은 스스로 한 다발의 물음들(그들은 무엇인가?
그들을 어떻게 제한하고 정의하는가? 그들은 어떤 분절들일 수 있는가?
그들은 어떤 부분집합들을 생겨나게 하는가? 그들은 언설의 장 속에서 어
떤 특이한 현상들을 나타나게 하는가?)을 제기한다는 것을 이해하는 것
이 필요하다. 그들이 결국 사람들이 처음에 믿었던 바와 같은 것이 아

───────────────

14) 〈내가 누구인지 묻지 말라. 나에게 거기 그렇게 머물러 있으라고 요구
    하지도 말라. 〉
15) 바슐라르-깡길렘의 작업을 뜻한다.

니라는 것을 이해하는 것이 필요하다. 요컨대 그들이 하나의 理論을 요구한다는 것, 그리고 이 이론은, 그 비종합적인 순수성 속에서, 그로부터 출발해 사람들이 그들을 구성하는 言說的 事實들의 場이 나타남 없이는 이루어질 수는 없다는 것을 이해해야 하는 것이다.

그리고 우리 자신으로 말하면, 우리는 다른 아무것도 하지 않을 것이다 : 분명 우리는 최초의 지표로서 (정신병리학, 임상의학, 정치경제학 같은) 모든 주어진 단위들을 취할 것이다. 그러나 우리는 이들의 내적인 윤곽이나 비밀스러운 모순들을 탐구하기 위해 이 의심스러운 단위들의 내부에 자리잡지는 않을 것이다. 우리는 그들이 어떤 단위들을 형성하는가, 그들은 어떤 권리를 가지고서 그들을 공간 속에서 특이화하는 영역과 시간 속에서 개별화하는 연속성을 요구할 수 있는가, 그들은 어떤 언설적 사건들에 기반하여 분절되는가, 그리고 마지막으로 그들은, 받아들여진 그리고 擬似제도적인 그들의 개별성에 있어, 보다 견고한 단위들의 표면적인 결과가 아닌가를 의심할 때에만 이들에 의존할 것이다. 우리는 즉각 의문에 부치기 위해서만, 역사가 나에게 제시하는 집합들을 받아들일 것이다. 그들을 풀어헤치기 위해서만 그리고 그들을 합법적으로 다시 묶을 수 있는가의 여부를 알기 위해서만. 그중 어떤 것들을 재구성해야 하는가의 여부를 알기 위해서만. 그들의 외관적인 친숙함을 흐트러뜨림으로써 하나의 이론을 만들어낼 수 있게 해주는 보다 일반적인 空間 속에 그들을 재배치하기 위해서만.

연속성의 이와 같은 직접적인 형태들이 일단 의심에 부쳐지기만 하면, 이제 모든 영역들이 해방된다.[16] 거대한 그러나 정의가능한 하나의 영역 : 그것은 현실적인 모든 언표들의 집합(이들은 말해지고 씌어졌다)에 의해, 사건들의 분산 속에서 그리고 각자에 고유한 순간 속에서 구성되었다. 모든 확실성을 가지고서 과학에, 소설에 또는 정치적 언

---

16) 즉 고고학적 영역들. 기존의 존재론적 분절을 비판함으로써 (고고학의 대상이 될) 새로운 영역들을 발굴해 내었다 : 언표, 언설 등.

설에, 저자의 작품에 나아가 책에 관계하기 이전에, 사람들이 그의 최초의 중립성 속에서 취급했던 재료들, 그것은 일반적인 언설의 공간 속에서의 사건들의 무더기이다. 이렇게 해서 언설적 사건들의 記述 description des événements discursifs에 대한 계획이 이 공간 속에서 형성되는 단위들의 탐구를 위한 지평으로서 떠오른다. 이 기술은 랑그에 대한 분석과 손쉽게 구분된다. 분명 우리는 언표들의 모음이나 언설적 사실들의 집합을 사용함으로써만 언어적 체계를 수립할 수 있다 (그를 인위적으로 구성하지 않는 한). 그러나 견본의 가치를 지니는 이 집합에서 출발해 경우에 따라 그 집합과 다른 언표들을 구성할 수 있도록 해주는 규칙들(랑그)을 정의해야 한다. 하나의 랑그는, 그 집합이 오래전에 사라졌다 하더라도, 아무도 그에 대해 더 이상 말하지 않는다 하더라도 그리고 희박한 단편들 위에서 복구되었다 하더라도, 언제나 가능한 언표들을 위한 체계를 구성하는 것이다. 그것은 무한한 수행들을 보장해 주는 규칙들의 유한한 집합이다. 반면에 언설적 사건들의 場은 언제나 유한한 그리고 가시적으로 표현된 언어적 계열들에 의해서만 현실적으로 제한되는 총체이다. 물론 이 계열들은 무한할 수 있으며, 그들의 질량에 의해, 등록의, 기억의 또는 독해의 모든 능력을 능가할 수 있다 : 그럼에도 불구하고 이들은 하나의 유한집합을 구성하는 것이다. 어떤 언설의 사실에 관련해, 랑그의 분석이 제기하는 물음은 언제나 동일한 것이다 : 그러한 언표들은 어떤 규칙들에 따라 구성되었는가? 그 결과 그와 유사한 다른 언표들은 어떤 규칙들에 따라 구성될 수 있는가? 언설적 사건들에 대한 기술은 전혀 다른 종류의 물음들을 제기한다 : 어떻게 그러한 언표가 바로 그 자리에서 나타날 수 있는가?[17]

마찬가지로 우리는 언설에 대한 이러한 기술은 사유의 역사[18]에 대

---

17) 즉 전자는 언표구성의 일반적인 법칙을, 후자는 어떤 시공간에 있어서의 한 언표의 〈단일한〉 나타남을 다룬다.

18) 여기에서의 〈사유의 역사〉란 전통적인 형태의 지성사 서술을 의미한다.

립된다는 것을 알 수 있다. 여기에서도 역시 언설의 일정한 집합으로 부터 출발해서만 사유의 체계를 건설할 수 있다. 그러나 이 집합은 사람들이 언표들 자체의 저편에서 말하는 주체의 의도를, 그의 의식적인 활동을, 그가 의미하고자 했던 것을, 또는 무의식적인 작동(그가 말한 것 속에서 또는 그의 드러난 파롤의 거의 감지할 수 없을 정도의 틈 속에서 나타난)을 되찾고자 하는 방식과 같은 방식으로 취급되었다. 여기에서는 다른 언설을 재구성하는 것, 침묵의, 우물거리는, 소진되지 않는 (내부로부터 우리가 들은 목소리에 생명을 불어넣는) 파롤을 되찾는 것, 씌어진 힘들의 틈새를 주파하고 종종 이들을 혼란에 빠뜨리는 가느다란, 보이지 않는 텍스트(시원)를 재건하는 것이 문제이다. 사유에 대한 분석은 언제나 그것이 사용하는 언설에 관계해서 寓意的인 allégorique[19] 것이다. 그의 질문은 분명 이것이다 : 그러므로 말하여진 것 속에서 말하는 자는 누구인가? 그러나 언설적 장에 대한 분석은 전혀 다르게 정향되어 있다. 여기에서 문제되는 것은 언표를 그의 사건의 구체성과 단일성 속에서 파악하는 것, 그의 존재조건을 결정하는 것, 적절하게 그의 한계를 고정시키는 것, 그에 연결될 수 있는 다른 언표들과의 상관관계를 수립하는 것, 그것이 어떤 다른 언표행위의 형태들을 배제하는가를 지적하는 것이다. 우리는, 명시적으로 드러난 것 아래에서, 다른 언설의 半침묵적인 수다[20]를 결코 찾지 않는다. 우리는 그것이 왜 그것 아닌 것이 아닌지를 또 어떤 점에서 그것이 다른 모든 것들을 배제하는지, 그것이 어떻게 타자들 한가운데에서 그리고 그들과의 관련하에서, 다른 어떤 것도 차지할 수 없는 자리를 차지하는지를 보여주어야 하는 것이다. 그러한 분석에 고유한 물음을 우리는 다음과 같이 공식화할 수 있을 것이다 : 말해진 것 안에서——그리고 바

────────────────

19) 즉 실재의 모습을 완전하게 드러내어 주는 것이 아니다. 소진되지 않는 原點은 언제나 남는다. 따라서 이 시원을 나타내는 언어는 언제나 본질적으로 〈은유적 métaphorique〉일 수밖에 없다.
20) 언제나 부재하면서도 또 언제나 현존하고 있는.

로 그곳에서만──나타나는 이 단일한 實存cette singulière existence
은 무엇인가?

　마지막으로 우리는, 결국 우리가 처음 문제삼고자 하는 체했던 單位
들을 되찾는 것이 문제라면, 모든 이미 승인된 단위들을 인정한다는
것이 어떤 의미를 가지는가를 생각해 보아야 한다. 사실상 모든 주어
진 단위들을 체계적으로 제거한다는 것은 언표에게 사건의 단일성을
복구할 수 있도록 해주며, 불연속이 단지 역사의 지질학 내에 단층을
형성시키는 커다란 우발사건들 중의 하나가 아니라 언표라는 단순한
사실 속에 이미 존재한다는 것을 보여줄 수 있도록 해준다.[21] 우리는
언표를 그의 역사적 파열 속에서 나타나도록 한다. 우리가 눈앞에 드
러내보이고자 하는 것, 그것은 언표가 구성하는 이 절개, 이 환원불가
능한 ── 그리고 종종 미소한──出現 émergence 인 것이다. 하나의
언표──그것이 아무리 진부한 것이라 하더라도, 우리가 그 결과에
대해 상상하는 만큼의 중요성에 훨씬 못 미친다 하더라도, 우리가 상
상하는 것만큼이나 잘못 이해되고 해독된다 하더라도──는 언제나
랑그도 의미도 완전히 길러낼 수 없는 하나의 事件인 것이다. 분명 이
상한, 낯선 사건 : 무엇보다도 그것이 한편으로는 글쓰기라는 행위나
파롤의 분절에 연결되어 있지만, 다른 한편으로 기억의 장 속에서 또
는 원고, 책 그리고 다른 모든 기록형태들의 물질성 속에서 保磁的인
존재성을 요구한다는 점에서. 또 그것은 다른 모든 사건들처럼 유일한
것이면서도 반복을, 변환을, 재활성화를 필요로 한다는 점에서.[22] 마
지막으로 그것은 그를 야기시키는 상황들과 그것이 유발하는 결과들에
묶여 있을 뿐만 아니라 동시에, 전혀 다른 양태에 따라, 그를 선행하

─────────────

21) 즉 언어를 언표라는 관점에서 보면, 불연속성이 언어가 지니고 있는
　　근본적인 성격이라는 것이 드러난다.
22) 즉 사건, 분산의 강조가 우리를 무법칙주의에로 이끌고 가지 않는다.
　　언표는 일정한 규칙성을 보여준다. 그 규칙성을 기술하는 것이 고고학
　　의 목적이다.

는 그리고 그를 따르는 언표들에 묶여 있다는 점에서.

그러나 우리가, 랑그에 관련하여 그리고 사유에 관련하여, 언표적 사건의 순간을 고립시키고자 하는 것이 사실이라 해도, 이는 사실들의 무더기를 散種시키기 위한 것은 아니다. 이는 그 심급을 순수하게 심리학적인 종합의 주체들(저자의 의도, 그의 정신의 형태, 그의 사유의 엄격함, 그를 사로잡고 있는 테마들, 그의 존재를 가로지르는 그리고 그에게 의미를 부여하는 계획들)에 관련시키지 않고서도 다른 형태의 규칙성들, 다른 유형의 관계들을 파악할 수 있음을 확신할 수 있기 위해서이다. 즉 언표들 사이의 상호관계들 (그들이 저자의 의식을 비켜간다 하더라도, 동일한 저자를 가지지 않는 언표들이 문제된다 하더라도, 저자들이 서로를 모른다 하더라도), 그와 같이 수립된 언표군들 사이의 관계들 (이 군들이 동일한 영역에도 이웃하는 영역에도 관련하지 않는다 하더라도, 그들이 동일한 형식적 수준을 가지지 않는다 하더라도, 그들이 지정가능한 교환장소가 아니라 해도), 언표 및 언표군들과 이들과는 전혀 다른 질서에 속하는 사건들(기술적, 경제적, 정치적, 사회적 사건들) 사이의 관계들. 언표적 사건들이 그 안에서 펼쳐지는 공간을 그 순수성 속에서 나타나게 하는 것, 이는 어떤 것에 의해서도 극복되지 않는 하나의 고립 속에 그를 수립하고자 하는 것이 아니다. 이는 그 공간을 그 자신 속에 가두고자 하는 것이 아니다. 이는 그 공간의 안에서 그리고 바깥에서 관계들의 놀이를 기술하기 위한 것이다.

언설적 사실들에 대한 이러한 기술의 세번째 관심 : 자연적인, 보편적인 또는 직접적인 단위들을 위해 주어지는 모든 분류들로부터 이들(관계들)을 해방시킴으로써, 우리는 다른 단위들을 기술할 수 있는 가능성을, 그러나 이번에는 완수된 결정들의 집합에 의해, 부여받는다. 그 조건들을 명료하게 정의하기만 한다면, 정확하게 기술된 관계들에서 출발해 임의적이지 않으면서도 非可視的인 것으로 남을 언설적 집합들을 구성하는 것은 합법적일 수 있다. 분명 이 관계들은 그 자체로서는 문제되고 있는 언표들 내에서 공식화되지 않는다(예컨대, 언설이

소설의 형태를 부여받고 있을 때, 그것이 일련의 수학적 정리들 속에 새겨
질 때, 그것 자체에 의해 제기되고 말해진 이 명시적인 관계들과는 달리).
그럼에도 불구하고 결코 그들은 명시적 언설들에 내부로부터 생명을
불어넣음으로써 일종의 비밀스러운 언설을 구성하지 않을 것이다. 그
러므로 이는 그들을 드러나게 할 수 있을 언표적 사실들에 대한 해석
이 아니라 그들의 공존에 대한 분석, 그들의 계기에 대한, 상호 기능
작용에 대한, 그 상호결정에 대한, 독립적 또는 상호관계적 변환에 대
한 분석인 것이다.

　그럼에도 불구하고 그렇게 나타날 수 있는 모든 관계들을 지표 없이
기술할 수 있는 가능성은 배제된다. 우선 잠정적인 분절을 받아들이는
것이 필요하다 : 필요할 경우 분석에 의해 동요시키고 재조직할 최초의
영역. 이 영역을 어떻게 테두리지을 수 있을 것인가? 한편으로, 경험
적으로, 관계들이 다양하고 조밀하며 상대적으로 기술하기 편한 위험
을 감수하는 영역을 선택해야 한다 : 그리고 언설적 사건들이 어떤 다
른 영역 내에서, 일반적으로 과학이라는 이름이 지시하는 영역보다 더
용이하게 해독되는 관계들에 따라 그리고 서로간에 보다 잘 연결될 것
인가? 그러나 다른 한편, 거의 드러나 있지 않은 言說群들에 기대지
않고서, 언표들이 순수한 통사론적 규칙들에 따라 필연적으로 탄생하
는 것처럼 보이지는 않는 곳에서, 과연 언표 속에서 그의 형식적 구조
의 측면과 그의 구성법칙의 측면이 아닌 그의 존재와 그의 出現의 規
則이라는 측면을 재포착할 최선의 기회를 부여받을 수 있겠는가? 처
음부터 충분히 큰 영역들, 충분히 큰 연대기적 범위를 제안하지 않고
서, 작품과 같은 단위나 영향과 같은 범주들을 비켜가리라고 어떻게
확신할 수 있겠는가? 우리가 말하는 주체, 언설의 주체, 텍스트의 저
자, 요컨대 이 모든 인간학적 범주들에 근거하는 거의 무반성적인 이
모든 통일성들이나 종합들에 집착하지 않으리라는 것을 어떻게 확신할
수 있겠는가? 이 범주들을 구성해 주는 언표들의 집합――그 〈대상〉
으로서 언표의 주체를 선택한, 그를 인식의 場으로서 전개시키고자 한

언표들의 집합——을 생각하지 않는다면.

이렇게 해서, 매우 도식적으로 말해 〈인간과학〉을 정의한다고 할 수 있는 이 언설들에 우리가 부여한 사실의 특권이 설명된다. 그러나 이는 출발점의 특권일 뿐이다. 다음과 같은 두 가지 사실을 염두에 두어야 한다. 언설적 사건들에 대한 분석은 어떤 방식으로도 동일한 영역에 제한되지 않는다. 이 영역 자체의 분절은 결정적인 것으로도, 절대적인 가치를 지니는 것으로도 생각될 수 없다. 단지 이 첫번째 소묘의 한계들을 제거해 줄 관계들을 나타나게 할 수 있는 밑그림일 뿐이다.


## 2 언설적 형성

위와 같은 이유에서 우리는 언표들 사이의 제관계를 기술하고자 시도했다. 우리는 우리에게 제기될 수 있었던, 습관이 나에게 강요했던 이 단위들 중 어떠한 것도 가치 있는 것으로 받아들이지 않도록 조심했다. 우리는 어떠한 형태의 불연속, 비약, 문턱 또는 극한도 무시하지 않기로 결심했다. 우리는 언표들을 언설적 장에 입각해서 그리고 그들이 형성하는 관계들에 입각해서 기술하고자 결심했다. 하지만 이제 두 계열의 문제들이 곧 대두된다 : 그중 하나——우리는 이를 지금 다룰 수 없으며 뒤에서 다시 언급할 것이다——는 언표, 사건, 언설과 같은 용어들에 대한 우리의 다소 거친 사용들에 관련된 문제이고, 다른 하나는 우리가 그 잠정적인 그리고 가시적인 분류에 대해 묵과했던 언표들 사이에서 합법적으로 기술될 수 있는 관계들에 관련된 문제이다.

예컨대 정치경제학이나 생물학 또는 정신병리학에 속하는 것으로서 주어지는——그리고 이는 쉽게 그 탄생의 시간을 부여할 수 있는 시기로부터이다——언표들이 존재한다. 또한 문법이나 의학으로 불리는 ——탄생시기를 거의 알 수 없는——무한한 연속성에 속하는 것으로서 주어지는 언표들이 존재한다. 그러나 이 단위들은 무엇인가? 어떻게 윌리스 Thomas Willis에 의해 수행된 뇌병에 대한 분석과 샤르꼬 Jean Martin Charcot의 임상의학이 동일한 言說의 秩序에 속한다고 말할 수 있는가? 노이만 Johannes von Neumann의 수리경제학의 연장선상에 있는 페티 William Petty의 발명들이란 무엇인가? 포르-로와얄의 문법학자들에 의한 판단의 분석이 어떻게 인도유럽어에 있어서의 모음교체에 대한 지표화와 같은 영역에 속할 수 있는가? 요컨대 그 의학, 그 문법, 그 정치경제학이란 무엇인가? 이들은 현대의 과학들이 그들의 과거라고 헛되이 생각하는 회고적 재분류에 불과한 것이 아닐까? 그들이 과연 단번에 수립되어 시간의 흐름 속에서 지고하게 발전된 형태들일까? 그들은 다른 단위들을 포함하는가? 그리고 어떤 종류의 연결이, 친숙한 동시에 완고한 형태로 수수께끼 같은 덩어리를 형성하는 이 모든 언표들 사이에서, 유효하게 인식될 수 있는 것일까?

1 첫번째 가설——가장 그럴 듯하고 가장 쉽게 받아들일 수 있는 가설——: 그 형태에 있어 상이하고, 시간 속에서 분산되어 있는 언표들은, 그들이 하나의 유일하고 동일한 對象 objet을 가질 때, 하나의 단위를 형성한다. 그래서 정신병리학을 형성하는 언표들은 모두 개인적 또는 사회적 경험 속에서 상이한 방식으로 윤곽을 드러내는, 狂氣라고 부를 수 있는 이 대상에 연관되어 있는 듯이 보인다. 그러나 우리는 곧 〈광기〉라는 대상의 통일성이 언표들의 집합을 개별화하지 못한다는 것, 언표들 사이에 기술가능하고 동시에 일정한 관계를 수립하지 못한다는 것을 알게 된다. 그리고 이에는 두 가지 이유가 존재한다. 만일 우리가 광기의 존재 자체에게, 그의 비밀스러운 내용에게, 말 없는 그리고 스스로에 갇혀 있는 그의 진리에게 어떤 주어진 순간에 그에 대해 말할 수 있는 것을 요구한다면 분명 그것은 오류이다. 정신병은 그것을 이름짓고, 마름질하고, 기술하고, 설명하고, 그의 발전을 논하고, 그의 다양한 상호관계를 지시하고, 그를 판단하고,

2장 言設的 規則性 59

경우에 따라서는, 그의 이름에 있어 그의 것들로 간주되어야 할 언설들을 분절시키는 파롤을 준비하는, 모든 언표군들 속에서 말해진 것의 집합에 의해 구성되었다. 그러나 그 이상의 것이 있다 : 이 언표의 집합은 결코 결정적으로 형성된 하나의 유일한 대상에 관계맺고 있는 것이 아니며, 그 대상을 그의 소진되지 않는 觀念性[23]의 지평으로서 무한히 보존하는 것도 아니다. 17세기 또는 18세기의 의학적 언표들에 의해 그들의 상관자로서 제기된 대상은 법률적인 문장들이나 경찰의 사건처리 문서를 통해 그려진 대상과 같지 않다. 마찬가지로 정신병리학적 언설의 모든 대상들은 핀넬Philippe Pinel이나 에스뀌롤Jean-Etienne Dominique Esquirol로부터 블뢸러Eugen Bleuler에 이르기까지 수정되었던 것이다 : 여기에서의 물음과 저기에서의 물음은 결코 같은 病에 대해서가 아니다. 문제되고 있는 것은 결코 동일한 狂人들이 아닌 것이다.

우리는 대상들의 이 복수성 multiplicité 으로부터 〈광기에 관련된 언설〉을 언표의 집합을 구성하는 데 유효한 집합으로 인정하는 것이 불가능하다는 결론을 내릴 수 있고, 아마도 내려야 할 것이다. 아마도 하나의 유일하고 동일한 대상을 가지는 언표군들에 국한하는 것이 필요할 것이다 : 예컨대 우울증이나 신경증에 관한 언설들. 그러나 곧 이 언설들 또한 그 각자가 그의 대상을 구성하고 있으며 그를 완전히 변환시킬 정도로 加工한다는 사실을 깨닫는다. 그래서 문제는 한 언설의 통일성이 한 대상의 단일성과 존속에 의해서가 아니라 그 안에서 다양한 대상들이 윤곽지어지고 계속해서 변환되는 空間 l'espace où divers objets se profilent et continûment se transforment 에 의해 만들어지는 것이 아닌가를 아는 것이 된다. 광기에 관련된 언표들의 집합을 개별화해 주는 특징적인 관계는 이 공간 안에서 이름지어지고, 기술되

---

23) 이 책에서의 관념성 idéalité이란 정신적인 존재를 말하는 것이 아니라 객관적으로 존재하는, 순수하고 자기동일적인 플라톤적 이데아와 같은 존재를 의미한다.

고, 분석되고, 평가되고, 판단되는 다양한 대상들의 동시적인 또는 계기적인 出現의 規則 règle d'émergence이 아닐까? 광기에 관한 언설의 통일성은 〈광기〉라는 대상의 존재에 또는 대상성의 유일한 지평의 구성에 기초하고 있는 것이 아니다. 이는 어떤 주어진 시기에 대상들의 출현을 가능하게 해준 規則들의 놀이이다 : 구분과 억압의 측도에 의해 마름질된 대상들, 임상적인 실천 속에서, 법률 속에서, 종교적인 응용윤리학 속에서, 의사들의 진단 속에서 분화되는 대상들, 병리학적 기술들 속에서 드러나는 대상들, 코드에 의해 또는 치료를 처방에 의해, 치료와 보호에 의해 포위된 대상들. 나아가 광기에 대한 언설의 통일성은 이 상이한 대상들의 변환을, 시간 속에서의 그들의 非동일성을, 그들 안에서 야기되는 비약들을, 그들의 존속을 위협하는 내적인 불연속을 정의하는 규칙들의 놀이인 것이다. 결국 역설적으로, 언설의 집합을 그 개별성에 있어 정의하는 것은 이 대상들의 분산을 기술하는 것, 그들을 분리하고 있는 모든 간극들을 파악하는 것, 그들 사이를 지배하는 거리들을 측정하는 것——달리 말해 그들의 配分의 法則 loi de répartition을 공식화하는 것이다.

2 언표들 사이에서 관계들의 군을 정의하기 위한 두번째 가설 : 그들의 얽힘의 형태와 유형. 예컨대 의학은 19세기 이래 그의 대상이나 개념보다는 어떤 양식 style, 言表行爲의 일정한 특성에 의해 특징지어진 것으로 보인다. 처음으로 의학은 더 이상 전통, 관찰, 이질적인 처방의 집합에 의해서가 아니라 사물에 대한 동일한 視線을, 知覺的 場의 동일한 그물망을, 신체의 가시적인 공간에 따른 병리학적 사실의 동일한 분석을, 사람들이 말하는 것 속으로의 지각하는 것의 移書[24]의 동일한 체계(동일한 어휘, 동일한 은유)를 가정하는 인식의 집합에 의해 구성된다. 요컨대 의학은 記述的 언표들의 계열로서 조직화된 것으로 보인다. 그러나 여기에서도 역시 곧 이 가설을 논박하는 사실들 즉

---

24) 경험의 언어화.

임상의학적 언설은 하나의 記述의 총체였던 것 못지않게 생명, 죽음, 윤리적 선택, 치료적 선택, 제도적 규제, 교육모델의 총체였다는 것 그리고 전자는 결코 후자들로부터 추상될 수 없으며 記述的 언표행위 는 의학적 언설에 있어 존재했던 방식들 중의 하나일 뿐이라는 것이 드러난다. 나아가 이 분산은 끊임없이 위치를 바꾼다는 사실을 알아야 한다 : 그것이, 비샤 Marie François Xavier Bichat 로부터 세포병리학 에 이르기까지, 계단들과 지표들이 변위되었기 때문이든, 정보의 체 계가 시각적인 검사, 청진과 촉진으로부터 현미경과 생물학적 테스트 의 사용으로 변했기 때문이든, 기호들의 용법과 그들의 해독이, 단순 한 해부-임상적 상호관계로부터 생리병리학적 과정의 세밀한 분석에 이르기까지, 완전히 재구성되었기 때문이든, 마지막으로, 의사가 점 차 그 자신 기록의 그리고 정보해석의 장소이기를 그만두었으며 그의 옆에서 그리고 그의 바깥에서 방대한 자료가, 分析技術들의 도구들 ——분명 그가 사용해야 했지만, 환자와의 관계에 있어, 그의 응시하 는 주체의 위치를 수정한——이 구성되었기 때문이든.

이 모든 변화들——아마도 우리를 오늘날 새로운 의학의 문턱으로 인도해 왔을——은, 19세기를 관통하여, 의학적 언설 속에서 천천히 형성되었던 것이다. 이 언설을 언표행위의 코드화된 그리고 정규화된 체계에 의해 정의하고자 한다면, 이 의학이 그것이 나타나자마자 파괴 되었다는 것 그리고 그것이 비샤와 라이네크 Laennec 에 있어서만 공식 화될 수 있었다는 것을 알아야 한다. 그러므로 통일성이 존재한다면, 그 원리는 언표들의 규정된 형태가 아니다. 이는 차라리 동시에 또는 차례차례로 순수하게 지각적인 記述들을, 도구들에 의해 매개된 관찰 들을, 실험실의 경험보고서들을, 통계학적인 계산들을, 전염병학적인 테스트를, 제도적인 규제를, 치료적인 규범을 가능하게 한 規則들의 集合이 아닐까? 특성화하고 개별화해야 할 것은 분산된 이질적인 언 표들의 공존, 그들의 분배를 지배하는 체계, 그들이 서로에게서 취하 는 지지점, 그들이 서로를 함축하고 배제하는 방식, 그들이 겪는 변환, 그들의 교대의, 배열의, 대체의 놀이인 것이다.

  **3** 또 다른 탐구방향, 다른 가설 : 언표군들 속에서 작동되는 항구적이고 정합적인 개념들의 체계 système des concepts를 규정함으로써 그들을 수립할 수 있지 않을까? 예컨대 언어와 문법적 사실들에 대한 분석은 고전시대에 있어 (랑슬로 Claude Lancelot 에서 18세기 말에 이르기까지) 일정한 수의 개념(그 내용과 사용이 완전히 수립된)에 근거를 두고 있지 않은가? 모든 어구의 일반적이고 규범적인 형태로서의 〈판단〉의 개념, 〈이름〉보다 더 일반적인 범주 아래에 재분류된 〈주어〉와 〈속사〉의 개념, 〈논리적 연사〉의 개념과 동등한 것으로 사용된 〈동사〉의 개념, 한 표상의 기호로서 정의된 〈단어〉의 개념 등. 이와 같이 해서 고전시대 문법의 槪念的인 建築物이 재건될 수 있을 것이다. 그러나 여기에서도 역시 곧 한계에 부딪치게 된다 : 의심할 바 없이 위와 같은 요소들을 가지고서 포르-로와얄의 저자들이 행했던 분석을 간단히나마 기술할 수 있을 것이다. 그러나 곧 새로운 개념들의 출현을 확인해야만 한다. 그들 중 어떤 것은 첫번째의 것들로부터 유도되었을 것이지만, 그러나 다른 것들은 그들과 이질적일 것이며 심지어는 양립불가능할 것이다. 자연적인 또는 전도된 통사론적 질서의 개념, (18세기에 보제 Beauzée에 의해 도입된) 보어의 개념은 분명 포르-로와얄의 개념체계에 통합될 수 있다. 그러나 음성의 본래적인 표현가의 개념도, 단어들 속에 에워싸인 그리고 그들에 의해 애매하게 이전된 원초적 지식의 개념도, 자음변이에 있어서의 규칙성의 개념도, 하나의 행위나 조작을 가리키는 단순한 이름으로서의 동사의 개념도 랑슬로나 뒤끌로 Charles Duclos 가 사용했던 개념체계와 양립할 수 없는 것이다. 이러한 조건에 있어 우리는 문법이란 단지 외관적으로만 하나의 정합적인 형태를 구성한다는 것을, 이 이름 아래에 한 세기 이상을 존속해 온 것은 하나의 그릇된 통일성——언표들, 분석들, 記述들, 원리들과 결과들, 연역들의 총체——일 뿐이라는 것을 인정해야 하지 않을까? 그럼에도 불구하고 아마도 언설적 통일성을 개념들의 정합성

의 측면에서가 아니라 그들의 동시적인 또는 계기적인 출현, 그들의 간극, 그들을 분리하고 있는 거리 그리고 경우에 따라서는 그들의 상호양립 불가능성의 측면에서 찾는다면, 우리는 그를 발견할 수 있을 것이다. 그러므로 이제 우리는 충분히 일반적이고 추상적인 개념들의 건축물을, 다른 모든 것들을 설명하기 위해 그리고 그들을 동일한 연역적 체계 속에 도입시키기 위해, 찾지 않게 될 것이다. 대신 그들의 出現과 分散의 놀이 le jeu de leurs apparitions et de leur dispersion 를 분석하고자 할 것이다.

**4** 마지막으로, 언표들을 재분류하고, 그들의 연쇄를 기술하고, 그들이 그 아래에서 나타나는 바의 통일적인 형태들을 설명하기 위한 네 번째의 가설이 존재한다 : 테마thème의 동일성과 존속. 경제학이나 생물학과 같은 〈과학들〉──그토록이나 논쟁에 휘말렸고, 철학적 또는 도덕적 선택의 투과를 허용했던, 어떤 경우에는 정치적 이용에 말려들었던──에 있어, 어떤 주제가 마치 자신의 내적인 힘, 존속할 수 있는 능력, 자신의 욕구를 가지고 있는 유기체처럼, 언설의 집합을 연결하고 활성화시킬 수 있다는 것은 우선은 정당한 것으로 보인다. 예컨대 뷰퐁 Georges Louis Buffon 으로부터 다윈 Charles Darwin 에 이르기까지 진화론적 테마를 형성했던 모든 것들을 하나의 통일성으로서 구성할 수 있지 않을까? 과학적이기보다는 우선 철학적인, 생물학보다는 우주론에 가까운 테마. 오히려 그 결과들이 이름짓고, 재발견하고, 설명했던 탐구들에 의해 멀리로부터 인도된 테마. 언제나 (사람들이) 그에 대해 알고 있는 것 이상을 가정했던 그러나, 이 근본적인 선택으로부터 출발해, 가설로서 또는 욕구로서 소묘되었던 것을 언설적 지식으로 변환시킬 것을 강요했던 테마. 重農主義의 테마에 대해서도 마찬가지로 말할 수 있지 않을까? 모든 증명을 넘어서서 그리고 모든 분석에 앞서, 세 종류의 지대의 자연적인 특성을 가정했던 테마. 결과적으로 토지소유의 경제적, 정치적 우선성을 가정했던 테마. 공업생산의 메커니즘에 대한 모든 분석을 거부했던 테마. 역으로 국가 내에

서의 화폐유통에 대한, 상이한 사회적 범주 사이에서의 그의 분배에 대한, 그로 하여금 생산으로 돌아갈 수 있게 해준 운하에 대한 기술을 포함했던 테마. 끝으로 리카르도 David Ricardo로 하여금 이 삼중의 지대가 나타나지 않는 경우 그것이 형성될 수 있는 조건을 고려하도록 이끈, 그리고 결과적으로 중농주의적 테마의 자의성을 포기하도록 이끈 테마.

그러나 이와 같은 시도에서 출발해, 우리는 두 상반된 그리고 상보적인 사실에 부딪친다. 한편으로, 동일한 테마가 개념들의 두 가지 작동, 분석의 두 가지 유형, 전혀 다른 대상들의 두 가지 場으로부터 출발해 구축된다 : 진화론적 개념은, 그 가장 일반적인 공식화에 있어, 베노와 드 마이에Benoit de Maillet, 보르되Bordeu 또는 디드로Denis Diderot 그리고 다윈에 있어 같은 것이다. 그러나 사실상 그를 가능한 것으로 그리고 정합적인 것으로 만들어준 것은 전자들에 있어서와 후자에 있어 같은 질서가 아니다. 18세기에 있어, 진화론적 개념은 처음부터 규정된 연속체(오직 자연의 카타스트로피만이 그를 파괴할 수 있는)를 형성하는 種들의 친족체계에서 출발해 또는 시간의 펼쳐짐에 의해 점진적으로 구성되었다. 그러나 19세기에 있어서의 진화론적 개념은 種들의 연속적인 表의 구성에 의해서보다는 불연속적인 群들에 대한 기술에 의해, 모든 요소들이 연대적 성격을 지니는 바의 유기체와 그에 삶의 실제적 조건을 제공하는 환경 사이의 상호작용의 양태들의 분석에 의해 이루어졌던 것이다. 하나의 그러나 두 유형의 언설로부터의 테마. 반대로 중농주의의 경우에 있어서는, 케네François Que-snay의 선택은 공리주의자들로 불리는 사람들에 의해 지지된 정반대의 의견과 정확히 동일한 개념체계에 근거를 두고 있는 것이다. 이 시대에는 富의 分析이 비교적 제한된 개념들 그리고 모두에 의해 인정된 개념들(사람들은 화폐에 대한 동일한 정의, 가격에 대한 동일한 설명, 勞賃에 대한 동일한 규정을 사용했다)을 내포한다. 그러나, 이 동일한 개념체계로부터, 가치의 형성——교환 또는 노동일에 대한 급료에서 출발해 분석되는——을 설명하는 두 방식이 존재했던 것이다. 경제이론 속에 그리고 그의 개념적인 놀이의 규칙들 속에 새겨진 이 두 가능성 은, 동일한 요소들에서 출발해, 두 가지의 상이한 선택을 야기했던 것 이다.

그러므로 이 테마들의 존재로부터 한 언설의 개별화의 원리를 찾는 것은 오류일 것이다. 차라리 언설이 야기시키는 選擇點들의 分散 la dispersion des points de choix 속에서 찾아야 하지 않을까? 이는 언 설이 이미 존재하는 테마들에 다시 생명을 불어넣음을, 대립되는 전략 을 나타나게 함을, 화해불가능한 관심에 자리를 마련해 줌을, 일정한 개념들의 작동을 통해 상이한 부분들이 활동하도록 함을 개시할 수 있 는 상이한 가능성들이 아닐까? 시간 속에서의 테마들의, 이마쥬들 의, 의견들의 존속을 찾기보다는, 언표적 집합들을 개별화하기 위해 그들의 갈등의 변증법을 다시 밟기보다는, 선택점들의 분산을 지표화 하고, 모든 의견과 모든 테마적 선호를 넘어 戰略的 可能性들의 場 un champ de possibilités stratégiques을 정의할 수 있지 않을까?


그러므로 이제 우리에게 네 가지의 시도와, 네 가지의 좌절 그리고 그에 연관되는 네 가지의 가설이 존재하게 된다. 이제 이들을 시험해 보아야 할 것이다. 우리들의 습관이 강요하는, 〈그〉 의학, 〈그〉 경제 학, 〈그〉 문법이라고 불리는 이 커다란 언표군들에 관해, 우리는 그 들이 그 통일성을 어디에 기초할 수 있을 것인가를 물어보았다. 충만 한, 촘촘한, 연속적인, 지리학적으로 잘 마름질된 대상들의 영역 위 에? 우리가 보기에 이들은 차라리 갈라져 있는, 엉클어진 계열들이 며, 차이의, 간극의, 치환의, 변환의 놀이들이다. 언표행위의 일정 한, 규범적인 유형 위에? 그러나 시간의 흐름 속에서, 개인적인 작품 들을 넘어서 일종의 간단없는 거대한 텍스트를 가장하기에는, 하나의 유일한 형태로 연결되고 구성되기에는 너무나 상이한 수준의 공식화와 너무 이질적인 기능이 드러났던 것이다. 개념들의 잘 정의된 체계 위에? 그러나 역시 그 구조와 사용규칙들에 있어, 서로서로에 대해 무시되고 배제되는, 하나의 논리적인 건축물의 통일성 속에 들어갈 수 없는 개념들이 발견되었다. 테마의 존속 위에? 그러나 역시 양립불가능한 테마들의 활성화, 상이한 집합들 안에서의 동일한 테마의 선택을 가능케 하는 다양한 전략적 가능성들이 드러났던 것이다. 이로부터 새로운 지도이념들이 떠올랐다 : 분산들을 그 자체로서 기술하는 것, 분명 점진적으로 연역적인 구조물로서도 시간의 흐름 속에서 조금씩 씌어진 거대한 책으로서도 조직화되지 않은 이 요소들 사이에서, 하나의 規則性——그들의 계기적인 출현에 있어서의 상호관계, 공통의 공간 속에서 부과받을 수 있는 위치들, 상호적인 기능작용, 서로 연결되고 위계화된 변환들——을 지표화할 수 없겠는가를 탐구하는 것. 이러한 분석은, 그 내적인 구조를 분석하기 위해, 정합성의 작은 섬들을 고립시키지 않으며, 잠재적인 갈등들을 의심하고 밝히는 작업을 자처하지는 않는다. 그것은 분배의 형태들을 연구할 것이다. 추론의 연쇄들 chaînes d'inférence 을 복구시키는 대신에(과학사나 철학사에서 종종 그렇게 하듯이), 차이들의 평면 tables de différences 을 수립하는 대신에 (언어학자들이 그렇게 하듯이), 우리의 분석은 분산의 체계 systèmes de dispersion 를 기술하는 것이다.[25]

일련의 언표들 사이에서 분산의 체계들을 기술할 수 있을 때, 대상들 사이에, 언표행위의 유형들 사이에, 개념들 사이에, 테마(전략)적 선택들 사이에 규칙성(질서, 상호관계, 위치와 기능작용, 변환)을 정의할 수 있을 때, 우리는, 〈과학〉이나 〈이데올로기〉 또는 〈이론〉이니 〈객관성의 영역〉과 같이 위와 같은 분산을 가리키기에는 부적절한 그리고 그 조건이나 결과에 있어 너무 무거운 말들을 피해서, **言說的 形**

---

25) 각각 전통적인 철학(그리고 의심할 바 없이 현대의 대부분의 철학), 구조주의, 고고학을 가리킨다. 〈분산의 체계〉라는 표현은 앞에서 말한 질서와 우연의 공존을 잘 나타내고 있다.

成formation discursive[26])을 다루고 있다고 말할 수 있다. 또 우리는 이 분배의 요소들(대상들, 언표행위의 양태들, 개념들, 테마적 선택들)이 그에 복종하는 바의 조건을 形成의 規則들règles de formation이라 부를 것이다. 형성의 규칙은 주어진 언설적 분배에 있어서의 존재의(공존의, 존속의, 수정의, 소멸의) 조건이다.

이제 탐구해야 할 것은 위와 같은 場이며, 증명해야 할 것은 이러한 개념들이며, 시도해야 할 것은 위와 같은 분석들이다. 위험은 적지 않다. 우리는 그것을 알고 있다. 우리는 최초의 지표로서 충분히 느슨하고 충분히 친숙한 분류들을 사용했다 : 우리가 분석의 끝에서 그들을 되찾으리라는 것을, 그들의 제한과 개별화의 원리를 발견하게 되리라는 것을 아무것도 증명해 주지 않는다. 우리가 고립시킬 언설적 형성들, 우리는 그들이 의학을 그의 큰 단위에 있어 정의해 줄 수 있을지, 경제학과 문법을 그들의 역사적 운명의 총체적 곡선 속에서 정의해 줄 수 있을지 확신하지 못한다. 우리는 그들이 예측할 수 없었던 분절들을 도입하지 않을 것이라고 확신할 수가 없다. 마찬가지로 위와 같은 記述이 우리가 공격대상으로 취한, 처음부터 과학적 합리성의 자처와 함께 주어진 이 언설적 총체들의 과학성(또는 비과학성)을 설명할 수 있으리라는 것을 아무것도 증명해 주지 않는다. 우리의 분석이 인식론에로 또는 과학사에로 환원불가능한 기술을 구성함으로써 전혀 다른 수준에 위치하리라는 것을 아무것도 증명해 주지 않는다. 나아가 이 시도의 끝에서 우리가 방법을 위해 회의에 부친 이 단위들을 회복하지 못하게 될 경우도 가능할 것이다. 즉 작품들을 해체시키고, 영향과 전통을 무시하고, 시원에의 물음을 전적으로 포기하며, 저자들의 절대적인 현존이 사라지도록 내버려둘 수 있을 것이다. 나아가 좁은 의미

---

26) 〈formation〉을 명사로 실체화해서 〈구성체〉 등으로 번역하는 것은 곤란하다. 왜냐하면 formation이란 어떤 언어적 구성체의 형성을 가능하게 해준 규칙들의 집합, 가능성의 장을 의미하기 때문이다. 〈형성〉과 〈변환〉이란 언어적 구성체들의 역사적 운동을 뜻하는 말들이다.

68

에 있어서의 지성사를 구성하는 모든 것이 사라지게 되는 것이다. 결국 위험은, 이미 존재하는 것에 기초를 주는 대신에, 소묘된 노선들의 충분한 특징들로 되돌아가는 대신에, 수많은 실책과 밤을 보낸 뒤 모든 것이 구체화되었다고 공언하는 이 은총받은 원환을 수행하는 대신에, 우리가 익숙해져 있는 보장을 멀리 떠나 친숙한 광경들의 바깥 dehors으로, 우리가 아직 그 범주들을 구성하지 못한 땅으로, 예견하기 어려운 종말로 다가가야 한다는 것이다. 지금까지 역사가들의 보호를 받았던, 황혼녘에 이르기까지 보호받았던 모든 것(과학의 합리성과 목적론의 운명, 시간의 흐름 속에서의 사유의 연속적인 긴 노동, 의식의 깨어남과 진보, 스스로에의 영속적인 재포착, 전체화의 미완성된 그러나 간단없는 운동, 언제나 열려 있는 시원에로의 회귀, 역사적-초험적 테마)이, 이 모든 것이, 분석에 의해, 하얀, 무사심한, 내면성도, 약속도 없는 공간un espace blanc, indifférent, sans intériorité ni promesse을 되찾음으로써, 사라질 위험에 처한 것은 아닐까?

## 3 대상의 형성

이제 열려진 방향들을 만들어내야 하며, 〈형성의 규칙들〉이라고 하는 이제 겨우 소묘된 이 개념에 내용을 부여할 수 있을지의 여부를 알아야 한다. 우선 대상의 형성을 보자. 보다 쉽게 분석하기 위해, 우리의 주의를 19세기 이후의 정신병리학적 언설에 국한시키기로 하자. 일단은 용이하게 받아들일 수 있는 연대기적 분절이므로. 몇 가지의 근거가 존재한다. 그중의 두 가지만 들어보자 : 19세기 초에 있어서의 배제의 새로운 양식과 정신병원에의 광인들의 수감이라는 定位 em-placement.[27] 그리고 어떤 실제적 개념들(偏執狂에까지 거슬러 올라갈

_______________

27) 푸코에 있어 한 시대의 새로운 나눔 division은 항상 그 시대의 새로운 合理性의 규준에 따라 이루어지며, 그러한 나눔이 한편으로는 새로운

수 있는 파라노이아, 저능에 대한 최초의 개념에 있어서의 지능지수, 착란 없는 광기에 있어 특징적인 신경증)의 발전경로가 에스뀌롤, 하인로트 Johann Heinroth 또는 핀넬에게까지 거슬러 올라갈 수 있을 가능성. 그러나 시간의 실을 보다 멀리 따라가고자 원함에 따라, 우리는 곧 발자취를 읽고 얽히게 되며, 뒤 로렌스 Du Laurens 또는 반 스뷔텐 Van Swieten 의 기획과 크라이펠린 Emile Kraepelin 이나 블뢸러의 병리학 사이에는 우연적인 일치밖에는 없다는 것을 알게 된다. 그래서 이 중간휴지 이후 정신병리학에 관련되는 대상들은 매우 다양하며, 그중 대부분이 매우 새로운 것이며, 그러나 또한 매우 잠정적이고 가변적이며 그들 중 어떤 것들을 위해 재빨리 사라지는 것이다. 운동신경장애, 환각증세, 언어장해(다른 양태로 인식되고, 제한되고, 기술되고, 분석되었지만, 이미 광기의 현시로서 인식된)와 나란히, 지금까지 사용되지 않았던 범주를 수립한 대상들이 나타남을 볼 수 있다 : 행동의 가벼운 장해, 착란과 성적 장해, 자기암시와 최면의 사실들, 중추신경체계의 상해, 지적 내지 운동기관적 적응의 결손, 범죄성. 그리고 이 범주들 각자에 있어 다양한 대상들이 명명되고, 제한되고, 분석되고, 교정되고, 새로이 정의되고, 시험되고, 제거된다. 이들의 出現을 지배하는 規則[28]을 수립할 수 있을까? 이 대상들이 어떤 비연역적 체계에 따라

---

지식을 다른 한편으로는 새로운 배제 exclusion를 동반하게 된다. 그리고 새로운 지식은 항상 새로운 〈場所 topos〉를 형성한다. 그래서 동일한 장소가 한 시대의 지식의 체계가 변함에 따라 나병환자 수용소로, 여러 부류의 낙오자들의 감금장소로, 그리고 다시 병원으로 바뀌게 되는 것이다. 이러한 내용은 특히 『광기의 역사』가 다루고 있는 주요주제 중의 하나이다. 『광기의 역사』가 지니고 있는 기하학적(〈지리학적〉이라는 표현이 더 적절할 것 같다) 성격에 대한 좋은 설명으로는 Michel Serres, *Hermès I : La communication*(Les éditions de Minuit, 1968), pp. 167-190을 참조.

28) 앞의 언어와 사유에 관한 논의에서 말했듯이, 한 개념(분야)이 그의 탐구대상을 구성할 때 그 개념과 그 대상 사이에는 그 구성에 앞서서 미리 존재하는 〈언설의 질서〉가 가로놓여 있다. 즉 〈광기〉라는 말과 광

병치되고, 정신병리학의 잘게 분절된——위치에 따라 성기거나 또는 충일한——장을 형성하기 위해 계기하는가를 알 수 있는가? 언설의 대상들로서의 그들의 존재법칙은 무엇인가?

1) 우선 그들의 出現의 表面들 les surfaces d'émergence 을 지표화해야 한다 : 합리화의 정도, 개념적인 코드, 이론의 유형들에 따라 병, 소외, 비정상, 발광상태, 신경증 또는 정신병, 정신박약 등의 지위를 부여받는 이 개별적인 차이들이 어디에서 나타날 수 있는가 또 지시되고 분석될 수 있는가를 보여주는 것. 이 출현의 표면들은 상이한 사회들에 있어, 상이한 시대에 있어, 언설의 상이한 형태들에 있어 동일하지 않다. 19세기의 정신병리학에 국한할 경우, 이들은 家族에 의해, 隣接한 社會集團들에 의해, 勞動環境에 의해, 宗敎的 共同體에 의해 (모두 정상적이었던, 모두 이탈에 대해 예민했던, 모두 인내의 여백과 배제의 출발점이 되는 문턱을 가지고 있었던, 모두 광기에 대한 지시와 거부의 양태를 가지고 있었던, 모두 치료와 수술의 책임을 아니면 적어도 설명의 책임을 의사에게 이전했던) 구성되었을 법하다. 비록 특이한 양태에 의해 조직화되었을지라도, 이 출현의 표면들은 19세기에 있어 새로운 것들이 아니었다. 역으로 출현의 새로운 표면들을 가능하게 만든 것은 의심할 바 없이 바로 이 시대였다 : 藝術(그의 고유한 정상성과 함께), 性(관습적인 금지에 관련해서의 그 이탈이 처음으로 정신의학적 언설을 위한 지표화의, 기술의, 분석의 대상이되었다), 罰(前시대에 있어서의 광기가 범죄적 행동으로부터 조심스럽게 분리되고 용서받게 되었을 때, 범죄성은 그 자체——그리고 이는 유명한 〈살인광〉 이래의 일이다[29]——광기에 다소간 동근원적인 이탈의 형태가

기라는 사물은 단순하게 대응하는 것이 아니다. 대상이 출현하기 위해서는 이 〈언설의 질서〉라는 網을 거쳐야 한다. 이 網의 내용이 이제부터 기술되는 〈출현의 표면〉〈제한의 심급〉〈특이화의 그물〉이다.

29) 이에 대해서는 "The dangerous individual", *Politics, philosophy, cul-*

되었다). 여기에서, 그의 최초의 분화의 장 속에서, 거리들, 불연속들 그리고 그곳에서 나타나는 문턱들 속에서, 정신의학적 언설은 그의 영역을 제한할, 그가 말하는 것을 정의할, 그에 대상의 지위를 줄——그래서 그로 하여금 나타날 수 있게 하고, 명명할 수 있게 또 기술할 수 있게 해줄——가능성을 찾아내는 것이다.

2) 다음으로 **制限의 審級들** instances de de limitation을 기술해야 한다[30] : 醫學(규제되는 제도로서, 의학적 신체를 구성하는 개인들의 집합으로서, 지식과 실천으로서, 의견에 의해, 正義에 의해 그리고 행정에 의해 인식된 능력으로서)은 19세기 사회에 있어 광기를 대상으로서 분절하고, 지시하고, 이름짓고, 수립하는 주된 심급이 되었다. 그러나 의학이 이러한 역할을 수행한 유일한 심급은 아니다 : 正義 그리고 단일하게는 형법적 正義(宥恕에 대한, 면책특권에 대한, 경감정상에 대한 정의와 함께 그리고 치정사건, 상속권, 사회적 위험 등과 같은 개념들과 함께), 宗敎的 權威(병리적인 것으로부터 신비적인 것을, 육체적인 것으로부터 정신적인 것을, 비정상적인 것으로부터 초자연적인 것을 구분하는 결정의 심급으로서 수립된 한에서, 개인들의 인식을 위해서보다는 행위와 상황의 응용신학적 분류를 위해 意識의 지도를 실천하는 한에서), 文藝批評(19세기에 점차 문학 및 예술작품들을 판단해야 할 취미의 대상들로서보다는 해석해야 할 언어로서, 저자의 표현이 인식되는 장소로서 다루었던).

3) 마지막으로 特異化의 그물들 grilles de spécification을 분석해야 한다[31] : 이는 정신의학적 의학의 대상으로서의 상이한 〈광기들〉

---

*ture : interviews and other writings*, ed. by  L. D. Kritzman (Routledge, 1988), pp. 125-151을 참조.

30) 여기에서 〈심급〉이란 어떤 대상을 담당하는 것이 정당하다고 사회가 인정하는 〈權威〉 및 그 권위가 구현되어 있는 현실적 제도들을 말한다. 예컨대 18세기 말에 감호소가 붕괴되자 이제 〈광기〉라고 하는 이 대상을 도대체 어떤 심급에서 다루어야 하는가라는 문제가 발생했던 것이다.

31) 여기에서 〈특이화〉란 한 거시적 階段 아래에서 그 부분집합들을 이루

을 분리하고, 대립시키고, 인척관계를 맺어주고, 재분류하고, 서로
서로 이끌어내도록 해주는 체계들이다(19세기에 있어서의 이 분화의
망으로는 다음과 같은 것들이 있다 : 위계화된, 이웃하는, 다소간 해석가
능한 능력들의 群으로서의 靈魂. 의존과 소통의 도식에 의해 연결된 기관
들의 삼차원적 부피로서의 身體. 국면들의 선형적인 연속, 흔적들의 얽
힘, 잠재적 재활성화의 총체, 순환적 반복으로서의 개인적인 生과 歷史.
상호투사의 체계로서의, 순환적 인과의 場으로서의 신경-생리학적 相互關
係의 놀이들).


위와 같은 기술들만으로는 적어도 두 가지 이유에서 아직 충분하지
않다. 우리가 지표화한 출현의 표면들, 제한의 심급들, 특이화(분화)
의 그물들은 정신병리학적 언설이 이제 단지 말들과 구절들의 그물을
발명하고, 분류하고, 이름짓고, 선택하기만 하면 될 대상들을 완전히
구성된 그리고 완전히 무장된 상태로 제공하지는 않는다 : 광인들을 규
정하고 〈환자들〉을 정신의학자의 분석과 결정에 맡기는 것은 가족들
——그들의 규범, 금지, 감수성의 문턱과 함께——이 아니다. 편집
광적 착란을, 그렇게 강제적으로, 자신으로부터 정신의학에로 떠넘긴
것은, 그리고 신경증을 성적 경범죄 속에 집어넣은 것은 법률이 아니
다. 언설이란 이미 수립된 대상들이, 하나의 단순한 記入表面에 있어
서처럼, 배치되고 중첩되는 장소와는 전혀 다른 것이다. 그러나 위의
기술이 불충분한 것이 될 수밖에 없는 두번째 이유가 존재한다. 위에
서 우리는, 차례차례, 언설의 대상들이 출현할 수 있는 여러 종류의
분화의 평면들을 지표화했다. 그러나 그들 사이에는 어떤 관계가 있을
까? 왜 다른 記述들이 아닌 위의 記述들인가? 이러한 방식으로 어떤
규정된, 제한된 집합을 테두리지을 수 있을까? 그리고 우리가 상이한

---

는 여러 미시적 階段을 형성하는 방식을 뜻한다. 즉 狂氣의 여러 부분
집합들(섬망상태, 치매, 파라노이아, 분열증 등)을 어떤 방식으로 나눌
것인가의 문제를 가리킨다.

그리고 이질적인 규정들의 계열을, 그들간의 연결도 그들 사이에 부여 가능한 관계도 없이, 알고 있을 뿐이라면 〈형성의 體系〉에 관해 어떻게 말할 수 있을 것인가? 사실 이 두 계열의 물음은 동일한 것을 말하고 있다. 이 점을 이해하기 위해 지금까지 든 예(정신병리학)에 논의를 국한시키기로 하자. 19세기의 정신병리학이 관련되는 영역에 있어, 일찍부터(에스뀌롤 이후) 경범죄의 범주에 속하는 일련의 대상들이 나타남을 볼 수 있다 : 살인 (그리고 자살), 치정사건, (성적인) 경범죄, 여러 종류의 절도, 부랑죄, ——그리고 그 후 이들을 통해서 상속권, 신경증을 야기시킬 수 있는 환경, 공격적 또는 자해적 행위, 패륜, 범죄충동, 피암시성 등. 여기에서 우리가 만나는 것이 어떤 발견의 결과들이라고 말한다면 그것은 부적절한 것이리라 : 어느 날 정신의학자에 의해 행해진 범죄적 행위와 병리학적 행동 사이의 유사성의 해독 또는 어떤 비행청소년들에 있어서의 疎外의 고전적인 기호들의 현존에 대한 발견. 이러한 사실들은 실제적 탐구의 저편에 놓여 있다32) : 결국 문제는 무엇이 그들을 가능하게 했는가 그리고 이 〈발견들〉이 어떻게 그들을 다시 취하고, 수정하고, 교정하고, 경우에 따라서는 제거해 버린 다른 발견들을 낳았는가를 아는 것이다. 마찬가지로 이 새로운 대상들의 출현들을 19세기 부르주아 사회에 고유한 규범의, 강화된 경찰적 내지 형법적 구획의, 범죄정의의 새로운 코드 수립의, 정상참작의 도입과 사용의, 범죄성의 증가의 탓으로 돌리는 것은 적절하지 못하다. 물론 이 모든 과정들은 결과적으로 드러난 것들이다. 그러나 그들은 그들만으로서는 정신의학적 언설을 위한 대상들을 형성할 수 없었다. 이 수준에서의 기술을 따라가기 위해서는, 이번에는, 우리가 탐구하는 것의 이편에 머물러야 할 것이다. 33)

---

32) 우리가 탐구하는 것은 단순한 개인적인 차원에서의 발견들이 아니다.

33) 우리가 탐구하는 것은 단순히 한 대상을 둘러싸고 있는 사회적 환경이 아니다.

우리의 사회(유럽)에 있어 그리고 주어진 시대에 있어, 경범죄가 심리학화되고 병리학화되었다면, 위반적인 행위가 지식의 일련의 대상들을 낳았다면, 이는 정신의학적 언설 속에 일정한 關係들의 集合[34]이 도입되었기 때문이다. 형법적인 범주들, 경감된 책임성의 정도와 같은 특이화의 평면들과 심리학적 특성화의 평면들(재능, 태도, 발전과 퇴화의 정도, 환경에의 반응양식, 획득된 또는 본유의 또는 유전된 성격의 유형) 사이의 관계. 의학적 결정의 심급과 사법적 결정의 심급 사이의 관계(사실상 매우 복잡한 관계. 왜냐하면 의학적인 결정이 범죄 및 그의 상황과 그것이 받을 만한 비준의 정의를 위해 사법적 심급을 절대적으로 인정하긴 했지만, 범죄의 생성에 대한 분석과 연루된 책임성의 평가는 자신을 위해 남겨두었기 때문이다). 사법적 심문, 경찰의 교육, 법률적 정보의 조사와 모든 도구에 의해 구성된 여과장치 및 의학적 질문서, 임상적 검사, 선행조건들의 탐구, 傳記的 이야기들에 의해 구성된 여과장치 사이의 관계. 개인들의 행동에 있어서의 가족적, 성적, 형법적 규범들과 병리학적 징후들의 표 및 그 징후들이 보여주는 병들 사이의 관계. 병원적인 환경에 있어서의 치료적 제한(그의 특수한 문턱들, 치료의 규준들, 정상적인 것과 병리적인 것을 제한하는 방식)과 감옥에 있어서의 형벌적인 제한(그의 징벌과 교육의 체계, 좋은 행동의, 개량의, 석방의 규준) 사이의 관계. 정신의학적 언설을 담고 있는 작품들에 있어, 다양한 대상들의 집합의 형성을 가능하게 해준 것은 이 관계들인 것이다.

우리의 논의를 일반화해 보자. 19세기에 있어서의 정신병리학적 언설은 특권적인 대상들에 의해서가 아니라 分散된 對象들을 형성한 방

---

34) 이러한 〈관계들의 집합〉을 『말과 사물』에서는 〈épistémè〉라 불렀다. 푸코가 탐구하는 것은 개인적인 발견들이 아니다. 그 개인적인 발견들을 가능하게 해준, 개인이 그 場 안에서만 자신의 위치를 잡을 수 있는 관계들의 집합이다. 그러나 이 관계들의 집합은 가시적인 사회적 배경들이 아니다. 그 배경들이 이 관계들의 가시적인 결과들일 뿐이다. 푸코에 있어서는 〈관계〉가 〈실체〉보다 존재론적으로 우위에 서게 된다.

식에 의해 특성화된다. 이 형성은 출현의, 제한의 그리고 특이화의 심급들 사이에 수립되는 관계들의 집합에 의해 확립된다. 그러므로 위와 같은 집합을 수립할 수 있을 때, 문제가 되고 있는 언설의 대상이(그것이 어떤 대상이든지) 그 집합 속에서 그의 출현의 장소와 법칙을 어떻게 찾아내는지를 보여줄 수 있을 때, 그 집합이 동시적으로 또는 계기적으로, 그 자체 수정될 필요 없이, 서로 배타적인 대상들을 야기시킨다는 것을 보여줄 수 있을 때, 하나의 언설적 형성이 정의된다고 말할 수 있을 것이다.

이로부터 몇 가지의 주의점과 결과들이 따라나온다.

1 어떤 언설의 대상이 나타나기 위한 조건들, 사람들이 그에 대해 〈무엇인가를 말할 수〉 있고 많은 사람들이 그에 대해 상이한 말들을 할 수 있기 위한 역사적 조건들, 그것이 다른 대상들과 친족관계를 맺게 되는 영역 속에 새겨질 수 있기 위한, 그들과 함께 유사성, 이웃관계, 소원함, 차이, 변환의 관계를 수립할 수 있기 위한 조건들——이 조건들은 다양하며 무겁다. 즉 사람들은 아무 시대에나, 무엇에 관해서나 말할 수 있는 것이 아니며, 새로운 무엇을 말하는 것은 쉬운 일이 아닌 것이다. 그리고 또한 새로운 대상들이 밝혀지기 위해 그리고 겨우 그들의 최초의 명료함을 얻어내기 위해 눈을 열고, 주의를 기울이고, 의식을 긴장시키는 것만으로는 불충분하다는 것을 의미하는 것이다. 그러나 이 어려움이 단지 부정적인 것만은 아니다. 그를 어떤 장애물——권력이 배타적으로 그의 발견을 은폐시키고, 방해하고, 막아버리는, 사물들 자체의 말 없는 고집 또는 자명성의 순수함을 은폐시키는——에 갖다 붙일 필요는 없다. 대상은, 가장자리에서, 그를 해방시킬, 그를 可視的인 것 속에 구현시킬, 객관성에 대해 수다를 떨 질서를 기다리지 않는다. 그것은 빛의 최초의 경계에 존재하는 어떤 장애물에 사로잡힌 채 미리 現存하지 않는 것이다. 그것은 관계들의 복잡한 그물의 實證的인 條件들 les conditions positives d'un faisseau complexe de rapports 아래에 존재하는 것이다.

**2** 이 관계들은 제도들, 경제적 내지 사회적 관계들, 행동의 형태들, 규범의 체계들, 技術들, 분류의 유형들, 특성화의 양태들 사이에 수립된다. 그리고 이 관계들은 대상들 속에 현존하는 것이 아니다. 사람들이 대상을 분석할 때 펼쳐지는 것은 그들이 아니다. 그들은 대상의 흔적, 내재적 합리성, 사람들이 그를 그의 개념의 다양성 속에서 사유할 때 전체적으로 또는 부분적으로 다시 나타나는 관념적 잎맥을 그리지 않는다. 이 관계들은 그의 내적인 구성이 아니라 그들이 나타나도록, 다른 대상들과 병치되도록, 그들과의 관계하에서 자리잡도록, 그의 차이 및 환원불가능성과 경우에 따라서는 이질성을 정의하도록, 요컨대 外在性의 場 un champ d'extériorité 속에 자리잡도록 해주는 것을 정의하는 것이다. [35]

**3** 이 관계들은 우선 우리가 〈일차적인〉 관계들이라고 부를 수 있는, 모든 언설과 언설의 대상들에 독립적으로 제도들, 기술들, 사회적 형태들 사이에서 기술될 수 있는 관계들과 구분된다. 결국, 쉽게 알 수 있듯이, 부르주아 가족과 19세기의 법률적 심급들 내지 범주들의 기능 사이에는 우리가 그들 자체로서 분석할 수 있는 관계들이 존재한다. 그러나 이들은 대상들을 형성하는 관계들에 항상 중첩가능한 것은 아니다 : 이 일차적인 수준에 부과할 수 있는 독립성의 관계들이 언설의 대상들을 가능하게 해주는 관계맺음 속에서 필연적으로 출현하는 것은 아니다. 그러나 나아가 언설 자체 내에 공식화되어 있는 이차적인 관계들도 구분해야 한다 : 예컨대 19세기의 정신의학자들이 가족과 범죄성 사이에서 말할 수 있었던 것은, 잘 알려져 있듯이, 실제적인 의존성의 놀이를 재생하지 못한다. 그러나 그것은 정신의학적 언설의 대상들을 가능하게 하고 지지해 주는 관계들의 놀이 역시 재생하지 못하는 것이다. 이와 같이 해서 可能한 記述들의 分節된 空間[36]이 열

---

35) 즉 이 관계들은 대상들에 대해 우발적 contingent 이다.
36) 즉 과학사 서술의 여러 가능한 水準들.

리게 된다 : 실제적 또는 일차적 관계들의 체계, 이차적 또는 반성적 관계들의 체계, 언설적이라고 부를 수 있는 관계들의 체계. [37] 문제는 이 마지막 관계들을 그리고 다른 두 관계들과 이 관계들 사이의 놀이의 특이성을 나타나게 하는 것이다.

**4** 언설적 관계들은 언설에 내재적이지 않다[38] : 그들(관계들)은 개념들이나 단어들을 연결하지 않는다. 그들은 어구들이나 명제들 사이에 연역적 또는 수사학적 건축물을 수립하지 않는다. 그러나 언설을 제한하는 또는 그에 어떤 형태를 부여하는, 그로 하여금, 어떤 상황하에서, 어떤 것들을 언표하도록 강요하는 것은 언설에 외재적인 (비언설적인) 관계들도 아니다. 그들은 말하자면 언설의 極限(언설과 비언설의 경계선)에 존재한다Elles sont en quelque sorte à la limite du discours : 그들은 언설에 그들이 말할 수 있는 대상들을 제공한다. 아니면 차라리(왜냐하면 제공이라는 이 이마쥬는 한편으로 대상들이, 다른 한편으로 언설이 형성된다는 것을 가정하는 것이기 때문에) 그들은 언설이 이러저러한 대상들을 말할 수 있기 위해, 그들을 다루고, 이름짓고, 분석하고, 분류하고, 설명할 수 있기 위해 실행해야 할 관계들의 다발을 결정한다. 이 관계들은 언설이 사용하는 랑그가 아니라, [39] 언설이 그 안에서 펼쳐지는 상황들이 아니라, [40] 實踐으로서의 언설 그 자체를 특성화하는 것이다. [41]

---

37) 첫번째의 것은 사회적으로 실존하는 실체들을 말하며, 두번째는 심리적 내지 이론 내적 존재들을 말한다. 푸코가 다루고 있는 것은 제 삼의 차원이다. 그러나 이 제 삼의 차원이 가시적인 언어는 아니다. 그 언어를 가능하게 해준 (랑그가 아닌) 言說的 實踐으로서의 관계들의 체계이다.

38) 앞의 〈언설적 관계〉는 언설의 형성과 변환을 지배하는 가능성의 場, 관계들의 집합을 뜻하고 뒤의 〈언설〉은 결과적으로 형성된, 가시적인 언설을 말한다. 이를 혼동해서는 곤란하다.

39) 즉 고고학은 구조주의가 아니다.

40) 즉 고고학은 지식사회학적 설명이 아니다.

41) 즉 언설 내적이고 자율적인 규칙성이 아니며 동시에 언설 외적인 사회

이제 분석을 마무리하고 그것이 어떤 점을 성취했는지, 마찬가지로 그것이 최초의 기획을 어떤 점에서 수정했는지 측정해 보자.

어떤 집합의 형태들——완고한 그러나 혼란된 방식으로, 〈그〉 정신병리학, 〈그〉 경제학, 〈그〉 문법, 〈그〉 의학으로서 주어지는——에 대해, 우리는 어떤 종류의 통일성이 그들을 구성할 수 있는가를 물어보았다 : 그들은 단일한 작품들로부터, 계기적인 이론들로부터, 일부는 버려지고 일부는 전통에 의해 보존되고 나머지 일부는 망각에 의해 잊혀졌다가 다시 발견된 개념들이나 테마들로부터 事後에 행해진 재구성일 뿐인가? 그들은 단지 일련의 연결된 시도들일 뿐인가?

우리는 언설의 통일성을 대상들 자체의 측면에서, 그들의 분배, 그들의 차이들의 놀이, 그들의 근접성과 원격성의 측면에서——요컨대 말하는 주체에게 주어진 것의 측면에서 찾았다 : 그리고 우리는 마지막으로 언설적 실천 그 자체를 특징짓는 관계맺음에 도달했다. 그렇게 해서 하나의 형태나 윤곽이 아니라 한 실천에 내재적인 그리고 그를 그의 특이성 속에서 정의하는 規則들의 집합을 발견했다. 다른 한편 우리는 〈그〉 정신병리학과 같은 〈통일성〉을 지표로 사용했다 : 만일 그의 탄생일과 정확한 영역을 고정시키고자 했다면, 의심할 바 없이 말의 출현을 되찾고 그것이 어떤 유형의 분석에 적용되는지 그리고 한편으로는 신경학과 다른 한편으로는 심리학과의 배분이 어떻게 수립되는지를 정의할 수 있을 것이다. 우리가 드러낸 것은 미상불 같은 날짜도, 같은 표면도, 같은 분절도 가지지 않는, 그러나 그에 대해 정신병리학이란 단지 반성적인, 이차적인, 분류적인 명칭에 지나지 않을 대상들의 집합을 설명할 수 있는 다른 유형의 통일성이다. 마지막으로 정신병리학은 끝없는 변화의 도상에 있는, 발견들과 비판들 그리고 수

---

적 상황, 문맥이 아니다. 언설 자체가 실천되는 방식을 말한다(그리고 이 실천은 언설과 비언설의 관계를 함축한다). 푸코에 있어 언설과 비언설간의 인과관계는 없다. 단지 그들간의 관계맺음의 체계가 있을 뿐이다.

정된 오류들이 끝없이 새겨지는 하나의 과목으로서 주어진다. 우리가 정의했던 형성의 체계는 안정된 것으로 유지된다. 그러나 다음과 같은 사실을 이해하자 : 일정한 것으로 유지되는 것은 대상들이 아니며, 나아가 그들이 형성하는 영역도 아니다. 그들의 출현점이나 특성화양식 조차도 아니다. 그것은 그를 통해 대상들이 나타날 수 있는, 제한될 수 있는, 분석되고 특이화될 수 있는 表面들의 關係맺음 mise en relation des surfaces인 것이다.

이제 알 수 있듯이, 우리가 그에 이론을 부여하고자 했던 記述들에 있어 문제가 되는 것은, 언설을 통해 일종의 지시체의 역사를 만들기 위해, 그를 해석하는 것이 아니다. 지금까지 줄곧 들어왔던 예에 있어, 우리가 알고자 했던 것은 한 시대에 있어서의 광인이 누구였는가, 그의 광기는 무엇으로 이루어져 있는가 하는 것이 아니었으며 나아가 그의 말썽거리가 오늘날 우리가 친숙해 있는 것과 동일한 것인가의 여부를 아는 것도 아니었다. 우리는 마법사들이 무시된, 박해받았던 광인들이었는가 또는, 다른 심급에 있어, 신비적이거나 미학적인 경험이 부당하게 의학화되지 않았는가를 묻지 않는다. 우리는 광기 자체가 무엇이었던가를, 그것을 우선은 원초적인, 기초적인, 귀먹은, 겨우 분절된 어떤 경험에 주어진 대로, 다음에는 언설들에 의해 또 그들의 조작들의 비스듬한, 종종 교활한 놀이에 의해 조작된(번역된, 변형된, 왜곡된, 아마도 수입된) 대로, 재구성하고자 하지 않는다. 의심할 바 없이 지시체에 대한 그와 같은 역사는 가능하다. 우리는 텍스트로부터 이러한 〈前언설적인 prédiscursives〉 경험들을 해방시키고 정제해 내기 위한 노력을 처음부터 배제하지 않는다. 그러나 여기에서 문제되는 것은 언설을 중성화시키거나, 그로부터 다른 사물들의 기호를 이끌어내거나, 그의 저편에서 말 없이 머무는 것과 결합하기 위해 그의 두께를 관통하고자 하는 것이 아니다. 그 반대로 그를 그의 일관성 안에 머무르게 하고자 하는 것이고, 그에 고유한 복잡성 속에서 나타나도록 하려는 것이다. 요컨대 우리는 진정 〈사물들〉을 넘어서고자 한다. 그들을 〈脫-現存化시키고자 dé-présentifier〉 한다. 그들의 풍부한, 무거운, 직접적인 충만성——우리가 그로부터 오류와 망각, 환상, 무지 또는 믿음과 전통의 관성 또는 욕구와 아마도 무의식에 의해서만 떨어질 수 있는 언설의 원초적인 법칙을 만들어내는 데, 보지 않고 말하지 않는 데 익숙해 있는——을 피하고자 한다. 언설에 앞서는 〈사물들〉의 수수께끼 같은 보물을 오직 언설 내에서만 소묘되는 대상들의 규칙적인 형성으로 치환하고자 한다. 사물들의 바탕을 참조하지 않고서, 그들을 언설의 대상으로서 형성하도록 해주는 그리고 그들을 그들의 역사적 출현의 조건들을 구성하는 規則들의 集合 ensemble des règles에 관련시킴으로써 이 대상들을 정의하고자 한다. 그리고 언설적 대상들의 역사——그들을 시원적인 토양의 공통된 깊이 속으로 박아넣지 않을, 그들의 분산을 지배하는 규칙성들의 연쇄를 펼칠——를 만들어내고자 한다.

그렇지만 〈사물들 자체〉의 契機를 생략하는 것이 반드시 의미작용에 대한 언어학적 분석을 시도하는 것은 아니다. 한 언설의 대상들의 형성을 기술할 때, 우리가 원한 것은 한 언설적 실천을 특성화하는 관계맺음을 지표화하는 것de repérer les mises en relations caractérisant une pratique discursive이다. 어휘적 조직화나 의미론적 장의 분절을 결정하고자 하는 것이 아닌 것이다 : 우리는 한 시대에 있어 〈우울증〉이나 〈착란 없는 광기〉와 같은 단어들에 주어진 의미도, 〈정신병〉과 〈신경증〉 사이의 내용상의 대립도 문제삼지 않는다. 여기에서도 역시 위와 같은 분석들은 비합법적이라거나 불가능한 것으로 생각되지 않는다. 그러나 그들은 예컨대 범죄성이 어떻게 의학적 감정의 대상이 될 수 있었는가를 또는 성적 이탈이 어떻게 정신의학적 언설의 가능한 대상으로서 그려지게 되었는가를 아는 것이 문제시될 때에는 적절하지 못한 것이다. 어휘적 내용들에 대한 분석은 주어진 시대에 말하는 주체들이 이용하는 의미작용의 요소들을 또는 이미 말해진 언설들의 표면에 나타나는 의미론적 구조를 정의한다. 그것은 다수의 얽힌

──중첩되어 있으면서도 동시에 성긴──대상들이 형성되고 변형되는, 나타나고 사라지는 장소로서의 언설적 실천에 관련되는 것이 아니다.

　주석가들의 지혜는 이 점에 있어 틀리지 않았다 : 우리가 시도한 것과 같은 분석에 있어, 말들은 사물들 자체와 똑같이, 숙고의 결과로서, 부재한다. 경험의 생생한 충만성에의 호소와 마찬가지로 어휘에 대한 기술 또한 부재하는 것이다. 우리는 언설을 넘어서서 그곳──아직 아무것도 말해지지 않은 곳, 사물들이 겨우 희미한 빛 속에서 어슴푸레 나타나는 곳──에로 돌아가지 않는다. 우리는 언설이 그의 뒤에 남겨놓은, 배치해 놓은 형태들을 되찾기 위해 그를 초월하지 않는다. 우리는 언설 자체의 수준에 머무르고자 한다. 종종 부재들의 이오타(그럼에도 매우 명시적인)에 점을 찍을 필요가 있기 때문에, 우리는 우리가 아직도 거의 진전을 보지 못하고 있는 이 모든 탐구들에 있어, 〈언설들〉──그들을 이해할 수 있는 한에서, 그들을 그들의 텍스트들의 형태 속에서 읽을 수 있는 한에서──은 일반적으로 기대하는 것처럼 말들과 사물들의 순수하고 단순한 얽힘이 아니라는 것을 가리키고자 한다고 말할 것이다 : 사물들의 희미한 흔적, 말들의 뚜렷한, 가시적인 착색과 연쇄. 우리는 언설이란 실재와 언어의 接觸 또는 對面의 얇은 표면이 아니라는 것을, 하나의 어휘와 하나의 경험의 얽힘이 아니라는 것을 보여주고자 한다.[42] 우리는, 정확한 예들에 관련해, 언설들 자체를 분석함으로써, 말과 사물의 외면상 매우 강한 포옹이 늦추어지는 것을 그리고 언설적 실천에 고유한 규칙들의 집합이 풀어지는 것을 알 수 있음을 보여주고자 한다. 이 규칙들은 실재의 말 없는 실존이 아닌, 어휘의 규칙적인 사용이 아닌, 대상들의 체제를 정의한다. 〈말과 사물〉, 이는 한 문제의──진지한──제목이다. 이는 이 문제의 형태를 수정시키고, 그의 소여들을 變位시키고, 결국 전혀 다른 작업을 드러내는 작업의 (풍자적인) 제목이다. 이는 언설들을 기

---

42) 말과 사물 사이에 존재하는 言設的 秩序의 두께.

호들의 집합(내용들을 또는 표상들을 참조하는, 의미하는 요소들)으로서 다루지 않고 그들이 말하고 있는 바의 대상들을 체계적으로 형성하는 實踐으로서 다루는 작업이다. 분명, 언설들은 기호들로 이루어져 있다 : 그러나 그들이 행하는 것은 사물들을 지시하기 위해 이 기호들을 사용하는 것 이상이다. 그들을 랑그나 파롤에로 환원불가능한 무엇에로 만드는 것은 바로 이 이상이다. 나타나게 해야 하는 것, 기술해야 할 것은 이 〈이상 plus〉인 것이다.


## 4 언표행위적 양태들의 형성

質的인 記述들, 傳記的 이야기들, 기호들의 지표화, 해석 그리고 문헌적 검증, 유비에 의한 추론, 연역, 통계학적 계산, 실험적 검증 그리고 많은 다른 형태의 언표들, 이들이 우리가 19세기의 의학적 언설 속에서 발견할 수 있는 것들이다. 이들 상호간에 어떤 얽힘과 필연성이 있는 것일까? 왜 다른 것들이 아닌 바로 이들인가? 이 다양한 언표행위들의 법칙, 그리고 이들이 나타나는 바의 장소를 찾아내야 한다.

1) 첫번째 물음 : 누가 말하는가? 모든 말하는 개인들의 집합 속에서 이러한 종류의 언어를 취할 수 있는 地位 status 를 부여받은 사람은 누구인가?[43] 그러한 직함을 가진 사람은 누구인가? 누가 그 언어로부터 그의 단일성, 그의 특권을 부여받는가 그리고 역으로 그 언어는 그의 보장을 아니면 최소한 그의 진리주장을 누구로부터 받겠는가? 그와 같은 언설을 발언할 수 있는(법규적인 또는 전통적인, 법적으로 정의된 또는 자발적으로 받아들인) 권리를 가지는——그리고

---

43) 즉 〈누가 말하는가?〉라는 질문은 〈어디에서 말하는가?〉라는 질문으로 바뀐다. 이 점에서 푸코는 깡길렘의 입장을 충실하게 따르고 있다.

오직 그들만이 가지는——개인들의 지위는 무엇인가? 의사라는 지위는 일정한 능력과 지식의 규준들을, 제도와 체계 그리고 교육학적 규범들을, 지식의 실험과 실천에 권리를(그와 동시에 그의 제한을) 주는 법적인 조건들을 내포한다. 의사라는 지위는 또한 분화의 체계를 그리고 그들 자신 그들의 지위(정치적 권력과 그의 대리인들, 법적인 권력, 상이한 직업적인 단체들, 종교적인 집단들과 경우에 따라서는 목사들)를 가지고 있는 다른 개인들이나 집단들과의 다양한 관계(귀속의 분배, 위계적인 복종, 가능적인 상보성, 정보의 요구, 이전과 교환)를 내포한다. 또한 의사라는 지위는 사회라는 총체에 관련해서의 그의 기능을 정의해 주는 일련의 특징들(私的인 인물에 의해 초빙됨에 따라 또는 사회에 의해 다소간 강제적인 방식으로 청원됨에 따라 의사에게 인정되는 역할. 상이한 경우들에 있어 그에게 인정되는 간섭과 결정의 권리. 대중, 집단, 개인, 가족의 건강에 대한 감시자, 보호자, 보증인으로서 그에게 요구되는 것. 공공적인 풍요로움 또는 특수한 풍요로움에 있어 공제되는 그의 몫. 그가 종사하고 있는 집단과 맺는 것이든, 그에게 일정한 과업을 부여한 권력과 맺는 것이든, 그에게 상담과 치료 그리고 회복을 요구한 고객과 맺는 것이든, 그가 맺는 명시적 또는 비명시적 계약의 형태) 또한 내포한다. 의사의 이 지위는 일반적으로 모든 형태의 사회와 문명에 있어 충분히 단일하다 : 그가 미분화적이거나 교환 가능한 인물이었던 적은 거의 없었다. 의학적 파롤은 아무에게서나 올 수가 없는 것이다. 그의 가치, 그의 효율성, 그의 치료적인 힘 자체들, 그리고 일반적으로 의학적 파롤로서의 그의 존재는 그에게서 고통과 죽음을 모면시켜 줄 힘을 요구함으로써 그 파롤을 말할 권리를 가지는, 법률적으로 정의된 인물과 분리불가능한 것이다. 그러나 우리는 또한 서구문명에 있어서의 이 地位가 18세기 말 19세기 초에, 대중들의 건강이 공업사회에 의해 요구된 경제적인 규범들 중 하나가 되었을 때, 크게 수정되었다는 것을 알고 있다. [44]

44) 이 문제에 관해서는 "The politics of health in the eighteenth century",

2) 또한 의사가 그로부터 그의 언설을 취하는, 그리고 이 언설이 그로부터 그의 합법적인 시원과 適用點(그의 특이한 대상들과 그의 검증도구들)을 발견해 내는 **制度的 定位** emplacements institutionels를 기술해야 한다. 이러한 장소들은 西歐에 있어 다음과 같다 : 病院——일정한, 코드화된, 체계적인, 분화되어 있고 위계화되어 있는 의학적 인물에 의해 유지되는, 그리고 頻發의 양화가능한 場을 구성할 수 있는 장소. 보다 우연적인, 보다 성긴, 보다 소수의 관찰영역을 제공하는, 그러나 종종 환경과 病歷에 대한 보다 나은 앎으로 보다 큰 연대기적 범위의 시험을 가능하게 하는 私的인 實踐. 자율적이고 오랫동안 병원과 구분되었던, 그곳에서 인간의 신체, 생명, 병, 상해에 대한 일반적인 질서의 진리들이 수립되는, 진단의 어떤 요소들을, 진화의 어떤 기호들을, 치유의 어떤 규준들을 제공하는, 그리고 치료적인 실험을 가능하게 해주는 장소인 實驗室. 마지막으로 우리가 〈도서관〉 또는 자료보관적인 場이라고 부를 수 있는 것 : 전통적으로 내려온 책이나 논문들만이 아니라 발행된 또는 이송된 보고서와 관찰결과들, 나아가 통계학적 정보들의 무더기(사회적 환경, 풍토, 전염병, 사망률, 발병률, 전염병의 진원지, 직업병들에 대한)——행정기관들에 의해, 다른 의사들에 의해, 사회학자들이나 지리학자들에 의해 의사들에게 제공될 수 있는——를 포함하는 장소. 여기에서도 역시, 의학적 언설의 이 다양한 〈장소들〉은 19세기에 이르러 대폭적으로 수정되었다 : 자료의 중요성은 계속 증가했다(책이나 전통의 권위가 줄어듦에 비례해서). 병에 관한 언설에 있어서의 협력기관에 불과했던, 그리고 뒤에는 그러한 역할을, 중요성의 측면에서나 가치의 측면에서나, 사적인 실천에 양도했던 병원(이곳에서 전에는 그들의 자연적 장소에서 방치되었던 병들이, 18세기에, 그들의

---

*Power / Knowledge* : *selected interviews & other writings*, edited by Colin Gordon, Pantheon Books, 1980, pp. 166-182를 참조하는 것이 좋다.

인위적인 진리 속에서 드러나게 되었다)은 체계적이고 등질적인 관찰들, 넓은 階段에 있어서의 대조, 주기와 확률의 수립, 개인적인 편차제거의 장소, 요컨대 병(더 이상 그의 본질적인 특징들을 의사의 시야 아래에서 전개시키는 단일한 種으로서가 아니라 그의 의미작용적 지표, 그의 한계, 그의 진화의 기회와 함께 평균적인 과정이 된)의 出現의 場所가 된다. 마찬가지로 일상적인 의학적 실천이 생물학, 생리학 또는 화학과 동일한 실험적 규범을 지니는 언설의 장소로서 실험실에 통합된 것은 19세기였다.

3) 주체의 位置는 또한 그가 다양한 영역들이나 대상들의 집단들과 관련해서 처할 수 있는 狀況situation에 의해 정의된다. 그는 명시적인 또는 그렇지 못한 물음들의 어떤 網에 따라 물음을 던지는, 그리고 정보의 어떤 프로그램에 따라 청취하는 주체이다. 그는 특성들의 표에 따라, 기술적인 유형에 따라 주의함으로써 응시하는 주체이다. 그는 그 경계가 얼마간의 관여적인 정보를 제한하는 최적의 지각적인 거리에 위치해 있다. 그는 정보의 범위를 수정시키는, 중간적인 또는 직접적인 지각적 수준과의 관련하에서 주체를 변위시키는, 피상적인 수준으로부터 심오한 수준으로의 그의 옮겨감을 보장해 주는, 그를 신체의 내부적인 공간 속에서——명시적인 징후들로부터 기관에 이르기까지, 기관으로부터 (세포)조직에 이르기까지, 끝으로 조직으로부터 세포에 이르기까지——순환시키는 도구적 매개물들을 사용한다. 이 지각적 상황에다가, 정보들의 망 속에서(이론적인 교육 또는 병원적인 교육 속에서, 대화를 통한 소통의 체계 또는 씌어진 자료들의 체계 속에서 : 관찰의, 보고서들의, 통계적 소여들의, 일반이론적인 명제들의, 기획이나 결정의 발신자 및 수신자로서) 주체가 취할 수 있는 위치들을 덧붙여야 할 것이다. 의학적 언설의 주체가 차지할 수 있는 다양한 상황들은 19세기 초 전혀 다른 지각적 장(깊이 속에 배치된, 도구적 연관성에 의해 현시된, 外科醫的인 또는 시체해부적 방법의 기술에 의해 펼쳐진, 傷害의 중심 주위에 자리잡은)의 조직

화와 함께, 그리고 기호의, 기호화의, 기술의, 분류의, 數的 계열로
의 그리고 통계학으로의 통합의 새로운 체계의 위치지음과 함께, 교
육의 새로운 형태, 정보의 순환, 다른 이론적 영역(제과학이나 철학)
과의 그리고 다른 제도들(행정적인, 정치적인, 경제적인)과의 관계를
위한 제도들과 함께 새로이 정의되었던 것이다.

임상의학적 언설에 있어, 의사가 차례차례로 절대적이고 직접적인
질문자, 응시하는 눈, 만지는 손가락, 기호들을 독해하는 기관, 이미
행해진 기술들의 통합점, 실험실의 기술자로서 존재하게 되었다면,
이는 관계들의 모든 다발이 작동되었기 때문이다. 병원이라는 공간
——구제의 장소이자 순수화된 그리고 체계적인 관찰의 장소이자 동
시에 부분적으로는 시험적이고 부분적으로는 실험적인 치료의 장소로
서의——과 병리학적 해부학에 의해 정의된 대로의 일군의 技術 및
신체지각의 코드들 사이의 제관계. 직접적인 관찰의 장과 이미 획득된
정보들의 영역 사이의 제관계. 치료자로서의, 교육자로서의, 의학적
지식의 확산에 있어서의 매개자로서의 의사의 역할과 사회적 공간 속
에서의 공공의 건강에 책임을 져야 하는 그의 역할 사이의 제관계. 임
상의학이 관점의 쇄신, 내용과 형태 나아가 기술의 양식의 쇄신, 귀납
적 또는 확률적 추론의 사용 및 인과율부과의 유형들의 쇄신, 요컨대
언표행위의 양태들의 쇄신으로 이해될 수 있다 하더라도, 새로운 관찰
기술의 결과로서 이해되어서는 안 되며(시체해부의 기술은 19세기 훨씬
이전부터 시행되었다), 유기체의 심층 속에서의 병리학적 원인들을 담
구한 결과로서 이해되어서도 안 되며(모르가니 Morgagni는 18세기 중
엽에 이미 이를 시도했었다), 병원에서의 임상의학이라는 이 새로운 제
도의 결과로서 이해되어서도 안 되며(오스트리아와 이탈리아에서는 몇십
년 전에 이 제도가 존재했다), 비샤의 『莫論』에 있어서의 조직개념의 도
입의 결과로서 이해되어서도 안 된다. 임상의학은, 의학적 언설에 있
어서의, 일련의 근본적인 요소들——일부는 의사의 지위에 관계되고,

일부는 그가 그 안에서 말하는 바의 제도적이고 기술적인 장소에 관계되며, 일부는 지각하는, 관찰하는, 기술하는, 교육하는 주체로서의 그의 위치에 관계되는──의 관계맺음으로서 이해되어야 하는 것이다. 상이한 요소들의 이 관계맺음(그중 어떤 것들은 새로운 것이고, 어떤 것들은 이미 존재했던)은 임상의학적 언설에 의해 실행되었다고 말할 수 있을 것이다 : 그들(요소들) 사이에 〈현실적으로〉 구성된 것도 아니고 미리 구성된 것도 아닌 관계들의 체계를 수립하는 것은 실천인 한에서의 이 언설인 것이다. 그리고 이 언설이 통일성을 지닌다면, 이 언설이 사용하는 또는 야기시키는 언표행위의 양태들이 단순히 일련의 역사적인 우발성들에 의해 병치되는 것이 아니라면, 이는 그것이 이 관계들의 다발을 일정한 방식으로 이용하기 때문인 것이다.

언급할 일이 한 가지 더 남아 있다. 임상의학적 언설에 있어서의 언표행위의 유형들의 상이성이 확인된 뒤에도, 우리는 언설 속에서 이용될 수 있는 형식적 구조들, 추론과 귀납의 유형들, 분석과 종합의 형태들을 나타나게 함으로써 그 잡다성을 환원시키고자 시도하지 않았다. 우리는 의학적 언표들과 같은 언표들에 그들이 내적 필연성에 따라 포함하는 것을 줄 수 있는 그러한 합리적 조직화를 이끌어내고자 하지도 않았다. 게다가 우리는 기초지우는 행위에 또는 구성하는 의식에 합리성의 일반적인 지평──그로부터 의학의 진보가, 정밀과학과 어깨를 나란히 하려는 그의 노력이, 관찰적 방법으로의 돌아감이, 그를 점유하는 이마쥬나 환상의 느리고 힘든 추방이, 그의 추론체계의 淨化가 점차로 떨어져 나간──을 관계맺어 주기도 원치 않는다. 마지막으로 우리는 경험적인 발생도 의학적 심성의 다양한 구성요소들도 기술하고자 시도하지 않았던 것이다 : 의사들의 관심이 어떻게 變位되었는가? 어떤 이론적 또는 실험적 모델에 의해 영향받았는가? 어떤 철학이 또는 도덕적 논제가 그들의 반성의 풍토를 정의했는가? 어떤 물음들에, 어떤 도구들에 대답해야만 했는가? 전통적인 편견들로부터 벗어나기 위해서는 어떤 노력이 필요했는가? 그들의 지식의 결코 완성되지 못한, 결코 도달하지 못한 통일과 정합성을 향해 어떤 길을 걸어갔는가? 요컨대 우리는 언표행위의 다양한 양태들을 주체의 통일성에 연관지우지 않는다——그것이 합리성을 정초지우는 순수한 심급으로서의 주체이건, 종합의 경험적인 기능으로서의 주체이든. Ni le 〈connaître〉, ni les 〈connaissances〉. 45)

지금까지 진행된 분석에 있어, 언표행위의 다양한 양태들은 〈한〉 주체의 〈그〉 종합이나 〈그〉 통일하는 기능과 연관되는 대신, 그의 分散을 보여주었다. 우리의 분석은 이 양태들을 주체가 언설을 취할 때 그것이 차지할 수 있는 또는 부여받을 수 있는 다양한 지위들, 다양한 장소들, 다양한 위치들에 연관지었다. 결국 우리는 그들을 주체가 그 곳에서 말하는 바의 평면들의 불연속성 discontinuité des plans d'où il parle 에 연관지은 것이다. 그리고 이 평면들이 관계들의 체계에 의해 연결되어 있다 해도, 이 체계는 자기동일적인, 말 없는 그리고 모든 파롤에 선행하는 意識의 종합활동에 의해서가 아니라 言說的 實踐의 특이성에 의해 수립된 것이다. 그러므로 우리는 언설 속에서 表現이라는 현상——다른 곳에서 수행된 종합의 언어적인 번역——을 읽어내기를 거부할 것이다. 46) 우리는 언설 속에서 차라리 주체성의 다양한 위치들을 위한 규칙성의 場을 찾아낼 것이다. 이와 같이 생각할 때, 언설이란 사유하는, 인식하는, (그 언설을) 말하는 주체의 현시——절대적으로 전개된——가 아니다 : 반대로 언설이란 주체의 분산 및 스스로와의 불연속이 그 안에서 규정될 수 있는 집합인 것이다. 그것은 구분적인 장소들의 망이 펼쳐지는 外在性의 空間이다. 앞의 절에서 우리는 한 언설적 형성에 고유한 대상들의 규범을 정의해야 하는 것은 〈말〉에 의해서도, 〈사물〉에 의해서도 아니라는 것을 지적했다.

---

45) 〈connaissance〉는 〈con+naissance〉로서 主體와 客體가 함께 태어난다는 어떤 형이상학적인 의미를 함축한다.

46) 〈표현〉이라는 단어는 주체의 내면에서 생성된 의미를 外化함을 뜻한다. 우리는 이미 이러한 생각이 가진 난점을 여러 번 지적한 바 있다.

마찬가지로, 이제 이 언표행위들의 규범을 정의해야 하는 것은 초험적인 주체에의 호소에 의해서도, 심리학적인 주체성에의 호소에 의해서도 아니라는 것을 깨달아야 할 것이다.


## 5 개념의 형성


아마도 린네 Carl von Linné 의 작품 속에서(또한 리카르도의 작품이나 포르-로와얄의 문법 속에서) 사용된 개념군들은 하나의 整合的인 總體로서 조직화될 수 있을 것이다. 아마도 우리는 그 개념군이 형성하는 연역적 건축물을 재건할 수 있을 것이다. 어쨌든 경험은 우리의 시도를 긍정해 준다——그리고 여러 번 그러했다. 반대로, 보다 넓은 계단을 취할 경우, 즉 문법이나 경제학 또는 생물학과 같은 분야들을 지표로서 선택할 경우, 출현하는 개념들의 놀이는 엄밀한 조건들에 굴복하지 않는다 : 그들의 역사는 벽돌을 차곡차곡 쌓아 만든 구조물의 구축이 아닌 것이다. 이 분산을 그의 외면적인 무질서 속에 내버려 두어야 하는가, 아니면 여기에서 일련의 개념적 체계들——각자가 그의 고유한 조직화를 지니고 있는, 그리고 단지 문제들의 항존성 위에서든, 전통의 연속성 위에서든, 영향의 메커니즘 위에서든 서로 연관되는——을 확인해야만 하는가? 이질적인 개념들의 동시적인 또는 계기적인 출현을 설명해 주는 법칙을 찾아낼 수 있지 않을까? 그들 사이에서(결코 논리적인 체계성은 아닌) 출현의 體系를 찾아내야 하지 않을까? 잠재적으로 연역적인 구조물 속에서 개념들을 재정립시키고자 하기보다는, 언표들이 나타나고 순환하는 그곳에서 그들의 場의 조직화를 기술해야 할 것이다.

1) 이 조직화는 우선 繼起의 形態들 formes de succession 을 포함한다. 이 형태들 중에서도 특히 다음의 것들을 기술해야 한다. 언표

적 계열들의 다양한 **좌표화**[47](이것이 영향들의 질서이든, 계기적인 함축이든, 논증적인 추론이든. 또는 記述의, 일반적인 도식이나 그들이 복종하는 바의 점진적인 특이화의, 그들이 주파하는 공간적인 분배의 질서이든. 또는 이야기들의 질서이든 시간의 사건들이 언표들의 선형적인 계열 속에서 분배되는 방식이든), 언표들의 다양한 **依存**의 유형들(언표행위적 계열들의 명시적 계기들에 언제나 동일한 것은 아닌 또 중첩가능한 것도 아닌 : 예컨대 가설-검증의, 주장-비판의, 일반법칙-특수한 적용의 의존), 여러 언표군들을 그에 따라 조합할 수 있는 다양한 수사학적 **圖式**들(記述들, 연역들, 정의들——이들의 계열이 한 텍스트의 건축물을 특성화하는——은 어떻게 서로서로 연쇄를 이루는가). 고전시대에 있어서의 **自然史**를 예로 들어보자 : 고전시대의 자연사는 16세기의 그것과 같은 개념들을 사용하지 않는다. 오래된 몇몇 개념들(類, 種, 記號)은 다른 방식으로 사용된다. 다른 개념들(예컨대 構造)이 등장한다. 또한 다른 개념들(예컨대 有機體)이 보다 늦게 형성된다. 그러나 19세기에 와서 수정된 것으로서 개념들의 출현과 회귀를 지배하는 것, 그것은 모든 자연사를 통해서, 언표들의 일반적인 配置, 규정된 총체에 있어서의 그들의 系列化 mise en séries 이다. 그것은 관찰한 바를 옮겨쓰는 것이며, 지각적인 경과를 언표적인 방식에 따라 재건하는 방식이다. 그것은 기술하는 것, 구분적인 특성들로 분절하는 것, 특징짓는 것 그리고 분류하는 것 사이의 관계이며 또한 예속관계의 놀이이다. 그것은 특수한 관찰들과 일반적인 원리들의 상호적인 위치이다. 그것은 사람들이 배운 것, 본 것, 연역한 것, 가능한 것으로 인정한 것, 가정한 것 사이의 의존의 체계이다. 17세기와 18세기에 있어서의 자연사는 〈유〉와 〈특징〉의 개념에 새로운 정의를 부여한, 〈자연적인 분류〉 또는 〈포유류〉와 같은 새로운 개념들을 도입한 단순히 인식의 새로운 형태인 것은 아니다. 그것은 무엇보다 먼저 言表들을 系列化 하는 規則들의 集合이며, 그 안에서

---

47) 이는 새로이 출현한 언설적 계열의 자리잡음〔定位〕을 뜻한다.

개념으로서의 가치를 지닐 수 있는 반복적인 요소들이 분배되는 의존의, 질서의, 계기의 强制的인 圖式들의 集合인 것이다.

2) 언표적 장의 형태는 또한 共存의 形態들formes de coexistence을 포함한다. 이에는 우선 現存의 場이 있다(그리고 우리는 이 말로 다른 곳에서 이미 공식화된 언표들을, 그리고 승인된 진리, 정밀한 記述, 기초지어진 추론 또는 필수적인 전제로서 언설 속에서 다시 취해진 모든 언표들을 이해한다. 나아가 이 말로 우리는 비판된, 논의된, 판단된 언표들만이 아니라 거부된, 배제된 언표들도 이해한다). 이 현존의 장 속에서, 수립된 관계들은 실험적 검증의, 논리적 유효화의, 순수하고 단순한 반복의, 전통과 권위에 의해 정당화된 승인의, 주석의, 숨겨진 의미작용들에 대한 탐구의, 오류에 대한 분석의 질서에 참여할 수 있다. 이 관계들은 명시적일 수도(그리고 종종 전문화된 언표들의 제유형──참고문헌, 비판적인 논의──속에서 공식화될 수도) 있으며 함축적일 수도(그리고 일상적인 언표들에 둘러싸일 수도) 있다. 여기에서도 역시 고전시대 자연사의 현존의 장이, 알드로반디 Ulisse Aldrovandi가 하나의 텍스트 속에다가 그가 괴물들에 대해 볼 수 있었던, 관찰할 수 있었던, 말할 수 있었던 모든 것을 끌어모았던 시대와 동일한 형태에, 선택의 동일한 구조에, 동일한 배제의 원리에 복종하지 않는다는 것을 쉽게 확인할 수 있다. 현존의 장과 구분해서 또한 併存의 場을 기술할 수 있다(이는 대상들의 전혀 다른 영역들에 관련되는 그리고 전혀 다른 언설의 유형에 속하는, 그러나 연구된 언표들──그들이 추론을 위해 받아들여진 일반적인 원리나 전제들로서 기능하든, 다른 내용들로 이전시킬 수 있는 모델들로서 기능하든, 적어도 긍정되고 있는 어떤 명제들을 그에 직면시키고 복종시켜야 하는 우월한 심급으로서 기능하든──로 이루어진 場 속에서 활동하는 언표들에 관련한 것이다) : 그래서 린네와 뷰퐁의 시대에 있어 자연사의 병존의 장은 우주론, 地史, 철학, 신학, 성서, 성경의 주석서들, 수학(질서의 학이라는 매우 일반적인 형태하에서)에 대한 일련의 관계들에 의해 정

의된다. 그리고 이 모든 관계들이 이 시대의 자연사를 16세기 박물학자들의 언설에만이 아니라 19세기의 생물학자들의 그것에도 대립시키는 것이다. 마지막으로 언설적 장은 **記憶의 領域**이라고 불릴 수 있는 것을 포함한다(이는 더 이상 받아들여지지도 논의되지도 않는, 결과적으로 더 이상 진리의 덩어리도 유효성의 영역도 정의하지 않는, 그러나 그에 관련해 계보, 발생, 변환, 역사적 연속성과 불연속성의 관계들이 수립되는 언표들에 관련된다) : 따라서 뚜른느포르 Joseph Pitton de Tournefort 이래의 자연사의 기억의 장은 19세기 이후의 생물학에 부여된 매우 큰, 축적된, 특이화된 기억의 **場**에 비교할 때, 그 형태들에 있어 빈약하고, 단일하게 좁은 것으로 나타난다. 반면 그것은 르네상스에 있어서의 동식물의 역사를 둘러싸는 기억의 **場**보다는 훨씬 잘 정의되어 있고 분절되어 있는 것으로 나타나는 것이다 : 왜냐하면 그것은 현존의 장과 간신히 구분되기 때문이다. 그것은 그와 동일한 외연과 동일한 형태를 가졌다. 그것은 동일한 관계들을 함축했던 것이다.

3) 우리는 마지막으로 **干涉의 過程들**procédures d'intervention[48] ——언표들에 합법적으로 적용될 수 있는——을 정의해야 한다. 결국 이 과정들은 모든 언설적 형성들에 있어 동일하지 않다. 언설적 형성에서 (다른 모든 것들을 배제하고) 사용된 과정들, 그들을 이어주는 관계들, 그들이 이러한 방식으로 구성하는 집합은 각자를 특이화하도록 해준다. 이 과정들은 여러 곳에서 나타날 수 있다 : 다시 **쓰기의 技術**들에 있어(예컨대 고전시대의 자연사가들이 중세 또는 르네상스에 수립된 혈족의 **群**과 목록들과는 법칙에 있어서나 윤곽에 있어서나 동일하지 않은 분류적 표들 속에서 선형적인 **記述**들을 다시 쓰도록 해준 것들), 다소간 형식화된 그리고 인위적인 랑그에 따른(자연적인 랑그

---

48) 여기에서의 간섭이란 본래 물리학에서 쓰이는 용어로서, 두 **波**의 중첩과 굴절을 뜻한다. 여기에서는 **系列**들의 시공간적 관계맺음으로 이해하면 된다.

속에서 분절된) 언표들의 **옮겨쓰기**의 방법에 있어(우리는 린네에 있어
그리고 아당송Michel Adanson에 있어 이의 계획과 어느 정도까지는
그 실현까지도 찾아낼 수 있다), 양적 언표들로부터 질적 공식화들로
의 그리고 그 역으로의 **飜譯**의 **樣式**들에 있어(측정들과 순수하게 지각
적인 기술들의 관계맺음), 언표들의 **槪算**을 증폭시키기 위해 그리고
그들의 정확성을 세련화시키기 위해 사용된 수단들(요소들의 크기와
배치, 수와 형태에 따르는 구조적 분석은, 뚜른느포르 이래, 지각적 언표
들의 보다 큰 그리고 특히 보다 안정된 개산을 가능하게 했다), 새로이
——확장 또는 한정에 의해——언표들의 유효성의 영역을 제한하는
방식(구조적 특성들에 대한 언표행위는 뚜른느포르로부터 린네에 이르기
까지 제한되었지만, 그 후로는 뷰퐁에서 쥬시외Jussieu에 이르기까지 다
시 확장되었다), 적용의 한 場으로부터 다른 場으로의 언표의 유형을
이전시키는 방식(예컨대 식물적인 특성화로부터 동물적인 계통학으로의
이전, 피상적인 특성들의 기술로부터 유기체의 내적인 요소들로의 이
전), 예전에 공식화됨에 따라 미리 존재하던 그러나 분리된 상태로
존재하던 명제들의 체계화의 방법에 있어, 또한 서로서로 연결되어
있었던 그러나 새로운 체계적 총체 속에서 재구성된 언표들의 재분
배의 방법에 있어(그래서 아당송은, 그가 그 추상적인 조합에 의한 선
행적인 도식을 부여받았던 인위적인 기술들의 총체 속에서, 그에 앞서 또
는 그에 의해 만들어질 수 있었던 자연적 특성들을 다시 취한 것이다).

우리가 그 분석을 제기한 이 요소들은 매우 이질적인 것들이다. 어
떤 것들은 형식적 구성의 규칙들을 구성하고, 다른 것들은 수사학적
습관들을 구성한다. 어떤 것들은 한 텍스트의 내적인 형태들을 정의하
고, 다른 것들은 상이한 텍스트들 사이의 관계양식과 간섭양식을 정의
한다. 어떤 것들은 일정한 시대의 특징들이고, 다른 것들은 먼 시원과
매우 큰 연대기적 범위를 가진다. 그러나 하나의 언설적 형성에 속하
는 것 그리고 개념들의 군을 제한하게 해주는 것 그러나 그럼에도 불

구하고 그에 특이한 방식으로 이질적인 것은 이 상이한 요소들이 서로서로 관계맺는 방식이다 : 예컨대 記述들의 또는 이야기들의 배치가 다시 쓰기의 技術에 연결되는 방식, 기억의 場이 한 텍스트의 언표들을 지배하는 위계의 형태들에 그리고 복종의 형태들에 연결되는 방식, 개산 및 언표들의 발전의 양식들과 비판의, 주석의, 이미 공식화된 언표들의 해석 등의 양식들을 이어주는 방식. 개념적인 형성의 체계를 구성하는 것은 이 관계들의 다발이다.

　이러한 체계에 대한 記述은 개념들 자체에 대한 직접적이고 즉각적인 記述을 위해서는 가치를 가질 수 없다. 그들로부터 철저한 명세서를 이끌어내는 것, 그들이 공통으로 소유할 수 있는 특성들을 수립하는 것, 그들의 분류를 시도하는 것, 그들의 내적인 정합성을 평가하거나 그들의 상호양립 가능성을 시험하는 것은 중요하지 않다. 우리는 고립된 한 텍스트의, 한 개인적인 작품의, 주어진 순간에 있어서의 한 과학의 개념적인 건축물을 분석대상으로 삼지 않는다. 우리는 이 명시적인 개념적 놀이와 관련하여 한걸음 뒤에 자리잡는다. 우리는 어떤 도식들(계열화의, 동시적인 그룹형성의, 선형적인 또는 상호적인 수정의)에 따라 언표들이 어떤 유형의 언설 속에서 서로서로 연결될 수 있는가를 결정하고자 한다. 그렇게 함으로써 우리는 언표들의 반복적인 요소들이 어떻게 다시 나타날 수 있는가, 해체될 수 있는가, 재구성될 수 있는가, 외연에 있어 또는 규정에 있어 획득될 수 있는가, 새로운 논리적 구조의 내부에서 다시 취해질 수 있는가, 역으로 새로운 의미론적 내용을 얻을 수 있는가, 그들 사이에 부분적인 조직화를 구성할 수 있는가를 지표화하고자 한다. 이 도식들은——개념들의 내적인 구축이 아니라, 한 인간의 정신에 있어서의 그들의 점진적이고 개별적인 발생이 아니라——텍스트들, 책들, 작품들을 관통하는 그들의 匿名的 分散dispersion anonyme을 기술할 수 있도록 해준다. 어떤 유형의 언설을 특성화해 주는, 그리고, 개념들 사이에, 연역의, 유도의, 정합성의, 그러나 또한 양립불가능성의, 상호교차의, 치환의, 배제의, 상호변이의, 변위의 형태들을 정의하는 분산. 따라서 이와 같은 분석은, 일종의 前개념적 préconceptuel 수준에, 즉 개념들이 공존할 수 있는 장과 그 場이 따르는 規則들에 연관되는 것이다.

여기에서 〈전개념적〉이라는 말에 의해 이해되어야 할 바를 명확히 하기 위해, 우리는 『말과 사물』에서 연구되었던, 17, 18세기의 일반문법을 특성화하는 네 가지의 〈이론적인 도식들〉의 예를 다시 취해 보고자 한다. 이 네 가지의 도식들——귀속attribution, 분절articulation, 지시 désignation 그리고 파생 dérivation——은 고전시대의 문법학자들에 의해 실제 사용된 개념들을 가리키지 않는다. 그들은 또한, 상이한 문법적 작품들 위에서 보다 추상적인, 보다 일반적인, 보다 빈약한, 그러나 바로 그렇기 때문에 이 외관상 상이한 체계들의 깊은 양립가능성을 발견할 수 있을 일종의 체계를 재구성하게 해주지도 않는다. 그들이 기술할 수 있게 해주는 것은 다음의 것들이다.

1 상이한 문법적 분석들이 어떻게 질서지어질 수 있는가 그리고 어떻게 전개될 수 있는가. 그리고 어떤 형태의 계기들이 명사에 대한 분석들, 동사에 대한 분석들, 형용사에 대한 분석들, 음성학에 관련되는 분석들과 통사론에 관련되는 분석들, 인위적인 랑그를 투사시키는 분석들 사이에서 가능한가. 이 상이한 가능적 질서들은 귀속의, 분절의, 지시의 그리고 파생의 이론들 사이에서 지표화될 수 있는 의존관계들에 의해 상세히 규정된다.

2 일반문법은 어떻게 유효성validité 의 영역을 정의하는가(어떤 규준들에 따라 한 명제의 참과 거짓을 논의할 수 있는가). 일반문법은 어떻게 정상성normativité 의 영역을 구성하는가(그것은 어떤 규준에 따라 언표들을 그 언설에 비관여적인 것으로서, 또는 비본질적이고 여분적인 것으로서, 그리고 비과학적인 것으로서 배제하는가). 일반문법은 어떻게 현실성actualité 의 영역을 구성하는가(획득된 해결들을 포함하는, 현존하는 문제들을 정의하는, 이미 실효성을 잃어버린 개념들과 판단들을 위치시키는).

**3** 일반문법은 일반대수학 mathesis(데카르트의 그리고 데카르트 이후의 대수학, 질서의 일반과학에 대한 기획), 표상에 관한 철학적 분석 및 기호의 이론, 자연사, 특성화와 계통학의 문제들, 富의 분석 및 측정과 교환에 대한 임의적인 기호들의 문제와 어떤 관계를 맺는가 : 우리는 이 관계들을 지표화함으로써 한 영역으로부터의 다른 영역으로의 개념들의 순환, 이전, 수정 그리고 그들의 형태변이 또는 그의 적용영역의 변화를 보장해 주는 길들을 규정할 수 있다. 네 가지의 이론적 선분에 의해 구성된 網이 문법학자들에 의해 사용된 모든 개념들의 논리적 건축물을 정의하지는 않는다. 그것은 그들의 형성의 규칙적인 공간을 그려줄 뿐이다.

**4** 동사 〈être〉의, 연사의, 동사적 어근의 그리고 (굴절)어미의 다양한 개념들(귀속의 이론적인 도식으로서), 음성학적 의소들의, 알파벳의, 명사의, 주어와 형용사의 다양한 개념들(분절의 이론적인 도식으로서), 고유명사, 일반명사, 대명사, 명사적 어근, 음절 또는 표현적 음가의 다양한 개념들(지시의 이론적인 부분으로서), 시원적인 그리고 유도된 언어의, 은유의, 비유의, 시적 언어의 다양한 개념들(파생의 이론적인 부분으로서)은 동시적으로 또는 계기적으로——양자택일적인 선택이나 수정 또는 치환의 형태하에서——어떻게 가능했는가.

우리가 위와 같이 분리시킨 〈前개념적인〉 수준은 관념성의 지평에도 추상의 경험적인 발생에도 근거하지 않는다. [49] 한편으로 이는 정초하는 행위에 의해 제기된, 발견된——그리고 이 점에서 모든 연대기적 삽입을 비켜갈 시원적인——관념성의 지평이 아니다. 이는, 역사의 경계선에 있어, 소진불가능한 동시에 후퇴해 있는(그것이 모든 시작을, 모든 발생적 재건을 비켜가기 때문에), 그리고 퇴보해 있는(그것이

---

49) 매우 중요한 부분. 지금까지 논해 온 규칙들의 체계, 관계들의 집합, 가능성의 장 등의 〈존재론적 지위〉가 관념성의 지평 위에서 성립하는 것도, 경험으로부터의 추상에 의해 성립하는 것도 아니라는 의미.

명백한 전체성에 있어 결코 그 자신과 동시대적일 수 없기 때문에) 아프리오리가 아니다. 사실상 우리는 더 이상 外的인 번역이 아니라 개념들의 출현의 장소인 언설 자체의 수준에서 문제를 제기한다. 우리는 언설의 常數들을 개념의 관념적인 구조에 부착시키는 것이 아니라, 언설의 내적인 규칙성들에서 출발하여 개념적인 網을 기술한다. 우리는 언표행위의 복수성을 개념들의 정합성에 그리고 다시 이 정합성을 메타역사적인 관념성의 말 없는 명상에 복속시키지 않는다. 우리는 그 逆의 계열을 수립한다 : 우리는 개념적인 양립가능성과 양립불가능성이 얽혀 있는 망 속에 무모순의 순수한 목적 visées을 다시 위치시킨다. 그리고 이 얽힘을 하나의 言說的 實踐을 特性化하는 規則들 règles qui caractérisent une pratique discursive[50]과 관계맺어 준다. 바로 이와 같이 해서, 이제 무한히 소급하는 시원과 소진불가능한 지평의 테마에 더 이상 호소할 필요가 없게 되는 것이다 : 언설의 실천에 있어 규칙들의 어떤 집합의 조직화는, 그것이 하나의 언어표현이나 발견처럼 위치시키기 용이한 사건을 구성하지 않는다 하더라도, 그럼에도 불구하고 역사의 요소 속에서 규정될 수 있다. 그리고 그것이 소진불가능하다면, 이는 그것이 구성하는 (완전하게 기술가능한) 체계가 개념들의 중요한 놀이를 그리고 개념들과 그들의 관계들에 동시에 영향을 주는 일련의 매우 중요한 변환들을 설명해 주기 때문이다. 이와 같이 기술된 〈前개념적인 것〉은, 역사의 정초로부터 오는 그리고 역사를 관통하여 존속하는 하나의 지평을 그리는 대신, 그 반대로 보다 〈표면적인〉 수준에서(언설의 수준에서)의, 그에 효과적으로 적용되는 규칙들의 집합인 것이다.

　여기에서 문제시되는 것은 추상의 발생이 아니다. 그들을 구성하도록 해준 조작들의 계열을 되찾고자 하긴 하겠지만 : 거시적인 직관, 특수한 경우들의 발견, 상상적인 테마들의 탈접속, 이론적인 또는 기술

---

50) 핵심적인 표현. 이것이 〈전개념적〉 수준이다.

적인 장애물들과의 만남, 전통적인 모델들의 계기적인 차용, 적절한
형식적 구조의 정의 등. 여기에서 제기한 분석에 있어, 형성의 규칙들
은 그들의 장소를 개인의 〈정신〉이나 의식 속에서가 아니라 언설 자체
속에 가진다. 결과적으로 그들은, 일종의 균일한 匿名性에 따라, 이
언설적 場 안에서 말하고자 하는 모든 개인에게 부과된다. 다른 한편,
우리는 그들이 무엇이건 모든 영역들에 대해 보편적으로 유효하다고
가정하지 않는다. 우리는 그들을 항상 어떤 규정된 언설적 장들 속에
서 기술하며, 그들에 의한 외연에 있어서의 무한한 가능성들의 드러냄
을 찾아내지는 않는다. 기껏해야, 체계적인 비교를 통해서, 개념들의
형성의 규칙들을——한 지역으로부터 다른 지역으로 나아가면서——
대조할 수 있을 뿐이다 : 그와 같이 함으로써 우리는 이 규칙성들의 제
집합이 고전시대에 있어서의 일반문법, 자연사 그리고 부의 분석 속에
서 드러낸 동일성과 차이성을 드러낼 수 있는 것이다. 이 규칙성들의
제집합은 단일한 그리고 잘 개별화된 언설적 형성을 특성화하기에 충
분히(각 영역에 있어서) 특이하다. 그러나 그들은 이 다양한 형성들이
보다 광범위한 그리고 보다 고양된 수준의 언설적 群化를 구성하기에
충분한 유비들을 보여준다. 어쨌든 개념들의 형성규칙들은, 그들의
일반성이 무엇이든, 개인들에 의해 수행된 조작들의(역사 속에 저장되
고 집단적인 습관의 두께 속에 침전된) 결과가 아니다. 그들은 모든 애
매한 작업——그 과정 중에서 개념들, 환상들, 선입견들, 오류들, 전
통들이 작동되는——의 바싹 마르게 하는 도식을 구성하지 않는다.
前개념적인 場은 개념들의 이질적인 복수성을 가능하게 하는, 나아가
개념사를 연구할 때 자발적으로 받아들여지는 이 테마, 믿음, 표상의
풍부함을 가능하게 하는 규칙성들과 언설적 구속을 나타나게 한다.
　우리는 이미 대상의 형성법칙을 구성하기 위해 그들을 사물들 속에
박아넣을 필요도 말들의 영역에 관계시킬 필요도 없다는 것을 보았다.
언표행위적 형성의 유형을 분석하기 위해 그들을 인식하는 주체에도
심리학적인 개인에도 연결시킬 필요가 없다는 것을 보았다. 마찬가지

로, 개념들의 형성을 분석하기 위해, 그들을 觀念性의 지평에 연결시
킬 필요도 관념들의 經驗的인 길에 연결시킬 필요도 없는 것이다. [51]

## 6 전략의 형성

경제학, 의학, 문법, 생명체의 과학과 같은 언설들은 개념들의 일
정한 조직화를, 대상들의 일정한 재분절화를, 언표행위의 일정한 유
형들을 생겨나게 하며, 이들은 그들의 정확성, 엄밀성, 안정성에 따
라 테마들이나 이론들을 형성한다 : 18세기 문법에 있어, 시원적인 랑
그(그로부터 다른 모든 랑그들이 유도되는 또 종종 해독가능한 기억을 가져
오는)에 관한 테마. 19세기 문헌학에 있어, 모든 인도-유럽의 랑그들
사이의 친족성(계통성 또는 유사성)에 관한, 그리고 그들에게 공통적인
출발점을 제공할 오래된 관용어에 관한 이론. 19세기에 있어, 시간
속에서 자연의 연속성을 전개시킨 그리고 계통학적 表에 있어서의 현
실적인 빈틈들을 설명해 주는 種의 진화에 관한 테마. 중농주의자들에
있어, 농업적 생산에서 출발해서의 富의 순환에 관한 이론. 이들의 형
식적 수준이 무엇이건, 우리는 관습상 이 테마들과 이론들을 〈전략
stratégie〉이라 부를 것이다. 문제는 이 전략들이 역사 속에서 어떻게
分配되는가를 아는 것이다(그들을 묶어줄, 필연적인 것으로 만들어줄, 그
들을 차례차례 정확히 그들의 자리에서 부를, 그리고 그들을 유일하고 동일

---

51) 즉 현실적 언설을 초월하는 시원으로서의 절대적 관념성에도, 그러한
    관념성의 주관적 전회(즉 경험을 해독할 수 있는 意識의 지고함에의 호
    소)에도 관계하지 않는 것. 푸코는 고전적인 형이상학과 근대적인 주관
    적 인식론을 모두 거부하고 있다. 그리고 이는 어느 의미에서 전통적인
    철학개념 자체를 부정하는 것이기도 하다. 왜냐하면 위와 같은 고고학
    적 작업이란 결국 철저한 〈실증적〉 작업을 요구하기 때문이다(사실 프
    랑스 철학은 언제나 실증적 작업의 기반 위에서 이루어져 왔다).

100

한 문제의 계기적인 해결책으로 만들 필연성? 아니면 개인들의 인내나 천
재성이 다소간 잘 구성된 집합들로 배치시킬 이론적 모델들, 사변적인 풍토
들, 발견들, 영향들, 다양한 시원의 개념들 사이의 우연한 만남?). 그들
사이에서 단 하나의 규칙성을 찾아내는 것이 가능하지 않는 한, 그리
고 그들의 형성의 공통적인 체계를 정의해야 할 필요까지는 없는 한.

　이 전략들을 분석하기 위해, 세부적인 부분까지 들어가는 것은 어렵
다. 그 이유는 간단하다 : 우리가 그 재고품을, 물론 매우 조심스러운
방식으로 그리고 특히 처음에 충분한 방법론적 조절 없이, 조사했던
상이한 언설적 영역에 있어서는, 언설적 형성들을 그의 모든 차원에
있어서 그리고 그의 고유한 특성들에 따라서 매번 기술하는 것이 문제
이기 때문이다——또 따라서 매번 대상의 형성에 대한, 언표행위적
양태들에 대한, 개념들에 대한, 이론적인 선택들에 대한 규칙들을 정
의해야 하기 때문이다. 그러나 분석하기 어려운 점 그리고 가장 주의
를 요하는 점이 매번 같지 않다는 점이 확인되었다. 『광기의 역사』에
있어 우리가 다루고자 했던 것은 그 이론적 선택점이 지표화하기에 훨
씬 용이한, 그 개념적 체계가 상대적으로 극소수이고 또 복잡하지 않
은, 그 언표행위적 규율이 충분히 등질적이고 단조로운 언설적 형성이
었다. 그러나 역으로 문제가 되었던 것은 심하게 얽힌 복잡한 대상들
의 집합의 출현이었다. 정신의학적 언설의 총체를 그 특이성 속에서
지표화하기 위해서는 무엇보다 이 대상들의 형성을 기술해야만 했다.
『임상의학의 탄생』에 있어 탐구의 본질적인 점은 18세기 말, 19세기
초에 있어 익학적 언설에 있어서의 언표행위의 형태들이 수정된 방식
이었다. 그래서 분석은 개념적 체계들의 형성이나 이론적 선택의 형성
에 대해서보다도 언설을 행하는 주체의 지위, 제도적 자리잡음과, 삽
입의 상황 및 양식에 대해 행해졌던 것이다. 마지막으로 『말과 사물』
에 있어, 그 대부분의 연구는 일반문법, 자연사 그리고 부의 분석 속
에서 지표화될 수 있는 대로의, 개념들의 망과 그들의 (동일한 또는 상
이한) 형성규칙들에 대해 행해졌다. 전략적 선택에 있어서는, 그들의

자리와 함축은 이미 지적되었다(그것이 예컨대 린네와 뷰퐁에 관해서든, 중농주의자들과 공리주의자들에 관해서든). 그러나 그들의 지표화는 요약적인 것에 머물렀으며, 분석은 그들의 형성을 자세히 다루지 못했다. 이론적 선택의 분석은 그것이 본질적인 주목을 받게 될 차후의 연구에까지 작업중인 것으로 머무를 것이다.

당분간은 탐구의 방향을 지적하는 것만이 가능할 것 같다. 이는 다음과 같이 요약된다.

1) 언설의 가능한 回折點들les points de diffraction[52]을 결정하는 것. 이 점들은 우선 兩立不可能性의 點들로서 특성화된다 : 두 대상 또는 언표행위의 두 유형 또는 두 개념은, 유일하고 동일한 언표계열 속으로 도입될 권리가 없음에도 불구하고 (명백한 모순 또는 자가당착을 드러낸 채) 동일한 언설적 형성 속에서 출현할 수 있다. 이 점들은 또한 等價性의 點들로서 특성화된다 : 양립불가능한 두 요소들이 같은 방식으로 그리고 동일한 규칙들로부터 출발해 형성된다. 그들의 출현의 조건은 동일하다. 그들은 동일한 수준에 위치해 있다. 정합성의 순수하고 단순한 缺如를 구성하는 대신, 그들은 하나의 代案을 형성한다. 그들이 연대기에 따라 동시에 나타나지 않는다 해도, 그들이 동일한 중요성을 가지지 않는다 해도, 그들이 현실적인 언표들의 群 속에서 동등한 방식으로 표상되지 않았다 해도, 그들은 〈또는…… 또는……〉의 형태하에서 나타난다. 마지막으로 이 점들은 體系化의 連結點들로서 특성화된다 : 동시에 등가적이고 양립불가능한 이 각 요소들로부터 출발해, 대상들의, 언표행위적 양태들의, 개념들의 한 정합적인 계열이 유도되었다(경우에 따라서는, 각 계열 내에서, 새로운 양립불가능성의 點들과 함께). 달리 말하면, 앞선

---

52) 회절점이란 본래 물리학의 용어로서, 波가 다른 물리적 대상과 만나 꺾어지는 점을 말한다. 여기에서는 다양한 언설적 계열들이 서로 중첩되고 교차되어 꺾어지는 점들을 말한다.

수준들에 있어 연구된 분산들은 단순히 간극들, 비동일성들, 불연속적 계열들, 빈틈들을 구성하는 것은 아니다. 그들은 언설적 부분집합들을 형성하게 된다. 우리는 이들에, 마치 그들이 그로부터 보다 광범위한 언설적 집합들(〈이론들〉, 〈학설들〉, 〈테마들〉)이 만들어지는 제일 질료이자 직접적인 통일성인 것처럼, 첫번째의 중요성을 부여한다. 예컨대 이와 같은 분석에 있어, 우리는 18세기에 있어서의 富의 분석이 화폐, 생필품의 교환, 가치와 값의 형성, 지대에 대한 다양한 상이한 개념들의 (동시적인 구성이나 연대기적인 계기를 통한) 결과라고 생각하지 않는다. 우리는 그것(부의 분석)이 페티의 개념들을 다시 취한 깡띠용 Richard Cantillon의 개념들로부터, 다양한 이론가들에 의해 차례로 반성된 로 John Law 의 경험으로부터, 그리고 공리주의적 개념들에 대립하는 중농주의적 체계로부터 나왔다고 생각하지 않는다. 우리는 차라리 그것을 가능한 選擇의 場 champ de choix을 여는 그리고 다양한 동시에 상호배제적인 건축물들로 하여금 서로서로 나란히 또는 차례로 역할을 맡도록 해주는 분배의 통일성으로서 기술한다.

2) 그러나 모든 가능한 놀이들이 현실적으로 실현되는 것은 아니다 : 햇빛을 볼 수 있을 그러나 명백히 드러나지 않은 정합적인 건축물들, 지엽적인 양립가능성들, 부분적인 집합들이 다수 존재한다. 실현될 수 있는 모든 것들 중에서(그리고 오직 그들로부터만) 실제 실현된 선택을 설명하기 위해, 決定의 특이한 審級들을 기술해야 한다. 이들 중 무엇보다도 먼저, 연구된 언설이 그에 동시대적인 그리고 그에 이웃하는 언표들과의 관련하에서 행하는 역할이 있다. 언설적 별자리(언설이 그에 속해 있는)의 경제학 l'économie de la constellation discursive을 연구해야 한다. 예컨대 그 언설은 (다른 언설들은 다양한 의미론적 場에로의 그의 적용이라고 할 수 있는) 그러한 형식적 체계의 역할을 할 수 있다. 반대로 또한 언설은 보다 고양된 추상의 수준에 있는 다른 언설들에로 옮겨져야 할 하나의 구체

적인 모델이 되는 언설일 수도 있다(그래서 18세기의 일반문법은 기호
에 관한 그리고 표상에 관한 일반이론의 한 특수한 모델로 간주되는 것이
다). 연구된 언설이 또한 어떤 다른 언설들과 유비의, 대립의 또는
상보성의 관계에 있을 수도 있다(예컨대 고전시대에 있어서의 富의 분
석과 자연사 사이에는 유비의 관계가 있다. 전자가 必要와 欲求의 표상에
속하는 것은 후자가 知覺된 判斷의 표상에 속하는 것과 같다. 또한 자연
사와 일반문법이 자연적 특성들에 관한 이론으로서 그리고 관습의 기호들
에 관한 이론으로서 서로 대립된다는 사실에 주목할 수 있다. 둘 모두 각
자, 질적 기호들의 연구가 측정의 양적 기호들의 연구에 대립되듯이, 부
의 분석에 대립된다. 마지막으로 각자는 표상적 기호의 세 가지 상보적인
역할――지시하기, 분류하기, 교환하기――중의 하나를 발전시킨다).
마지막으로 우리는 다양한 언설들 사이에 상호제한적인 관계들을 기
술할 수 있다. 이들 각자는 그의 영역, 방법, 도구, 적용영역의 분
화에 의해 그의 단일성의 구분적인 표식들을 부여받는다(18세기 말
이전에는 실제 서로 구분되지 않았던, 그리고 18세기 말 이후 그들을 특
성화하는 간극을 수립한 정신의학과 유기체의학의 경우가 그렇다). 이
모든 관계들의 놀이는, 주어진 언설의 내부에서, 일련의 언표들을
허락하는 또는 배제하는 규정원리를 구성한다 : 가능했을(그리고 아
무것도, 그들의 고유한 형성규칙의 수준에서, 그의 不在를 정당화할 수
없는), 그러나 보다 고양된 수준의 그리고 보다 넓은 외연의 언설적
별자리에 의해 배제되는 대상들의 조직화와 群 그리고 언표행위적
얽힘, 개념적인 체계화가 존재하는 것이다. 따라서 언설적 형성은
그의 대상들, 언표행위들, 개념들의 형성체계가 권리상 그들에게
열어주는 가능한 전 체적을 차지하지 않는다. 그것은 본질적으로 성
긴 형태로 존재하며, 이는 그의 전략적 선택의 형성체계에 의한 것
이다. 이로부터 다음의 사실이 따라나온다 : 주어진 언설적 형성은,
새로운 별자리 안에 다시 취해지고, 놓여지고, 해석될 경우, 새로
운 可能性 들을 나타나게 할 수 있다(그래서 과학적인 언설들의 현실적

인 분배에 있어 포르-로와얄의 일반문법이나 린네의 계통학은 그들에 관
련해 동시에 내재적이고 편집되지 못한 요소들을 해방시킬 수 있다). 그
러나 함축적인 것으로 머무를, 존재 없이 말해질, 명시적인 언표들
아래에서 보다 근본적인 일종의 부분언설을 구성할, 그래서 결국 이
제 햇빛을 보게 될 말 없는 내용은 문제시되지 않는다. 문제가 되는
것은 排除와 選擇의 可能性에 관한 原理의 수정——새로운 언설적
별자리 속으로의 삽입에 기인하는 수정——인 것이다.

  3) 실제 현실화된 이론적 선택의 결정은 또 하나의 심급을 요구한
다.[53] 이 심급은 우선 어떤 언설이 非言說的 實踐들의 場 속에서 수행
해야 하는 機能에 의해 특성화된다. 그래서 일반문법은 교육학적인
실천 속에서 어떤 역할을 수행했다. 부의 분석은, 보다 명시적이고
보다 중요한 방식으로, 政府의 정치적, 경제적 결정에 있어서만이
아니라 초기자본주의의(이제 겨우 이론화되고 개념화된) 일상적인 실
천에 있어서도 그리고 또한 고전시대를 특징지우는 사회적, 정치적
투쟁들 속에서도 일정한 역할을 수행했던 것이다. 이 심급은 또한
언설에 관한 專有의 체제와 과정을 포함한다 : 서구사회에 있어서는
(물론 다른 사회들에 있어서도) 언설의 소유권——말할 수 있는 권
리, 이해할 수 있는 능력, 이미 공식화된 언표들에의 직접적이고 합
법적인 접근, 그리고 이 결정들, 제도들 또는 실천들 내에서의 이
언설의 投資로서 이해된——을 사실상 (종종 법률적인 양식에 있어서
조차도) 일정한 개인들의 집단에 귀속하기 때문이다. 16세기 이래의
부르주아 사회에 있어, 경제학적인 언설은 (모든 집단에) 공동적인
언설이었던 적이 없다(의학적 언설이나 문학적 언설도 마찬가지이다.
다른 양식으로이긴 하지만). 마지막으로 이 심급은 言說에 관해서의 欲
求의 가능한 位置에 의해 특성화된다 : 언설은 결국 환상적인 연출의

---

53) 푸코는 이 심급의 이름을 붙여주고 있지 않은데 우리는 이를 〈권력과
  욕구의 놀이 jeux de pouvoir et désir〉라고 부를 수 있을 것이다.

장소, 상징화의 요소, 금지의 형태, 유도된 만족의 도구일 것이다 (욕구와 관계맺을 수 있는 이 가능성은 단지 언설의 시적인, 소설적인 또는 상상적인 수행이라는 사실이 아니다 : 부에 대한, 언어에 대한, 삶과 죽음에 대한 언설들——그리고 아마도 보다 추상적인 언설들——은 욕구에 관련하여 잘 규정된 위치들을 차지할 수 있는 것이다). 어쨌든 이 심급에 대한 분석은 다음과 같은 사실을 보여주어야 한다 : 욕구에 대한 언설의 관계도, 그의 專有의 과정도, 비언설적 실천들 가운데에서의 그의 역할도 그의 통일성, 그의 특성화 그리고 그의 형성법칙들에 외재적이 아니다. 이는 그의 순수한, 중립적인, 비시간적이고 말 없는 형태에 중첩됨으로써 그를 억압하는, 그리고 왜곡된 언설들을(그러나 또한 형성을 돕는 많은 요소들을) 그의 진리에 있어 말하게 하는 搖動的 요소들이 아닌 것이다.

한 언설적 형성은 그 안에서 전개되는 상이한 전략들의 형성의 체계가 정의될 수 있을 때 개별화된다. 달리 말해 그 전략들이 관계들의 동일한 놀이로부터 어떻게 (때로 그들의 극단적인 다양성에도 불구하고, 시간 속에서의 그들의 분산에도 불구하고) 모든 것을 유도해 내는가를 보여줄 수 있을 때 개별화된다. 예컨대 17, 18세기에 있어서의 부의 분석은 콜베르 Jean-Baptiste Colbert의 중상주의와 깡띠용의 〈新중상주의〉를, 왕의 전략과 파리-뒤베르니 Paris-Duverney의 전략을, 중농주의적 선택과 공리주의적 선택을 동시에 형성시킬 수 있었던 체계에 의해 특성화된다. 그리고 우리는 이 체계를 경제학적 언설의 회절점들이 서로서로를 어떻게 유도하고, 명령하고, 함축하는가(가치의 개념에 관한 하나의 결정이 가격에 관한 선택점을 유도하는가)를 기술할 수 있을 때, 현실화된 선택들이 경제학적 언설을 윤곽지우는 일반적인 별자리에 어떻게 의존하는가(화폐-기호를 선호하는 선택은, 언어에 관한 이론과 표상에 대한 분석 그리고 일반대수학과 질서의 과학의 옆에서, 부의 분석에 의해 점유되는 자리에 연결된다)를 기술할 수 있을 때, 선택들이

초기자본주의적 실천 속에서 경제학적 언설이 차지하는 기능에, 부르
주아 계급의 몫을 그 대상으로 삼는 專有의 과정에, 욕구와 관심의 현
실화 속에서 기능할 수 있는 역할에 어떻게 연결되는가를 기술할 수
있을 때, 정의할 수 있을 것이다. 고전시대에 있어서의 경제학적 언설
은 한 언설에 내재적인 체계화의 가능성들, 그에 외재적인 다른 언설
들 그리고 실천의, 전유의, 관심과 욕구의 비언설적인 모든 장들을 관
계맺어 주는 일정한 방식에 의해 정의된다.

　이렇게 기술된 전략들은, 언설의 이편에서, 기초적이고 동시에 근
본적인 선택의 말 없는 깊이 속에 삽입되지 않는다는 것에 주목해야
한다. 우리가 기술해야 했던 이 모든 언표들의 분류는 각종의 언어들
에 의해 주조되었을 세계관의 표현과 이론을 구실로 삼아 회피하는 관
심의 거짓된 번역도 아니다 : 고전시대의 자연사는, 명시적인 역사를
앞서는 가장자리들 내에서의, 하나의 (린네적인) 안목(정적인, 잘 정리
된, 구획된 우주에 대한), 처음부터 분류적인 조각, 시간의 상속자로서
의 자연에 대한 아직 다소 혼동된 지각과 우연적인 그리고 진화의 가
능성에로 열려 있는 무게의 맞대면과는 다른 것이다. 마찬가지로 부의
분석은 땅의 소유자가 된, 중농주의자들의 목소리를 통해 자신들의 경
제적, 정치적 요구를 표현한 부르주아 계급과 공리주의자들의 중개에
의해 보호주의적인 또는 방임주의적인 조처를 요구한 상업 부르주아
계급간의 이해의 갈등과는 다른 어떤 것이다. 부의 분석도 자연사도,
우리가 그들을 그들의 존재, 통일성, 존속 그리고 변환의 수준에서 탐
구하는 한, 이 다양한 선택들의 총합으로서 간주될 수 없다. 이들(다
양한 선택들)은 반대로 언설의 대상들을 다루는 것과는(그들을 제한하는
것과는, 그들을 재분류하거나 분리시키는 것과는, 그들을 얽히게 만들고 서
로 유도하게 만드는 것과는), 언표행위의 양태들을 배치시키는 것과는
(그들을 선택하는 것, 자리잡아 주는 것, 계열들을 구성하는 것, 그들을 큰
수사학적 단위들로 구성하는 것과는), 개념들을 제시하는 것과는(그들에
사용규칙들을 부여하는 것, 그들을 지엽적인 정합성 속에 들어가게 하는

것, 그렇게 해서 개념적인 건축물을 구성하는 것과는) 체계적으로 다른 방식으로서 기술되어야 한다. 이 선택들은 언설적 胚(언설을 미리 규정하고 있는, 擬似微視的인 형태 아래에서 미리 윤곽지어진 장소)가 아니다. 이들은 언설의 가능성들을 기능하게 하는 규제화된(그와 같이 기술가능한) 방식들인 것이다. [54]

그러나 이 전략들은 또한 이차적인 요소들――권리상 그들에 독립적일 언설적 합리성에 중첩될――로서 분석되어서도 안 된다. 외부로부터 유래하는 선택들이 아마도 훨씬 먼 미래에로 밀어버렸을, 억압했을, 동요시켰을, 왜곡시켰을 비시간적이면서 동시에 궁극적인 일종의 이상적인 언설이란 존재하지 않는다. 아니면 적어도 여기에서 우리가 그 가능성을 추적하고 있는 역사적인 기술에 대해서는 그렇다. 예컨대 우리는 중첩된 그리고 서로 얽힌 두 언설들이 자연에 있어 또는 경제에 있어 존재한다고 가정할 필요는 없다 : 하나는 천천히 계속되고, 그의 획득물을 축적하며 점차 완성되며(참된, 그러나 역사의 목적론적인 경계에서만 순수하게 존재하는 언설), 다른 하나는 계속 파괴되고, 새로 시작하며, 끝없이 스스로로부터 비약하며, 이질적인 단편들로 구성된다(시간을 따라 역사가 과거 속에서 거부하는 의견의 언설). 유한주의에 가까웠던 그리고 정확했던 자연적 계통학은 존재하지 않는다. 상인 부르주아 계층의 선호와 환상을 벗어났던, 참된(교환과 사용에 관한) 경제학은 존재하지 않는다. 현실적으로 존재했던 한에서의, 그리고 역사적인 인물들에 의해 구성된 한에서의 계통학과 부의 분석은 분절된 그러나 해체불가능한 체계 내에 대상들, 언표행위들, 개념들 그리고 이론적 선택들을 포함한다. 그리고 대상의 형성을 말에도 사물에도 관계시킬 필요가 없듯이, 언표행위의 형성을 인식의 순수한 형태에도 심리학적 주체에도 관계시킬 필요가 없듯이, 개념의 형성을 관념성의 구

---

54) 일종의 〈原언설 proto-discours〉로부터의 전개가 아니라 단지 언설의
　　〈어떻게〉일 뿐이라는 뜻.

조에도 관념들의 계기에도 관계시킬 필요가 없듯이, 이론적인 선택의 형성을 근본적인 **計劃**에도 **意見**들의 부차적인 놀이에도 관계시킬 필요가 없는 것이다.


## 7 결론

이제 지금까지 행한 분석에 있어 몇 가지의 산만했던 지적들을 다시 검토해 보고, 이 분석들이 제기했던 몇 가지 물음들에 답하는 한편 무엇보다도 우리의 분석에 대해 제기될 반론들을 생각해 볼 필요가 있다. 우리의 시도가 함축하는 역설이 곧 나타날 것이기 때문이다.

처음 우리는 언설의 무한한, 단조로운, 풍부한 영역을 분절시켜 온 기존의 전통적인 **單位**들에 의문을 던졌다. 문제는 이 **單位**들의 모든 가치를 시험해 보는 것, 그의 사용을 금지시키고자 하는 것이 아니다. 중요한 것은 그들이, 정확히 정의되기 위해서는, 이론적인 검토를 요구한다는 것을 보여주는 것뿐이다. 그럼에도 불구하고——그리고 지금까지 행했던 분석들이 매우 의심스러운 것으로 보이는 것은 바로 여기에서인바——아마도 결국 다소 불확실할 뿐인 이 단위들에다가 더욱 비가시적이고 더욱 추상적인 그리고 분명 더욱 문제투성이인 다른 범주를 중첩시킨다는 것이 과연 필요했을까? 그들의 역사적 한계와 그 조직화의 특이성이 충분히 용이하게 지각되는 경우에 있어서조차도 (예컨대 일반문법이나 자연사), 이 언설적 형성들은 책이나 작품보다 훨씬 어려운 지표화의 문제들을 제기한다. 그렇다면 왜 가장 자명한 것으로 보이는 것들이 문제시되는 바로 그 순간에 그토록 의심스러운 재분류에로 나아가는가? 어떤 새로운 영역을 발견하리라 기대하는가? 어떤 관계들이 아직까지 애매하고 함축적인 것으로 머물러 있는가? 어떤 변환들이 또한 역사가들의 범위 바깥에 머무르는가? 요컨대 이 새로운 분석에 어떤 **記述的**인 유효성을 부여할 수 있겠는가? 이 모든 물음들에 대해 우리는 좀더 뒤에서 답하고자 한다. 그러나 뒤에 올 분석들에 대해서는 최초의 것인, 앞선 분석들에 대해서는 최종적인 것인 하나의 물음에는 지금 당장 답해야만 한다 : 우리가 정의하고자 했던 이 언설적 형성들에 있어, 진정 권리상 그 통일성들에 대해 말할 수 있는가? 우리가 제기하는 마름질은 이 집합들을 개별화할 수 있는가? 그리고 그와 같이 발견된 또는 구성된 단위의 본성은 무엇인가?

우리는 하나의 확인으로부터 출발했다 : 임상의학적 언설, 정치경제학적 언설, 자연사적 언설과 같은 언설적 단위들에 있어, 우리는 그 요소들의 分散이라는 사실에 직면한다. 그러나 이 분산 자체——그의 간극, 갈라진 틈, 얽힘, 중첩, 양립불가능성, 대체, 치환과 함께—— 는 대상들, 언표행위들, 개념들, 이론적 선택들을 형성시켜 주는 특이한 規則들을 규정할 수 있을 때 그 單一性에 있어 기술될 수 있다 : 만일 통일성이 존재한다면, 그것은 결코 형성된 요소들의 可視的이고 水平的인 정합성 속에 주어지지 않는다. 그것은, 그 저편에, 그들의 형성을 가능하게 해주는 그리고 규제하는 體系 le système qui rend possible et régit leur formation 속에 머무른다. 그러나 어떤 근거에서 통일성들에 대해 그리고 체계들에 대해 말할 수 있을까? 어떤 경우에 언설적 집합들이 잘 개별화되었다고 말할 수 있는가? 매우 모험적인 방식으로, 대상들의, 언표행위들의, 개념들의, 선택들의 외관적으로 환원불가능한 복수성 뒤에서, 덜 잡다하고 덜 분산적이지도 않은, 게다가 서로 이질적인 일군의 요소들을 작동시킬 때에? 이 요소들을 그 분절방식이 결코 정의되지 못한 구분적인 네 그룹으로 분배했을 때? 그리고 대상들의, 언표행위들의, 개념들의 그리고 언설의 선택들의 뒤에서 탄생한 이 모든 요소들이 책이나 작품들에 못지않게 개별화가능한 집합들의 존재를 보장해 준다고 어떤 의미에서 말할 수 있는가?

1 우리는 이미 이를 확인했다——그리고 물론 그리로 다시 돌아갈 필요는 없다 : 형성의 체계에 관해 논할 때, 우리는 단지 이질적인 요

소들(제도들, 技術들, 사회적 집단들, 지각적 조직화들, 다양한 언설들간의 제관계) 사이의 병치, 공존 또는 상호작용만이 아니라 언설적 실천에 의한——정확히 규정된 형태하에서의——관계맺음까지도 포함시키고 있는 것이다. 그러나 이 네 가지의 체계 또는 차라리 관계들의 이 네 가지 그물은 또한 무엇인가? 그들에 있어 형성의 유일한 체계는 어떻게 정의될 수 있는가?

　그와 같이 정의된 상이한 수준들은 서로 독립적이지 않기 때문이다. 우리는 이미 전략적 선택들은 세계관으로부터 또는 다른 이러저러한 말하는 주체에 고유하게 속하는 관심들의 우세로부터 직접적으로 솟아오르는 것이 아니라는 것을, 그들의 가능성 자체는 개념들의 놀이 속에서의 發散의 點들에 의해 규정된다는 것을 보여주었다. 우리는 또한 개념들이 관념들의 개략적인, 혼동된 그리고 살아 있는 기초 위에서 직접적으로 형성되는 것이 아니라, 언표들 사이의 共存의 形態들로부터 형성된다는 것을 보여주었다. 언표행위들의 양태들에 관해서는, 그들이 주체가(그것이 논의의 대상으로 삼는 대상들의 영역과의 관계하에서) 차지하는 位置로부터 출발해 기술됨을 보였다. 이와 같은 방식으로 의존의 垂直的인 體系가 존재하는 것이다 : 주체의 모든 위치들, 언표들 사이의 공존의 모든 유형들, 모든 언설적 전략들은 동등하게 가능한 것이 아니며, 오직 이전의 수준들에 의해 인정된 것들만이 가능한 것이다. 예컨대 18세기의 자연사의 대상들(특징들을 보유하는 따라서 분류가능한 개체성들로서, 변이가능한 구조적 요소들로서, 가시적인 그리고 분석가능한 표면들로서, 연속적이고 규칙적인 차이들의 場으로서)을 지배하는 형성의 체계가 주어져 있다면, 언표행위의 어떤 양태들은 배제되고(예컨대 기호의 독해), 다른 양태들은 함축된다(예컨대 규정된 코드에 따른 기술). 마찬가지로 언설을 發하는 주체가 차지할 수 있는 상이한 위치들(도구적 매개 없이 응시하는 주체로서, 지각적 다수성에 있어 구조의 유일한 요소들을 빼내는 주체로서, 이 요소들을 코드화된 언어로서 번역하는 주체로서)이 주어져 있다면, 배제된 언표들 사이에는 일련의

공존들이 존재하며(예컨대 旣言에 대한 해박한 재반응으로서 또는 신성화
된 텍스트에 대한 주석으로서), 반대로, 가능한 또는 요청되는 공존들이
존재하는 것이다(분류표 속에서의 총체적으로 또는 부분적으로 유비적인
언표들의 통합으로서). 수준들은 서로가 서로에 대해 자유롭지 못하며,
제한 없는 자율성에 따라 전개되지 않는다 : 대상들의 원초적인 분화로
부터 언설적 전략들의 형성에 이르기까지, 關係들의 位階 une
hiérarchie de relations가 존재하는 것이다.

그러나 이 관계들은 반대의 방향으로도 동등하게 수립된다. 하위의
수준들은 그보다 상위인 수준들에 독립적이지 않다. 이론적 선택들
은, 그들을 실현시킨 언표들에 있어, 어떤 개념들의 형성 즉 언표들
사이의 어떤 공존의 형태들을 배제하거나 함축한다 : 따라서 중농주의
자들의 텍스트 내에서는 공리주의자들에 의해 행해진 분석들 내에서와
똑같은(양적 소여들과 측정들의) 통합방식이 발견되지 않는 것이다. 이
는 공리주의적 선택이 18세기의 경제학적 개념들의 형성을 확고히 하
는 규칙들의 총체를 수정할 수 있었기 때문이 결코 아니다. 그것이 이
러저러한 규칙들을 작동시키거나 배제할 수 있었고, 그 결과 어떤 개
념들을(예컨대 순생산과 같은 개념을) 출현시킬 수 있었기 때문이다. 개
념의 형성을 규제하는 것은 이론적인 선택이 아니다. 그러나 이론적인
선택은 개념들의 형성에 특이한 규칙들의 매개에 의해, 그리고 그것이
이 수준과 맺는 관계들의 놀이에 의해 개념들을 생산하는 것이다.

2 이 형성의 체계들은 외부로부터 언설에 부과될, 그리고 곧장 그
의 특성들과 가능성들을 정의할 정적인 형태들, 부동성의 집합체들로
간주되어서는 안 된다. 이는 인간의 사유 속에 또는 그들의 표상들의
놀이 속에 그 기원을 두고 있는 속박이 아니다. 그러나 이는 또한, 제
도들의 또는 사회적 관계들의 또는 경제학의 수준에서 형성되어, 강제
로 언설의 표면에로 移書된 규정들도 아니다. 이 체계들은 이미 말했
듯이 언설 자체 내에 머문다. 아니면 차라리(왜냐하면 여기에서 중요한
것은 그의 내면성과 그것이 포함할 수 있는 것이 아니라 그의 특이한 존재

와 조건들이기 때문에) 그의 경계선에, 그를 그러한 것으로서 존재하게 하는 특이한 규칙들이 정의되는 이 극한에 머무른다. 그러므로 우리는 形成의 體系système de formation라는 말을 규칙으로서 기능하는 관계들의 복합적인 다발 un faisceau complexe de relations qui fonctionnent comme règle로서 이해해야 하는 것이다 : 그것은, 한 언설적 실천에 있어서, 그 실천이 이러저러한 대상들을 지시하기 위해서, 이러저러한 언표행위들을 작동시키기 위해서, 이러저러한 개념들을 사용하기 위해서, 이러저러한 전략들을 조직화하기 위해서, 관계 맺어져야 하는 것을 규정한다. 하나의 형성체계를 그의 단일한 개별화에 있어 정의하는 것, 이는 따라서 한 실천의 규칙성에 의해 한 언설을 또는 언표들의 群을 특성화하는 것이다.

한 언설적 실천을 위한 규칙들의 총체로서의 형성체계는 시간에 낯선 존재가 아니다. 그것은 언표들의 오랜 계열을 통해 나타날 수 있는 모든 것을 하나의 최초의 點——시작이자 동시에 시원, 기초, 공리체계이기도 하며, 그로부터 실제 역사의 돌발사건들이 이제 단지 완전히 필연적인 방식으로 전개되기만 하면 되는——에 집적시키지 않는다. 그것이 그리는 것, 그것은 그러한 대상들이 변환되기 위해, 그러한 새로운 언표행위가 나타나기 위해, 그러한 개념들이 구축되기 위해(형태변이를 통해서든 수입함으로써든), 그러한 전략이 수정되기 위해——그렇다고 동일한 언설에 속함을 그만두지 않으면서——작동해야 하는 규칙들의 체계이다. 그리고 그것이 그리는 것, 그것은 또한 다른 언설들 내에서의(다른 실천들 내에서의, 다른 제도들, 사회적 관계들, 경제적 과정들 내에서의) 어떤 변화가 주어진 언설의 내부에 移書될 수 있기 위해(따라서 새로운 대상들을 구성하고, 새로운 전략을 출현시키고, 새로운 언표행위들이나 개념들을 발생시키기 위해) 작동되어야 하는 規則들의 體系인 것이다. 그러므로 언설적 형성은 시간을 멈추게 하고 장기간을 통해 그를 얼어붙게 하는 역할을 맡는 것이 아니다. 그것은 시간적인 과정들에 고유한 규칙성을 규정한다. 그것은 일련의 언설적 사건들과 다른 일련의 사건들, 변환들, 변이들 그리고 과정들 사이에 분절의 원리를 제기하는 것이다. 비시간적 形相이 아닌 다양한 시간계열들 사이의 相應의 圖式을.

형성체계의 이 動性은 두 가지 방식으로 주어진다. ① 우선 관계지어져 있는 요소들의 수준에서 주어진다 : 결국 이 요소들은 그 규칙성의 일반적인 형태가 변함이 없이 언설적 실천에 통합되는 일련의 내적인 변이를 겪을 수 있다. 그래서 19세기 내내 형법학, 인구학적 억압, 노동력의 수요, 구호의 형태들, 감금의 법률적인 지위와 조건들은 끊임없이 수정되었다. 그럼에도 불구하고 정신의학의 언설적 실천은 이 요소들 사이에 동일한 관계들의 집합을 계속 수립했던 것이다. 그 결과 그 체계는 그의 개별성의 특성들을 보존했다. 동일한 형성법칙들을 통하여, 새로운 대상이 나타났으며(개인들의 새로운 유형들, 행동의 새로운 무리들은 병리학적인 것으로 특성화되었다), 언표행위의 새로운 양태들이기도 했으며(양적인 부호들과 통계학적 계산들), 새로운 개념들이 그려졌으며(정신박약, 패륜, 신경증 등), 분명 새로운 이론적 구조물들이 구축될 수 있었다. ② 그러나 逆으로, 언설적 실천들은 그들을 관계지우는 영역들을 수정시킨다. 그들이 그들의 고유한 수준에서만 분석될 수 있는 특이한 관계들을 수립해도 소용없다. 이 관계들은 그 유일한 언설 내에서 그들의 효과를 취하지 않는다 : 이 관계들은 그들이 서로서로 분절시키는 요소들 속에도 또한 새겨진다. 예컨대 병원이라는 場은 임상의학적 언설에 의해 실험실과 일단 관계맺은 이후에도 변화를 계속 겪는 것이다 : 그의 절차, 그에게서 의사가 받아들이는 지위, 그의 응시의 기능, 그곳에서 실행할 수 있는 분석의 수준은 필연적으로 수정되는 것이다.

3 〈형성의 체계들〉로서 기술되는 것은 언설의 최종적인 단계를 구성하지 않는다. 우리가 이 말에 의해 그들이 그들의 어휘, 통사론, 논리적 구조 또는 수사학적 조직화와 함께 부여받은 대로의 텍스트들(또는 파롤들)로 이해한다 해도 분석은 이 명시적인 수준——완성된 구성

의 수준——에 못 미치고 있다 : 한 언설에 있어서의 대상들의 분배의
원리를 정의한다 해도, 이 분석은 그들의 모든 연결, 미세한 구조도,
그들의 내적인 재분할도 설명해 주지 못한다. 개념들의 분산의 법칙을
찾아낸다 해도, 정교화의 모든 과정들은 물론 이 과정들이 그 안에서
그려질 수 있는 모든 연역적인 연쇄도 설명해 주지 못한다. 언표행위
의 양태들을 연구한다 해도, 어구들의 스타일도 연쇄도 문제삼지 못한
다. 요컨대 이 분석은 텍스트의 최종적인 위치부여를 미완성의 것으로
남겨두는 것이다. 그러나 보다 잘 이해할 필요가 있다 : 이 분석이 이
마지막 구성에 관해 뒤편에 머문다면, 이는 언설을 우회하기 위해서
그리고 사유의 말 없는 노동에 호소하기 위해서가 아니며, 체계적인
것을 피하기 위해서 그리고 시도들, 오류들 및 재시작의 〈살아 있는〉
무질서를 밝히기 위해서도 아닌 것이다.

　이 점에 있어, 언설적 형성들의 분석은 많은 관습적인 기술들과 대
립된다. 결국 우리는 언설과 그의 체계적인 배열은 그 안에 언어와 사
유의 놀이가, 실험적인 경험과 범주들이, 체험된 것과 관념적인 필연
성이, 사건들의 우발성과 형식적 제한의 놀이가 존재하는 오랜 동안의
구불구불한 구축의 마지막 순간에 있어서의 결과, 최종적인 상태일 뿐
이라는 생각에 익숙해져 있다. 체계의 얼굴 뒤에, 우리는 무질서의 불
확실한 풍요를 가정한다. 언설의 얇은 표면 아래에, 한편으로 말 없는
생성의 덩어리를 가정한다 : 체계의 질서에 속하지 않는 〈前체계적인
것〉, 본질적인 침묵으로부터 재등장하는 〈前언설적인 것〉, 언설과 체
계는 이 거대한 저장고의 頂上에서만——그리고 공동으로——생산된
다. 그래서 여기에서 분석되는 것은 분명 결코 언설의 최종적인 상태
들이 아니라, 최후의 체계적인 형태들을 가능하게 하는 체계들, 그에
관련해 최종적인 상태가 (체계의 출생장소를 구성하는 것이 아니라) 그의
변이체들에 의해 정의되는 前최종적인 규칙성들인 것이다. 완성된 체계
의 배후에서 형성들의 분석이 발견해 내는 것, 이것은 생기하는 생명

자체, 아직 포착되지 않은 생명이 아니다. 그것은 체계성들의 거대한 두께, 복수적 관계들로 차 있는 총체인 것이다.[55] 그리고 나아가 이 관계들이 텍스트의 씨줄은 아니라 해도, 그들이 언설에 낯선 본성에 의해 존재하는 것은 아니다. 우리는 이들에 〈前언설적〉이라는 표현을 붙여줄 수 있을 것이다. 이 前언설적인 것은 또한 언설적인 것에 속한다는 것, 즉 그들은 (사후에 그리고 결코 필연적이지 않은 방식으로) 언설 속으로 移書된 표상들의 총체 또는 의식 또는 사유를 특이화하지 않는다는 것, 그들은 언설의 어떤 수준들을 특성화한다는 것, 그들은 언설이 단일한 실천인 한에서 현실화하는 규칙들을 정의한다는 것을 인정한다는 조건하에서. 따라서 우리는 텍스트로부터 사유에로, 수다에서 침묵으로, 바깥에서 안으로, 공간적인 분산에서 순간의 순수한 집적으로, 피상적인 복수성으로부터 심오한 통일성으로 나아가고자 하지 않는다. 우리는 言說의 次元에 머문다On demeure dans la dimension du discours.

---

55) 베르그송과의 차이가 극명하게 드러나 있다. 피상적인 법칙들 아래에 생명의 창조가 흐르는 것이 아니라 단지 체계성의 두께, 복수적 관계만이 존재한다는 의미. Non la vie, mais le système des relations.

# 3장　言表와 文書庫

## 1 언표의 정의

이제 우리는 독자들이 (이 탐구의) 위험을 받아들였다고, 언설들의 거대한 표면을 분절시키기 위해 우리가 언설적 형성이라고 불렀던 이 다소 낯선, 다소 소원한 존재를 받아들였다고, 책과 작품이라는 전통적인 단위들을, 결정적인 방식으로가 아니라 잠시 동안 그리고 방법론상, 제쳐놓았다고, 통일성의 원리로서 언설의 구성법칙들(그로부터 결과하는 형식적인 조직화와 함께)이나 말하는 주체의 상황(문맥과 함께 그리고 그 상황을 특징지우는 심리학적 핵과 함께)을 취하기를 그만두었다고, 그리고 언설을 더 이상 경험의 최초의 토양에도, 인식의 선험적인 순간에도 관계지우지 않고,[1] 그 자체에 있어서의 그의 형성규칙들을 문제삼게 되었다고 가정할 수 있게 되었다. 우리는 독자들이 대상들의 出現의 體系, 언표행위적 양태들의 나타남과 分配됨, 개념들의 자리

---

1) 전자는 예컨대 모든 인식을 지각의 토대 위에서 기초지으려는 메를로-퐁티적 시도를 가리키고(물론 이는 바슐라르의 〈인식론적 단절〉의 개념에 의해 극복된다), 후자는 인식을 초험적 주체의 위에서 정초하려는 칸트적 시도를 가리킨다.

잡음과 分散, 전략적 선택들의 展開에 대한 긴 탐구의 시도를 받아들인다고 가정한다. 그리고 의심할 수 없는 자명성 속에서는 아니라 하더라도 적어도 유사지각적인 quasi perceptive 친숙함 속에 주어져 있는 것들을 모으는 대신, (그들과) 마찬가지로 추상적이고 문제가 많은 단위들을 구성하는 데 동의한다고 가정한다.

그러나 사실상 우리는 지금까지 무엇에 관해 말해 왔는가? 우리의 탐구의 대상은 무엇이었던가? 또한 우리의 과제는 무엇을 기술하는 것이었던가? 〈言表들 énoncés〉——사람들로 하여금 그들이 취해졌다는 사실을 그렇게 쉽게 받아들이게 하는 모든 형태들로부터 그들을 해방시키는 이 불연속 안에서의 그리고 동시에 언설의 무제한한(외관적으로는 형태가 없는) 일반적인 場 속에서의 언표들. 그래서 우리는 언표에 대한 기본적인 정의를 내리기를 꺼려했던 것이다. 우리는, 우리의 출발점이 지니는 소박성에 정당성을 부여하기 위해, 앞으로 나가면서도 하나의 정의를 구성하고자 노력하지 않았던 것이다. 게다가 ——그리고 의심할 바 없이 이는 바로 그러한 대범함의 승인인 바 ——우리는 이 여정의 도상에서 우리의 정향을 바꾸지는 않았는지, 최초의 지평을 또 다른 탐구로 치환하지는 않았는지, 〈대상들〉이나 〈개념들〉을 분석할 때(더욱이 〈전략들〉을 분석할 때) 우리가 말하는 것은 바로 또한 언표들이 아닌지, 언설적 형성을 특성화하기 위해 사용했던 네 가지 규칙들의 네 가지 집합들이 언표군을 제대로 정의하는지를 자문해 본다. 마지막으로 〈言說 discours〉이라는 단어의 그토록 유동적인 의미작용을 조금씩 재포착하는 대신, 우리는 그의 의미를 복수화시켰다고 믿는다 : 때로 모든 언표들의 일반적인 영역으로, 때로 언표들의 개별화가능한 群으로, 때로 일련의 언표들을 설명하는 조절된 실천으로. 그리고 우리는 언설이라고 하는 이 동일한 말(언표의 끝에 있어서의 극한으로서 그리고 겉봉으로서 봉사했을)을 우리의 분석이나 그의 적용점을 변위시킴에 따라 또는 언표 자체를 놓쳐버림에 따라 변이하도록 만들지 않았는가?

따라서 이제 우리의 과제를 알 수 있다 : 언표의 정의를 그 뿌리로
부터 다시 취하는 것. 그리고 그것이 위에서 행한 기술들 속에서 잘
기능하는지를 보는 것. 언설적 형성의 분석에 있어 문제되는 것이 바
로 이 언표인지를 확인하는 것.

우리는 언표라는 단어를 여러 번 되풀이해서 사용했다. 〈언표의 무
리들〉에 관해 말하기 위해서든(문제가 되는 것이 개인들이나 단일한 사건
들인 것처럼), 그를 〈언설들〉인 바의 이 집합들에 대립시키기 위해서
든(부분이 전체로부터 구분될 수 있다는 듯이). 일견해서 볼 때 언표란
최종적인, 분해불가능한, 그 자체로서 고립될 수 있는 그리고 그와 유
사한 다른 요소들과 관계 맺어질 수 있는 하나의 요소인 것으로 보인
다. 표면을 가지지 않는, 그러나 아마도 분할의 평면 위에서 그리고
분류의 특이한 형태들에 있어 지표화될 수 있을 點. 바로 그것 자체가
구성하고 있는 바의 직물의 표면 위에서 드러나는 알맹이. 言說의 原
子.

그러나 곧 문제가 떠오른다 : 언표가 언설의 기본적인 단위라면, 그
것은 무엇으로 구성되어 있는가? 그의 구분적인 특성 traits distinc-
tifs은 무엇인가? 그것은 논리학자들이 명제라고 부르는 단위, 문법
학자들이 어구라고 부르는 단위, 〈분석철학자들〉이 담화행위라고 부
르는 단위와 동일한 것인가? 그것은 언어의 탐구가 지금까지 실행해
왔던, 그러나 그들이 제기하는 문제가 어려워서였든 많은 경우 그들을
엄밀한 방식으로 제한하는 것이 힘들어서였든, 그에 관한 이론이 충분
하지 못했던 이 모두 단위들 가운데에서 어떤 자리를 전유하고 있는
가?

우리는 언표가 존재하기 위한 필요충분 조건이 잘 정의된 명제적인
구조의 현존이라고, 그리고 命題 proposition가 존재할 때 그리고 오
직 그때에만 언표에 관해 말할 수 있다고 생각하지 않는다. 결국 우리
는 유일하고 동일한 값(진리치)을 지니는, 유일하고 동일한 구성법칙
의 집합을 가지는, 사용의 동일한 가능성들을 포함하는 명제가 있는

그곳에서, 서로 완전히 구분되는 상이한 언설적 群들을 발생시키는 두 언표를 가질 수 있다. 〈아무도 듣지 않았다〉와 〈아무도 듣지 않은 것은 사실이다〉는 논리학적 관점에서는 구분되지 않으며 서로 다른 두 명제로 간주될 수 없다. 그러나 언표인 한에서는, 이 두 공식화는 등가적이지도 상호 교환가능하지도 않다. 이들은 언설의 평면에 있어서의 같은 거리에 존재할 수도, 정확히 동일한 언표군에 속할 수도 없다. 〈아무도 듣지 않았다〉라는 말을 소설의 첫 줄에서 읽었을 때, 우리는 그것이 별다른 조건이 없는 한 어떤 저자나 한 사람에 의해(높은 목소리로 또는 내면적인 독백의 형식으로) 행해진 확인이라는 것을 안다. 〈아무도 듣지 않은 것은 사실이다〉라는 언어표현을 발견할 경우, 우리는 내면적인 독백, 말 없는 토론, 마음 속으로의 망설임 또는 대화의 단편, 질문과 대답의 집합을 구성하는 언표들의 놀이에 직면해 있다는 것을 알 수 있다. 어느 경우에 있어서나 동일한 명제적 구조를 가지면서 동시에 서로 구분되는 언표적 특성들을 지닌 표현들이 존재한다. 역으로 분명히 단순하고, 완전하고, 자율적인(그것이 그와 다른 언표들의 집합의 한 부분을 이룬다 해도) 하나의 언표가 존재하는 곳에 복잡하면서도 중복된 명제적 형태들이 또는 반대로 파편적이면서도 불완전한 명제들이 존재할 수 있다 : 잘 알려진 예로 〈현재 프랑스 왕은 대머리이다〉(하나의 유일한 언표의 種들 아래에서 서로 구분되는, 각자가 그 자체로서 틀리거나 맞을 수 있는 두 개의 명제를 식별해 낸다면[2] 논리학적 관점에서 분석될 수 있을) 또는 〈나는 거짓말한다〉(그의 하위수준의 주장과의 관련하에서만 진리치를 가질 수 있는)의 예를 들 수 있을 것이다. 한 명제의 동일성을 정의하도록 해주는 규준들, 한 명제 아래에서 여러 명제를 구분하도록 해주는 규준들, 한 명제의 자율성과 완결성을 특성화해 주는 규준들은 한 언표의 단일한 통일성을 기술하는 데에는 가치가 없다.

---

2) 즉 〈현재 프랑스에는 왕이 있다〉와 〈그 왕은 대머리이다〉.

語句 phrase의 경우는 어떠한가? 어구와 언표 사이의 등가성을 인정해야 하지 않을까? 문법적으로 식별해 낼 수 있는 어구가 있는 곳에서, 우리는 독립적인 언표의 존재를 확인할 수 있다. 그러나 역으로 어구 자체 아래의 그 구성성분들의 수준에서 접근할 때, 더 이상 언표에 대해 말할 수 없다. 이러한 등가성의 규준에 대해서, 어떤 언표들은 주어-연사-술어라는 규칙적인 형태를 벗어나 단순한 명사적 언어계열소[3](〈이 남자!〉) 또는 부사(〈완전히〉) 또는 인칭대명사(〈당신〉)에 의해 구성된다고 반박하는 것은 소용이 없다. 왜냐하면 문법학자 자신들이 위와 같은 표현들이란, 설사 그들이 주어-술어의 도식에서 출발해 일련의 변환에 의해 만들어낼 수 있는 것들이라 해도, 독립적인 어구들이라는 것을 인정하기 때문이다. 게다가 문법학자들은, 그들이 정확히 해석가능한(이해가능한) 한, 그들에게 정확히 구성되지 못한 언어적 요소들의 집합에 속하는 것으로 〈수락가능한〉 어구들의 지위를 부여한다. 역으로 그들은 해석가능한 집합들에, 그들이 정확히 공식화되었다는 조건하에서, 문법적인 어구들의 지위를 부여한다. 그러나 이와 같이 넓은——그리고 어떤 의미에서 매우 타협주의적인——정의를 가지고서는, 언표가 아닌 어구들 또는 어구가 아닌 언표들을 어떻게 확인할 것인가를 알지 못한다.

그럼에도 불구하고 등가성은 결코 총체적이지 않다. 그리고 어구들의 언어적 구조에 상응하지 않는 언표들을 보여주는 것은 상대적으로 쉽다. 라틴어 문법에 있어 수직으로 배열되어 있는 단어들 amo, amas, amat에 있어 우리가 확인하는 것은 어구가 아니며, amare

---

3) 명사적 言語系列素 syntagme nominale란 한 문장을 몇 개의 덩어리로 나누었을 때 명사의 역할을 하는 부분을 말한다. 반면 言語系列 paradigme이란 이 덩어리들을 하나의 문장이 되게 하는 구성규칙을 말한다. 예컨대 〈나는 학교에 간다〉라는 문장에서 〈나는〉의 부분이 명사적 언어계열소(SN)를 이루고 〈학교에 간다〉의 부분은 동사적 언어계열소(SV)를 이룬다. 그리고 〈SN+SV〉로 문장을 만드는 방식은 또는 그 결과는 언어계열이라고 할 수 있다.

동사의 현재 직설법의 상이한 인칭변화들에 관한 언표들이다. 그러나
아마도 이는 논쟁가능한 예일지도 모른다. 사람들은 여기에서 문제되
는 것은 단순히 표현방식이라고, 이 언표는 상대적으로 비관습적인 양
식에 의해 생략된, 축약된, 공간화된 어구일 뿐이라고, 이들은
〈amare 동사의 현재 직설법은 일인칭에 있어 amo이다〉 등으로 읽어
야 한다고 말할 것이다. 그러나 다른 예들은 보다 덜 애매하다 : 식물
학적 종들의 분류표는 언표들로 이루어져 있으며 어구들로 이루어져
있지 않다(린네의 『植物種』은 약간의 어구들을 제외하고서는 모두 이러한
언표들로 가득 차 있다). 계통학적인 나무, 회계장부, 대차대조표들은
언표들이다 : 어구들이 어디에 있는가? 더 나아갈 수 있다 : n차의 방
정식, 굴절법칙에 관한 대수식은 언표로 간주되어야 한다 : 그리고 이
들이 매우 엄밀한 문법성을 가지고 있다 해도(왜냐하면 이들은 그 의미
가 사용규칙들에 의해 규정된 그리고 그 繼起가 구성법칙들에 의해 규제된
상징들로 구성되어 있기 때문이다), 그것은 자연언어에 있어 수락가능한
또는 해석가능한 어구를 정의할 수 있게 해주는 것과 동일한 규준은
아닌 것이다. 마지막으로 하나의 그래프, 성장곡선, 나이 피라밋, 분
배구름은 언표들을 형성한다 : 그들이 동반할 수 있는 어구들이란 그들
의 해석이거나 주석일 뿐이다. 그들과 등가적인 것이 될 수는 없는 것
이다 : 그 증거로, 많은 경우 무한한 수의 어구만이 이러한 종류의 언
표 속에서 명확히 공식화된 모든 요소들에 등가적일 수 있는 것이다.
따라서 전체적으로 보아 어구의 문법적인 특성에 의해 언표를 정의하
는 것은 불가능한 것으로 보인다.

　마지막의 가능성이 남아 있다 : 가장 그럴 듯하게 보이는 경우. 어떤
언어표현의 행위——〈談話行爲 speech act〉, 영국의 분석가들이 말
하는 〈비표현적〉 담화행위 acte illocutoire와 같은 무엇[4]——를 확인

---

4) Austin과 Searle에 의해 개발된 개념. 우리가 말을 할 때 우리는 우선 〈표
　　현적 행위 locutionary act〉를 하게 된다. 즉 입으로 소리를 내거나 손으로 글
　　을 쓴다. 다음 우리는 〈비표현적 행위 illocutionary act〉를 하게 된다. 즉 우

하고 고립시킬 수 있을 때 언표가 존재한다고 말할 수 있지 않을까? 잘 알려져 있듯이 우리는 이 말에 의해 말하는 것(높은 목소리로 또는 낮은 목소리로) 그리고 쓰는 것(손으로 또는 기계로)과 같은 신체적 행위를 가리키지 않는다. 또 나아가 이 말은 말하고 있는 개인의 의도(그가 설득시키려 한다는, 복종시키고자 욕구한다는, 어떤 문제의 해결책을 발견하고자 한다는 또는 그의 소식을 전하고자 한다는 사실)를, 그가 말한 것의(경우에 따라서의) 결과(그가 설득시켰다는 또는 불신을 불러일으켰다는, 사람들이 그를 들어주었다는 그리고 그의 명령들이 수행되었다는, 그의 기도가 받아들여졌다는)를, 그 출현에 있어서의 언어표현 자체에 의해 실행된 조작(약속, 명령, 선언, 계약, 참여, 시험)을 가리키는 것이 아니다. 비표현적 담화행위는 언표의 순간 이전(저자의 사유 속에서 또는 그의 의도들의 놀이 속에서)에 전개되는 것이 아니다. 그것은 언표 자체의 이후, 언표가 그의 뒤에 남겨놓은 주름살 속에서 생산될 수 있는 것, 언표가 야기한 결과들이 아니다. 그것은 언표——그리고(다른 것이 아닌) 정확히 규정된 상황 속에서의 바로 이 언표——가 존재한다는 사실 자체에 의해 생산되는 것이다. 따라서 우리는 언표들의 개별화가 언어표현적 행위들의 지표화와 동일한 규준들을 가진다고——각각의 행위는 한 언표 내에서 형체를 이룰 것이고 각 언표는, 내부로부터, 이 행위들 중의 하나를 거주케 할 것이라고——가정할 수 있을 것이다. 그들은 서로서로에 의해 그리고 정확한 상호성 내에 존재할 것이다.

그럼에도 불구하고 이와 같은 상관관계는 문제가 있음이 드러난다. 즉 하나의 〈담화행위〉를 실행하기 위해서는 종종 하나 이상의 언표가 필요하다 : 맹세, 기도, 계약, 약속, 증명은 대부분의 경우 구분적인 언어표현들이나 분리된 어구들을 요구한다 : 이들 각자에 대해, 그들

리가 發하는 말을 가지고서 약속을 하거나, 명령을 하거나, 진술을 하거나, 물어보거나, 경고를 한다. 마지막으로 우리는 〈표현달성적 행위 perlocutionary act〉를 한다. 즉 우리의 말이 어떤 일정한 결과를 야기시킨다.

이 모두 유일하고 동일한 비표현적 담화행위에 의해 관통된다는 구실로, 언표의 지위를 인정하지 않기는 어려울 것이다. 이러한 경우 이 행위 자체는 언표들의 계열을 따라 계속 유일한 것으로 존속되지는 못하리라고 말할 수 있으리라. 나아가 기도 속에는 구분적인 언표들에 의해 공식화된 요구들과 같이 제한된, 계기적인, 병치된 기도의 행위들이 존재한다고 그리고 약속 속에는 분리된 언표들에 있어서의 개별화가능한 계열만큼의 참여들이 존재한다고 말할 수 있으리라. 그렇지만 이러한 대답에 우리는 만족할 수 없다 : 우선 언어표현의 행위는 언표를 정의하는 데에 소용이 되지 않으며, 거꾸로 그것이 언표에 의해 정의되어야 하기 때문에──물론 이 대답 또한 문제를 일으키며 개별화의 규준들을 요구한다. 또 어떤 비표현적 담화행위들은 다수의 언표들이, 각자가 그에 부합하는 자리에서, 연결되었을 때에만 그들의 단일한 통일성에 있어 완성된 것으로서 간주될 수 있기 때문에. 그러므로 이러한 행위들은 이 언표들의 계열 또는 총화에 의해서, 그들의 필연적인 병치에 의해서 구성된다. 그들이 전적으로 그들 중 최소한의 것 속에도 현존해 있다고, 그 각자와 함께 그들은 새로워진다고 생각할 수 없다. 여기에서도 역시 언표들의 집합과 비표현적 담화행위의 집합 사이에 일대일 대응의 bi-univoque 관계를 수립할 수가 없는 것이다.

따라서 언표들을 개별화하고자 할 때, 우리는 논리학으로부터, 문법으로부터 그리고 〈언어분석〉으로부터 빌려온 모델들 중 어느 것도 아무런 유보 없이 받아들일 수가 없는 것이다. 이 세 가지 경우에 있어, 우리는 제기된 규준들이 너무 많고 무겁다는 것을, 또 그들이 언표가 지니는 모든 외연을 메우지 못한다는 것을, 종종 언표가 잘 기술된 형태를 취한다 해도 그리고 그 형태들 안에서 정확히 정돈된다 해도 그것이 그들에 복종하지 않는 경우가 발생한다는 것을 알 수 있다 : 우리는 합법적인 명제적 구조를 가지고 있지 않은 언표들을 발견할 수 있다. 우리는 어구들을 확인할 수 없는 곳에서 언표들을 발견한다. 우리는 〈담화행위들〉을 가지고서 식별해 낼 수 있는 것 이상의 언표들을 발견한다. 마치 언표는 보다 섬세하고, 규정성을 덜 담지하고 있으며, 보다 덜 강하게 구조화되어 있고, 이 모든 것들(명제, 어구, 담화행위)보다 더 편재적인 듯이, 마치 그의 특성들이 보다 적은 수이고 결합하기에 보다 용이한 듯이, 그러나 바로 그렇기 때문에 그것은 記述의 모든 가능성을 거부하는 듯이 보인다. 그리고 이는 어떤 수준에 그를 위치시킬 것인가, 어떤 방법에 의해 그에 도달할 것인가에 대한 사람들의 오해 이상이다 : 그것은 단지 우리가 상기시킨 모든 분석들을 위한 버팀목 또는 우연적인 실체일 뿐이다 : 논리학적 분석에 있어, 그것은 우리가 명제의 구조를 추상하고 정의했을 때 〈남는〉 것이다. 문법적인 분석에 있어, 그것은 우리가 그 안에서 어구의 형태를 확인할 수 있는 또는 확인할 수 없는 언어적 요소들의 계열이다. 언어행위들에 대한 분석에 있어, 그것은 그 안에서 이 행위들이 현시되는 가시적 신체로서 나타난다. 이 모든 記述的 접근과의 관계에서, 그것은 잔여적인 요소, 순수하고 단순한 사실, 비관여적인 물질의 역할을 하는 것이다.

  결국 언표는 고유한 특성을 가질 수 없다는 것, 그리고, 그것이 언어에 관한 모든 분석들에 대해 이 분석들이 그들의 대상영역을 결정하는 데에 있어 출발점을 이루는 외재적인 물질인 한, 적절한 정의를 가질 수 없다는 것을 인정해야만 할까? 기호들의, 그림들의, 그래프들의 또는 흔적들의 어떤 계열도——그의 조직화 또는 개연성이 무엇이든——하나의 언표를 구성하기에 충분하다는 것, 그리고 문제되고 있는 것이 어구인가의 여부를 말하는 것은 문법에, 명제적인 형태를 포함하고 있는가의 여부를 정의하는 것은 논리학에, 그를 관통할 수 있는 언어행위는 무엇인가를 정확히 하는 것은 언어분석에 속한다는 것을 인정해야만 할까? 이 경우 병치된 여러 기호들이 존재하기만 하면——그렇지 않을 이유가 어디 있겠는가?——또는 하나의 기호만이 존재한다 해도 언표가 존재하게 된다는 것을 인정해야만 될 것이다.

言表의 문턱은 記號들의 존재의 문턱이 될 것이다. 그럼에도 불구하고, 여기에서도 역시, 사태는 그렇게 간단하지 않으며 〈기호들의 존재〉와 같은 표현에 주어져야 하는 의미는 보다 정교화되어야만 한다. 우리가 기호들이 존재한다고 그리고 언표가 존재하기 위해서는 기호들이 존재하는 것으로 충분하다고 말할 때, 이는 무엇을 의미하는 것일까? 이 〈존재한다 il y a〉에 어떤 단일한 지위를 부여해야 할까?

왜냐하면 언표들이 하나의 랑그가 존재한다는 의미에서, 그리고 그와 함께, 그들의 대립적 특성들[5]에 의해 정의된 바의 기호들의 집합과 그들의 사용규칙이 존재한다는 의미에서 존재하는 것이 아니라는 것은 명백하기 때문이다. 결국 랑그는 결코 그 자체로서 그리고 그의 총체성하에서 주어지지 않는다. 그것은 이차적인 방식으로만 그리고 그를 대상으로서 취하는 하나의 기술을 이용해서만 랑그일 수 있는 것이다. 랑그의 요소들을 구성하는 기호들은 언표들에 부과되는 그리고 그들을 내부로부터 규제하는 형태들이다. 언표들이 존재하지 않는다면 랑그는 존재하지 않는다. 그러나 어떤 언표도 랑그가 존재하기 위해 필수불가결한 것은 아니다(그리고 우리는 언제나, 어떤 언표의 자리에 서이든, 존재하기는 하지만 그럼으로써 랑그를 수정하지는 않을 어떤 다른 언표를 가정할 수 있다). 랑그는 가능한 언표들을 위한 구성의 체계로서 존재할 뿐이지만, 그러나 다른 한편 현실적인 언표들의 집합에 의거해 얻어진(다소간 철저한) 記述로서만 존재한다. 랑그와 언표는 존재함의 동일한 수준에 있지 않다. 그리고 랑그들이 존재한다고 말하는 것과 같이 언표들이 존재한다고 말할 수가 없는 것이다. 그러나 기호들이 어떤 방식으로 생산되었을 경우(연결되었을 경우, 소묘되었을 경우, 제작되었을 경우, 추적되었을 경우), 그들이 시간상의 어떤 순간에서 그리고 공간상의 어떤 點에서 출발했을 경우, 그들을 발음한 목소리와 그들을 만들어낸 몸짓이 그들에게 물질적인 실존의 차원을 부여

---

5) 즉 구조주의 언어학에서 말하는 언어의 특성.

했을 경우, 한 랑그의 기호들이 한 언표를 구성하는 것으로 충분한 것인가? 내가 우연히, 언표가 아닌 것의 예로서, 종이 위에 적은 알파벳 문자들은, 책을 인쇄하기 위해서 사용하는 인쇄활자들은——그리고 우리는 공간과 부피를 가지고 있는 그들의 물질성을 부정할 수 없다——펼쳐진, 가시적인, 제시가능한 이 기호들은 충분한 근거를 가지고서 언표로서 간주될 수 있는가?

그러나 좀더 가까이 들여다보면, 이 두 예(인쇄활자들과 나에 의해 씌어진 기호들)는 완전히 중첩되지 않는다. 내가 손 안에 한 움큼 쥘 수 있는 인쇄활자들, 또는 타자기에 장치되어 있는 문자판 위의 알파벳들은 언표를 구성하지 않는다 : 이들은 기껏해야 그를 가지고서 언표들을 쓸 수 있는 도구들일 뿐이다. 역으로 내가 종이 위에 우연히 쓴 이 문자들, 그들이 나의 정신에 떠오른 대로 그리고 그들이 그들의 무질서 속에서 하나의 언표를 구성할 수 없음을 보여주기 위해, 종이 위에 우연히 쓴 이 문자들, 이들은 무엇인가, 그들은 어떤 존재를 형성하는가? 그들이 우발적인 방식으로 선택된 문자들의 표, 돌발적인 일 외에 어떤 다른 법칙들도 가지지 않는 알파벳의 계열이 아니라면? 마찬가지 방식으로, 통계학자가 사용하려고 하는 아무렇게나 써 있는 숫자판은 어떠한 통사론적 구조에 의해서도 연결되어 있지 않은 일련의 數的 상징들이다. 그럼에도 불구하고 이들은 언표이다 : 계기적인 산출들의 개연성을 증가시킬 모든 것을 제거하는 과정들에 의해 획득된 암호들의 집합으로 구성되어 있는 언표. 다시 예를 들어 보자 : 타자기의 문자판은 언표가 아니다. 그러나 타자연습용 책자에 열거되어 있는 A, Z, E, R, T라는 일련의 문자 자체는 프랑스의 기계들에 의해 채택된 알파벳상의 언표이다. 그러므로 우리는 여기에서 일련의 부정적인 결과들에 직면하게 된다 : 하나의 언표를 형성하기 위해 규칙적인 언어적 구성은 요구되지 않는다(이는 최소한의 확률을 지닌 한 계열에 의해 구성될 수 있다).[6] 그러나 한 언표가 출현하기 위해서는 그리고 존재

---

6) 즉 모든 언표가 그에 따라 구성되어야 할 선험적 범형 paradigme은 존재하

하기 위해서는, 언어적 요소들의 물질적인 현실화만으로는, 시간과 공간 속에서의 기호들의 출현만으로는 결코 충분하지 않다.[7] 따라서 언표는 랑그와 동일한 양식으로도 존재하지 않으며(그것이 그들의 개별성에 있어 자연적인 또는 인공적인 언어적 체계의 내부에 있어서만 정의가 능한 기호들로 구성되어 있다 하더라도) 지각에 주어진 어떤 대상들과 동일한 양식으로도 존재하지 않는다(그것이 여전히 어떤 물질성에 의해 주어진 것이라 해도, 그것을 언제나 시공간적 좌표계에 따라 위치지을 수 있다 해도).

아직 언표에 대한 일반적인 물음에 대답할 때가 아니다. 그러나 이제부터 이 문제를 포위해 들어갈 수 있을 것이다 : 언표란 어구, 명제 또는 담화행위와 동일한 종류의 단위가 아니다. 따라서 그것은 이들과 동일한 규준들을 제시하지 않는다. 그러나 언표는 또한 자신의 한계와 독립성을 지니고 있는 물질적 대상들과 같은 단위도 아니다. 언표란 (완전히 언어학적이지도 그렇다고 배타적으로 물질적이지도 않은), 그의 단일한 존재양식에 있어, 우리가 어구, 명제, 언어행위가 존재하는지의 여부를 말할 수 있기 위해, 또 그 어구가 참인지(또는 수락가능한지 또는 해석가능한지), 그 명제가 합법적이며 잘 공식화되었는지, 그 행위가 요구에 부합하는지 또 훌륭히 수행되었는지의 여부를 말할 수 있기 위해서 필수적으로 요구되는 무엇인 것이다. 언표 속에서 길게 또는 짧게, 강하게 또는 약하게 구조화된 그러나 다른 것들처럼 논리학적, 문법적, 비수행적 담화행위 속에서 취해진 단위를 찾아서는 안 된다. 언표란 결국 다른 것들 가운데에서의 한 요소, 어떤 분석수준에 있어서 지표화 가능한 한 단위이기보다는, 이 다양한 단위들과의 관계 하에서 垂直的으로 기능하는,[8] 그리고 일련의 기호들에 관하여, 그들

---

지 않는다.

7) 즉 질료의 집적만으로는 언표가 형성되지 않는다. 어떤 형상——그것이 어떤 형상이든——이 요구된다.

8) 즉 그들 중의 하나이기보다는 그들의 〈가능성의 조건〉인.

128

이 거기에 현존하는가의 여부를 말할 수 있도록 해주는 하나의 機能인 것이다. 따라서 언표란 구조(즉 가변적인 요소들 사이의, 아마도 무한히 많을 구체적인 모델들을 승인하는9) 관계들의 집합)가 아니다. 그것은 고유하게 기호에 속하는, 그리고 그로부터 출발해 우리가, 분석에 의해 또는 직관에 의해, 그들이 〈의미를 가지는가〉의 여부를, 어떤 규칙들에 따라 그들이 계기하고 병치되는지를, 그들이 무엇에 대한 기호인지를, 어떤 종류의 행위가 그들의(말해진 또는 씌어진) 언어표현에 의해 실행되는가를 결정할 수 있는 存在의 機能 fonction d'existence인 것이다. 그러므로 언표에 있어서의 통일성에 대한 구조적인 규준들을 찾을 수 없었던 것이 놀라운 것은 아니었다. 즉 언표란 그 자체로서는 결코 단위가 아니며, 구조들의 그리고 가능한 단위들의 영역을 가로지르는, 그들을 그 구체적 내용들과 함께 시간과 공간 속에 나타나게 하는 하나의 機能인 것이다.

이제 그 자체로서 즉 그의 실행 속에서, 그의 조건들 속에서, 그를 조절하는 규칙들과 그것이 그 안에서 실행되는 場 속에서 기술되어야 할 것은 이 機能인 것이다.


## 2 언표적 기능

언표——그러므로 이를 기호들의 분류라는 측면에서 찾는 것은 무익할 것이다. 언표——언어계열소도, 구성규칙도, 계기와 순연의 범례적인 형태도 아닌——란 이와 같은 기호들의 집합들을 존재하게 하는 것, 그리고 이 규칙들 또는 형태들이 현실화될 수 있도록 하는 것이다. 그러나 언표가 이들을 존재하게 만든다면, 그것은 어떤 단일한 양식——랑그의 요소들인 한에서의 기호들의 존재와도, 하나의 물질적 조각을 차지하고 있으면서 다소간 긴 시간 동안 지속하는 이 표식

---

9) 즉 무한히 많은 모델들의 paradigme이 되는.

들의 물질적 실존과도 혼동해서는 안되는——에 있어서이다. 이제 우리가 탐구해야 할 것은 언표인 한에서의 기호들의 모든 계열에 특징적인 이 단일한 *存在樣式* mode singulier d'existence 이다.

1 다시 한번, 규정된 물질성 속에 도안되어 있는 또는 만들어져 있는, 그리고 임의적인 또는 그렇지 않은 어떤 양식으로 분류되어 있는, 그러나 어쨌든 문법적이지 않은 이 기호들의 예를 보자. 타자기의 문자판, 한 줌의 인쇄활자. 이들이 언표를 구성하는 데에는 그렇게 주어진 기호들이 종이 위에(그리고 그들이 어떤 단어도 구성하지 않는 방식으로) 새겨지는 것으로 충분하다 : 刻字를 용이하게 하는 질서로 씌어진 알파벳 문자들의 언표, 문자들의 우연한 모임으로서의 언표. 그렇다면 언표가 존재하기 위한 조건은 무엇인가? 이 두번째의 집합이 첫번째의 집합과 관련해 어떤 새로움을 가질 수 있겠는가? 重複, 그것이 하나의 복사라는 사실? 물론 아니다. 타자기의 문자판은 어떤 모델 전체를 복사하는 것이며 그렇다고 해서 언표인 것은 아니다. 主體의 간섭? 이중적으로 불만족스러운 대답 : 한 계열이, 그것이 현실적으로 존재한다는 사실 자체에 의해, 하나의 언표로 변환되기 위해서는 그 계열의 반복이 한 개인의 始動에 기인하는 것만으로는 충분하지 않기 때문에. 그리고 어쨌든 문제는 중복의 원인이나 시원에 있는 것이 아니라 이 동일한 두 계열들 사이의 단일한 관계에 있는 것이기 때문에. 결국 두번째의 계열은 첫번째 계열의 각 요소들과 일대일 대응의 관계를 가질 수 있다는 사실만으로는 언표일 수 없다(이 관계는 때로는, 그것이 순수하고 단순한 복사의 문제일 경우, 중복이라는 사실을, 또 때로는, 언표행위의 문턱이 정확히 쇄신되었을 경우, 언표의 정확성을 특성화한다). 그러나 그것은 이 문턱을 그리고 언표라는 사실 자체를 정의해 주지는 못한다. 한 기호들의 계열은 그것이 〈다른 존재〉(그와 이상하게도 유사할 수 있는, 그리고 위에서 든 예에서처럼 의사동일적일 수 있는)와 어떤 특이한 관계——그 계열 자체와 관련되는, 그의 원인도 요소들도 아닌——를 가질 때, 언표가 된다.

물론 이 관계에는 어떤 수수께끼 같은 것도 없다고 말할 수도 있으리라. 오히려 그것은 매우 친숙한 것이라고, 그것은 지금까지 계속 분석되어 오곤 했던 것이라고, 그것은 시니피에에 대한 시니피앙의 관계, 이름과 그것이 지시하는 것과의 관계, 어구와 그의 의미간의 또는 명제와 그의 지시대상간의 관계라고 말할 수 있으리라. 그래서 우리는 언표가 언표된 것과 가지는 관계는 이러한 관계들 중 그 어느 것에도 중첩될 수 없다는 것을 보여주어야 할 것이다.

언표는 그것이 언표하는 것에 대해서, 그것이 명사적 언어계열소(〈배 !〉)로 환원되는 경우에 있어서조차도, 그것이 고유명사(〈피에르 !〉)로 환원되는 경우에 있어서조차도, 이름이 그것이 지시하는 것과 또는 의미하는 것과 가지는 관계와 동일한 관계를 가지지 않는다. 이름은 文法的인 요소들 속에서 상이한 자리를 차지할 수 있는 하나의 언어적 요소이다 : 그의 의미는 그의 使用規則(그에 의해 유효하게 지시될 수 있는 개인들에 관련된 또는 그것이 올바르게 삽입될 수 있는 통사론적인 구조들에 관련된)에 의해 정의된다. 하나의 이름은 그의 反復可能性에 의해 정의된다. 그러나 하나의 언표는 재출현의 모든 가능성의 바깥에 존재한다. 그리고 언표가 그것이 언표하는 바와 맺는 관계는 어떤 사용 규칙의 집합과도 동일하지 않다. 그것은 단일한 관계[10]를 가진다 : 그리고 이러한 조건하에서 하나의 동일한 언어표현이 재출현한다 해도──그것이 이미 사용된 동일한 말들일 수 있고, 실체적으로 동일한 이름일 수 있으며, 전체적으로 동일한 어구일 수는 있겠지만──그것은 결코 동일한 언표인 것은 아닌 것이다.

나아가 언표와 그것이 언표한 것 사이의 관계를 명제와 그의 지시대상간의 관계와 혼동해서는 안 된다. 주지하듯이, 논리학자들은 〈황금산은 캘리포니아에 있다〉와 같은 명제는, 그것이 지시대상을 가지지 않기 때문에, 검증불가능하다고 말한다 : 즉 이 명제의 부정은 그의 긍

---

10) 즉 구체적인 시공간적 상황하에서만 성립하는 관계.

정보보다 더 참되지도 더 거짓되지도 않은 것이다. 그러나 하나의 언표
는, 그것이 존재케 한 명제가 지시대상을 가지지 않는 경우, 아무것과
도 관계하지 않는다고 똑같은 방식으로 말할 수 있을까? 차라리 그
역을 주장해야 할 것이다 : 지시대상의 부재가 그와 함께 언표의 상관
자의 부재를 가져온다고 말해야 되는 것이 아니라, 한 명제가 지시대
상을 가지고 있는가 아닌가를 말할 수 있도록 해주는 것이 바로 이 언
표의 상관자──바로 그에 언표가 관계맺는, 언표에 의해 말해진 것
만이 아니라 말해진 것의 대상도, 즉 그의 〈테마〉도 드러나게 되는
──라고 말해야 할 것이다. 명제에 관해 일정한 방식으로 결정할 수
있도록 해주는 것은 言表인 것이다. 결국 〈황금산은 캘리포니아에 있
다〉라는 언어표현이 지리학자의 手稿本에서도, 여행가의 이야기 속에
서도 발견될 수 없다 해도, 소설 속에서 또는 어떤 허구 속에서 우리
는 그의 참 또는 거짓의 값(그에 따라 그 허구가 가져오는 상상적인 세계
가 지리학적이고 지질학적인 그와 같은 환상을 승인할 또는 하지 않을)을
알 수 있는 것이다. 한 명제가 지시대상을 가지는지의 여부를 말할 수
있기 위해서는, 그 언표가 무엇에 관계하는지, 그의 상관관계의 空間
espace de corrélations은 무엇인지를 알아야 한다. 〈현재 프랑스 왕
은 대머리이다〉가 지시대상을 가지고 있지 않다고 말할 수 있는 것은
이 언표가 오늘날의 역사학적 정보의 세계에 관련된다는 것이 가정되
는 한에서인 것이다. 명제의 그의 지시대상에 대한 관계는 언표의 언
표되는 것과의 관계에 대한 모델이나 법칙의 역할을 할 수 없는 것이
다. 언표란 명제와 같은 수준에 있지 않을 뿐만이 아니라 그에 앞서서
존재하는 것으로 보인다.

　마지막으로 그것은 어구와 그의 의미 사이에 존재하는 관계와도 다
르다. 이 두 가지 형태의 관계들 사이에 존재하는 간극은 그 완전히
올바른 문법적 구조에도 불구하고 의미를 가지지 못하는 어구들에 관
한 유명한 예들에 있어 뚜렷이 나타난다(예컨대 〈무색의 푸른 관념들이
광폭하게 잠잔다〉의 경우). 사실상 이와 같은 어구가 의미를 가지지 않

는다고 말하는 것은 이미 일련의 가능성들이 배제되어 있음을 전제하는 것이다 : 즉 이 경우 우리는 위의 문장이 꿈속의 이야기가 아니라는 것, 시적인 텍스트 속의 문장이 아니라는 것, 코드화된 傳言이나 마약 상용자의 파롤이 아니라는 것을, 위의 문장은 일정하게 정의된 양식으로 可視的 現實에 관련되어야 하는 유형의 언표라는 것을 인정하고 있는 것이다. 한 어구의 그의 의미에 대한 관계가 부과될 수 있는 것은 규정된 그리고 잘 안정화된 언표적 관계 안에서이다. 게다가 이 어구들은, 설사 그들을 그들이 의미를 가지지 못하는 수준에서 취할 경우라 해도, 언표인 한에서는, 상관관계들을 박탈당하지 않는다 : 우선, 예컨대 관념들은 결코 유색도 무색도 아니라는 것, 따라서 그 어구는 의미가 없다는 것을 말할 수 있게 해주는 상관관계들(그리고 이 상관관계들은 관념들이 비가시적이게 되는, 色들이 시선에 주어지게 되는 등의 현실의 평면에 관련된다). 다음으로, 문제되고 있는 어구를 올바른 통사론적 구조를 가진, 그러나 의미를 박탈당한 문장으로 만들어주는 상관관계들(그리고 이 상관관계들은 랑그의, 그의 법칙들과 성질들의 평면에 관계된다). 하나의 어구가 의미하지 않는 경우에도, 그것은, 그것이 언표인 한에서, 어떤 것과 연관되는 것이다.

언표를 고유하게 특성화해 주는 이 관계——어구나 명제에 의해 암묵적으로 전제되는 듯이 보이는, 그리고 그들의 필수적인 선행조건인 듯이 보이는 관계——를 어떻게 정의할 것인가? 이 관계를 (사람들이 그와 흔히 혼동하는) 이 의미의 또는 진리가의 관계들로부터 어떻게 빼낼 수 있을까? 하나의 언표는, 그것이 무엇이든, 그리고 사람들이 그것을 아무리 단순하게 상상할 경우라 해도, 한 어구의 어떤 단어에 의해 지시될 단일한 개인이나 대상을 그의 상관자 corrélat로 가지지 않는다 : 〈황금산은 캘리포니아에 있다〉와 같은 언표의 경우, 그 〈상관자〉는 주체의 기능을 하는 명사적 언어계열소에 의해 지시된 가능한 또는 부조리한, 현실적인 또는 상상적인 이 造語가 아니다. 그러나 언표의 상관자는 또한 명제를 검증할 수 있는 어떤 사물의 상태나 관계

도 아니다(위의 예에 있어, 이는 규정된 지역에 있어서의 어떤 산의 공간
적인 존재가 될 것이다). 역으로, 언표의 상관자로서 정의될 수 있는 것
은 〈어떤 對象들을 나타나게 할 수 있는, 그리고 어떤 關係들이 부과
되도록 할 수 있는 어떤 領域들의 集合 un ensemble de domaines
où de tel objets peuvent apparaître et où de telles relations
peuvent être assignées〉이다 : 이는 예컨대 일련의 확인 가능한 물리
적 크기들, 지각가능한 크기의 관계들을 소유하는 물질적 대상들의 영
역일 수 있으며——또는 그와 반대로 이는 (어떤 일관성과 정합성을 지
니고 있음에도 불구하고) 임의적인 성질들을 부여받은, 실험적인 또는
지각적인 검증의 심급이 결여된 허구적 대상들의 영역일 수도 있다.
이는 (좌표들, 거리들, 이웃관계 및 포함관계와 함께 주어지는) 공간적이
고 지리학적인 위치지음들의 영역일 수도 있으며——역으로 상징적
인, 비밀스러운 친족관계들의 영역일 수도 있다. 이는 또한 언표가 공
식화되는 바로 그 순간에 그리고 바로 그 시간간격 위에 존재하는 대
상들의 영역일 수도, 또는 전혀 다른 현재에 속하는 대상의 영역——
언표가 속해 있는 것에 의해서가 아닌 언표 자체에 의해 지시되고 구
성되는——일 수도 있다. 하나의 언표는——한 명제가 그의 지시대
상을 가지는 것(또는 가지지 않는 것), 한 고유명사가 한 개인을 지시
하는(또는 지시하지 않는) 것과 같은 방식으로——그에 대해 일대일
대응적인 하나의 상관자(또는 그의 不在)를 가지는 것이 아니다. 언표
는 차라리 〈사물〉도, 〈사실〉도, 〈현실〉도, 〈존재들〉도 아닌 可能性의
法則들 lois des possibilités, 存在의 規則들 règles d'existence——
그곳에서 이름지어지고, 지시되고 또는 기술된 대상들에 대한, 그곳
에서 긍정되거나 부정된 관계들에 대한——로 구성된 하나의 〈좌표계
référentiel〉에 연관된다. 언표의 좌표계는 언표 자체에 의해 작동되
는 개인들이나 대상들, 사물의 상태들이나 관계들의 장소, 조건, 出
現의 場, 分化의 審級을 형성하는 것이다. 그것은 어구에 그 의미를
주는, 명제에 그의 진리가를 주는 존재의 出現과 制限의 可能性들

possibilités d'émergence et délimitation을  정의한다.  언어표현의
언표적 수준을, 그의 문법적 수준과 논리학적 수준에 대립해, 특성화
하는 것은 이 집합이다 : 이 다양한 가능성의 영역들에 관련하여, 언표
는 명사적 언어계열소로부터 또는 일련의 상징들로부터, 우리가 의미
를 부과할 수 있는 (또는 없는) 어구를, 하나의 진리가를 받을 수 있
는(또는 없는) 명제를 만들어내는 것이다.

　결국 우리는 이 언표적 수준에 관한 기술을 형식적 분석에 의해서
도, 의미론적인 탐구에 의해서도, 검증에 의해서도 수행할 수 없으
며, 언표와 (언표 자체가 차이들을 나타나게 하는) 分化의 空間들 사이
의 관계들에 대한 분석 l'analyse des rapports entre l'énoncé  et les
espaces de différenciation을 통해 수행할 수 있는 것이다. [11]

　**2**　언표는 또한, 그것이 主體 sujet와 일정한 관계를 맺는다는 사실

---

11) 〈분화의 공간〉은 매우 중요한 표현이다. 分化라는 말은 베르그송에서 진화
　　——즉 차이의 생성——를 나타내는 말로 사용되었으나 구조주의적 맥락에서
　　는 다른 의미를 지닌다. 구조주의자들이 말하는 구조 또는 푸코가 말하는 에피
　　스테메 등은 現實的인 존재들이 아니다. 그들은 현실적인 것도 가능적인 것도
　　아니다(여기에서 可能性이란 어디까지나 論理的 가능성을 뜻한다). 이에 가장
　　적합한 단어는 〈잠재적 virtuel〉이라는 말이다. 가령 물이 아래에서 위로 흐르
　　는 것은 〈가능할〉 뿐이지만 현재 끓고 있는 물이 어는 것은 〈잠재적인〉 것이
　　다. 이는 실재적 réelle이지만 현실적인 actuelle 것은 아니며 (플라톤적인 의
　　미에서) 관념적인 것이지만 추상인 것은 아닌 그러한 존재이다. 이러한 존재
　　의 부분이 현실화되는 것이다. 그래서 모든 구조는 潛在的 共存의 複數性 une
　　multiplicité de coexistence virtuelle으로 정의될 수 있다. 우리는 아직 현
　　실화되지 않은 잠재성들의 집합을 〈미분화되었다〉고 표현한다(이는 indiffé-
　　renciée된 것이다. 그렇다고 그것이 〈차이화되어 있지 않은 indifférenciée〉 것
　　은 아니다. 이 잠재성들의 집합은 이미 差異들의 체계로 되어 있으며 따라
　　서 차이화되어 있다. 잠재성들의 차이화와 그 부분집합의 분화를 혼동해서
　　는 안 된다). 이 잠재성의 부분집합의 현실화를 분화 différenciation라 한
　　다. 이는 때로 〈차이화〉와 〈분화〉를 동시에 표시하기 위해 différen$\frac{t}{c}$iation
　　이라고도 쓴다. 푸코의 경우 이 공간이 複數로 되어 있다는 점을 기억해야 한
　　다.

에 의해, 어떤 언어적 요소들과도 구분된다. 그 본성을 정확히 해야 할 그리고 특히 그와 혼동할 염려가 있는 관계들로부터 분리시켜야 할 관계들.

언표의 주체를 그 어구 안에 현존하는 일인칭의 문법적 요소들로 환원시킬 필요는 없다. 왜냐하면 우선 언표의 주체는 언어적 계열소의 내부에 존재하지 않기 때문이다. 그리고 일인칭을 포함하지 않는 언표도 역시 하나의 주체를 가지기 때문이다. 마지막으로 그리고 특히, 고정된 문법적 형태(그것이 일인칭이든 이인칭이든)를 가지고 있는 모든 언표는 그 언표의 주체와 유일하고 동일한 유형의 관계를 가지지 않기 때문이다. 이 관계가 〈땅거미가 지고 있다〉와 같은 유형의 언표와 〈모든 결과는 어떤 원인을 가진다〉와 같은 유형의 언표에 있어 동일하지 않다는 것을 쉽게 알 수 있다. 〈오랫동안 나는 일찍 잠자리에 들었다〉와 같은 유형의 언표에 있어서는, 우리가 이 문장을 대화의 과정에서 들었을 경우와 『잃어버린 시간을 찾아서』의 첫머리에서 읽었을 때 언표하는 주체와의 관계는 동일하지 않은 것이다.

어구에 外在的인 이 主體, 이는 단순히 그를 말했거나 쓴 이 현실적 개인이 아닌가? 주지하듯이, 기호들을 말하는 어떤 사람 없이는, 아니면 어쨌든 발화자로서의 어떤 요소 없이는, 기호란 존재할 수 없다. 일련의 기호들이 존재하기 위해서는, 인과성의 체계를 따라, 어떤 〈저자〉가 또는 어떤 생산적 심급이 필요하다. 그러나 이 〈저자〉는 언표의 주체와 동일하지 않다. 그리고 그것이 언어표현과 맺는 생산관계는 언표하는 주체와 그가 언표하는 것을 묶어주는 관계에 중첩되지 않는다. 물질적으로 제작된 또는 그려진 기호들의 집합의 경우를 들지 말자. 이는 너무 단순한 예이므로 : 그들의 생산은 물론 어떤 저자를 함축하지만, 그럼에도 불구하고 언표도 언표의 주체도 존재하지 않는다. 또한 기호의 발화자와 언표의 주체 사이의 분리를 지적하기 위해서, 최종교정자에 의해 읽히고 있는 텍스트의 경우 또는 대사를 외우고 있는 배우의 예를 들 수도 있으리라. 물론 이는 극한적인 경우들이다. 일견해 보면, 일반적인 방식에 있어 언표의 주체는 정확히 의미작용의 意圖 속에서 언표의 상이한 요소들을 생산해 낸 사람들로 보인다. 그러나 사태는 그렇게 간단하지가 않다. 어떤 소설의 경우 그 언어표현의 저자는 그 책의 표지에 이름이 새겨져 있는 현실적 개인이라는 것은 쉽게 알 수 있다(물론 여기에서도 대화적 요소들의 그리고 어떤 사람의 사유에 관련되는 어구들의 문제[12])가 제기된다. 그리고 또한 假名下에서 출판된 텍스트의 문제가 제기된다 : 우리는 이 중복이 해설적 분석의 신봉자들에게——그들이 단번에 이 언어표현을 텍스트의 저자에, 그가 의미하는 것에, 그가 사유하는 것에, 요컨대 이 말 없는, 숨어 있는 그리고 균일한(그들이 그 위에서 이 모든 상이한 수준들의 피라밋을 낮추는) 거대한 언설에 관련시키고자 할 때——야기시키는 어려움들을 익히 알고 있다. 그러나 개인으로서의 저자와는 다른 이 언어표현의 심급들의 바깥에서조차도 소설의 언표들은 동일한 주체——그에 따라 소설의 언표가 외부에서처럼, 말해진 이야기의 역사적이고 공간적인 지표들을 부여하는, 그에 따라 이들이 허구의 인물들과 마술적으로 섞여 있는 익명의, 비가시적인 그리고 중성적인 개인이 보듯이 사물들을 기술하는, 그에 따라 그들이, 내적이고 직접적인 해독에 의하듯이, 말 없이 한 인격을 증명하는 존재의 언어적 대응물을 부여하는——를 가지지 않는 것이다. 이 언표들은, 그들의 저자가 동일한 경우에 있어서도, 그가 그들을 그 자신에 귀속시키는 경우에 있어서도, 그가 그 자신과 그가 읽는 텍스트 사이의 보조적인 연결을 발명하지 않는 경우에 있어서조차도, 언표하는 주체에 대해 동일한 특성들을 전제하지 않는 것이다. 그들은 이 주체와 그가 언표하고 있는 바 사이에 동일한 관계를 함축하지 않는 것이다.

이러한 입장에 대해 사람들은, 언제나 그래왔듯이, 문학적인 텍스트의 예는 결정적인 증거가 되지 못한다고 말할 것이다. 아니면 차라리 당신의 논거는 문학의 본질에 관해 논한 것이지 일반적인 언표에

---

12) 즉 그 저자가 〈남〉의 말을 그대로 쓰는 경우에 발생하는 문제.

있어서의 주체의 지위에 관한 것이 아니라고 말할 것이다. 저자가 부재하는, 스스로를 은폐시키는, 스스로를 위임하는 또는 스스로를 분할하는 것은 문학에 고유한 현상이다. 이러한 분리로부터 언표의 주체는 언어표현의 저자와 모든 점——본성, 지위, 기능, 동일성——에서 구분된다는 일반적인 결론을 이끌어내서는 안 되는 것이다. 그러나 이러한 반론에도 불구하고, 이 어긋남은 문학에만 국한되는 것이 아니다. 이는 언표의 주체가 규정된 기능인 한에서 그리고 한 언표에 있어서와 다른 언표에 있어서 결코 동일하지 않은 한에 있어서, 나아가 그것이 어떤 개인들——그들이 언표를 공식화했을 때, 어느 정도까지는 無差異的인——에 의해 채워질 수 있음으로써 하나의 비어 있는 함수가 되는 한에서, 한 사람의 유일하고 동일한 개인이, 언표들의 계열 속에서, 상이한 位置들을 차지할 수 있고 상이한 주체들의 役割을 행할 수 있는 한에서, 절대적으로 일반적인 것이다. 수학적인 예를 들어보자. 수학적 저술의 서문 속에서 저자가 자신이 왜 이 책을 쓰게 되었는지, 어떤 환경에서 쓰게 되었는지, 어떤 미해결의 문제를 해결하기 위해서 썼는지, 어떤 교육학적 염려하에서 썼는지, 어떤 시도와 좌절과 방법하에서 썼는지를 기술할 때, 언표적 주체의 위치 la position de sujet énonciatif는 그 언어표현의 저자 또는 저자들에 의해서만 취해질 수 있다 : 주체의 개별화의 조건들은 결국 너무 엄밀하고 많으며, [13] 이 경우 가능한 유일한 주체만을 승인한다. 역으로 만일, 그 저술의 본론에 있어서, 〈第三의 量과 동일한 두 量은 서로 같다〉와 같은 명제를 만나는 경우라면, 이 경우의 언표의 주체는 그러한 명제를 긍정하기 위해 개인들이 차지할 수 있는 절대적으로 중성적인, 시간과 공간과 상황에 무관심한, 어떤 언어적 체계 내에서도 또 글쓰기와 상징화의 어떤 코드 내에서도 동일한 위치인 것이다. 다른 한편, 〈……는 이미 증명되었다〉와 같은 유형의 어구들은 언표이기 위한 조

---

13) 즉 그 저자가 맨 정신으로 쓸 때와 술 마시고 쓸 때의 경우는 구분되어야 한다고 주장할 수도 있겠지만 이런 경우들의 차이는 무시할 수 있으며.

건으로서 이전의 언어표현에 의해 함축되지 않은 정확한 문맥적 조건
들을 포함한다 : 그래서 位置는 언표들의 유한한 집합에 의해 구성된
한 영역의 내부에서 고정된다. 그것은 이미 나타났어야 할 일련의 言
表的 事件들 속에 위치지어진다. 그것은 그 앞선 순간들이 결코 길을
잃지 않는, 그리고 따라서 새로운 현재들에 주어지기 위해서(하나의
언급만으로도 그들을 그들의 시원의 유효성 안에서 재활성화하는 데 충분하
다) 동일하게 재개되고 반복될 필요가 없는 논증적 시간 속에서 수립
된다. 그것은 일련의 효과적인 저작들——아마도 유일하고 동일한 개
인(실제 말하는 사람)에 의해 만들어지지 않았을, 그러나 권리상 언표
하는 주체에 속하는, 그의 기질에 속하는 그리고 그가 그것을 필요로
할 때 다시 작동시킬 수 있는——이 선행함에 의해 규정된다. 우리는
이러한 언표의 주체를 그의 요구와 그의 가능성들에 의해 정의할 것이
다. 우리는 그를 실제 조작들을 실행했을, 망각도 비약도 없이 시간
속에서 살았을, 그의 의식의 지평 속에서 참된 명제들의 모든 집합을
내면화했을, 그리고 그로부터, 그의 사유의 생생한 현재 속에서, 잠
재적인 재출현을 보존했을 個人으로서 기술하지 않을 것이다(이는 기
껏해야, 개인들에 있어서의, 언표하는 주체들인 한에서의 그들의 위치가 가
지는 심리학적인 그리고 〈생생한〉 측면일 뿐이다).

　마찬가지 방식으로, 우리는 〈나는…… 한 점들의 모든 집합을 직선
이라 부른다〉 또는 〈어떤 요소들의 유한한 집합이 있다고 하자〉와 같
은 어구들에 있어 언표하는 주체의 특이한 위치는 무엇인가를 기술할
수 있을 것이다. 여기에서 그리고 저기에서 언표의 주체는 규정되어
있으면서 동시에 현실적인 어떤 조작의 존재에 연결되어 있다. 여기에
서 그리고 저기에서 언표의 주체는 또한 조작의 주체이다(定義를 세우
는 사람이 또한 그를 언표하는 사람이다. 存在를 정립하는 사람은 또한, 그
리고 동시에, 언표를 정립하는 사람이다). 여기에서 그리고 저기에서 주
체는, 이 조작에 의해 그리고 이 조작을 가능하게 해주는 바탕인 언표
에 의해, 그의 언표들과 미래의 조작들을 연결한다(그가 언표하는 주체

인 한에서, 그는 이 언표를 그의 고유한 법칙으로서 받아들인다). 그럼에
도 불구하고 하나의 차이가 존재한다 : 첫번째 경우, 언표된 것은 언어
에 관한——언표하는 주체가 사용하는, 그리고 그 안에서 그 주체가
정의되는 이 언어에 관한——관습이다 : 따라서 언표하는 주체와 언표
된 것은 동일한 수준에 놓여 있다(그래서 형식적인 분석을 위해서 이와
같은 언표는 메타언어에 고유한 凹凸化를 함축한다). 반면 두번째 경우에
있어서는, 언표하는 주체는 그의 바깥에 이미 정의된 어떤 領域에 속
하는, 그 可能性의 法則들이 이미 확실시된 그리고 그 특성들이 그를
수립하는 언표행위에 앞서는 한 대상을 존재케 하고 있다. 우리는 앞
에서 언표하는 주체의 위치는, 그것이 참된 명제를 긍정해야 할 때,
언제나 동일한 것이 아니라는 것을 보았다. 우리는 이제 언표의 주체
가, 언표 자체 내에서 하나의 조작을 실행할 때 역시 동일한 것이 아
니라는 것을 알 수 있는 것이다.

　따라서 언표의 주체를, 실체적으로나 기능적으로나, 언어표현의 저
자와 동일한 것으로 생각해서는 안 된다. 그것은 결국 한 어구의 말해
진 또는 씌어진 분절인 바의 이 현상의 원인, 기원 또는 출발점이 아
닌 것이다. 또 그것은, 말 없이 말들을 앞지름으로써, 그들을 그의 직
관의 가시적 물체로서 질서지우는 의미작용적 범위도 아니다. 그것은
언표들이, 번갈아서, 언설의 표면에서 보여줄 일련의 조작들의 일정
한, 부동의 그리고 자기동일적인 中心이 아니다. 그것은 상이한 개인
들에 의해 유효하게 점유될 수 있는 規定된 그리고 비어 있는 자리
une place déterminée et vide인 것이다. 그러나 이 자리는, 단번에
정의되어 텍스트, 책 또는 작품에 따라 그러한 것으로서 존속되는 것
이 아니라, 변이한다——또는 차라리, 그것은 많은 어구들을 통해서
자기동일성을 유지하면서 보존될 수도 있고 그 각자와 함께 수정될 수
도 있을 정도로 충분히 可變的이다. 그것은 언표인 한에서의 모든 언
어표현을 특성화하는 하나의 次元이다. 그것은 언표적 기능에 고유하
게 속하는 그리고 이를 기술할 수 있도록 해주는 특성들 중의 하나이

140

다. 따라서 하나의 명제, 하나의 어구, 기호들의 한 집합이 〈언표〉라
고 불릴 수 있다면, 그것은 언젠가 그들을 말해 줄 또는 그들의 어떤
부분들로 잠재적인 흔적을 배열할 수 있을 어떤 사람이 존재하는 한에
서가 아니다. 그것은 主體의 位置가 부여될 수 있는 한에서인 것이다.
언표인 한에서의 언어표현을 기술한다는 것은 저자와 그가 말한 것(또
는 말하고자 한 것 또는 원함이 없이 말한 것) 사이의 관계를 분석하는
데 있는 것이 아니라, 그의 주체이기 위해 모든 개인이 차지할 수 있
는 그리고 해야 하는 位置가 무엇인가를 결정하는 데 있는 것이다.

 **3** 언표적 기능의 세번째 특성 : 언표적 기능은 그에 연합해 있는
associé 어떤 領域의 존재 없이 실행될 수 없다. 이는 언표를 기호들
의 순수한 모임——존재하기 위해 단지 물질적인 지반, 즉 글이 새겨
질 수 있는 표면, 소리를 내는 실체, 주조가능한 질료, 흔적의 비어
있는 절개가 요구될 뿐인——과 다른 것으로 그리고 그 이상의 무엇
으로 만들어준다. 그러나 이는 또한 그리고 특히 어구와 명제로부터
언표를 구분해 준다.

 단어들 또는 기호들의 집합이 있다고 하자. 그들이 어구와 같이 하
나의 문법적 단위를 구성하는지를 또는 명제와 같이 하나의 논리학적
단위를 구성하는지를 결정하기 위해서는, 그것이 어떤 規則들에 따라
구성되었는지를 결정하는 것이 필요하고도 충분하다. 〈Pierre est
arrivé hier〉는 하나의 어구를 형성하지만, 〈Hier est Pierre arri-
vé〉는 하나의 어구를 형성하지 못한다. 〈A+B=C+D〉는 하나의 명
제를 형성하지만, 〈ABC+=D〉는 그렇지 못하다. 우리는 하나의 랑
그체계——자연적인 또는 인위적인——에 준하여, 그 요소들과 그들
의 분배에 대한 검토만으로 명제인 것과 명제가 아닌 것 사이의, 어구
인 것과 단지 단어들의 모음에 불과한 것 사이의 차이를 구분할 수 있
다. 게다가 이 검토는 문제되고 있는 어구(긍정하는, 과거에 있어서의,
이름뿐인 주어를 가진 등의)가 어떤 유형의 문법적 구조에 속하는가, 또
는 위에서 본 일련의 기호들(두 덧셈 사이의 등가성)이 어떤 유형의 명

제에 응하는가를 결정하는 데에 충분하다. 결국 우리는 그에 문맥의
역할을 해주는 다른 것 없이, 그에 연합된 어떤 어구들이나 명제들의
집합 없이 〈그 자체만으로〉 규정되는 어구나 명제를 생각할 수 있다.
그들이 이러한 조건하에서 무용하든 사용불가능하든, 우리는 그런 경
우에도 그들을 그들의 단일성에 있어 식별해 낼 수 있는 것이다.

　의심할 바 없이 몇 가지의 반론이 가능하다. 예컨대 하나의 명제는
그것이 그에 복종하는 바의 공리들의 체계를 인식하는 조건하에서만
그와 같이 수립되고 개별화될 수 있다고 말하는 것 : 이 정의들, 이 규
칙들, 글쓰기의 이 규약들은 우리가 그 명제로부터 분리시킬 수 없는
연합된 장을 형성하지 않는가? (마찬가지로 주체의 능력 속에서 함축적
으로 기능하고 있는 문법의 규칙들은 우리가 하나의 어구를, 그리고 어떤
유형의 어구를 인식할 수 있기 위해 필수적인 것들이다). 그럼에도 불구하고 이
집합——현실적인 것이든 잠재적인 것이든——은 명제나 어구와 같
은 수준에 있지 않다는 것, 이 집합은 이들의 요소들, 연쇄, 가능한
분배에서 기인한다는 것을 언급해야 할 것이다. 이 집합은 그들에 연
합되어 있지 않다 : 그것은 그들에 의해 전제되는 것이다. 또한 사람들
은 (동어반복이 아닌) 많은 명제들이 그들의 구성규칙들로부터만으로는
검증될 수 없다고, 그들이 참인가 또는 거짓인가를 결정하기 위해서는
지시대상에의 조회가 필요하다고 반박할 것이다 : 그러나 참이건 거짓
이건, 하나의 명제는 여전히 명제로 남으며, 그것이 명제인가 아닌가
를 결정하는 것은 지시대상에의 조회가 아니다. 어구에 대해서도 똑같
이 말할 수가 있다 : 많은 경우 어구들은 문맥과의 관계하에서만 그들
의 의미를 생산할 수 있다(때로 그들은 구체적인 상황에 연관되는 〈지시
적인〉 요소들을 포함하며, 때로 말하는 주체와 그의 대화자들을 지시하는
일인칭 또는 이인칭 대명사를 사용한다. 또 때로 그들은 이전의 또는 미래
의 어구들을 지시하는 대명사적 요소들이나 연결사들을 사용하기도 한다).
그러나 어구의 의미가 생산될 수 없다는 것이 그것이 문법적으로 완전
하고 자율적인 어구임을 방해하지 않는다. 분명 우리는 〈Cela, je

vous le dirai demain〉과 같은 말들의 집합이 무엇을 〈의미하는지〉 제대로 알 수 없다. 결국 우리는 이 내일의 시간이 언제인지 지정할 수도, 대화자들이 누구인지 이름을 댈 수도, 말해져야 할 것이 무엇인지 예측할 수도 없다. 그러나 그럼에도 불구하고 역시 이는 완전하게 한정된, 불어의 구성규칙들에 부합하는 하나의 어구인 것이다. 그래서 사람들은 결국 문맥 없이는 종종 한 어구의 구조를 정의하는 것이 어렵다고 반박하게 될 것이다. 〈S'il est mort, je ne le saurais jamais〉는 〈Dans le cas où il est mort, j'ignorerai toujours tel chose〉로도 또는 〈Je ne serai jamais averti de sa mort〉로도 이해될 수 있다. 그러나 이 경우 우리는 그 동시적인 가능성들을 열거할 수 있는 한의, 완전하게 정의될 수 있는 한의, 그리고 어구의 고유한 구조의 부분을 형성하고 있는 한의 애매성에 직면하고 있는 것이다. 일반적인 방식에 있어 우리는 하나의 어구나 하나의 명제는——그를 명료화해 주는 자연적인 문맥으로부터 고립되어 있다 하더라도, 그것이 참조할 수 있는(함축적이건 명시적이건) 모든 요소들로부터 유리되어 있다 하더라도——언제나 하나의 어구 또는 하나의 명제로 머무르며, 그들을 명제나 어구로서 알아보는 것은 언제라도 가능한 것이다.

반면 언표적 기능——이는 선행해야 할 요소들의 단순하고 순수한 구성이 아니라는 것을 말해 두자——은 자유로운 상태에서 어구나 명제에까지 (영향을) 미치지 못한다. 언표가 존재하기 위해서는, 언표를 문제삼기 위해서는, 하나의 어구를 말하는 것으로는 불충분하며, 나아가 그를 대상들의 어떤 場과의 규정된 관계하에서 또는 한 주체와의 규정된 관계하에서 말하는 것만으로도 충분하지 않다 : 언표를 隣接하는 모든 場과의 관계하 en rapport avec tout un champ adjacent에 놓는 것이 필요하다. 아니면 차라리——여기에서 문제되는 것이 다른 것들에 중첩되는 보조적인 관계가 아니므로——우리는 하나의 傍系空間 espace collatéral이 기능하지 않고서는 어구에 관해 말할 수 없다고, 어구를 언표의 존재에 접근시킬 수 없다고 말할 수 있을 것이다.

하나의 언표는 언제나 다른 언표들이 寄食하는 餘白들을 가진다 Un
énoncé a toujours des marges peuplées d'autres énoncés. 이 여
백들은 우리가 일상적으로 〈문맥〉——현실적인 것이든 언어적인 것이
든——이라고 부르는 것, 즉 한 언어표현의 원인이 되는 그리고 그의
의미를 결정하는 상황적인 또는 언어적인 요소들의 집합과 구분된다.
그리고 이 여백들은 그들이 문맥을 可能하게 해주는 한에서 그와 구분
된다 : 한 어구와 그를 둘러싸고 있는 것들 사이의 관계는 그들이 소설
인 경우와 물리학책인 경우에 있어 다르다. 또 하나의 언어표현과 그
객관적 환경 사이의 관계는 일상적인 대화에 있어서와 어떤 실험에 대
한 보고서에 있어 다른 것이다. 문맥의 결과가 결정될 수 있는 것은
언어표현들 사이의 보다 일반적인 관계라는 기반 위에서, 모든 언어적
인 網이라는 기반 위에서이다. 이 여백들은 주체가 말할 때 정신에 현
존시킬 수 있는 상이한 어구들, 상이한 텍스트들과도 다르다. 여기에
서도 역시 그들은 이 심리학적인 반경보다 더 넓다. 그리고 어느 정도
까지는 이 여백들이 그 반경을 규정하는바, 왜냐하면 다른 모든 것들
가운데에서의 한 언어표현의 위치, 지위와 역할에 따라——그것이 문
학적 장 속에 새겨짐에 따라, 그것이 대단치 않은 이야기로서 흩어져
버려야 함에 따라, 그것이 한 이야기에 참여함에 또는 하나의 증명을
명령함에 따라——주체의 의식 속에서의 다른 언표들의 현존양식은
동일하지 않을 것이기 때문이다 : 그것은 언어학적 경험의, 언어적 기
억의, 여기에서 기능하고 있는 既言의 진화의 동일한 형태도, 동일한
수준도 아닌 것이다. 한 언어표현의 심리학적인 달무리는 言表的 場의
配置에 의해 멀리로부터 de loin 명령받는다.
　하나의 어구 또는 기호들의 한 계열을 언표로 만들어주는, 그리고
그들로 하여금 규정된 문맥을, 특이화된 표상적 내용을 가질 수 있게
해주는 연합된 場은 하나의 복잡한 網을 형성한다. 그것은 우선 그 안
에서 언표가 새겨지고 하나의 요소를 형성하는 다른 언어표현들(하나
의 대화를 형성하는 응답들의 놀이, 한편으로는 그 전제들에 의해 다른 한

144

편으로는 그 결과에 의해 제한된 증명의 건축물, 하나의 이야기를 구성하는
일련의 판단들)에 의해 구성된다. 그것은 또한 언표가, 그들을 반복하
기 위해서든 아니면 그들을 수정하기 위해서든 또는 개작하기 위해서
든, 그에 반대하기 위해서든 아니면 그에 대해 말하기 위해서든, 함축
적으로 또는 명시적으로 관계맺어야 하는 언어표현들의 집합에 의해
구성된다. 어떠한 방식으로든 다른 언표들(이야기 속에서의 관례적인 요
소들, 어떤 증명 속에서 이미 승인된 명제들, 대화 속에서의 관습적인 어구
들)을 再活性化하지 않는 언표란 존재하지 않는다. 그것은 또한 언표
에 의해 미래의 가능성을 보장받는 그리고 언표의 뒤에 그의 결과로
서, 그의 자연적인 후속으로서 또는 그의 응답으로서 나타나는 언어표
현들의 집합에 의해 구성된다(하나의 질서는 한 공리체계의 명제들이나
한 이야기의 시작과 동일한 언표적 가능성들을 열지 않는다). 마지막으로
그것은 문제되고 있는 그 언표가 그 地位를 분배하는, 그 가운데에서
언표가 선형적인 질서에의 고려 없이 자리를 잡는, 그와 함께 언표가
지워질, 또는 반대로 그와 함께 언표가 가치를 부여받고, 보존되고,
신성화되고, 가능한 대상으로서 미래의 언설에 제공될 언어표현들의
집합에 의해 구성된다(하나의 언표는 그것이 〈문학〉으로서, 또는 잊어버
려도 될 이야기로서, 지속적으로 획득된 과학적 진리로서, 또는 예언적인
파롤 등으로서 인정받을 수 있는 지위와 분리불가능하다). 일반적인 방식
으로 말하자면, 언어적 요소들의 계열은 그것이 하나의 언표적 장
──그 안에서 그것이 단일한 요소로서 출현하는──속에 잠길 때
그리고 오직 그때에만 하나의 언표가 되는 것이다.

언표란 일정한 상황 또는 표상들의 집합의 언어적 평면에로의 직접
적인 투사가 아니다. 그것은 단순히 말하는 주체에 의한 일련의 언어
학적 요소들과 규칙들의 실행이 아니다. 처음부터, 그의 뿌리에 있
어, 언표는 그것이 그 안에서 그의 地位와 位置를 점유하는 言表的 場
(그를 위해 과거와의 가능한 관계들을 配列하는 그리고 그에게 불확실한 미
래를 열어주는) 속에서 마름질된다. 모든 언표들이 이와 같이 특이화된

다 : 일반적인 언표, 자유롭고 중성적인 그리고 독립적인 언표란 존재 하지 않는다. 그러나 하나의 언표는 언제나 하나의 계열 또는 하나의 집합의 부분을 이룸으로써, 다른 언표들 사이에서 어떤 역할을 행함으로써, 그들에 의존하면서도 동시에 구분됨으로써, 하나의 언표적 놀이 jeu énonciatif——그 안에서 그것이 어떤 가벼운, 약한 역할일지라도 행하는——에 통합된다. 문법적인 구성은 실행되기 위해 요소들과 규칙들만을 필요로 하는 반면, 전적으로 하나의 어구만을 구성해줄 뿐인 랑그(물론 인위적인)를 생각할 수 있는 반면, 그리고 알파벳과 한 형식적 체계의 구성규칙들 및 변환규칙들이 주어졌을 때 이 언어의 첫번째 명제가 완전하게 정의될 수 있는 반면, 언표의 경우는 전혀 사정이 다르다. (자신과) 상이한 언표들을 전제하지 않는 언표란 존재하지 않는다. 자신의 주위에 共存의, 계열적 효과들의 그리고 繼起의 場, 즉 기능들과 역할들의 분배 un champ de coexistences, des effets de séries et de succession, une distribution de fonctions et de rôles를 가지지 않는 언표는 존재하지 않는다. 우리가 하나의 언표에 관해 말할 수 있다면, 그것은 하나의 어구(하나의 명제)가 정의된 한 點 속에서, 일정한 位置와 함께, 그를 넘쳐나는 어떤 言表的 놀이 속에서 나타나는 한에서인 것이다.

언표적 공존 coexistence énonciatif의 이 바탕 위에서, 어구들 사이의 문법적인 관계들이, 명제들 사이의 논리학적인 관계들이, 대상언어와 그의 규칙들을 정의하는 언어 사이의 메타언어학적 관계들이, 어구들의 모임들(또는 요소들) 사이의 수사학적 관계들이, 자율적이고 기술가능한 수준에 있어, 마름질된다. 이 언표적 장 자체를 분석하는 것은 즉 언표적 기능이 그 안에서 실현되는 공존의 영역을 테마로 취하지 않고서 이 모든 관계들을 분석하는 것은 분명 가능하다. 그러나 이 관계들은 어구들이 〈언표들〉인 한에서만 존재할 수 있으며 또 분석될 수 있다. 다른 말로 하면 그들이 그들을 서로 계기하도록, 질서지우도록, 공존하도록, 상호간의 관련하에서 어떤 역할을 행하도록 해주는 어떤 言表的 場 속에서 전개되는 한에서 분석될 수 있는 것이다. 언표란 결국 의미작용적 집합들의 개별화의 원리(의미작용적 〈원자〉, 의미를 존재케 하는 최소한의 단위들)가 아니라 그 안에서 그들이 複數 化되고 蓄積되는 바의 空間 속에 이 의미작용적 단위들을 위치지우는 존재인 것이다.

 **4** 마지막으로, 어떤 언어적 요소들의 계열이 하나의 언표로서 간 주되고 분석되려면 그것은 네번째의 조건을 만족시켜야 한다 : 언표는 어떤 物質的 實存 existence matérielle을 지녀야 한다. 어떤 목소리 가 그를 발화하지 않았을 때, 어떤 표면이 그의 기호들을 지니지 않았 을 때, 그것이 어떤 감각적인 요소 속에 구현되지 않았을 때 그리고 그것이——단 한순간이라 해도——기억 속에 또는 공간 속에 그 흔 적을 남겨놓지 않았을 때, 과연 언표에 관해 말할 수 있을까? 언표는 언제나 물질적인 두께를 통해서 주어진다. 그것이 은폐되어 있다 하더 라도, 그것이 나타나자마자 사라져야 할 운명이라 할지라도. 그리고 언표가 이러한 물질성을 필요로 할 뿐만 아니라, 그 물질성은 언표의 규정성이 이미 고정된 뒤에 일종의 보조물로서 부가되는 것이 아니 다 : 어떤 의미에서는 물질성이 언표를 구성한다. 하나의 어구는 그것 이 동일한 말들로 구성되었다 해도, 정확히 같은 의미를 담지하고 있 다고 해도, 그의 통사론적, 의미론적 동일성 속에 보존되어 있다 해 도, 그것이 대화 도중 어떤 사람에 의해 발설되었는가 아니면 소설책 속에 인쇄되어 있는가, 또는 그것이 하루 만에 씌어졌는가 아니면 한 세기 전에 씌어졌는가, 그리고 이제 대화 속에서 다시 출현했는가에 따라 동일한 언표를 구성하지 않는 것이다. 언표의 좌표계와 물질적 지위는 그의 내재적 특성들의 일부분을 이룬다. 이는 자명한 사실이 다. 아니면 거의 자명한 사실이다. 왜냐하면 그에 조금만 주의를 해보 면, 사물들은 엉클어지고 문제들은 증폭하기 때문이다.

 물론 사람들은 다시 반박할 것이다 : 언표가, 적어도 부분적으로, 그의 물질적 지위에 의해 특성화된다면, 그리고 그의 동일성이 이 지위의 변화에 민감하게 대응한다면, 이는 어구나 명제의 경우에 있어서도 마찬가지이다. 즉 결국 기호들의 물질성은 문법이나 논리학에 있어서도 결코 다르지 않은 것이다. 우리는 사용된 상징들의 물질적인 일정함이 논리학에 제기하는 이론적 문제들을 알고 있다(한 상징의 동일성을 그것이 구현될 수 있는 바의 상이한 실체들을 통해서 그리고 그것이 견뎌낼 수 있는 형태들의 변이들을 통해서 어떻게 정의할 수 있는가? 그것을 〈구체적인 물질적 사물들〉로 정의해야 한다면, 그것이 동일하다는 것을 어떻게 확인하고 확증할 수 있겠는가?). 우리는 또한 상징들의 계열이라는 개념 자체가 그에 제기하는 문제들을 알고 있다(선행한다는 것 그리고 후속한다는 것은 무엇을 의미하는가? 〈앞에〉 그리고 〈뒤에〉 오는 것? 그와 같은 배치는 어떤 공간 속에 위치지어지는가?). 이보다 더욱 잘 알려진 것들로는 물질성과 랑그 사이의 관계들이다——글쓰기와 알파벳의 역할, 씌어진 텍스트 속에서 그리고 대화 속에서, 신문 위에서, 책 속에서, 편지 속에서, 벽보 위에서 기능하는 것은 동일한 통사론도 동일한 어휘도 아니라는 사실이다. 게다가 신문의 전면기사로 날 경우에는 잘 개별화된 그리고 완전히 수락가능한 어구를 이루지만 대화 도중에서는 유의미한 어구로 인정받지 못하는 일련의 단어들이 존재하는 것이 사실이다. 그렇지만 물질성은 言表에 있어 보다 중요한 역할을 행한다 : 그것은 단지 식별규준들의 변이와 확인의 원리 또는 언어학적 부분집합들의 규정의 원리가 아니다. 그것은 언표 자체를 구성한다 : 즉 하나의 언표는 어떤 실체, 기반, 장소, 그리고 날짜를 가져야 한다. 그리고 이 사항들이 수정되면, 언표 자체의 동일성도 변화하는 것이다. 그러나 곧 여러 가지 문제들이 나타난다 : 한 번은 낮은 목소리로 또 한 번은 높은 목소리로 반복된 동일한 어구는 하나의 언표를 만들어내는가, 아니면 여러 언표를 만들어내는가? 어떤 텍스트를 암기할 때, 각각의 암송이 각각 하나의 언표를 형성하는가, 아니면 하나의 동일한 언표가 반복되는 것인가? 하나의 어구가 외국어로 성실히 번역되었다 : 두 개의 언표가 존재하는가, 아니면 하나의 언표가 존재하는가? 그리고 집단적인 반복——기도나 강의——의 경우, 얼마의 언표가 있다고 해야 할까? 이 복수적인 발생, 반복, 옮겨쓰기를 관통해, 어떻게 言表의 同一性을 수립할 수 있는가?

이 문제는 분명 우리가 종종 상이한 수준들을 혼동함으로써 흐려진다. 우선 언표행위들의 복수성을 별도로 제기할 필요가 있다. 사람들은 기호들의 한 집합이 발화될 때마다 하나의 언표행위가 존재한다고 말할 것이다. 이 분절들 각각은 그의 시공간적 개별성을 지닌다. 두 사람이 동시에 동일한 것을 말할 수 있다. 이들은 둘이므로, 이 경우 두 개의 서로 구분되는 언표행위가 존재할 것이다. 유일하고 동일한 주체가 동일한 어구를 여러 번 반복할 수 있다. 이 경우 시간의 흐름 속에서 그만큼의 상이한 언표행위들이 존재할 것이다. 언표행위란 결코 반복될 수 없는 하나의 事件이다. 그것은 환원불가능한 시공간적 단일성을 지닌다. 그렇지만 이 단일성은 일련의 常項constantes들을 함축한다 : 우리로 하여금, 언표행위의 순간과 그를 개별화하는 좌표들을 중성화시킴으로써, 한 어구의, 의미작용의, 명제의 일반적인 형태를 알아볼 수 있도록 해주는 논리학적, 의미론적, 문법적 常項들. 그래서 언표행위의 시간과 장소, 그것이 사용하는 물질적 기반은 적어도 그 상당 부분에 있어 무차이적인 것이 된다 : 그리고 부각되는 것, 그것은 무한히 반복되는 그리고 분산적인 언표행위들을 만들어낼 수 있는 하나의 형식forme이다. 그래서 언표 자체는 언표행위라는 이 순수한 사건으로 환원될 수 없는바, 왜냐하면 언표는 그의 물질성에도 불구하고 反復될 수 있기 때문이다 : 우리는 어렵지 않게, 상이한 상황 하에서 두 사람에 의해 발음된 동일한 어구가 하나의 언표를 형성할 뿐이라고 말할 수 있기 때문이다. 그리고 그럼에도 불구하고 그것은, 그 이상으로 그리고 상이한 양식으로, 물질적 실체에, 시간과 장소의 차이들에 민감한 한에서, 문법적 또는 논리학적 형태로 환원되지 않는다. 그러면 언표에 고유한, 그리고 반복의 단일한 유형들을 승인하는 이 物質性이란 무엇인가? 서로 구분되는 여러 언표행위들이 존재할 때 동일한 하나의 언표에 관해 말할 수 있는 것이(그러면서도 우리가 형태들, 구조들, 구성규칙들, 동일한 범위들을 알아볼 수 있는 곳에서 다수의 언표에 관해 말해야 하는 것이) 어떻게 가능한가? 즉 언표를 특징지우는 반복가능한 물질성matérialité répétable의 정체는 무엇인가?

의심할 바 없이, 이는 감각적인, 질적인, 색이나 소리 또는 굳기 등의 형태로 주어져 있는 그리고 지각적인 공간과 동일한 시공간적 좌표화에 의해 구획되어 있는 물질성이 아니다. 매우 단순한 예를 들어보자. 여러 번 재생산된 텍스트, 한 책의 거듭되는 版들, 그리고 더 좋은 예로는 동일한 판의 상이한 책들은 그만큼의 상이한 언표를 생산하지 않는다 :『악의 꽃』의 모든 판들(파본이나 이본 등은 제외하고서) 속에서 우리는 언표들의 동일한 놀이를 발견한다. 그럼에도 불구하고 활자들, 잉크, 종이, 텍스트의 공간적 위치, 기호들의 배열은 동일하지 않다 : 물질성의 조각들은 변화하는 것이다. 그러나 여기에서 이 〈작은〉 차이들은 언표의 동일성을 바꾸는 데에, 그리고 다른 언표들을 이끌어내는 데에 결정적인 것들이 아니다 : 이들은 〈책〉의 일반적인 요소들——물론 물질적이지만 동시에 제도적이고 경제적이기도 한——속에서 모두 중성화된다 : 한 권의 책은, 그 책 또는 판의 수가 얼마이든 그리고 그것이 사용할 수 있는 실체들의 수가 얼마이든, 언표들을 위한 엄밀한 등가성의 장소이자, 언표들을 위한 동일성의 변화 없는 반복의 심급인 것이다. 우리는 이 예로부터 언표의 물질성은 그것이 차지하는 공간이나 그 공식화의 시간에 의해서가 아니라 사물 또는 대상의 地位에 의해 정의된다는 것을 알 수 있다. 결코 결정적이 아닌, 수정가능하고 상대적인 그리고 언제라도 다시금 의문에 부쳐질 수 있는 地位 : 예컨대 우리는 문학사가들에 있어서는, 저자의 배려 속에서 출간된 책의 판은 그의 사후에 출간된 책들과는 다른 지위를 가진다는 것, 이 경우에 있어서의 언표들은 單一한 가치를 지닌다는 것, 이 언표들은 하나의 유일하고 동일한 집합의 현시 중 하나라는 것, 그들은 반복이 존재함 또는 존재해야 함과 관련해 존재하는 어떤 것이라는 것을 잘 알고 있다. 그러나 마찬가지 방식으로, 헌법의 텍스트, 또는 유언서, 종교적인 계시서 그리고 그들을 정확히 동일한 글쓰기를 가지고서, 동일한 활자들에 의해, 유비적인 실체들[14] 위에 재생산한 원고들이나 인쇄물들 사이에, 우리는 等價性이 존재한다고 말할 수 없다 : 한편으로 언표들 자체가 존재하며, 다른 한편으로 그들의 재생이 존재하는 것이다. 언표는 물질의 한 조각과 동일시될 수 없다. 그러나 그의 동일성은 물질적 제도들의 복잡한 규칙과 함께 변화한다.

하나의 언표는 그것이 종이 위에 씌어진 것이든 또는 책으로 출판된 것이든 동일한 것일 수 있기 때문이다. 그것은 口頭의, 대자보에 인쇄된, 녹음기에 의해 재생된 동일한 것일 수 있다. 역으로, 한 사람의 소설가가 어떤 어구를 일상생활 속에서 발음한 뒤, 그것을——그것을 어떤 사람에게 귀속시킴으로써, 나아가 그것을 저자의 것으로 간주되는 이 익명의 목소리에 의해 발음되도록 함으로써——그가 쓰고 있는 원고 속에 재배치할 경우, 우리는 두 경우에 있어 동일한 언표에 관계하고 있다고 말할 수 있다. 따라서 언표들이 필연적으로 복종하는 바의 물질성의 규제는 시공간적 위치지음의 질서에 속하기보다는 制度의 秩序에 속한다. 그것은 제한된, 소멸가능한 개체들이 아닌 다시 쓰기〔再記入〕와 옮겨 쓰기〔移書〕의 可能性들(그리고 또한 그 문턱들과 극한들)을 정의한다.

한 언표의 동일성은 두번째의 조건들 및 제한들에 복종한다 : 그 안에서 언표가 모양지어지는 다른 언표들의 집합에 의해, 그 안에서 언표가 사용되고 적용될 수 있는 영역에 의해서, 언표가 행사해야 하는 또는 할 수 있는 기능과 역할에 의해서 그에 부과되는 조건들 및 제한들. 〈지구는 둥글다〉라는 판단은, 또는 〈種은 진화한다〉라는 판단은 코페르니쿠스 이전과 이후, 다윈 이전과 이후에 있어 동일한 언표를 구성하지 않는다. 이는 그와 같이 단순한 언어표현들에 있어 단어들의

---

14) 여러 종류의 종이들.

의미가 변화했음을 뜻하지 않는다. 변화된 것, 그것은 다른 명제들에 대한 이 판단들의 관계이며, 그들의 使用條件들과 再投資條件들이며, 경험의 가능한 검증들의, 풀어야 할 문제들의 場이다. 〈꿈은 욕구를 실현한다〉라는 어구는 수세기 동안 반복될 수 있었다. 그것은 플라톤에 있어서와 프로이트 Sigmund Freud에 있어서 동일한 언표가 아니다. 사용의 도식들, 고용의 규칙들, 그들이 그 안에서 하나의 역할을 행사할 수 있는 별자리들, 그들의 전략적 잠재성들은 언표들에 대해 하나의 安定化의 場 champ de stabilisation──언표행위의 모든 차이들에도 불구하고, 그들을 그들의 통일성 속에서 반복할 수 있게 해주는──을 구성한다. 그러나 이 동일한 장이 또한, 가장 명시적인 문법적, 의미론적 또는 형식적 동일성들 아래에서, 하나의 문턱──그로부터 출발해 더 이상 등가성이 존재하지 않을 그리고 하나의 새로운 언표가 등장함을 목격해야 할──을 정의하는 것이다. 그러나 물론 더 나아가는 것도 가능하다 : 단어, 통사론, 랑그 자체가 동일하지 않은 곳에서 하나의 유일하고 동일한 언표가 존재하는 경우를 생각할 수 있다. 하나의 언설과 그의 동시적 번역이 있다면, 영어로 된 하나의 과학적 텍스트와 그의 불어 번역본이 있다면, 세 가지의 상이한 랑그로 된 세 가지의 記事가 있다면, 여기에는 기능하고 있는 랑그만큼의 언표들이 존재하는 것이 아니며, 상이한 언어학적 형태들에 있어서의 하나의 유일한 언표들의 집합이 있을 뿐인 것이다. 그러나 또한, 주어진 하나의 정보는 다른 말들에 의해, 단순화된 통사론에 의해 또는 상투적인 코드에 있어 재이전될 수 있다. 정보적인 내용과 사용의 가능성들이 동일하다면, 그것은 여기에서 그리고 저기에서 동일한 언표라고 말할 수 있을 것이다.

여기에서 문제되고 있는 것 또한 언표의 개별화의 규칙에 관한 것이 아니다. 차라리 언표의 변이의 원리에 관한 것이다 : 그것은 때로 어구의 구조보다 더 다양하며(그리고 그의 동일성은 문법적인 또는 의미론적인 집합의 그것보다 더 섬세하고, 약하며, 쉽게 수정가능하다), 때로 이 구조보다 더 일정하다(그리고 그의 동일성은 보다 크고, 보다 안정적이며, 변이에 보다 덜 접근가능하다). 게다가 언표의 이 동일성은 어구의 동일성과 관련하여 단번에 위치지어질 수 없을 뿐만 아니라, 그 자체 상대적이며 사람들이 언표를 다루는 방식과 그를 사용하는 방식에 따라 진동한다. 하나의 언표로부터 문법적인 구조를, 수사학적인 형태를 또는 그것(언표)이 가져오는 내포들을 이끌어내기 위해 그를 사용할 때, 그를 그의 시원적인 랑그에 있어 그리고 그의 번역에 있어 동일한 것으로 생각할 수 없다는 것은 자명하다. 반면 언표를 시험적 검증의 과정으로 들어가게 하고자 할 경우, 텍스트와 번역은 동일한 언표적 집합을 구성한다. 또는 巨視史의 어떤 階段에 있어, 〈種은 진화한다〉와 같은 판단이 다윈에 있어서와 심프슨Georges Simpson에 있어서 동일한 언표를 형성한다고 생각할 수 있다. 그러나 보다 섬세한 수준에 있어 그리고 보다 제한된 使用의 場(좁은 의미의 다윈의 체계에 대립되는 〈신다윈주의〉)을 고려함으로써, 우리는 두 가지의 상이한 언표들에 직면한다. 언표의 일정함, 언표행위들의 단일한 사건들을 관통하는 그의 동일성의 존속, 형상들의 동일성을 관통하는 그의 복제들, 이 모든 것은 언표가 그 안에서 투자되는 使用의 場 champ d'utilisation의 기능인 것이다.

우리는 언표가 일정한 시간과 장소에 있어 생산될, 그리고 정확히 기억의 어떤 행위 속에서 소환하는 것이——그리고 멀리에서 축복하는 것이——가능할 하나의 事件으로서 취급되어서는 안 된다는 것을 알 수 있다. 그러나 우리는 또한 그것이 언제라도 어떤 문체 속에서, 무차별적인 집합 속에서 그리고 중요하지 않은 물질적 조건들하에서 현실화될 수 있는 觀念的인 形相도 아니라는 것을 알 수 있다. 언표는 그의 탄생의 시공간적 좌표에 전적으로 묶여 있기에는 너무 反復的이고(그것은 그의 출현의 날짜와 장소와는 다른 것이다) 하나의 순수한 형상처럼 자유롭기에는 그를 둘러싸고 있는 또는 그를 지지하고 있는 것들에 너무 얽매여 있기 때문이다(그것은 요소들의 집합에 적용되는 구성법칙과는 다른 것이다). 언표는 어떤 수정가능한 무게를, 그것이 놓여져 있는 장에 상대적인 무게를, 다양한 사용들을 가능케 하는 일정함을, 단순한 흔적의 관성이 아닌 그리고 그의 고유한 과거 위에서 졸지 않는[15] 시간적 항존성을 지닌다. 언표행위가 다시 시작되거나 다시 일깨워질 수 있는 반면, 하나의(언어학적 또는 논리학적) 형상이 다시 현실화될 수 있는 반면, 언표는 그 고유한 힘으로써 반복될 수 있는 것이다. 그러나 언제나 엄밀한 조건하에서.

언표적 기능을 특이화하는 이 반복가능한 물질성은 언표를 어떤 특이하고 역설적인 대상으로서, 그렇지만 사람들이 생산하고, 조작하고, 사용하고, 변환시키고, 교환하고, 조합시키고, 해체시키고, 재구성하고, 경우에 따라서는 파괴하는 모든 것들 사이에 존재하는 대상으로서 나타나게 한다. 단번에 말해진 어떤 것——그리고 전쟁의 결정, 지질학적인 재난 또는 왕의 죽음으로서의 과거 속에서 길을 잃은 것——이 되는 대신, 언표는, 그의 物質性 속에서 나타나는 것과 동시에, 그물들 사이에서의 어떤 지위와 함께 나타나며, 사용의 장 속에서 자리잡으며, 이전들과 가능한 수정들에 복종하며, 그의 동일성이 존속되는 또는 지워지는 조작들과 전략들에 통합된다. 그래서 언표는 순환하고, 봉사하고, 사라지고, 어떤 욕구를 가로막거나 실현시키고, 여러 관심들에 복종하거나 거부하고, 인정과 투쟁의 질서 사이에서 專有와 競爭의 테마 thème d'appropriation ou de rivalité가 되는 것이다.

## 3 언표의 기술

분석의 戰線은 상당 부분 이동되었다. 우리는 처음 의문에 부쳤던

---

15) 일단 발생한 뒤 어두운 과거에 묻혀버리지 않는.

이 언표의 정의를 다시 취하고자 했다. 마치 언표가 수립하기에 용이한 그리고 그의 가능성들과 분류법칙들을 기술하는 것이 문제가 되는 하나의 단위인 듯이 모든 것이 진행되었고 묘사되었다. 그래서 처음의 논의로 되돌아감으로써, 우리는 언표를 언어학적 유형의 통일성(音素와 單語에 대해 상위인, 텍스트에 대해 하위인)으로서 정의하지 못했음을, 그러나 차라리 다양한 단위들을 가능케 함으로써(이들은 때로 어구들 또는 명제들과 일치할 수 있지만, 때로는 어구들의 조각들로, 기호들의 계열들 또는 표들로, 명제들의 놀이 또는 등가적인 공식화들로 만들어진다) 언표적 기능을 문제시했음을 깨닫는다. 그리고 이 기능은 이 단위들에 〈의미〉를 주기보다는 그들을 대상들의 장과 관계맺게 했으며, 그들에 주체를 부여하기보다는 그들에게 가능한 주체적 위치들의 집합을 열어주었으며, 그들의 한계들을 고정시키는 대신 그들을 좌표화와 공존의 영역 속에 위치지었으며, 그들의 동일성을 규정하는 대신 그들을 그 안에서 그들이 투자되고, 사용되고, 반복되는 공간 속에 살게 했던 것이다. 요컨대 지금까지 발견된 것은 원자적인 언표——그의 의미의 효과, 그의 기원, 그의 경계선들 및 개별성과 함께——가 아니라 언표적 기능이 수행되는 장과 이 장으로 하여금 다양한 단위들을 나타나게 하는 조건들(존재할 수 있는, 그러나 필연적인 방식으로는 아닌, 문법적이거나 또는 논리학적인 질서에 의해서는 아닌)이다. 그러나 이제 우리는 두 가지의 물음에 대답해야 한다 : 최초에 제기되었던 언표를 기술한다는 과제를 이제 어떻게 이해해야 하는가? 이 언표의 이론은 앞에서 다루었던 언설적 형성들의 분석에 어떤 방식으로 편입될 수 있는가?

1

1 첫번째 과제 : 용어들을 정리할 것. 만일 자연적인(또는 인공적인) 랑그로부터 효과적으로 생산된 모든 기호들의 집합을 **言語的 遂行**이라

부르는 것에, 아니면 보다 나은 방식으로는 言語學的 遂行이라 부르는 것에 동의한다면, 이 기호들의 집합을, 어떤 물질 위에서 그리고 어떤 규정된 형태에 따라, 나타나게 하는 개별적인 (또는 엄격히 말한다면 집단적인) 행위를 言語表現이라 부를 수 있을 것이다 : 언어표현은, 적어도 권리상, 시공간적 좌표에 따라 언제라도 지표화가능한, 언제라도 주체와 관계맺을 수 있는, 그리고 경우에 따라서는 그 자체로서 하나의 특이한 행위 (영국의 분석가들이 〈수행적〉 행위라고 부르는)를 구성할 수 있는 하나의 사건이다. 우리는 기호들의 집합 속에서 문법이나 논리학이 식별해 낼 수 있는 단위들을 語句 또는 命題 라 부를 것이다 : 이 단위들은 그 집합 속의 요소들에 의해, 그리고 그들을 묶어주는 구성규칙들에 의해 언제라도 특성화될 수 있다. 어구와 명제에 관련해서는, 시원에 대한 그리고 시간과 장소에 대한, 문맥에 대한 물음들은 단지 부수적일 뿐이다. 결정적인 물음은 그들의 올바름에 관한 물음이다(그것이 단지 〈수락가능성〉의 형태하에서일 뿐이라 해도). 우리는 다음과 같은 기호들의 집합에 고유한 존재양식을 言表라고 부를 것이다 : 그것이 일련의 흔적들과는 다른 것이 될 수 있도록, 어떤 실체 위에서의 표식들의 계기와는 다른 것이 될 수 있도록, 어떤 인간에 의해 제작된 어떤 대상과는 다른 것이 될 수 있도록 해주는 양식. 그것이 대상들의 영역과 관계맺을 수 있도록, 모든 가능한 주체에 일정한 위치를 규정해 줄 수 있도록, 다른 언어적 수행들 가운데에 위치할 수 있도록, 끝으로 반복가능한 물질성을 지닐 수 있도록 해주는 양식. 우리가 지금까지 여러 가지 의미로 써온, 남용해 온 言說이라는 용어로 말하자면, 우리는 이제 이 말의 모호함을 이해할 수 있다 : 가장 일반적이고 가장 부정확한 방식에 있어, 이 용어는 언어적인 수행들의 어떤 집합을 가리킨다. 그리고 우리는 언설이라는 말에 의해 기호들의 집합으로부터 사실상 생산된 것 (경우에 따라서는 생산된 모든 것)으로 이해했다. 그러나 우리는 또한 그를 언어표현의 일련의 행위들로도, 어구들이나 명제들의 계열로도 이해했다. 결국——그리고 마지막으로 중요한 것(그에게 지평의 역할을 해준 첫번째의 것과 함께)은 이것인바——
언설이란 기호들의 계열들의 집합(그들이 언표인 한에서, 즉 그들에 특
수한 존재양식들을 부과할 수 있는 한에서)에 의해 구성된다. 그리고 우
리가 이제 곧 기술할 것인바, 그와 같은 계열의 법칙이 정확히 우리가
지금까지 言說的 形成이라고 부른 것이라는 사실을 이해한다면, 이것
이 언어표현의, 어구의, 명제의 분산과 재분배의 원리가 아닌 언표(우
리가 그에 부여한 의미에서의)의 그것이라는 사실을 이해한다면, 언설이
라는 용어는 고정될 수 있을 것이다 : 동일한 形成의 體系로부터 작성
된 言表들의 集合 ensemble des énoncés qui relèvent d'un même
système de formation. 그리고 이와 같이 해서 우리는 임상의학적 언
설에 대해, 경제학적 언설에 대해, 자연사적 언설에 대해, 정신의학
적 언설에 대해 논할 수 있는 것이다.

우리는 이러한 정의들이 대부분 일상적인 사용에 부합되지 않는다는
것을 잘 알고 있다 : 언어학자들은 언설이라는 말에 전혀 다른 의미를
부과하곤 한다. 논리학자들이나 분석가들은 언표라는 용어를 달리 사
용한다. 그러나 여기에서 우리는 이 빛만을, 개념들의 놀이만을, 분
석의 형태만을, 다른 곳에서 형성되었을 이론만을 기다리는 하나의 영
역으로 옮겨가려는 것이 아니다. 우리는 그것을 그에 고유한 효율성과
함께 새로운 내용들에 적용시킴으로써 하나의 모델로서 사용하고자 하
는 것이 아니다. 물론 우리는 그러한 모델의 가치를 의심하고자 하는
것이 아니며, 실제 경험하기도 전에 그의 적용범위를 제한하거나 그것
이 넘어서서는 안 되는 문턱을 전제군주식으로 지적하고자 하는 것이
아니다. 단지 우리는 하나의 記述的 可能性을 나타나게 하고, 그것이
적용될 수 있는 領域을 소묘하고, 그의 限界와 自律性을 정의하고자
할 뿐이다. 이 기술적 가능성은 다른 가능성들과 연결된다, 그들로부
터 파생되는 것이 아니다.

우리는 특히 언표에 관한 우리의 분석은 〈언어〉에 대한 또는 〈말해
진 것〉에 대한 총체적인, 철저한 기술이고자 하지 않는다는 것을 알

수 있다. 언어적 수행들에 의해 함축되는 모든 두께 속에서, 우리의 분석은 다른 것들로부터 이끌어 내어져야 하는, 그들에 관련하여 특성화되고 추상화되어야 하는 어떤 특수한 수준에 위치한다. 언표에 대한 분석은 특히 명제들에 대한 논리학적 분석의, 어구들에 대한 문법적 분석의, 언어표현에 대한 문맥적 또는 심리학적 분석의 자리를 취하지 않는다 : 그것은 언어적 수행들을 탐구하는, 그로부터 그 복잡성을 떼어놓는, 그에 얽혀 있는 용어들을 푸는, 그리고 그들이 복종하는 바의 다양한 규칙성들을 지표화하는 어떤 다른 방식을 구성한다. 언표를 어구나 명제에 대립시킴으로써, 우리는 잃어버린 총체성을 되찾고자 하는 것도, 침묵하기를 원하지 않는 그만큼의 향수들이 유혹함에 따라, 생생한 파롤의 충만함, 동사의 풍부함, 로고스의 심오한 통일성을 회복시키고자 하는 것도 아니다. 언표의 분석은 記述의 어떤 特異한 水準에 상응한다.

2 따라서 언표는 문법이나 논리학에 의해 기술된 단위들에 덧붙여지는 또는 혼합되는 기초적인 élémentaire 단위가 아니다. 그것은 어구, 명제 또는 언어표현의 행위와 같은 명목으로 분절될 수 없는 것이다. 한 언표를 기술한다는 것은 어떤 수평적인 조각을 분절시키고 특성화하는 것이 아니라 어떤 기호의 계열에 (이것이 문법적으로도 논리학적으로도 뚜렷이 분절되어 있지 않다 하더라도) 하나의 실존을, 하나의 특이한 실존을 부여한 기능을 실행가능한 것으로 만들어주는 조건들을 정의하는 것이다. 그 기능을 하나의 순수한 흔적과는 다른 것으로서 다시 말해 어떤 대상들의 영역에의 관계로서, 개인적인 행위나 조작의 결과와는 다른 어떤 것으로서 다시 말해 한 주체를 위한 가능한 위치들의 놀이로서, 유기적이고 자율적인, 그 스스로에 갇혀 있고 혼자서도 의미를 형성할 수 있는 총체와는 다른 어떤 것으로서 다시 말해 공존의 場 속에서의 한 요소로서, 일시적인 사건이나 관성적인 대상이 아닌 어떤 것으로서 다시 말해 반복가능한 물질성으로서 나타나게 하는 실존. 언표들에 관한 기술은 일종의 수직적인 차원을 따라, 의미작

용적인 여러 집합들의 존재조건들에 관계한다. 이로부터 하나의 역설이 따라나온다 : 언표들에 관한 기술은 언어적 수행들의 뒤에서 또는 그들의 외관적인 표면 아래에서 어떤 숨겨진 요소, 그들 속에 숨어 있는 또는 말 없이 그들을 통해서 나타나는 비밀스러운 의미를 발견하기 위해 그들을 우회하고자 하지 않는다. 그럼에도 불구하고 언표는 결코 직접적으로 가시적인 것은 아니다. 그것은 문법적인 또는 논리학적인 구조처럼 명시적인 방식으로 주어지지 않는다(이들 또한 전적으로 명료한 것은 아니지만, 명료화하기 매우 어려운 것이 사실이지만). 언표는 비가시적이면서 동시에 비은폐적이다.

언표는 그 정의상 비은폐적이다. 왜냐하면 그것은 현실적으로 생산된 기호들의 집합의 고유한 존재양식들을 특성화하는 것이기 때문이다. 언표적인 분석은 말해진 것들에만, 실제 발음된 혹은 씌어진 어구들에만, 그려진 또는 분절된 의미작용적 요소들에만, 그리고 보다 정확히는 그들을 존재하게 하는, 그들을 시선에, 독해에, 경우에 따라서의 재활성화에, (다른 것들로서가 아니라) 다른 것들 중에서 수많은 가능한 변환이나 사용들에 제공하는 이 單一性에만 적용된다. 언표는 현실화된 언어적 수행들에만 관계하는바, 왜냐하면 언표는 이들을 그들의 實存의 水準 au niveau de leur existence에서 다루기 때문이다 : 말해진 것들에 대한, 정확히 그들이 말해진 한에서의 기술. 따라서 언표적인 분석은 역사적인 분석이다. 그러나 이는 모든 해석의 바깥에 존재한다 : 말해진 것들에 대해, 언표는 그들이 숨기고 있는 것, 그들 속에서 말하여진 것 그리고 그들에 反하여 그들이 재발견하는 非言, 그들을 거주케 하는 사유들의, 이마쥬들의 또는 환상들의 풍부함을 의문시하지 않는다. 그것이 의문시하는 것은 그들이 어떤 양식으로 존재하는가의 여부, 그들이 명시되었다는 것, 흔적들을 남겼다는 것, 그리고 아마도 경우에 따라서는 재사용을 위해 거기에 머물리라는 것이다. 그리고 그들이 바로 그들의 그 자리에서 나타났다는 것이다. 이러한 관점에서 볼 때, 우리는 잠복해 있는 언표를 볼 수 없다 : 왜냐하면 우리가 관계하고 있는 것은 현실적인 언어의 명시성에 속하는 것이기 때문이다.

　지지하기 어려운 논제. 우리는 사물들이 종종 서로서로에 관해 말한다는 것, 하나의 동일한 어구가 동시에 두 상이한 의미작용을 가질 수 있다는 것, 모든 사람들에 의해 어려움 없이 받아들여진 어떤 명시적인 의미가 그의 두번째의, 이국적인 또는 예언적인 부분——보다 섬세한 해독이나 시간의 부식만으로도 결국에는 발견될——을 숨길 수 있다는 것, 그(어구)를 명령하고 뒤흔들고 동요시키는, 그에 오직 그에게만 속하는 분절을 부과하는 어떤 다른 것이 하나의 가시적인 언어표현 아래에서 지배한다는 것을 잘——그리고 아마도 사람들이 말하기 시작한 이래——알고 있다. 요컨대 사람들은, 이러저러한 방식으로, 이 다른 것이 말해진 것들보다 훨씬 더 잘 말하고 있다는 것을 알고 있다. 그러나 사실상 이러한 倍加와 兩分, 모든 것에도 불구하고 말해진 이 非言은 적어도 여기에서 정의된 대로의 언어에는 영향을 주지 않는다. 多義性——해석학을 즉 다른 의미의 발견을 인정하는——은 어구에 그리고 그것이 기능케 하는 의미론적인 場들에 관련한다 : 단어들의 유일하고 동일한 집합이 여러 가지 의미들을, 그리고 가능한 여러 가지 구성들을 낳을 수 있다. 따라서 교착상태의 그리고 변이하는 대로의 다양한 의미작용들이 존재할 수 있다. 그러나 동일한 것으로 머무는 언표적 주춧돌 위에서. 마찬가지로 다른 언어적 수행에 의한 한 언어적 수행의 억압, 그들의 치환 또는 간섭도 언어표현의 수준에 속하는 현상들이다(그들이 언어학적인 또는 논리학적인 구조들에의 영향력을 지닌다 해도). 그러나 언표 자체는 이 양분이나 억압에 관련되지 않는다 : 왜냐하면 언표란 현실화된 대로의 언어적 수행의 존재양식이기 때문이다. 언표는 축적적인 결과로서 또는 서로를 거부하는, 간신히 분절된, 부유하는 다양한 언표들의 결정화로 간주될 수 없다. 언표는 비언의, 숨겨진 의미작용들의, 억압들의 비밀스러운 현존에 의해 추적당하지 않는다. 반대로, 이 숨겨진 요소들을 기능케 하는 그리고 그들이 복구될 수 있도록 하는 방식이 언표적 양태 자체에 의존하는 것이다 : 우리는 〈비언〉이, 〈억압된 것〉이, 수학적 언표에 관계할 때 그리고 경제학적 언표에 관계할 때, 자서전에 관계할 때 또는 꿈 속의 이야기에 관계할 때, 그의 구조에 있어서나 그의 효과에 있어서나 같지 않다는 것을 잘 알고 있다.

그럼에도 불구하고, 언표적 장의 기반 위에서 지표화될 수 있는 非言의 이 모든 다양한 양태들에, 하나의 缺如——이 장에 내부적이기보다는 상관적인 그리고 그의 실존 자체의 규정 내에서 어떤 역할을 행하는——를 덧붙일 필요가 있다. 결국 언표들의 출현조건들 속에는, 그들의 좌표계를 마름질하는, 양태들의 한 유일한 계열을 유효화하는, 공존의 집단들을 포위하고 가로막는, 사용의 어떤 형태들을 좌절시키는 排除들, 極限들, 間隙들이 존재할 수 있으며, 의심할 바 없이 언제나 존재한다. 그러나 그 지위에 있어서나 그 효과에 있어서나, 언표적 규칙성의 특징적인 결여를 그 안에서 공식화되는 은폐된 의미작용들과 혼동해서는 안 되는 것이다.

**3** 그래서 언표가 은폐되어 있지 않은 것이 사실이라 해도, 그것은 그럼에도 불구하고 가시적이지 않다. 그것은 그의 극한들(표면들)과 특성들의 명시적인 운반자로서 知覺에 스스로를 노출시키지 않는다. 언표를 식별해 내고 그를 그 자체로서 직시할 수 있기 위해서는 시선과 태도의 어떤 傳導가 필요하다. 그것은 어쩌면 끝없이 모습을 감추는 이 잉여知 trop connu일지도 모르고, 또는 이 친숙한 투명성——그들의 두께 속에 아무것도 숨기지 않고자 하지만 극히 명료하게 주어지지는 않는——같은 것일 수도 있다. 언표적 수준은 그의 근접성 자체 내에서 소묘된다.

이는 여러 가지 이유로부터 기인한다. 첫번째 이유는 이미 언급되었다 : 언표는 어구나 명제와 나란히——그 위에 또는 그 아래에——놓일 수 있는 어떤 단위가 아니다. 그것은 언제나 이러한 종류의 단위들 속에서, 따라서 나아가 그들의 제법칙에 복종하지 않는(그리고 목록들, 우연한 계열들, 표들일 수 있는) 기호들의 계열 속에서 투자된다.
그것은 그들 속에 주어지는 것 또는 그들을 제한하는 방식이 아닌, 그
들이 주어진다는 사실 자체를 그리고 그들이 주어지는 방식을 특성화
한다. 우리가 그에 대해 〈이러저러한 사물이 존재한다〉고 말할 수 있
는 그것 자체 내에서 지워지는 것은 바로 〈존재한다 il y a〉의 이 의사
비가시성 quasi-invisibilité인 것이다.

또 다른 이유가 있다 : 즉 언어의 의미작용적인 구조는 언제나 다른
사물에 연관된다는 것, 그곳에서 대상들이 지시된다는 것, 그곳에서
의미가 목표된다는 것, 주체가, 설사 그가 그곳에 그 자체로서 현존하
지 않더라도, 일련의 기호들에 의해 지시된다는 것. 언어는 언제나 다
른 것, 다른 장소, 거리, 먼 거리에 의해 寄食되고 있는 것으로 보인
다. 그것은 不在에 의해 비워진다. 그것은 자신보다는 다른 것의 출현
의 장소가 아닐까? 그리고 이 기능에 있어 그의 고유한 실존은 흩어
져 버리는 것 같지 않은가? 그래서 언표적 수준을 기술하고자 한다
면, 이 실존 자체를 고려에 넣을 필요가 있으며, 언어를, 그것이 참조
하는 방향(사물들에로의 방향)에 있어서가 아니라 그것을 주는(가능하
게 하는) 차원에 있어, 탐구할 필요가 있으며, 그것이 지시할 수 있
고, 이름지을 수 있고, 가리킬 수 있고, 나타나게 할 수 있고, 그 의
미와 진리의 장소일 수 있고, 역으로 그의 단일한 그리고 제한된 실존
을 규정할 수 있는 심급——곧 고착화되고, 곧 시니피앙과 시니피에
의 놀이 속에서 취해지는——을 무시할 부분들이 필요가 있다. 그것
은, 언어에 대한 검토에 있어, 시니피에의 관점(이는 이제 우리의 습관
이 되었다)뿐만이 아니라 시니피앙의 관점까지도 유예하는 문제가 되
었다. 여기에서 그리고 저기에서 대상들의 영역 및 가능한 주체들과의
관계에 있어, 다른 언어표현들 및 경우에 따라서의 재사용과의 관계에
있어, 언어(가장 넓은 의미의)의 부분들이 존재한다는 사실을 드러내기
위해서.

언표의 의사비가시성에 대한 마지막 이유 : 언표는 언어에 관한 다른

모든 분석들에 의해, 이들에 의해 분명한 것으로 제시됨 없이, 전제된다. 언어가 대상으로서 취해지고, 상이한 수준들로 분해되고, 분석되고, 기술되기 위해서는, 언제나 그리고 유한한 방식으로 규정되는 〈言表的 所與〉가 있어야 한다 : 랑그에 대한 분석은 언제나 일단의 파롤들 및 텍스트들 위에서 행해진다. 함축적인 의미작용들의 해석과 탈은폐는 언제나 어떤 어구들의 제한된 집단에 근거한다. 한 체계의 논리학적 분석은 다시 쓰기 속에서, 형식언어 속에서, 명제들의 주어진 집합을 함축한다. 그러나 언표적 수준에 관해 말하자면, 그것은 매번 중성화된다 : 이 수준이 무한정 적용가능한 구조들로부터 해방시켜 줄 수 있는 대표적인 견본으로서만 정의되는 경우든, 그 뒤에서 다른 파롤의 진리가 드러나야 하는 하나의 순수한 외관 속에서 흐려지는 경우든, 아니면 형식적인 관계들의 지지점의 역할을 하는 무차별적인 실체로서의 가치를 지니는 경우이든, 분석이 이루어지기 위해서는 매번 언표적 수준이 필수적으로 요구된다는 사실이 그에게서 분석 자체를 위한 적합성을 빼앗아버린다. 이 점에다가 이 모든 記述들은 그 자체가 언표들의 유한한 집합들을 구성함으로써만 실행될 수 있다는 점을 덧붙인다면, 우리는 왜 言表的 場이 그들의 모든 부분들을 감싸는지, 왜 그들이 이 場으로부터 벗어날 수가 없는지, 왜 그들이 이 場을 논제로서 직접적으로 취할 수가 없는지를 동시에 이해하게 될 것이다. 언표들을 그들 자체로서 고려하는 것은, 이 모든 분석들을 넘어서서 그리고 보다 깊은 수준에서, 그들이 생략했을 언어의 어떤 뿌리나 비밀을 찾아내는 것이 아니리라. 그것은 그들의 可能性의 要素를 구성하는 이 매우 가까운 투명성을 가시적인 것으로 그리고 분석가능한 것으로 만들고자 하는 것이다.

은폐적이지도 그렇다고 가시적이지도 않은 언표적 수준은 言語의 極限에 위치한다 : 그것은, 언어 안에 있어, 직접적 경험을(비체계적 방식으로일지라도) 발생시키는 특성들의 집합이 결코 아니다. 그러나 그것은 또한, 언어의 이면에 있어, 그것이 번역하지 않는 신비스럽고 말 없는 잔여도 아니다. 언표적 수준은 언어의 出現樣態를 정의한다 : 언어의 내부적 조직화보다는 그 테두리를, 그의 내용보다는 그 표면을. 그러나 이 언표적 표면을 기술할 수 있음이 언어의 〈소여〉가 어떤 근본적 침묵의 단순한 파열이 아니라는 것을 나아가 단어, 어구, 의미작용, 판단, 명제들의 연쇄가 침묵의 첫날 밤에 기대고 있지 않다는 것을 증명해 주지는 않는다. 언표적 표면의 기술가능성이 말해 주는 것, 그것은 한 어구의 갑작스러운 출현, 의미의 빛남, 지시작용의 갑작스러운 손가락은 언제나 한 言表的 機能의 遂行領域 속에서 나타난다는 것, 사람들이 읽고 듣는 바의 그리고 이미 말하는 바의 언어와 언어표현들의 전적인 부재 사이에는, 간신히 말해진 모든 것들, 미완성의 모든 어구들, 반쯤 언어화된 모든 사유들, 단편들만을 드러내는 무한한 독백의 들끓음이 아닌 언표적 기능을 實行시키는 條件들이 존재한다는 사실이다. 이는 또한, 언어에 대한 구조적인, 형식적인 또는 해석적인 분석들을 넘어서, 주체의 자유가, 인간존재의 노동이 또는 초험적 운명의 개현이 그 안에서 펼쳐질 수 있을(마침내 모든 실증성들로부터 해방된) 어떤 영역을 찾는 것이 헛된 것임을 증명해 준다. 언어학적인 방법들이나 논리학적인 분석들에 대항해 논박할 필요는 없다 : 〈언어의 구성규칙들에 대해 그와 같이 말한 뒤, 이제 당신은 언어 자체에 대해서는 즉 언어의 생생한 신체적 풍요로움에 대해서는 무엇을 말하려는가? 개인들로 하여금 그들의 언어 속에서 외화되는 노동 속에서 서로를 이해할 수 있도록 해주는 이 자유에 대해 또는(모든 의미작용에 앞서는) 이 의미에 대해 이제 당신은 무엇을 말할 것인가? 언설들의 무한함을 가능케 해주는 그러나 그를 정초하고 설명해 줄 수는 없는 그 유한한 체계들을 통과하자마자 우리에게 나타나는 것, 그것은 한 초월성의 표식 또는 인간존재의 작품이라는 것을 당신은 무시하는 것인가? 당신이 기술한 것은 언어——그 출현과 존재양태가 당신들의 분석에로 결코 완전하게 환원되지 않는——의 몇몇 특성들일 뿐이라는 것을 아는가? 〉 우리가 물리쳐야 할 반론들 : 왜냐하면 언어에 논리

164

학에도 언어학에도 속하지 않는 어떤 차원이 존재하는 것이 사실이라
해도, 그 차원은 결코 복구된 초월성이나 접근불가능한 시원의 방향으
로 다시 열린 길, 인간존재에 의한 그 고유한 의미작용들의 구성이 아
니기 때문이다. 그 출현 및 존재양식의 심급에 있어서의 언어는 언표
이다. 언표로서의 언어는 초험적이지도 인간학적이지도 않은 하나의
記述에 속하는 것이다. 언표적 분석은 언어학적인 또는 논리학적인 분
석들에 그들이 그로부터 출발해 자신들의 무능력을 인식하고 탄핵해야
할 극한을 부여하지 않는다. 그것은 그들의 영역을 테두리짓는 線을
긋지 않는다. 그것은 그들을 관통하는 어떤 다른 방향으로 펼쳐진다.
언표적 분석의 가능성은, 그것이 수립된다면, 어떤 형태의 철학적 언
설이 이 언어의 존재의 이름으로 그리고 그에게 시원을 부여하는 정초
의 이름으로 언어에 대한 모든 분석들에 대립시키는 초험적인 축받이
를 뽑아내야 하는 것이다.


## 2


　이제 우리는 두번째의 문제군으로 향해야 할 것 같다 : 위와 같이 정
의된 언표들에 대한 기술은 우리가 앞에서 그 원리들을 소묘했던 언설
적 형성들의 분석과 어떻게 일치할 수 있을까? 그리고 역으로 : 우리
는 언설적 형성들에 대한 분석이 결국(우리가 막 그 의미를 규정한) 언
표들에 대한 기술이라고 어느 정도까지 말할 수 있을까? 이와 같은
물음들에 대해 답하는 것은 중요하다. 왜냐하면 우리기 오랜 시간 동
안 관계맺어 왔던, 다소간 맹목적인 방식으로 발전시켜 온 그러나 이
제 우리가──많은 오류들과 경솔함들을 재배치하고 수정해야 함을
무릅쓰고──그 전체적 윤곽을 재포착하고자 하는 작업이 끝맺음되어
야 할 곳은 바로 이 지점이기 때문이다. 독자들은 이미 볼 수 있었
다 : 우리는 여기에서 (앞서 행했던) 이러저러한 구체적 분석들에 있어,
우리가 염두에 두고 있었던 계획들에 있어, 우리가 만났던 장애물들에

있어, 우리가 어쩔 수 없이 버려야 했던 것들에 있어, 우리가 얻을 수 있었던 다소간 만족스러운 결과들에 있어 달리 생각하거나 행하고자 했다는 것을 말하고자 하지 않는다. 우리는 그들이 어떻게 달리 될 수 있었는가를 그리고 오늘부터 다시 시작한다면 어떻게 달리 될 수 있는가를 지적하기 위해 어떤 결과적인 궤적을 그리는 것이 아니다 : 우리는 우리가 그 한계들과 원천들을 제대로 이해하지 못한 채 사용했던 어떤 記述의 可能性을——그의 범위를 규정하고 그의 제약조건들을 수립하기 위해——그 자체로서 명료화하고자 하는 것이다. 우리는, 우리가 말했던 것 그리고 우리가 말할 수 있었던 것을 찾느니보다는, 우리가 말했던 것을 가능하게 해준 것을 그에 고유한 그러나 우리가 제대로 이해하지 못했던 규칙성 속에서 나타나게 하려는 것이다. 그러나 독자들은 또한 우리가 여기에서 그 말의 엄밀한 의미에 있어서의 理論——일련의 공리들로부터 출발해서의, 무한한 경험적 記述들에로 적용가능한 추상적 모델의 연역——을 개발해 내지 못했다는 것을 알 수 있을 것이다. 그러한 것이 가능하다면, 분명 아직 그에 도달할 수 있는 시간은 오지 않았다. 우리는 定礎로서 간주될 수 있을 언표들에 대한 정의로부터 언설적 형성들에 대한 분석을 이끌어내지 않는다. 나아가 우리가 어떠한 기술들로부터 언설적 형성들을 추상해 낸 것처럼 이 형성들로부터 언표들의 본성을 이끌어내지도 않는다. 단지 우리는 그 안에서 언표들과 그들의 분절원리, 그들이 구성할 수 있는 거대한 역사적 단위들, 그들을 기술할 수 있게 해주는 방법들이 의문에 부쳐지는 하나의 領域이, 균열이나 모순 또는 내적인 자의성이 없이, 어떻게 조직화될 수 있는가를 보여주고자 할 뿐이다. 우리는 선험적인 연역에 의해 진행하지 않는다. 차라리 同心圓들에 의해 진행하는 것이다. 우리는 때로는 가장 바깥쪽으로 또 때로는 가장 안쪽으로 나아간다 : 언설에 있어서의 불연속성의 문제와 언표의 단일성의 문제(핵심적인 테마)로부터 출발해, 우리는 圓周 위에서 일련의 수수께끼와도 같은 분절의 형태들을 분석하고자 했다. 그러나 그 당시 우리에게는 보

이지 않았던, 문법적이지도 논리학적이지도 그렇다고 심리학적이지도
않은, 그리고 결국 어구에도, 명제에도, 표상들에도 근거하고 있지 않
은 어떤 분절원리들이 우리로 하여금(동심원들의 중심에 위치하고 있는)
이 언표의 문제에로 되돌아오도록 그리고 언표라는 말을 어떻게 이해
해야 하는가의 문제를 명료화하도록 강요했던 것이다. 그리고, 우리가
〈원을 닫을 수〉 있었다 해도 그리고 언설적 형성들에 대한 분석은 그
특이성에 있어서의 언표에 대한 記述 위에 세워진다는 것을 보여줄 수
있었다 해도, 요컨대 언설적 형성들의 지표화 속에서 작동되는 것은
언표의 고유한 차원들이라는 것을 보여줄 수 있었다 해도, 우리는 우
리가 엄격한 이론적 모델을 수립했다고 생각하지는 않는다. 단지 記述
의 한 정합적인 領域을 해방시켰다고, 적어도 그 모델의 가능성을 발
견하고 정돈했다고 생각한다. 하나의 이론을 권리상 정초지우기보다는
──그리고 경우에 따라 그렇게 할 수 있기에 앞서(우리는 우리가 아직
도 이에 도달하지 못하고 있음을 후회한다는 것을 부정하지 않는다)──현
재로서는 하나의 가능성을 수립하는 것이 필요하다.

　언표의 개념을 검토함으로써 우리가 발견했던 것은 일련의 기호들의
집합에 근거하고 있는 하나의 기능이었다. 문법적인 〈수락가능성〉과
도 논리적인 올바름과도 동일시할 수 없는 하나의 기능. 그리고 실행
되기 위해서는 하나의 좌표계(하나의 사실이나 사물들의 상태가 아닌, 나
아가 대상조차도 아닌, 일종의 分化의 原理)를, 하나의 주체(말하는 의식
도 언어표현의 저자도 아닌, 일정한 조건하에서 무차별적인 개인들에 의해
채워질 수 있는 하나의 位置인)를, 하나의 연합된 장(언어표현의 현실적인
문맥이나, 언어표현이 그 안에서 분절된 바의 상황이 아닌, 다른 언표들을
위한 共存의 領域인)을, 하나의 물질성(단지 분절화의 실체나 지지물이 아
닌, 하나의 地位, 옮겨쓰기의 규칙들, 사용과 재사용의 가능성들인)을 필요
로 하는 기능. 그래서 우리가 언설적 형성이라는 이름 아래에서 기술
했던 것, 그것은 엄밀한 의미에 있어서의 언표들의 무리인 것이다. 즉
서로서로간에(통사론적인 또는 의미론적인) 문법적 연결들에 의해 어구

들의 수준에서 묶이는 것이 아니라, (형식적인 정합성이나 개념적인 연쇄
들의) 논리학적 연결들에 의해 명제들의 수준에서 묶이는 것이 아니라,
심리학적인 연결들(그들이 의식구조들의 동일성이건, 심성들의 일정함이건
아니면 기투의 반복이건)에 의해 언어표현들의 수준에서 연결되는 것이
아니라, 언표들의 수준에서 연결되는 언어적 수행들의 집합들. 이는
그들의 대상들을 지배하는 일반적인 규칙성을, 그들이 말하는 바의 것
들을 규칙적으로 분배하는 분산의 형태를, 그들의 좌표계들의 체계를
정의할 수 있음을 함축한다. 또 이는 그들의 모든 연합된 영역들에 공
통되는 규칙성을, 계기와 동시성 그리고 반복(그들 모두에게 가능한),
그리고 그들 사이에서 이 모든 공존의 장들을 묶어주는 체계를 정의할
수 있음을 함축한다. 마지막으로 이는 이 언표들을 지배하는 일반적
규칙성을, 그들을 제도화하고, 받아들이고, 고용하고, 재사용하고, 서
로 묶어주는 방식을, 그들을 전유의 대상들, 욕구와 관심을 위한 도구
들, 전략을 위한 요소들로 만들어주는 양태를 정의할 수 있음을 함축
한다. 언표들을 기술하는 것, 그들이 담지하고 있는 어떤 언표적 기능
을 기술하는 것, 이 기능이 실행될 수 있도록 해주는 조건들을 분석하
는 것, 그 기능이 제시하는 상이한 영역들과 그들이 연결되는 방식을
답사하는 것, 이들은 언설적 형성처럼 개별화될 수 있는 어떤 것을 작
동시키려는 시도인 것이다. 또는 같은 말을 반대의 방향에서 할 수도
있을 것이다 : 언설적 형성이란 언어적 수행들의 어떤 집합을 지배하는
일반적인 언표적 체계이다(물론 언표적 체계만이 그 집합을 구성한다고
말할 수는 없는바, 논리학적, 언어학적, 심리학적 체계들도 각자 다른 차원
들에 있어 그를 지배할 수 있을 것이다). 〈언설적 형성〉으로서 정의된 것
은 말해진 것들의 일반적인 평면을 언표들의 특이한 수준에서 분절한
다. 우리들의 분석이 지향하는 네 가지의 방향(대상들의 형성, 주체적
위치들의 형성, 개념들의 형성, 전략적 선택들의 형성)은 언표적 기능이
그 안에서 수행되는 네 가지의 영역에 상응한다. 그리고 언설적 형성
들이 텍스트나 책의 거대한 수사학적 단위들에 대한 관계에 관련하여

자유롭다면, 그들이 연역적 건축물의 엄격함을 법칙으로서 가지지 않는다면, 그들이 한 저자의 작품에 동일시되지 않는다면, 그것은 그들이 어구들의 문법적인 수준이나 명제들의 논리학적 수준 또는 언어표현의 심리학적 수준이 아닌 言表的 水準을 (그를 특성화하는 규칙성들과 함께) 작동시키기 때문이다.

이로부터 출발해 우리는 이 모든 분석들의 심장부에 위치하고 있는 일련의 명제들을 개진시킬 수 있을 것이다.

1 우리는 언설적 형성들의 지표화가, 가능한 다른 분절원리들에 독립적으로, 언표의 특이한 수준을 드러낸다고 말할 수 있다. 그러나 우리는 언표들에 대한 기술 및 언표적 수준을 조직화하는 방식에 대한 기술이 언설적 형성들의 개별화에로 이끈다는 것을 또한 말할 수 있다. 이 두 과정은 동시에 정당화가능하고 또한 상호가역적이다. 언표에 대한 분석과 형성에 대한 분석은 상호관련적으로 수립된다. 마침내 이론이 정초하게 될 날이 오면, 하나의 연역적 질서를 정의해야 할 것이다.

2 하나의 언표는, 하나의 어구가 어떤 텍스트에 속하듯이 그리고 하나의 명제가 어떤 연역적인 총체에 속하듯이, 어떤 언설적 형성에 속한다. 그러나 한 어구의 규칙성이 한 랑그의 법칙들에 의해 정의되는 데 반해, 한 명제의 규칙성이 한 논리학의 법칙들에 의해 정의되는 데 반해, 언표들의 규칙성은 언설적 형성 그 자체에 의해 정의된다. 그(언설적 형성)의 영역 및 그의 법칙은 하나의 유일하고 동일한 것에 불과하다. 이는 역설적인 것이 아닌바, 왜냐하면 언설적 형성은 구성원리들에 의해서가 아니라 사실의 분산에 의해서 특성화되기 때문이며 나아가 그것은 언표들에 대한 가능성의 조건이 아니라 공존의 법칙이기 때문이며 마지막으로 언표들 자체는 상호 교환가능한 요소들이 아니라 그들의 존재양태에 의해 특성화되어 있는 집합들이기 때문인 것이다.

3 그러므로 우리는 이제 앞에서 제시된 바 있는 〈언설〉에 대한 정

의에 충분한 의미를 부여할 수 있다. 우리는 동일한 언설적 형성으로
부터 생성된 한에서의 언표들의 집합 un ensemble d'énoncés en tant
qu'ils relèvent de la même formation discursive 을 言說이라 부를
것이다. [16] 그것은 하나의 수사학적인 또는 형식적인 단위——무한히
반복가능한 그리고 역사에 있어서의 그 출현이나 사용을 지적할 수 있
을(그리고 필요한 경우 설명할 수 있을)——를 형성하지 않는다. 그것은
우리가 그를 위해 어떤 存在條件들의 集合을 정의할 수 있는 제한된
수의 언표들로 구성되어 있다. 이와 같이 이해된 언설은 관념적이고
초시간적인 하나의 形相——더구나 하나의 역사를 가지는——이 아
니다. 그러므로 문제는 그것이 어떻게 그리고 왜 나타날 수 있었는가
그리고 바로 이 時點에서 실체화될 수 있었는가를 물어보는 데에 있지
않다. 그것은——시간의 共謀性들 한가운데에서의 그의 갑작스러운
출현의 문제보다는 그의 고유한 한계들, 그의 분절들, 그의 변환들,
그 시간성의 특이한 양태들에 대한 문제를 제기한다는 점에서——철
저히 역사적이다 : 역사의 파편, 역사 자체에 있어서의 통일성과 불연
속성.

  4  마지막으로 우리가 〈언설적 실천〉이라고 부르는 것을 명료화할
수 있을 것이다. 우리는 이를 한 개인으로 하여금 그의 관념, 욕구,
이마쥬를 공식화하도록 해주는 표현적 수행과도, 어떤 추론체계 속에
서 작동될 수 있는 합리적인 활동과도, 나아가 문법적 어구들을 구성
하는 말하는 주체의 〈능력〉과도 혼동해서는 안된다. 언설적 실천이란
——한 주어진 시대에 있어 한 사회적, 경제적, 지리학적 또는 언어
적 테두리 내에서——言表的 機能의 實行條件들을 정의했던(익명적인,

---

16) 언표, 언설, 언설적 형성간의 관계가 명료하게 표현되어 있다. 고고학이 다
   루는 單位들(정신병리학, 임상의학, 일반문법, 부의 분석, 자연사 등)을 우리
   는 〈언설〉이라 부른다. 그리고 언설들은(고고학에 의해 그 특이한 성격을 부
   여받은 한에서의) 〈언표〉들에 의해 구성된다. 그리고 언표를 구성하여 언설을
   만드는 형성규칙을 〈언설적 형성〉이라고 부르는 것이다.

역사적인, 언제나 시공간 속에서 規定되는) 規則들의 集合 un ensemble de règles ……qui ont défini……les conditions d'exercice de la fonction énonciative 이다.

이제 우리는, 언설적 형성들을 그들이 기술하는 언표들에 연결시켰으므로, 다른 방향(이번에는 바깥쪽)으로 나아가, [17] 이 개념들의 정당한 사용을 찾아보아야 할 것이다 : 우리가 이 개념들을 통해서 발견할 수 있는 것들, 이들은 記述의 다른 방법들 사이에서 어떻게 자리를 잡을 수 있을 것인가 그리고 그들은 지성사의 영역을 어느 정도까지 수정하고 재분배할 수 있을 것인가. 그러나 이러한 방향전환을 실행하기 전에 보다 안전을 기하기 위해서, 우리는 우리가 이제 막 탐험했던 차원 속에 좀더 머무르고자 한다. 그리고 언표적 場과 그를 분절하는 形成들에 대한 분석을 강요하는 것과 배제하는 것을 보다 명료히 하고자 한다.


## 4 희박성, 외재성, 축적

1 언표적 분석은 희박성 rareté의 효과를 고려한다. 대부분의 경우, 언설에 대한 분석은 총체성 totalité과 充溢性pléthore이라고 하는 두 기호 아래 놓여진다. 사람들은 문제되고 있는 상이한 텍스트들이 어떻게 서로를 참조하는지, 어떻게 하나의 통일적인 단위를 이루는지, 어떻게 제도들 및 실천들과의 수렴의 관계에 들어가는지, 그리고 어떻게 한 시대의 모든 텍스트들에 공통적인 의미작용들을 담지하는지

---

17) 즉 2장에서는 동심원의 중간에 있는 언설적 형성을 다루었고(인식론), 3장에서는 가장 안쪽에 있는 언표의 개념을 다루었으므로(언어철학) 4장에서는 가장 바깥의 동심원 즉 고고학의 의의(역사철학)를 다루어야 할 것이다. 결국 푸코 철학은 언표-언설적 형성-역사(언어철학-인식론-역사철학)로 구성되어 있는 동심원의 체계를 이루고 있는 것이다(그림 참조).

를 보여준다. 고려되고 있는 각각의 요소들은 그들을 포함하고 있는
그리고 그들을 넘쳐흐르는 한 총체성의 表現으로서 받아들여진다. 그
리고 사람들은 그와 같이 함으로써 말해진 것들의 다양성을 일종의 거
대텍스트——균일한, 아직 한번도 분절되어 본 적이 없는, 사람들이
그들의 파롤들이나 텍스트들, 언설들 그리고 저작들 속에서만이 아니
라 제도들, 실천들, 技術들 그리고 그들이 생산하는 사물들 속에서
〈의미하고자 한〉 것들을 최초로 빛 아래에 드러내는——로 치환한다.
함축적인, 지고한 그리고 공동체적인 이 〈의미〉에 관련하여, 증식하는
언표들은 그들의 과잉 속에서 나타난다. 왜냐하면 그들이 서로를 참조
하는 것은 오직 이 의미에 기반해서일 뿐이며, 그들이 그들의 진리를
치환하는 것도 오직 이 의미에 대해서일 뿐이기 때문이다 : 이 유일한
시니피에에 관련해서의 시니피앙의 요소들의 충일성. [18] 그러나 이 최
초이자 마지막의 의미는 명시적인 언어표현들을 통해 희미하게만 드러
나기 때문에, 겉으로 드러나는 것 아래에 은폐되어 있기 때문에 그리
고 그 드러나는 것을 중복시키기 때문에, 각 언설은 그것이 말하는 것
과는 다른 것을 말하는 그리고 그와 같이 함으로써 의미의 다수성을
함축할 수 있는 어떤 힘을 은닉한다 : 유일한 시니피앙에 관련해서의
시니피에에의 충일성. 그와 같이 연구된 언설은 결국 충만한 존재이면서
동시에 무한한 풍요로움을 지니게 되는 것이다.

언표들에 대한 그리고 언설적 형성들에 대한 분석은 전혀 반대되는
방향을 연다 : 이 방향은 언표들이었던 바의 시니피앙의 유일한 집합들
을 나타나게 해주었던 원리를 결정하고자 한다. 그것은 희박성의 법칙
을 수립하고자 한다. 이 과제는 여러 가지 측면들을 포함한다.

1) 이 과제는 전체는 결코 말해지지 않는다는 원리에 근거를 두고
있다. 한 자연언어 내에서 언표될 수 있었던 것에 관련하여, 언어학

---

18) 이는 해석학적 언어관을 비판하는 것이다. cf. Paul Ricoeur, *De l'in-
terprétation*, Seuil, livre I.

적인 요소들의 무제한적인 조합체계combinatoire에 관련하여, 언
표들(그들의 수가 얼마이건)은 언제나 不足하다. 문법으로부터 출발
해서 그리고 한 주어진 시대에 사람들이 사용하는 어휘의 창고에서
출발해서, 결국 말해진 것은 상대적으로 극소수이다. 그래서 우리는
랑그에 의해 열려진 한에서의 가능한 언어표현들의 場에 대한 희박
화의 원리 아니면 적어도 비포화의 원리를 찾아내고자 한다. 언설적
형성은 언설들의 얽힘 속에서의 分節의 原理로서 나타나며 동시에
언어적 場에 있어서의 진공의 원리로서 나타나는 것이다.

　2) 우리는 언표들을 그들을 말해지지 않은 것으로부터 구분짓는
극한에서, 다른 모든 것들을 배제함으로써 그것을 나타나게 하는 순
간 속에서 연구한다. 여기에서 문제되는 것은 그들을 둘러싸고 있는
침묵으로 하여금 말하게 하는 것도, 그들 안에서 그리고 그들 옆에
서 살해당한 또는 말문을 봉쇄당한 모든 것을 되찾는 것도 아니다.
중요한 것은 그러한 발견을 방해하고, 그러한 언어표현을 제지하고,
언표행위의 그러한 형태를, 그러한 무의식적 의미작용을, 또는 그러
한 생성하는 합리성을 억압한 장애물들을 연구하는 것이 아니라 現
存들의 제한된 體系를 정의하는 것de définir un système limité de
présences이다. 그래서 언설적 형성은 그의 고유한 역동성 또는 그
의 특수한 관성을 지니는, 아직 가시화되지 않은 언설 속에서 그것
이 더 이상 말하지 않는 것, 여전히 말하지 않는 것 또는 그와 순간
적으로 대립되는 것을 동반하는 하나의 발전하는 전체가 아닌 것이
다. 언설적 형성은 풍요롭고 까다로운 發芽가 아니다. 그것은 빈틈
들의, 간극들의, 부재들의, 극한들의, 분절들의 배분인 것이다.

　3) 그럼에도 불구하고 우리는 이러한 〈배제들〉을 하나의 억압에
또는 억제에 연결시키지 않는다. 우리는 명시적인 언표들 아래에 은
폐된 무엇이 숨어 있다고 생각하지 않는다. 우리는 언표들을 可能한
出現의 線 아래에 머물러 있는 다른 언표들의 자리에 존재하는 것으
로서가 아니라 언제나 그들의 고유한 자리에 존재하는 것으로서 분

석한다. 우리는 그들을 완전히 펼쳐질 그리고 어떠한 중복도 포함하지 않을 공간 속에 다시 위치시킨다. 그 아래에는 어떠한 텍스트도 없다. 따라서 어떠한 충일성도 없다. 언표적 영역은 전적으로 그의 고유한 표면에 존재한다 Le domaine énonciatif est tout entier à sa propre surface. 각각의 언표는 그곳에서 오직 그에게만 속하는 하나의 자리를 차지한다. 따라서 한 언표에 대한 기술은 그것이 어떤 非言의 자리를 차지하는가를 찾아내는 데에 있지 않다. 또한 그 언표를 어떻게 하나의 말 없는 그리고 공통적인 텍스트에로 환원시킬 수 있는가를 아는 데에 있지도 않다. 차라리 그 언표는 어떤 단일한 자리잡음을 취하는가, 형성들의 체계들에 있어 어떤 분기점이 그의 자리를 지표화할 수 있도록 해주는가, 그것은 언표들의 일반적인 분산 속에서 어떻게 분리되는가를 아는 데에 있는 것이다.

4) 언표들의 이러한 희박성, 언표적 장의 성긴 그리고 갈라진 형태, 결국 극소수의 것들만이 말해질 수 있다는 사실은 언표란 우리가 숨쉬는 공기와 같은 하나의 무한한 투명성이 결코 아니라는 것을 설명해 준다. 언표란 이동되고 보존되는, 하나의 가치를 지니는 그리고 사람들의 專有의 대상이 되는 존재, 사람들에 의해 반복되고, 재생산되고, 변환되는 존재, 미리 수립된 회로를 부여받는 그리고 제도 속에서의 어떤 지위를 부여받는 존재이다. 또 언표란 복사나 번역에 의해서 뿐만이 아니라 주석이나 주해, 의미의 내적인 증식에 의해서도 중복되는 존재인 것이다. 언표들은 희박하기 때문에, 사람들은 그들을(그들을 통일화하는) 총체성들 속에 모으고, 그들 각자 안에 거주하고 있는 의미들을 복수화시키는 것이다.

그 실존 자체가 언표들의 효과적인 희박성에 의해서만 가능한 그러나 그럼에도 불구하고 이 희박성을 인식하지 못하고 오히려 말해진 것의 빡빡한 풍요로움을 테마로서 취하는 이 모든 解釋들과는 달리, 언설적 형성들에 대한 分析은 이 희박성 자체에로 향한다. 그것은 이 희박성을 명시적인 대상으로서 취한다. 그것은 희박성의 單一한 體系를 규정하고자 한다. 그러나 동시에 그것은 해석이 존재할 수 있었다는 사실 자체를 설명한다. 해석한다는 것, 그것은 언표적 결핍에 대응하는 방식이며 그 결핍을 의미의 복수화를 통해 보상하고자 하는 것이다. 그것은 결핍에서 출발해 그 결핍을 무릅쓰고 말하는 방식이다. 그러나 하나의 언설적 형성을 분석한다는 것은 이 결핍의 법칙을 찾고자 하는 것이며, 그 결핍의 측도를 취하고 그 특이한 형태를 규정하고자 하는 것이다. 요컨대 그것은 언표들의 〈값〉을 정립하는 것이다. 그들의 진리에 의해 정의되지 않는, 하나의 구체적인 내용의 현존에 의해 평가되지 않는, 차라리 그들의 자리, 순환 및 교환에 있어서의 그들의 능력, 그들의 변환가능성(언설의 경제 내에서만이 아니라, 일반적으로, 희박한 원천들의 행정 내에서도)을 특성화하는 가치. 이렇게 이해될 경우, 언설은 주해적 태도의 대상——그로부터 언제라도 새로운, 매번 예측불가능한 풍요로움들을 이끌어낼 수 있는, 소진되지 않는 보물창고——이기를, 언제나 미리 말하여진, 그리고 사람들이 들을 수 있을 때 회고적인 신탁들을 표현하는 섭리이기를 그친다. 즉 이미 언설은 하나의 재산, 유한한, 제한되는, 욕구의 대상이 되는, 유용한 재산, 그의 출현의 규칙들을 가지는 그러나 또한 그의 전유와 실행의 조건들을 가지는 재산, 결국 존재하자마자(그리고 단순히 그의 〈실천적 적용〉안에 국한되지 않고서) 權力의 물음을 제기하는 재산, 자연히 (정치적 또는 비정치적) 투쟁의 대상이 되는 재산인 것이다.

**2** 또 하나의 특징 : 언표들에 대한 분석은 이들을 外在性 extériori-té의 체계적인 형태 안에서 다룬다. 전통적으로, 말해진 것들에 대한 역사적인 기술은 전적으로 內的인 것과 外的인 것의 대립에 의해 지배되었으며, 그 가장 중심적인 과제는 이 외재성——단지 우발성에 불과한 또는 순수히 물질적인 필연, 가시적인 신체 또는 불확실한 번역에 불과한——으로부터 내재성의 본질적인 核으로 거슬러 올라가는 것이었다. 즉 말해진 것의 역사를 기술한다는 것은 表現의 勞動을 다

른 의미에서 복구시키는 것이었다 : 시간에 따라 보존된 그리고 공간에 따라 분산된 이 언표들을 이 내면적인 비밀——그들을 선행하는, 그들 속에 배분되고 그곳에서(이 말의 모든 의미에 있어) 배신당하는—— 에로 되돌려 보내는 것. 그와 같이 해서 정초하는 주체성의 핵이 해방 되는 것이다. 명시적인 역사에 관련해 언제나 뒤에 머무는, 그리고 사건들 아래에서 보다 진지한, 보다 비밀스러운, 보다 근본적인, 시원에 보다 가까운, 그의 궁극적인 지평에 보다 잘 묶여 있는(그리고 결과적으로 그의 모든 규정들을 섭렵하고 오는) 하나의 다른 역사를 찾아내는 主體性. 역사의 아래에 흐르고 있는, 끝없이 이 역사를 예기하고 그의 과거를 집적하는 이 다른 역사, 우리는 그를——사회학적인 또는 심리학적인 양태에 있어——심성들의 진화로서 기술할 수 있다. 그리고 우리는 그에 로고스의 회상 또는 이성의 목적론 속에서 하나의 철학적인 지위를 부여할 수 있다. 마지막으로 우리는 그를 하나의 흔적—— 모든 파롤들에 앞서 기입의 개현이자 상이한 시간의 간극일——의 문제틀 속에서 순환시키고자 할 수 있는 것이다. 이것이 끊임없이 재투자되는 역사적-초험적 테마 le thème historico-transcendantal인 것이다.

언표적 분석이 그로부터 벗어나고자 하는 테마. 언표들을 그들의 순수한 分散 속에서 복구시키기 위해서. 그들을 어떤 외재성——어떤 내면성의 형태도 참조하지 않는다는 점에서 분명 역설적인——속에서 분석하기 위해. 그들을, 그들을 꺼버리는 그리고 비본질적인 것으로 만드는 이 어긋남들의 어느 하나에 의해 하나의 개현에 또는 보다 근본적인 하나의 차이에 관련시킬 필요없이, 그들의 불연속 속에서 고려하기 위해서. 그들의 파열 자체를, 그것이 생성되는 장소와 순간에 있어, 재포착하기 위해서. 그들의 사건의 투사를 되찾기 위해서. 의심할 바 없이, 외재성에 대해 말하는 것보다는 〈중립성〉에 대해 말하는 것이 나을 것이다. 그러나 이 말 자체는 너무 쉽게 믿음의 의심에, 삭제에 또는 모든 실존의 위치의 괄호침에 연관된다. 중요한 것은 언표적 사건들이 그들의 상대적인 희박성 속에서, 그들의 성긴 이웃관계 속에서, 그들의 펼쳐진 공간 속에서 배분되는 이 바깥 dehors을 되찾는 것임에도 불구하고.

1) 이 과제는 언표들의 장이 다른 곳(인간들의 사유 안, 그들의 의식 또는 무의식 안, 초험적 구성들의 영역 안)에서 전개된 조작들이나 과정들에 대한 〈번역〉으로서 기술되지 않는다는 것을 가정한다. 그리고 이 장이, 그의 경험적인 겸손함 속에서, 사건들의, 규칙성들의, 관계맺음들의, 일정한 수정들의, 체계적인 변환들의 장소로서 받아들여진다는 것을 가정한다. 요컨대 우리는 언표들의 장을 어떤 다른 존재의 결과나 흔적으로서가 아니라 자율적인(의존적일지라 해도) 하나의 실천적 영역으로서 그리고 그 자체의 수준(그와 다른 존재에 그를 연결시키는 것이 필요하다 해도)에서 기술할 수 있는 영역으로서 다루고자 하는 것이다.

2) 우리의 과제는 또한 이 언표적 영역이 하나의 개별적인 주체에도, 집단의식과 같은 어떤 것에도, 초험적 주체성에도 연결되지 않음을 가정한다. 우리는 이 영역을 그 구조가 말하는 주체들의 가능한 자리를 정의하는 하나의 匿名的 場 un champ anonyme으로서 다룬다. 더 이상 언표들을 어떤 지고한 주체성에 관련시켜 위치지을 필요는 없다. 차라리 우리는 말하는 주체성의 상이한 형태들 속에서 언표적 장에 고유한 효과들을 읽어내야 하는 것이다.

3) 결국 우리의 과제는 언표들의 장이, 그의 변환들에 있어, 그의 계기적인 계열들에 있어, 그의 파생들에 있어, 의식의 시간성에 따르기보다는 그의 필수적인 모델에 따른다는 사실을 가정한다. 적어도 이러한 記述의 이러한 수준과 형태에 있어서는, 말해진 것들의 역사——충분한 권리를 가지고서, 그의 형태 안에서 그리고 동시에 그의 규칙성 안에서 그리고 그의 본성 안에서, 개인적인 또는 익명적인 의식의, 기투의, 의도들의 체계의, 목적들의 집합의 역사일

──를 기술할 수 있기를 희망해서는 안 된다. 언설의 시간은 가시적인 연대기에 있어서의 사유의 희미한 시간의 번역이 아닌 것이다.

결국 언표들에 대한 분석은 cogito에 대한 지시 없이 실행된다. 그 것은 말하는 사람, 그가 말하는 것 안에 드러나 있는 또는 숨겨져 있는 것, 파롤을 취함으로써 그의 지고한 자유를 실행하는 존재, 그가 잘 지각하지 못하는 제한들에(인식하지 못한 채) 복종하는 존재에 대한 물음을 제기하지 않는다. 언표적 분석은 사실상 〈사람들이 말한다 on dit〉의 수준에 위치한다──그리고 이는 일종의 공통적인 의견, 모든 개인들에게 부과되는 집단표상을 의미하는 것이 아니다. 나아가 이는 각자의 언설들을 관통해 필연적으로 말할 하나의 거대한 익명적 목소리를 의미하는 것도 아니다. 이는 말해진 것들의 집합, 관계들, 규칙성들 그리고 그 규칙성들 내에서 관찰될 수 있는 변환들 그리고 영역──그의 어떤 모습들이 또 어떤 얽힘들이 말하는 주체의 단일한 자리를 지시하는 그리고 저자의 이름을 부여받을 수 있는──을 의미한다. 〈누구든지 말할 수 있다〉, 그러나 그는 그가 말하는 그것을 어느 곳에서나 말할 수는 없는 것이다. 그것은 필연적으로 외재성의 놀이 속에서 취해진다.

**3** 언표적 분석의 세번째 특징 : 언표적 분석은 회상의 형태하에서의 내면화에도 문서들의 무차별적인 총체화에도 동일시될 수 없는 蓄積cumul의 특이한 형태들에 관계한다. [19] 일반적으로, 이미 실행된 언설들을 분석할 때, 우리는 그들을 본질적인 관성에 의해 실행된 것으로 간주한다 : 우연이 또는 사람들의 걱정과 그들이 그들의 파롤들의 가치와 불사의 존엄성에 대해 가질 수 있었던 환상들이 그들을 보존했다. 그러나 그 후 그들은 도서관의 먼지 아래 쌓여 있는, 발음된 이

────────────

19) 이를 앞의 〈희박성〉과 모순되는 것으로 생각해서는 안 된다. 희박성이란 언표가능성의 〈자리〉 또는 〈가능성〉의 희박성을 가리키고, 축적이란 이 가능성의 〈현실적인 반복〉을 가리킨다.

후, 잊혀진 이후 그리고 그들의 가시적인 효과가 시간 속에서 사라져 버린 이후 그들을 끊임없이 억누르는 잠에 줄곧 빠져 있는 글씨들 이외의 아무것도 아니다. 기껏해야 그들은 독서를 위한 재발견 덕분에 간간이 잠을 깰 수 있을 뿐이다. 기껏해야 그들은 언표하기 위해 그들을 참조하는 손길들에 의해 발견될 수 있을 뿐이다. 기껏해야 일단 해독된 이 문자들은, 시간을 관통하는 일종의 기억에 의해, 의미작용들을, 사유들을, 욕구들을, 파묻힌 환영들을 해방시킬 수 있을 뿐이다. 이 네 가지 사항들 : 독서-흔적-해독-기억(이들 중 어느 하나에 부여되는 특권이 무엇이든, 그에게 부여되는 그리고 다른 세 가지의 것들을 일정한 방식으로 고려하도록 해주는 은유적 延長이 무엇이든)은, 습관적으로, 관성으로 굳어진 언설을 일깨우도록 그리고 한순간, 그의 잃어버린 생동감과 같은 무엇을 재발견하도록 해주는 체계를 정의한다.

그러나 언표적 분석의 고유함은 텍스트들의 탄생의 빛을 다시 찾아내기 위해, 그들의 표면에서 아직 읽어낼 수 있는 표식들에 呪文을 걸음으로써, 그들을 잠으로부터 깨워내는 것이 아니다. 오히려 언표적 분석의 과제는 그들의 잠을 따라가면서 그들을 뒤따르는 것, 또는 차라리 잠에 대한, 망각에 대한, 잃어버린 시원에 대한 상호연관되는 테마들을 제기하는 것, 그리고 언표들을, 그들의 언표행위와는 독립적으로, 그들이 그 안에서 존속하는, 보존되는, 재활성화되는, 그리고 사용되는, 그 안에서 또한——시원적인 운명에 의해서는 아닐지라도——잊혀지고, 경우에 따라서는 파괴되기까지 하는 時間의 두께 속에서, 특성화할 수 있는 존재양식은 무엇인가를 찾아내는 것이다.

1) 이러한 분석은 언표들을 그들에 고유한 그리고 언어표현의 지나간 사건에 있어 언제나 활성화가능한 참조에 관련되지는 않는 保磁性 la rémanence에 있어 고려함을 전제한다. 언표들이 보자적이라고 말하는 것은 그들이 기억의 장 속에 보존된다는 것 또는 그들이 의미하는 바를 다시 찾아낼 수 있다는 것을 말하는 것이 아니다.

오히려 이는 그들이 일련의 물질적 지반과 技術들(물론 책은 그들 중 하나의 예에 불과할 것이다)에 힘입어, 어떤 유형들의 제도(그중에서도 특히 도서관)에 따라, 그리고 일정한 법규적인 양태들(종교적 텍스트가 문제일 때, 법률적인 문서가 문제일 때, 과학적인 진리가 문제일 때 각각 달라지는)에 의거해 보존된다는 것을 의미한다. 나아가 이는 그들이 그들을 응용하는 技術들에 의해, 그들로부터 파생되는 실천들에 의해, 그들을 통해 구성되는(또는 수정되는) 사회적 관계들에 의해 투자됨을 의미한다. 그리고 마지막으로 이는 사물들이 더 이상 전적으로 동일한 존재양식을, 그들을 둘러싸고 있는 것들과의 동일한 관계들의 체계를, 사용자의 동일한 도식을, 그들이 말해질 수 있도록 해주는 변환의 동일한 가능성들을 가지지 않음을 의미하는 것이다. 시간을 관통하는 이러한 존속은 순간적으로 통과하기 위해 만들어진 존재의 우연한 또는 행복한 연장이 아니다. 오히려 이 보자성은 충분한 권리를 가지고서 언표에 속하는 것이다. 망각과 파괴는 말하자면 이 보자성의 零度에 지나지 않는 것이다. 그리고 이 보자성이 구성하는 기반 위에서, 기억과 회상의 놀이들이 펼쳐질 수 있는 것이다.

2) 이러한 분석은 또한 언표들을 그들에 특이한 附加性 additivité의 형태하에서 다룸을 전제한다. 결국 계기적인 언표들 사이의 무리지음의 유형들은 등질적이지 않으며 계기적인 요소들의 단순한 축적이나 병치에 의해 진행되는 것이 결코 아니다. 수학적인 언표들은 종교적인 텍스트들이나 법률적인 행위들과 같은 방식으로 부가되지 않는다(그들은 각자가 구성되는, 제거되는, 배제되는, 보충되는, 다소간 용해불가능한 그리고 단일한 성질들을 부여받은 무리들을 형성하는 특이한 방식을 가진다). 게다가 부가성의 이러한 형태들은 단번에 주어지지 않으며, 언표들의 규정된 범주를 위해 주어지지 않는다 : 오늘날의 의학적 관찰들은 18세기의 자료적 집적과 같은 구성법칙들에 복종하지 않는 덩어리를 형성한다. 현대의 수학은 그들의 언표를 유클

리드기하학과 같은 모델을 따라 축적하지 않는다.

3) 끝으로 언표적 분석은 反復 récurrence의 현상들을 고려할 것을 전제한다. 모든 언표들은 선행하는 요소들의 장——언표는 이 장과의 관계하에서 자리잡지만 새로운 관계들에 따라 그 장을 재조직하고 재분배할 힘을 가진다——을 포함한다. 이 장은 언표의 과거를 구성하고, 그를 선행하는 것 속에서 그의 고유한 친족관계를 정의하고, 그를 가능한 것으로 또는 필연적인 것으로 만드는 것을 다시 일으키고, 그와 양립할 수 없는 것을 배제한다. 그리고 이 언표적 과거는 그를 획득된 진리로서, 생산된 하나의 사건으로서, 수정가능한 하나의 형태로서, 변환시켜야 할 하나의 물질로서, 또는 그에 관해 말할 수 있는 대상으로서 제시한다. 기억과 망각, 의미의 재발견과 그의 억압은, 반복의 이 모든 가능성들과의 관련하에서, 근본적인 법칙들의 역할을 하기보다는 단지 단일한 윤곽들에 불과한 것이다.

따라서 언표들과 언설적 형성들에 대한 기술은 回歸라고 하는 그토록 빈번하고 그토록 완강한 이마쥬로부터 벗어나야 한다. 그것은 퇴락, 잠재, 망각, 재은폐나 방황에 불과할 시간을 넘어서서 파롤이 아직 어떤 물질성에도 참여하지 않았던, 어떠한 존속에도 바쳐지지 않았던, 그리고 개현의 규정되지 않은 차원에 제동을 걸었던 定礎하는 瞬間을 향해서 거슬러 올라가고자 하지 않는다. 그것은 旣言을 위해서 이차적인 탄생의 역설적인 순간을 구성하고자 하지 않는다. 그것은 재귀의 點 위에서 새벽을 일깨우지도 않는다. 오히려 그것은 언표들을 그들이 그 안에서 포착되는, 그리고 그럼에도 불구하고 끊임없이 수정되고, 동요되고, 전복되고, 종종 파괴되기까지 하는 蓄積의 두께 속에서 다루는 것이다.

언표들의 집합을 의미작용의 닫혀진 그리고 충일한 총체성으로서가 아니라 성긴, 갈라진 것으로 기술하는 것, 언표들의 집합을 어떤 의도의, 사유의 또는 한 주체의 내면성에 관련해서가 아니라 외재성의 분산에 따라 기술하는 것, 언표들의 집합을 그곳에서 시원의 순간이나 흔적을 되찾기 위해서가 아니라 축적의 특이한 형태들을 되찾기 위해서 기술하는 것, 이는 분명 하나의 解釋을 작동시키는 것, 하나의 定礎를 발견하는 것, 構成하는 行爲를 해방시키는 것이 아니다. 이는 하나의 合理性을 결정하는 것 또는 하나의 目的論을 펼치는 것 또한 아니다. 이는 우리가 의도적으로 實證性 positivité이라고 부를 것을 수립하는 것이다. 따라서 한 언설적 형성을 분석하는 것, 그것은 한 언어적 수행들의 집합을 언표들의 수준에서 그리고 그들을 특성화해 주는 실증성의 형태하에서 다루는 것이다. 아니면 보다 간단히 말해, 그것은 한 언설의 실증성의 형태를 정의하는 것이다 Analyser une formation discursive, c'est…… définir le type de positivité d'un discours. 만일 총체성들에 대한 탐구를 희박성에 대한 분석으로, 초험적 정초의 테마를 외재성의 관계들에 대한 기술로, 시원에의 물음을 축적들에 대한 분석으로 치환함으로써 우리가 한 사람의 실증주의자가 될 수 있다면, 그렇다면 우리는 행복한 실증주의자이다 je suis un positiviste heureux. 우리는 이에 주저 없이 동의한다. 그래서 우리는 우리가 풀어헤치고자 했던 실타래를 멀리에서 지시하기 위해 실증성이라는 용어를, 여러 번(비록 다소 맹목적인 방식으로였긴 하지만) 사용했던 것을 후회하지 않는다.


## 5 역사적 아프리오리와 문서고


자연사, 정치경제학, 임상의학 등과 같은 언설들의 실증성은, 시간을 관통해서 그리고 개별적인 작품들을 넘어서서, 책들과 텍스트들의 통일성을 특성화한다. 이 통일성은 분명 누가 진리를 말했는가, 누가 엄밀하게 추론했는가, 누가 그의 고유한 가설들에 보다 잘 부합하는

가, 린네인가 뷰퐁인가, 케네인가 튀르고인가, 브루쎄인가 비샤인가를
결정할 수 있도록 해주지는 않는다. 그것은 또한 이 작품들 중 어느
것이 최초의 또는 마지막의 운명에 가장 가까운가, 어느 것이 한 과학
의 일반적인 계획을 가장 급진적으로 공식화하겠는가를 말할 수 있도
록 해주지 않는다. 그러나 이 통일성은 린네와 뷰퐁(또는 튀르고와 케
네, 브루쎄와 비샤)이 어느 정도까지——〈같은 수준에〉 또는 〈같은 거
리에〉 위치함으로써, 〈같은 개념적 장〉을 전개시킴으로써, 〈같은 戰
場〉 위에서 대립함으로써——〈같은 것〉을 말했는가를 드러낼 수 있도
록 해준다. 그리고 그것은 역으로 왜 우리는 다윈은 디드로와 같은 것
을 말했노라고, 린네는 반 스비텐을 이었노라고, 또는 제본스는 중농
주의자들에게 답했노라고 말할 수 없는가를 설명해 준다. 즉 우리가
수립한 통일성은 疏通 communication의 制限된 空間을 정의한다.
상대적으로 제한된 공간——왜냐하면 이 공간은 그의 가장 먼 시원으
로부터 성취의 현실적인 점에 이르기까지의 그의 모든 역사적 생성 속
에서 포착된 하나의 과학적 크기를 지니고 있지 않기 때문이다. 그럼
에도 불구하고 이 공간은 한 저자로부터 다른 저자에로 실행될 수 있
었던 영향들의 놀이보다도, 또는 명시적인 논쟁적 영역보다도 더 넓은
공간인 것이다. 상이한 작품들, 분산된 저작들, 하나의 동일한 언설적
형성에 속하는 이 한무더기의 텍스트들——그리고 서로를 잘 아는 또
는 모르는, 서로를 비판하는, 서로를 무효화시키는, 서로를 표절하고
되찾는, 그들이 결코 그 주인이라고 할 수 없는 그리고 그들이 그 전
체를 결코 지각하지 못하는 그리고 그들이 그 크기를 제대로 측정하지
못하는 하나의 흔적 속에 그들의 단일한 언설들을(그 사실을 모르는
채) 완고하게 얽어넣는 저자들——이 모든 사물들과 다양한 개체성들
은 단지 그들이 개진시키는 명제들의 논리적인 연쇄에 의해서만, 테마
들의 반복에 의해서만, 그리고 이전된, 망각된, 재발견된 의미작용의
완고함에 의해서만 소통하는 것이 아니다. 그들은 그들의 언설들의 實
證性의 形態에 의해서도 소통한다. 또는 보다 정확히 말해 이 실증성

의 형태(그리고 언표적 기능의 실행조건들)는 그 안에서 경우에 따라 형식적인 동일성들이, 테마적인 연속성들이, 개념들의 번역들이, 논쟁적인 놀이들이 펼쳐지는 하나의 場을 정의한다. 그래서 실증성은 우리가 歷史的 아프리오리 a priori historique라고 부를 수 있을 것의 역할을 수행하는 것이다. [20]

　서로 병치될 경우 이 두 단어는 다소 당황스러운 효과를 낳는다. 우리는 이 말에 의해 판단들에 대한 유효성의 조건이 아니라 언표들에 대한 現實性의 조건인 아프리오리를 가리키고자 한다. 여기에서 문제가 되는 것은 한 주장을 합법적인 것으로 만들 수 있는 것을 찾아내는 것이 아니라 언표들의 출현의 조건들, 그들의 공존의 법칙, 그들의 存在樣式의 특이한 형태, 그들을 존속시키는, 변환시키는, 분산시키는 원리들을 식별해 내는 것이다. 결코 말해지지 않을, 경험에 현실적으로 주어지지 않을 진리들의 아프리오리가 아닌, 현실적으로 주어질 歷史의 아프리오리(왜냐하면 그것은 현실적으로 말해진 것들의 아프리오리이기 때문에). 이 다소 야만적인 용어를 사용하는 이유는 이 아프리오리가 언표들을 그들의 分散에 있어, 그들의 비정합성에 의해 열리는 모든 斷層들에 있어, 그들의 얽힘과 상호 자리바꿈에 있어, 그들의 통일화불가능한 동시성에 있어 그리고 연역불가능한 계기에 있어 설명해야 하기 때문이다. 요컨대 우리의 아프리오리는 언설이 단지 하나의 의미, 하나의 진리일 뿐만이 아니라 하나의 역사라는 것, 그를 낯선 생성의 법칙들에로 이끌지 않는 하나의 특이한 역사라는 것을 설명해야

---

20) 〈역사적 아프리오리〉라는 개념은 Émile Meyerson에 의해 사용된 개념이다(cf. *Identité et réalité*, Vrin, 1908). 메이에르송은 칸트처럼 과학적 사유를 지배하는 어떤 아프리오리가 있다고 보았다. 그러나 그는 이 아프리오리를 시간을 벗어난 존재로 보지 않고 역사적으로 전개되는 것이라고 보았다. 즉 이는 〈초험적〉 방식에 의해 규정되는 것이 아니라, 〈실제의 과학사〉를 탐구함으로써 〈귀납적으로〉 얻어낼 수 있는 것이라고 생각했다. 『동일성과 실재』는 이러한 탐구를 보여주는 기념비적인 저작이다. 푸코는 이 용어를 자기 나름대로 받아들이고 있다.

한다. 그것은 예컨대 문법의 역사는 한 역사——일반적으로 이성이나 심성의 역사일, 결국 그것(문법)이 의학, 역학 또는 신학과 함께 배분했던 역사——의 언어와 문제들의 장 속으로의 투사가 아니라는 것을 보여주어야 한다. 그리고 그것(문법)이 다른 유형의 역사들과 일정한 관계를 가진다 해도, 그에게 고유하게 속하는 어떤 유형의 역사—— 시간 속에서의 분산의 형태, 계기의, 안정성의 그리고 재활성화의 양태, 전개 또는 회전의 속도——를 포함한다는 것을 보여주어야 한다. 게다가 이 아프리오리는 역사성을 비켜가는 것이 아니다 : 그것은, 사건들을 넘어서서 그리고 부동의 하늘 위에서, 하나의 비시간적인 구조를 구성하지 않는다. 그것은 하나의 言說的 實踐을 특성화하는 規則들의 集合으로서 정의된다 : 그리고 이 규칙들은 그들이 관계짓는 요소들에 외부로부터 부과되는 것이 아니다. 그들은 그들이 연결하는 것 자체 안에 포함된다. 그리고 규칙들은 요소들 중 최소한의 것에 의해서도 수정되지 않지만, 요소들은 규칙들에 의해 수정되는 것이다 그리고 어떤 결정적인 문턱들에 있어 그들(규칙들)과 함께 변환된다. 실증성들의 아프리오리는 단지 시간적 분산의 체계가 아니다. 그것은 그 자체 변환가능한 하나의 집합인 것이다.

그 권한이 어떠한 우발성도 없이 적용되는 형식적 아프리오리에 대해, 역사적 아프리오리는 순수히 경험적인 존재이다. 그러나 다른 한편, 그것은 언설들을 그것의 현실적인 생성의 법칙 속에서 포착하도록 해주기 때문에, 그러한 언설들이, 어떤 주어진 순간에, 이러저러한 형식적 구조를 모으고, 작동시키고 또는 반대로 배제하고, 망각하고, 오해할 수 있다는 사실을 설명할 수 있어야 한다. 역사적 아프리오리는 일종의 심리학적인 또는 문화적인 탄생으로서의 어떤 것에 의거해, 형식적 아프리오리들을 설명할 수 없다. 그리고 그것은 형식적 아프리오리들이 어떻게, 역사 속에서 연결점들을, 삽입의 장소들을, 파열이나 출현을, 영역들이나 작동기회들을 가질 수 있는가를 이해할 수 있도록 해주며, 이 역사는 어떻게 절대적으로 외재적인 우발성이나 그의 고유한 변증법을 전개시키는 형태의 필연이 아니라, 특이한 규칙성일 수 있는가를 이해할 수 있게 해준다. 그러므로 이 역사적 아프리오리를 하나의 형식적 아프리오리——게다가 하나의 역사를 부여받은——로서, 즉 어느 날 시간의 표면 위로 솟아올라 인간들의 사유 위에 그 어느 것도 벗어나지 못할 전제정치를 펼칠, 그리고 어떠한 예고도 없이 日蝕 속에서 사라질 부동의 비어 있는 거대한 존재——절분된 초험, 깜박이는 형상들의 놀이——로서 생각하는 것보다 즐거운, 그러나 부정확한 것은 없을 것이다. 형식적 아프리오리와 역사적 아프리오리는 같은 수준에 있지도 않고 같은 본성을 가지지도 않는다 : 그들이 서로 교차한다면, 그것은 그들이 서로 상이한 두 차원을 차지하기 때문인 것이다.

역사적 아프리오리들에 따라 그와 같이 분절된, 실증성의 상이한 유형들에 의해 그와 같이 특성화된, 그리고 상이한 언설적 형성들에 의해 절분된 언표들의 영역은 더 이상, 우리가 〈언설들의 표면〉에 대해 말할 때, 처음부터 그에 준비해 준 이 단조로운 그리고 무한히 연장된 모습을 가지고 있지 않다. 그것은 또한 테마들을, 개념들을, 관념들을, 인식들을, 각자의 고유한 운동에 따라 또는 어떤 희미한 동역학에 의해 밀쳐짐으로써, 평평하게 만드는 관성적인, 매끈매끈한 그리고 중성적인 요소로서 나타나기를 그친다. 이제 우리는 하나의 복합적인 존재와 마주치게 되며, 이로부터 이질적인 영역들이 分化되고, 상호 중첩불가능한 실천들이 특이한 규칙들에 따라 펼쳐진다. 역사라는 거대한 신화적인 책 위에서 이전에 그리고 다른 곳에서 구성된 사유들을 가시적인 문자들로 번역하는 말들을 보는 대신, 우리는 언설적 실천들의 두께 속에서 事件들로서의 언표들(그들의 조건들과 적용영역을 가지는)을, 事物로서의 언표들(그들의 가능성과 사용의 장을 포함하는)을 수립하는 체계들을 가진다. 우리가 문서고archive라고 부를 것을 제안하는 것은 이 모든 언표들의 체계들(한편으로 사건들이고 다른 한편으로 사물들인)이다.

우리는 이 말에 의해 하나의 문화가 그의 고유한 과거의 문서들로서, 또는 그의 존속된 동일성의 증거로서 보존한 모든 텍스트들의 누적을 가리키지 않는다. 또 우리는 이 말로 한 주어진 사회에 있어 사람들이 그 기억을 지키고 그 자유로운 배열을 보존하기를 원하는 언설들을 기록하고 보존하도록 해주는 制度들을 가리키지도 않는다. 문서고란 차라리 오랜 세월 동안 수많은 사람들에 의해서 말해진 것들이 사유의 법칙들에 따라서만 또는 상황들의 놀이에 의해서만 나타나도록 하는 것이 아니라 이 말해진 것들이 단지, 언어적 수행들의 수준에 있어, 정신의 질서 또는 사물들의 질서 속에서 전개될 수 있었던 것의 표식화가 되도록 해주는 것이 아니라 오히려 그들이 언설적 수준을 고유하게 특성화해 주는 관계들의 모든 놀이에 의해 나타나도록 해주는 것이다. 문서고란 말해진 것들이, 말 없는 과정들에 좀 우연히 접목된 것들이기보다는, 어떤 특이한 규칙들에 따라 탄생하도록 하는 것이며, 요컨대 말해진 것들이——그리고 오직 그들만이——존재한다면, 그들의 존재이유를 그 말들의 지시대상이나 그 말을 한 사람들에서 찾는 것이 아니라 언설성의 체계, 이 체계가 마련하는 언표적 가능성들과 불가능성들에서 찾아야 하는 것이다. 문서고란 무엇보다도 말해질 수 있는 것의 법칙, 단일한 사건으로서의 언표들의 출현을 지배하는 체계이다. 그러나 문서고란 또한 모든 말해진 것들이 어떤 무정형한 다수로 무한히 누적되지 않도록, 비약 없는 선형성 속에 새겨지지 않도록, 그리고 외적인 우연들에 의해서만으로는 흩어지지 않도록 해주는 것이다. 그리고 상이한 도시들로 그룹화되도록, 복수적인 관계들에 따라 서로를 구성하도록, 특이한 규칙성들에 따라 존속되거나 지워질 수 있도록 하는 것이다. 또 그들로 하여금 시간 속에서의 동일한 발걸음으로 후퇴하지 않도록 해주는, 그리고 마치 별들에 있어서처럼 우리 가까이 빛나고 있는 것들이 사실은 멀리 떨어져 있는 것이듯이, 다른 모든 현재의 것들이 이미 극한적으로 창백하도록 만드는 것이다. 문서고란 언표의 사건을, 그의 즉각적인 소멸에도 불구하고, 보호하는 그리고 미래의 기억들을 위해 그의 지워진 호적을 보존하는 것이 아니다. 그것은, 언표-사건의 동일한 뿌리에 있어 그리고 그것이 주어지는 바의 신체에 있어, 처음부터 그의 言表可能性의 體系를 정의하는 것이다. 문서고란 다시 관성적이 된 언표들의 무더기를 모으고 그들이 경우에 따라 기적처럼 소생하도록 허락해 주는 것이 아니다. 그것은 언표-사물의 현실성의 양태를 정의하는 것이다. 그것은 그의 기능작용의 체계이다. 문서고란, 모든 말해진 것들을 하나의 언설과 혼동되는 이 거대한 중얼거림 속에서 통일하는 것, 우리로 하여금 존속된 지속의 내부에 존속할 수 있도록 보장해 주는 것이 아니라, 언설들을 그들의 복수적인 실존 속에서 分化시키고 그들을 그들의 고유한 지속 속에서 特異化시키는 존재인 것이다.

가능한 어구들의 구성체계를 정의하는 랑그와 발성된 파롤들을 수동적으로 모으는 문집 사이에서, 문서고는 하나의 특수한 수준을 정의한다 : 언표들의 어떤 복수성을 그만큼의 규칙적인 사건들로서, 취급과 조작에 제공된 그만큼의 사물들로서 나타나게 하는 한 실천의 수준. 그것은 전통의 둔중함을 지니지 않는다. 그리고 그것은 모든 도서관들이 가지는 시간도 장소도 가지지 않는 하나의 도서관을 구성하지 않는다. 그것은 또한 그의 자유를 실행할 수 있는 장을 모든 새로운 파롤에로 개현시키는 누적적인 망각도 아니다. 전통과 망각 사이에서, 문서고는 언표들로 하여금 존속할 수 있도록 그리고 동시에 규칙적으로 수정될 수 있도록 해주는 한 실천의 규칙성들을 나타나게 해준다. 그것은 언표들의 형성과 변환의 일반적인 체계 le système général de la formation et de la transformation des énoncés이다.

한 사회의, 한 문화의 또는 한 문명의 문서고를 충분히 기술하는 것은——물론 한 시대의 모든 문서고들을 기술하는 것 역시——분명 불가능하다. 다른 한편, 우리의 고유한 문서고를 기술하는 것조차도 불가능하다. 왜냐하면 우리가 말하는 것은 그의 규칙들의 내부에서이기 때문이다. 우리가 말할 수 있는 것에——그리고 그 자체 우리들의 언설의 대상인바——그의 출현의 양식을, 그의 실존과 공존의 형태들을, 그의 축적의, 역사성의 그리고 소멸의 체계를 부여하는 것은 바로 그것이기 때문이다. 그리고 그것은 그의 현실성에 있어 테두리지어질 수 없는 것이다. 그것은 파편들로서, 지역들로서 그리고 수준들로서 주어진다. 물론 시간이 그로부터 우리를 분리하고 있는 분명함만큼이나 명백하게 그리고 많이 : 결국 그것은 문서들의 희박성에 불과하기 때문에, 그를 분석하기 위해서는 무한한 연대기적 소급이 필요할 것이다. 그럼에도 불구하고 문서고에 대한 이 기술은 어떻게 정당화될 수 있는가, 그를 가능하게 해준 것을 명료화할 수 있는가, 그가 그로부터 스스로 말하는 바의 장소를 지표화할 수 있는가, 그의 의무들과 권리들을 조절할 수 있는가, 그의 개념들——적어도 그로 하여금 그들의 실행의 순간에 있어서만 그의 가능성들을 정의할 수 있게 하는 탐구의 이 단계에 있어——을 증명하고 정교화할 수 있겠는가, 만일 그것이 가장 먼 지평들만을 기술해야 한다면? 그것은 그 자신이 복종하는 바의 이 실증성의 가능성 그리고 오늘날 문서고 일반에 대해 말할 수 있게 해주는 이 문서고 체계의 가능성에 접근해야 하지 않겠는가? 그 자신이 그의 한 부분을 이루는 이 언표적 장을, 그것이 기초에 불과하다 해도, 밝혀야 되지 않겠는가? 따라서 문서고에 대한 분석은 하나의 특권적인 부분을 가진다 : 우리에게 가까우면서도 동시에 우리의 현실성과는 다른 이것은 우리의 현재를 둘러싸고 있는, 그것을 불쑥 나타나게 하는 그리고 그를 그의 이타성 속에서 지시하는 시간의 가장자리이다. 그것은 우리의 바깥에서 우리를 제한하는 것이다. 문서고에 대한 기술은 이제 막 우리의 것이기를 그친 언설들로부터 출발해 그의 가능성들(그리고 그의 가능성들의 지배)을 전개시킨다. 그의 존재의 문턱은 우리를 우리가 더 이상 말할 수 없는 것으로부터, 우리의 언설적 실천의 바깥에 속하는 것으로부터 분리시키는 단절에 의해 수립된다. 그것은 우리 자신의 언어의 바깥에서 시작한다. 그의 장소는 우리의 고유한 언설적 실천의 간극이다. 이러한 의미에서 그것은 우리의 진단을 받을 가치가 있다. 그것이 우리로 하여금 우리의 구분적인 특성들의 표를 만들게 하고 우리가 미래에 소유할 모습을 미리 소묘하도록 허락해 주기 때문이 아니라, 그것이 우리의 연속성을 빼앗기 때문에, 그것이 우리가 역사의 비약을 음모하기 위해서 스스로 바라보기를 좋아했던 이 시간적 동일성을 분산시켜 버리기 때문에, 그것이 초험적인 목적론들의 실타래를 잘라버리기 때문에, 그리고 인간학적 사유가 인간의 존재와 그의 주체성을 물어보는 바로 그곳에서, 그것은 타자를, 바깥을 파열시키기 때문에. 이와 같이 이해된 진단은 구분들의 놀이에 의해 우리의 동일성의 일정함을 수립하지 않는다. 그것은 우리가 차이라는 것 nous sommes différence 을, 우리의 이성은 언설들의 차이라는 것을, 우리의 역사는 시간들의 차이라는 것을, 우리의 자아는 가면들의 차이라는 것을 수립하는 것이다. 差異란 잊혀진 그리고 복구된 시원적 존재가 아니라 우리들의 존재인 그리고 우리들의 행위인 이 分散이라는 것을.

결코 완성되지 못하는, 문서고에 의해 결코 종합적으로 획득되지 못하는 드러냄은 언설적 형성들의 기술, 실증성들의 분석, 언표적 장의 지표화를 포함하는 일반적인 지평을 형성한다. 그래서 말들의 권리——문헌학자들의 그것과는 일치하지 않는——는 이러한 모든 탐구들에 考古學이라는 이름을 붙이도록 해준다. 이 용어는 어떠한 시작에의 탐구도 고무하지 않는다. 그것은 분석을 어떠한 지질학적 발굴이나 탐사에 접목시키지 않는다. 그것은 기언을 그의 실존의 수준에서 탐구하는 記述의 일반적인 테마를 지시한다 : 그 안에서 실행되는 언표적 기능에 대한, 그것이 속하고 있는 언설적 형성에 대한, 그것이 드러내는 문서고의 일반적 체계에 대한 記述. 고고학은 언설들을 문서고의 요소 속에서의 특이화된 실천들로서 기술하는 것이다.

# 4장  考古學的 記述

## 1 고고학과 지성사

　우리는 이제 탐구의 방향을 역전시켜 볼 수 있다. 우리는 아래쪽으로 내려가, 일단 언설적 형성들과 언표들의 영역을 검토했으므로 그리고 그들에 관한 일반적인 이론을 소묘했으므로, 이제 적용의 가능한 영역들로 논의를 이어볼 수 있을 것이다. 이제 우리가, 아마도 매우 장엄한 놀이에 의해, 〈고고학 archéologie〉이라고 이름붙였던 이 분석이 어디에 사용되는 것인지 보자. 게다가 이는 꼭 필요한 논의이기도 하다 : 왜냐하면, 우리의 분석이 다소 독자를 괴롭혔던 것은 사실이었다고 말해야 할 것이기 때문이다. 우리는 상대적으로 하나의 단순한 문제로부터 출발했었다 : 작품늘, 저자들, 책들 또는 테마들과 같은 단위들과는 전혀 다른 큰 단위들에 따라 언설을 분절하는 것. 그리고 오직 그러한 단위들을 수립하고자 하는 목적을 위해서, 우리는 일련의 개념들(언설적 형성, 실증성, 문서고)을 주조해 내었으며, 하나의 영역(언표들, 언표적 場, 언설적 실천들)을 정의했으며, 형식적이지도 해석적이지도 않은[1] 한 방법의 特異性을 나타나게 하고자 노력했다. 요컨대 우리는 분명 그 무게와 그 복잡한 장치가 거추장스러운 것으로 느껴질 하나의 器具에 호소했던 것이다. 이에는 몇 가지의 이유가 있다 : 이미 언어를 기술하고 분석할 수 있는 방법들이 많이 나와 있으며, 이에 하나를 덧붙인다고 해서 주제넘은 것이 되지는 않겠기 때문이다. 또 우리는 〈책〉 또는 〈작품〉과 같은 언설의 단위들이 겉으로 드러나는 만큼 즉각적이고 자명한 단위들이 아니라고 생각했기 때문에, 그들을 의심에 부쳤던 것이다 : 그러면 이들에 우리가 많은 모색 끝에 그리고 그 명료화를 위해 100페이지 이상의 지면을 할애해야 했던 그토록 복잡한 원리들에 따라, 그토록 많은 시도들 끝에 그리고 그와 같은 노력의 대가를 지불하고서 수립한 단위들을 대립시키는 것이 이치에 맞는 일인가? 더구나 이 모든 도구들이 제한하는 데 성공한 것들, 그들이 그 同一性을 지표화한 이 유명한 〈언설들〉, 이들은 우리가 경험상 그로부터 출발했던 그리고 우리가 이 이상한 武器庫에 초점을 맞추는 데에 구실을 제공해 주었던(〈정신병리학〉 또는 〈정치경제학〉 또는 〈자연사〉와 같은) 단위들과 동일한 것들이 아닌가? 이제 우리는 우리가 정의하고자 했던 개념들의 記述的인 효과를 측정해 보아야 한다. 우리의 기계가 작동을 하는지, 그것이 생산해 낼 수 있는 것이 무엇인지 알아야 한다. 이 〈고고학〉이 다른 記述들이 줄 수 없는 어떤 새로운 것을 제공할 수 있겠는가? 그토록 둔중했던 시도의 대가는 무엇일까?

그리고 곧 최초의 물음이 도래한다. 우리는 우리가 어떤 새로운 영역을 발견했으며, 그의 목록을 만들기 위해 측도들과 미편집된 지표들이 요구된다는 듯이 행동했다. 그러나 사실상 우리는 오랫동안 〈知性史 histoire des idées〉라는 이름 아래 이해해 오던 공간 속에 위치해 있었던 것이 아닌가? 우리가 암묵적으로, 되풀이하여 그로부터 거리를 취하고자 했을 때조차도, 지시했던 것은 바로 이 공간이 아닌가? 애당초 우리가 그로부터 눈을 돌리고자 하지 않았더라면, 이미 이 공

---

1) 즉 구조주의도 해석학도 아닌.

간 속에서, 이미 준비된 그리고 이미 분석된 채로, 우리가 찾던 모든 것들을 발견하지 않았을까? 기본적으로 우리는 단지 지성사가에 지나지 않으리라, 그러나 내색하지 않는, 그리고 원한다면 뻔뻔스러운. 그의 분야를 완전히 개조하고자 하는, 의심할 바 없이 이 분야에 다른 인접한 분야들이 최근에 획득한 것과 같은 엄밀성을 부여하고자 하는, 그러나 이 오래된 분석형태들을 실제 수정할 수 없었기 때문에 그리고 그로 하여금 과학성의 문턱을 넘게 할 수 없었기 때문에(그러한 형태변이가 결코 불가능하리라는 것이 발견된다 해도, 그러한 변화를 야기시킬 능력이 없다 해도)——사람의 눈을 속이기 위해——언제나 다른 어떤 것을 해왔노라고 말하는 역사가. 사실은 동일한 풍경 속에 남아 있음을, 황폐해질 정도까지 사용된 오래된 흙에 부착되어 있음을 숨기기 위한 이 새로운 안개. 우리는, 우리가 〈지성사〉로서 판정받는 만큼, 우리가 고고학적 분석이 어떤 점에서 지성사의 기술들과 구분되는가를 지적하지 못했던 만큼, 안심할 권리가 없다는 것은 사실일 것이다.

　지성사와 같은 분야를 특성화하는 것은 쉬운 일이 아니다 : 불확실한 대상, 서툴게 그려진 경계선들, 左로부터 그리고 右로부터 빌려온 방법들, 정확성도 고정성도 없는 방식. 그럼에도 불구하고 우리는 그의 두 가지의 역할을 식별해 낼 수 있다. 한편으로, 지성사는 지엽말단적이고 주변적인 역사를 논한다. 과학의 역사보다는 불완전한, 약한 기초를 가지고 있는, 엄밀한 방식으로 과학성의 형태에 도달할 수 없었던 인식들(화학이 아닌 연금술, 생리학이 아닌 동물영혼의 이론이나 골상학, 물리학이 아닌 원자론적 테마들)의 역사. 문학, 역사, 제과학, 법학, 도덕 그리고 대중들의 일상생활을 지배하는 통속적인 철학들의 역사. 엄밀하고 개별적인 체계로 結晶化되지 못하고, 철학하지 않는 사람들에 의한 단순한 철학을 형성시킨 이 오래된 테마들의 역사. 문학의 역사가 아닌, 이 측면적인 풍문의 그리고 결코 작품의 지위를 얻지 못하고 곧 퇴화되어 버린 이 일상적이고 일시적인 글쓰기의 역사 : 통속문학들, 연감들, 잡지들, 일시적인 성공들, 유치한 저자들에 대한 분석. 이와 같이 정의될 경우——그러나 우리는 곧 그 정확한 한계를 고정시키는 것이 얼마나 어려운가를 보게 될 것인바——지성사는 이 모든 교활한 사유, 사람들 사이에서 익명적으로 흐르는 이 모든 표상들의 놀이와 관계한다. 위대한 언설적 기념비들의 빈틈 속에서, 지성사는 그것이 발을 디디고 있는 허약한 토양을 드러내는 것이다. 그것은 동요하는 언어들을, 무정형한 작품들을, 잘 연결되지 못한 테마들을 다루는 학문이다. 지식이 아닌 의견들의, 진리가 아닌 오류들의, 정신의 유형들이 아닌 사유의 형태들에 대한 분석.

그러나 다른 한편, 지성사는 그의 과제로서 기존의 분야들을 관통하는 것, 그들을 논하고 재해석하는 것을 부여받는다. 그래서 그것은 하나의 주변적인 영역보다는 어떤 분석유형을, 관점의 제시를 구성한다. 그것은 제과학의, 문학의, 철학의 역사적 場을 다룬다 : 그러나 그것은 이들 분야에 있어서의 궁극적인 언어표현들하에서 반성된 인식들이 아닌 경험적인 기초의 역할을 하는 인식들을 기술한다. 그것은 移書된 언설보다는 직접적인 경험을 되찾아내고자 한다. 그것은, 수용된 또는 획득된 표상들로부터 출발하여, 체계들과 작품들을 낳게 되는 誕生을 추적한다. 그것은 역으로 이와 같이 구성된 거대한 구축물들이 어떻게 점점 와해되는가를 보여준다 : 테마들은 어떻게 서로 분리되고, 각자의 고립된 길을 걸어가고, 그 效力을 잃어버리고, 새로운 양태로 재구성되는가. 그래서 지성사는 시작과 끝의 학문, 애매한 연속성과 회귀에 대한 記述의 학문, 역사의 선형적 발전의 재구성에 관한 학문이다. 그러나 그것은 또한 바로 그렇기 때문에, 한 영역으로부터 다른 영역으로, 교환과 매개의 모든 놀이를 기술할 수 있다 : 그것은 문제들이, 개념들이, 테마들이 그들이 그 안에서 공식화되는 철학적 場으로부터 과학적인 또는 정치적인 언설로 어떻게 이주할 수 있었는가를 지적한다. 그것은 작품들을 제도들, 습관들 또는 사회적 행동들, 技術들, 필요들 그리고 말 없는 실천들과 관계맺어 준다. 그것은 언설의 가장 정교한 형태들을 구체적인 풍경 속에서, 그들의 탄생을

194

목격한 성장과 발전의 환경 속에서 再生시키고자 한다. 그래서 그것은 간섭들의 학문, 작품들을 둘러싸는, 그들을 강조하는, 그들을 서로 연결시키는 그리고 그들을 그들이 아닌 모든 것 속에 삽입시키는 동심원들의 記述이 되는 것이다.

우리는 지성사의 이 두 종류의 역할이 어떻게 서로 연관되는지를 알 수 있다. 지성사는, 그 가장 일반적인 형태에 있어, 끊임없이——그리고 그것이 수행되는 모든 방향에 있어——非철학으로부터 철학으로의, 非과학으로부터 과학으로의, 非문학으로부터 작품 자체로의 移轉을 기술한다고 말할 수 있을 것이다. 그것은 외관적인 변화 아래에서, 수많은 맹목적인 공모성들을 이용하는 느린 형성들 아래에서, 점차 서로 얽히는 그리고 작품의 섬세한 정점 속에서 농축되는 거대한 윤곽들의 아래에서 완강하게 버티는 어렴풋한 탄생에 대한, 먼 상응에 대한, 존속들에 대한 분석이다. 誕生, 連續性, 總體性 : 이들이 지성사의 위대한 테마들이며, 지성사는 이들을 가지고서 (이제는 전통적인 것이 되어버린) 역사적 분석의 어떤 형태에 밀착된다. 이러한 조건들하에서, 역사에, 그의 방법들에, 그의 요구와 가능성에, 이제는 다소 퇴색해 버린 이 개념들에 여전히 집착하는 모든 사람들이 지성사와 같은 분야를 포기할 수 없다고, 나아가 언설에 대한 분석에 있어서의 다른 모든 형태들은 역사 자체에 대한 배신이라고 생각하는 것은 당연한 것이다. 그러나 考古學的 記述은 정확히 지성사에 대한 포기이며, 그 가설들과 과정들에 대한 체계적 거부이며, 사람들이 말한 것과는 전혀 다른 역사를 만들어내고자 하는 시도이다. 어떤 사람들이 그들의 시도에 있어 그 幼稚함의 역사를 전혀 깨닫지 못한다는 것, 그들이 그것을 놓으려 하지 않는다는 것, 그리고 그들이, 더 이상 그러한 역사가 받아들여지지 않는 시대에 있어, 과거의 이 거대한 환영에 사로잡혀 있다는 것은 분명 그들의 忠誠心의 과잉을 증명해 주는 것이다. 그러나 이러한 보수적인 정열은 우리의 입장과 계획을 강화시켜 줄 뿐인 것이다.

고고학적 분석과 지성사를 가르고 있는 분기점은 많다. 우리는 이제 가장 중요한 것으로 보이는 네 가지의 차이만을 보여주고자 한다 : 새로움 nouveauté 의 부과에 관하여, 모순들 contradictions 에 대한 분석에 관하여, 比較的인 comparatives 記述들에 관하여, 마지막으로 변환들 transformations 의 지표화에 관하여. 독자들은 이러한 차이점들에 있어 고고학적 분석의 특성들을 포착할 수 있을 것이고, 경우에 따라서는 그의 記述的인 능력을 측정해 볼 수 있을 것이다. 지금으로서는 몇 가지의 원리들을 제시하는 것으로 충분할 것이다.

1 고고학은 언설들 안에 숨겨져 있는 또는 드러나 있는 사유들, 표상들, 이마쥬들, 테마들, 고정관념들이 아닌 그 언설들 자체, 규칙들에 복종하는 실천들인 한에서의 언설들을 정의하고자 한다. 고고학은 언설을 문서로서, 다른 사물에 대한 기호로서, 투명하긴 하지만 그것이 보존되는 그곳에서 본질적인 것의 깊이와 연결되기 위해서는 종종 성가신 불투명성을 통과해야 하는 요소로서 취급하지 않는다. 그것은 언설을 그의 고유한 부피 속에서, 기념비로서 다룬다. 고고학은 解釋的인 과목이 아니다 : 그것은 보다 잘 숨겨져 있는 〈다른 언설〉을 찾지 않는다. 그것은 〈寓意的임〉을 거부한다.

2 고고학은 언설들을 완만한 경사면을 따라 그들을 선행하는, 둘러싸는 그리고 뒤따르는 것에 연결시키는 연속적이고 감지하기 힘든 轉移를 되찾아내고자 하지 않는다. 고고학은 언설들이 그들이 아직 도달하지 못한 바의 것에서 출발하여 그들의 현재상태에 이르는 순간을 포착하고자 기다리지 않으며, 그들이, 그들의 고정성을 풀어버림으로써, 점차 그들의 동일성을 잃어버리게 되는 순간을 기다리지도 않는다. 고고학의 문제란 반대로 언설들을 그들의 特異性 속에서 기술하는 것, 그들을 작동시키는 규칙들의 놀이가 어떤 점에서 다른 것들로 환원불가능한가를 보여주는 것, 그들의 외면적인 정지를 따라서 그리고 그들을 보다 잘 강조하기 위해서 그들을 뒤따르는 것에 있다. 고고학은, 완만한 발전을 따라, 의견의 애매한 場으로부터 체계의 단일성이나 과학의 일정한 안정성으로 진행하지 않는다. 그것은 〈의견학

doxologie〉이 아니다. 고고학은 언설의 양태들에 대한 示差的 分析 analyse différentielle인 것이다. [2]

**3** 고고학은 작품의 至高한 모습에 좌표화되어 있지 않다. 그것은 작품이 익명적 지평으로부터 떠오르는 순간을 포착하고자 하지 않는다. 고고학은 개인적인 것과 사회적인 것이 결과적으로 전복되는 수수께끼 같은 點을 되찾고자 하지 않는다. 그것은 창조의 심리학도, 사회학도 보다 일반적으로는 인간학도 아니다. 고고학에 있어서 작품이란 하나의 가능한 단위일 뿐이다. 설사 그를 그의 전체적인 문맥 속에 또는 그를 받쳐주는 인과성들의 망 속에 재위치시키는 것이 고고학의 문제라 해도. 고고학은 개인적인 작품들을 관통하는, 종종 그들에게 전적으로 명령을 내리고 그들을 빈틈없이 지배하는 그러나 또한 종종 그의 한 부분만을 지배하는 언설적 실천들의 규칙들과 유형들을 정의한다. 創造하는 主體의 심급——작품의 통일성의 원리이자 그 존재이유인 한에서——은 고고학에 낯선 존재인 것이다.

**4** 마지막으로, 고고학은 사람들에 의해(그들이 언설을 발화한 순간에 있어서조차도) 사유될 수 있었고, 욕구될 수 있었고, 의도될 수 있었고, 감각될 수 있었고, 희망될 수 있었던 것을 재건하고자 하지 않는다. 그것은 이 일시적인 핵——그곳에서 저자와 작품이 그들의 동일성을 교환하는, 사유가 다시 자아의 가까이에 아직도 동일성을 잃지 않은 형태하에서 머무르는, 그리고 언어가 아직 언설의 공간적 分散과 繼起에 있어 전개되지 않은——을 주워모으고자 하지 않는다. 다시 말해 고고학은 말해진 것을, 그를 그의 동일성 자체 안에 연결시킴으

---

2) 고고학은 (헤겔적 의미의) 변증법을 거부한다. A와 B가 모순을 이룰 때 A와 B를 동시에 포함하면서 그들 사이의 모순을 극복하는 C라는 존재는 있을 수 없다. A와 B가 〈다르다면〉, 그것은 〈다른 것〉이다. 그들은 보다 고차적인 동일성으로 〈지양되지〉 않는다. 이 문제는 플라톤, 헤겔, 베르그송 등에 의해 중요하게 다루어진 문제이며 현대 프랑스 철학의 이해를 위해서도 핵심적인 문제이다. 이에 대해서는 Vincent Descombes, *Le même et l'autre* (Les éditions de Minuit)를 참조.

로써, 반복하고자 하지 않는다. 고고학은 먼, 일시적인, 거의 시원으로부터 지워진 빛을 그의 순수성 속에서 다시 오게 할 독해의 애매한 경솔함 속에서 스스로 지워지고자 하지 않는다. 고고학은 다시 쓰기 réécriture에 지나지 않는다 : 즉 外在性의 지속적인 형태하에서의, 이미 씌어진 것의 규제된 變換. 이는 시원의 비밀 자체로의 회귀가 아니다. 그것은 언설-대상의 체계적인 기술인 것이다.


## 2 시원적인 것과 규칙적인 것


일반적으로 지성사는 언설들의 場을 두 종류의 가치를 지닌 영역으로서 취급한다. 그 안에서 지표화할 수 있는 모든 요소들은 오래된 것으로 또는 새로운 것으로, 아직 편집되지 않은 것으로 또는 반복된 것으로, 전통적인 것으로 또는 독창적인 것으로, 평균적인 유형에 부합되는 것으로 또는 평균을 벗어나는 것으로 특성화될 수 있다. 따라서 언어표현의 두 범주가 구분될 수 있다 : 가치를 부여받은 그리고 상대적으로 그 數가 적은, 처음으로 등장한, 그와 유사한 선행자들을 가지지 않는, 경우에 따라 다른 것들의 모델의 역할을 할 수 있는, 그런만큼 創造로 간주될 수 있는 것들, 그리고 스스로를 책임지지 않으며 이미 말해진 것으로부터——종종 원문 그대로 반복하기 위해——유도되는 진부하고, 평범하고, 그 수에 있어 다량인 것들. 지성사는 이 두 무리들에게 하나씩의 지위를 부여해 준다. 그리고 그들을 서로 상이한 분석들에 복속시키는 것이다 : 첫번째의 것을 기술할 경우, 지성사는 발명들의, 변화들의, 형태변이들의 역사에 관해 말하고, 진리가 어떻게 오류로부터 벗어날 수 있었는지, 의식이 어떻게 그의 계속적인 잠으로부터 깨어날 수 있었는지, 새로운 형태들이 어떻게 우리에게 이제 우리의 것이 되어버린 풍경들을 제공하기 위해 솟아올랐는지를 보여준다. 이는 고립적인 點들로부터, 계기적인 비약들로부터 출발해

進化의 연속적인 線을 되찾으려는 역사가에 속한다. 반면에 다른 사람들은 역사를 관성과 무게로서, 과거의 점진적인 축적으로서, 그리고 말해진 것들의 말 없는 침전으로 나타낸다. 이 경우 언표들은 한꺼번에 그리고 그 평균적인 측면에서 다루어진다. 이 언표들의 事件의 單一性은 중성화될 수 있으며, 그들의 중요성으로부터 그리고 그들의 저자의 동일성 및 그들의 출현의 시공간적 동일성으로부터 길을 잃는다. 역으로 측정되어야 할 것은 그들의 延長이다 : 그들이 어디까지 그리고 언제까지 반복되는가, 어떤 길을 따라 확산되는가, 어떤 그룹들 속에서 순환하는가, 인간들의 사유를 위해서 어떤 일반적인 지평을 그리는가, 그 사유에 어떤 경계선을 부과하는가, 그리고 한 시대를 특성화함으로써 어떻게 다른 사유들로부터 그 사유를 구분할 수 있게 해주는가 : 그래서 사람들은 일련의 거대한 윤곽들을 기술한다. 첫번째 경우, 지성사는 사유의 사건들의 繼起를 기술한다. 두번째의 경우, 지성사는 효과들의 간단없는 層들을 가진다. 첫번째의 경우, 지성사는 진리들의 또는 형식들의 출현을 재구성한다. 두번째의 경우, 잊혀진 連帶性들을 재건하고 언설들에 다시 그들의 상대성을 부과하는 것이다.

지성사가 이 두 경우들 사이의 관계들을 꾸준히 규정하는 것은 사실이다. 우리는 두 분석 중의 어느 하나가 순수한 형태로 존재하는 것을 발견할 수 없다 : 그것은 오래된 것과 새로운 것 사이의 투쟁들을, 획득된 것의 저항을, 그것(획득된 것)이 아직 전혀 말해지지 않은 것에 끼치는 억압을, 전자가 후자를 덮어버리기 위해 이용하는 덮개들을, 전자가 종종 후자에게 떠맡기는 데 성공하는 망각을 기술한다. 그러나 지성사는 또한 미래의 언설들을 멀리로부터 그리고 애매하게 준비하는 맹아들을 기술한다. 그것은 발견들의 반향, 그들의 확산의 속도와 범위, 대치의 느린 과정이나 친숙한 언어를 뒤흔들어놓는 갑작스러운 동요를 기술한다. 그것은 기존 성과들의 이미 구조화된 場으로의 새로움의 통합, 시원적인 것의 전통적인 것으로의 점진적인 퇴락, 또는 旣言의 재출현과 시원적인 것의 재등장을 기술하기도 하는 것이다. 그러나 이러한 얽힘이 지성사로 하여금 오래된 것과 새로운 것의 양극적인 분석을 계속 지속하지 못하게 만드는 것은 아니다. 역사의 경험적인 요소에 몰두하는, 그리고 그 각 순간들에 있어, 시원의 문제틀에 몰두하는 분석 : 각 작품들에 있어, 각 저서들에 있어, 보다 열등한 텍스트에 있어, 문제는 비약의 점을 되찾아내는 것, 그리고 가능한 한의 정확성을 가지고서, 이미 거기 존재하는 것의 함축적인 두께(획득된 의견에의 아마도 무의식적일 충실성, 언설적 운명들의 법칙)와 창조의 생생함(환원 불가능한 차이 속에서의 도약) 사이의 분배를 수립하는 것이다. 시원성들에 대한 이러한 기술은, 그것이 당연한 것처럼 보일지라도, 매우 어려운 두 가지 방법론적 문제들을 제기한다 : 類似性의 문제와 行程의 문제. 이러한 기술은 결국 각 언어표현들이 그 안에서 등질적인 연대기적 지표들에 따라 날짜를 취하는 일종의 유일한 巨大系列을 수립할 수 있음을 전제한다. 그러나 좀더 자세히 검토해 보면, 그림 Jacob Grimm이 그의 모음변이의 법칙들에 대한 연구에 있어 보프 Franz Bopp——그를 인용하고, 사용하고, 응용했으며, 재배치하고자 노력했던——를 선행한 것과 꾀르두 Coeurdoux 와 앙끄틸-뒤페롱 Abraham Anquetil-Duperron이, 그리스語와 산스크리트語 사이의 유비를 확인함으로써, 인도-유럽적 랑그들의 정의를 예기했고 비교문법의 정초자들을 선행한 것은 같은 방식으로였으며 또 같은 시간선상에 서였는가? 소쉬르 Ferdinand de Saussure 가 그의 〈선구자〉로서 피어스 Pierce를 가지게 된 것과 그의 기호학이 아르노 Antoine Arnauld와 랑슬로의 기호에 대한 고전적 분석에 의해, 스토아 학파 및 시니피앙의 이론에 의해 선행된 것은 같은 계열 속에서 그리고 같은 先行樣式 mode d'antériorité 에 따라서였는가? 先行이란 환원불가능한 최초의 소여가 아니다. 그것은 모든 언설들을 평가하고 시원적인 것을 반복적인 것으로부터 구분하도록 해주는 절대적인 척도의 역할을 할 수 없다.[3] 선행들의 지표화는 그것만으로는 하나의 언설적 질서를 규정하는 데 충분하지 않다 : 그것은 반대로 사람들이 분석하는 言說에, 사람들이 선택하는 水準에, 사람들이 수립하는 階段에 복종한다. 사람들이 언설을 달력에 따라 펼침으로써 그리고 그 각 요소들에 날짜를 부여함으로써 얻어내는 것은 선행들과 시원들의 일정한 위계가 아니다. 오히려 이 위계는 그것이 평가하고자 하는 언설들의 제체계에 상대적일 뿐인 것이다.

서로 뒤따르는 몇 개의 언어표현들 사이의 유사성에 관해 말하자면, 이 또한 일련의 문제들을 제기한다. 어떤 의미에 있어 그리고 어떤 규준에 따라 다음과 같이 판단할 수 있는가? : 〈이것은 이미 논의되었다〉, 〈우리는 동일한 것을 이러저러한 텍스트들 속에서 찾을 수 있다〉, 〈이 명제는 저 명제에 매우 가까운 것이다〉 등. 언설의 질서에 있어, 동일성——전체적인 것이든 부분적인 것이든——이란 무엇인가? 두 언표행위들이 정확히 동일하다는 것, 그들이 동일한 의미에 있어 사용된 동일한 말들로 이루어져 있다는 것은, 이미 알고 있듯이, 그들을 절대적으로 동일화시켜 주는 것이 아니다. 디드로와 라마르크, 또는 베노와 드 마이에와 다윈에 있어 진화론적 원리들에 대한 동일한 언어표현들이 발견될 때조차도, 그들이 (시간을 통해 反復의 한 계열에 복속되는) 유일하고 동일한 언설적 요소에 관련되어 있다고 생각할 수가 없는 것이다. 동일성은 결코 규준이 될 수 없다. 그것이 부분적일 경우, 단어들이 매번 같은 의미로 사용되지 않은 경우, 하나의 동일한 의미작용적 核이 상이한 단어들을 통해서 이해되는 경우에는 더욱 그렇다 : 뷰퐁의, 쥬시외의, 큐비에 Georges Cuvier 의 매우 상이한 어휘들과 언설들을 통해 생성된 것이 동일한 유기체주의적 테마라는 것을 어느 정도로 긍정할 수 있을까? 그리고 역으로 조직화라는 동일한 단어가 도방똥 Louis Daubenton, 블루멘바하 Johann Blumen-bach 그리고 죠프로와 쌩-띨레르 Geoffroy Saint-Hilaire에 있어 동일한 의미를 가진다고 말할 수 있는가? 일반적인 방식에 있어, 우

---

3) 즉 한 에피스테메 내에서의 시간적인 선행이란 큰 의미가 없다. 앞에서 언급한 〈선구자의 신화〉를 상기할 것.

리가 큐비에와 다윈 사이에, 그리고 이 동일한 큐비에와 린네(또는 아리스토텔레스) 사이에 지표화하는 것은 동일한 유형의 유사성인가? 이 언어표현들 사이에 존재하는 것은 즉각적으로 식별가능한 그 자체로서의 유사성이 아니다 : 그들의 유비는 사람들이 그를 지표화하는 장소인 言說的 場의 결과인 것이다.

그러므로 우리가 연구하는 텍스트들에게 갑작스럽게 그들의 시원성의 자격을 요구한다면 그리고 그들이 선행하는 텍스트들의 부재 여부에 의거해 측정되는 귀족가문에 속하는지를 물어본다면 그것은 정당하지 못하다. 그러한 물음은 매우 엄밀하게 정의된 系列들 내에서만, 우리가 그 한계들과 영역을 수립한 집합들 내에서만, 충분히 등질적인 언설적 장들을 제한하는 지표들 사이에서만 의미를 가질 수 있는 것이다. 그러나 旣言의 거대한 축적 속에서 이후의 텍스트와 〈미리〉 유사한 텍스트를 찾는 것, 역사를 통해서 기대들이나 메아리들의 놀이를 되찾기 위해 천착하는 것, 최초의 胚들로 거슬러 올라가거나 최후의 痕迹들까지 내려오는 것, 작품에 관련하여 전통에 대한 그의 충실성이나 그의 환원불가능한 단일성의 부분을 차례차례 솟아오르게 하는 것, 그의 시원성의 평점을 올리거나 내리는 것, 포르-로와얄의 문법학자들은 아무것도 발명하지 않았다고 말하는 것, 또는 큐비에는 일반적으로 알려진 것보다 더 중요한 선구자라는 것을 발견하는 것, 이들은 짧은 바지를 입은(귀족적인) 역사가들의 기분좋은 그러나 때늦은 오락들인 것이다.

고고학적 기술은 계기하는 사실들이, 사람들이 그들을 원시적이고 소박한 방식으로 수립하고자 원하지 않는 한, 관련해야 하는 바의 이 言說的 實踐들에 관련된다. 따라서 이 기술이 위치하고 있는 수준에서는, 시원성-진부함의 대립은 적절하지 못하다 : 고고학은 최초의 언어표현과 몇 년 뒤에, 몇 세기 뒤에 그를 다소간 정확하게 반복한 어구 사이에 가치의 어떤 위계도 수립하지 않는다. 즉 고고학은 극단적인 차이를 만들어내지 않는 것이다. 그것은 단지 언표들의 規則性을 수립하고자 할 뿐이다. 여기에서의 규칙성이란 현존하는 의견들의 여백 속에서 또는 보다 빈번히 인용되는 텍스트들 속에서 이탈적인(비정상적인, 예언적인, 뒤떨어진, 천재적인 또는 병리학적인) 언표를 특성화하는 불규칙성에 대립하지 않는다. 그것은, 모든 언어적 수행들(그것이 예외적인 것이든 진부한 것이든, 그러한 종류에 있어 유일한 것이든 수없이 반복된 것이든)을 위해, 그의 실존을 견고하게 만들어주는 또는 정의하는 언표적 기능이 수행되도록 해주는 조건들의 집합을 가리킨다. 이렇게 이해된 규칙성은 통계학적 곡선의 극한들 사이에 있는 어떤 중심적 위치를 특성화하는 것은 아니다[4]──그것은 따라서 빈도나 확률에 대한 지수로서의 가치를 가질 수 없다. 그것은 출현의 현실적인 場 un champ effectif d'apparition 을 특이화한다. 모든 언표는 어떤 규칙성의 운반자이며 그로부터 분리될 수가 없다. 따라서 우리는 한 언표의 규칙성을 다른 언표(보다 덜 이해된, 보다 단일한, 보다 많은 발명을 포함할)에가 아니라 다른 언표들을 특성화하는 규칙성들에 대립시켜야 하는 것이다.

고고학은 발명을 추구하지 않으며 어떤 사람이 최초로 어떤 진리에 대해 확신을 가지게 된 이 순간(감동적인, 우리는 이에 동의한다)에 무감각한 것으로 머무른다. 즉 고고학은 이 축제의 아침들이 내뿜는 빛을 재건하고자 하지 않는 것이다. 그러나 이는 의견의 평균적인 현상들에 그리고 모든 사람들이, 어떤 시대에 있어, 반복할 수 있을 灰色의 존재에 관심을 가지고자 하는 것은 아니다. 고고학이 린네 또는 뷰퐁의, 페티 또는 리카르도의, 핀넬 또는 비샤의 테스트들에 대한 검토를 통해 이루고자 하는 것은 정초하는 聖者들의 목록을 수립하는 것이 아니라, 한 言說的 實踐의 規則性을 드러내는 것이다. 그들의 보다 덜 독창적인 후계자들 또는 그들의 선구자들에 있어서도 똑같은 방식으로 작동하는 실천. 그리고 그들의 작품 자체에 있어 가장 독창적인(그리

---

4) 즉 단순한 〈평균치〉를 의미하는 것이 아니다.

고 그에 대해 이전의 아무도 생각하지 못했던) 판단들만이 아니라 그들이 그들의 선구자들로부터 다시 취한, 다시 복사하기까지 한 것들까지도 고려에 넣는 실천. 하나의 발견은, 언표적 관점에서 볼 때, 그를 반복하고 확산시키는 텍스트보다 덜 규칙적인 것이 아니다. 규칙성은 독창적인 형성 속에서보다 진부함 속에서 덜 효과적이고 덜 활동적인 것이 아니다. 이와 같은 기술에 있어서, 우리는 창조적인 언표들(새로운 어떤 것을 나타나게 하는, 아직 편집되지 않은 정보를 발설하는 그리고 어떤 의미에서 〈능동적인〉)과 모방적인 언표들(정보를 수용하고 반복하는, 언제나 〈수동적인〉 것으로 머무르는) 사이에 본성상의 차이를 인정할 수 없다. 언표들의 場은 창조적인 순간들에 의해 분절화된 관성적인 시간대들의 집합이 아니라 그것은 철저히 활동적인 하나의 영역인 것이다. 언표적 규칙성들에 대한 이러한 분석은 아마도 언젠가는 보다 신중히 탐색되어야 할 다양한 방향들로 개방된다.

1 규칙성의 어떤 형태는, 새로운 것과 그렇지 않은 것 사이에 차이를 형성하는 것이 필연적이지도 가능적이지도 않은 방식으로, 언표들의 집합을 특성화한다. 그러나 이 규칙성들——우리는 다시 이 문제를 논하게 될 것이다——은 단번에 주어지지 않는다. 우리가 뚜른느포르의 작품과 다윈의 작품에서, 또는 랑슬로의 작품과 소쉬르의 작품에서, 페티의 작품과 케인즈 John Keynes 의 작품에서 찾아내는 것은 동일한 규칙성이 아닌 것이다. 따라서 우리는 言表的 規則性들(이들은 언설적 형성을 특성화한다)의 等質的인 場들을 가질 수 있지만, 그러나 이 장들은 서로 상이한 것이다. 그래서 언표적 규칙성들의 새로운 場의로의 이행이 필연적으로 언설들의 모든 다른 수준들에로 파급하는 변화들을 동반하지는 않는 것이다. 우리는 문법의(어휘의, 통사론의, 그리고 랑그의 일반적인 방식의) 관점에서 보아 동일한, 또 논리학의 관점에서 보아(명제적 구조의 관점에서 보아, 또는 그것이 그 안에서 위치를 잡는 연역적 체계의 관점에서 보아) 동일한, 그러나 언표적으로 상이한 언어적 수행들을 찾아낼 수 있는 것이다. 유통되는 화폐총액과

가격 사이의 양적인 관계에 대한 언어표현은 동일한 말들에 의해——또는 유사한 말들에 의해——현실화될 수 있으며, 동일한 추론에 의해 획득될 수 있다. 그러나 그것은 그레샴 Thomas Gresham 또는 로크 John Locke 에 있어 그리고 19세기의 한계효용론자들에 있어 언표적으로 동일하지 않다. 그것은 여기에서 그리고 저기에서 대상들과 개념들의 동일한 형성체계를 드러내지 않는 것이다. 그래서 언어학적 類比(또는 번역가능성), 논리학적 同一性(또는 등가성) 그리고 언표적 等質性homogénéité énonciative을 구분해야 하는 것이다. 고고학이, 거의 단독적으로, 떠맡는 것은 바로 이 등질성들인 것이다. 따라서 고고학은 하나의 새로운 언설적 실천이, 언어학적으로 유비적인 것으로 또는 논리학적으로 등가적인 것으로 머무르는 언어표현들을 극복하고서, 나타나는 것을 볼 수 있다(어구-귀속에 대한 그리고 동사-연사에 대한 오래된 이론을——때로는 거의 그대로——다시 취함으로써, 포르-로와얄의 문법학자들은 고고학이 그의 특이성을 기술해야 할 하나의 언표적 규칙성을 열었다). 역으로 고고학은, 그것이, 여기저기에서 그리고 이 多質性들에도 불구하고 어떤 언표적 규칙성을 식별해 낼 수 있다면, 어휘의 차이들을 무시할 수 있으며 또 의미론적인 장이나 상이한 영역적 조직화들을 간과할 수 있는 것이다(이런 관점에서는 행위의 언어에 대한 이론, 랑그들의 시원에 대한 탐구, 18세기에 있어서의 원초적 어근들의 수립은 랑그들에 의해 수행된 〈논리학적〉 분석들에 관련해서는 〈새로운〉 것이 아니다).

그래서 우리는 일련의 풀어짐들과 분절들이 소묘되는 것을 볼 수 있다. 우리는 더 이상 하나의 발견이, 한 일반적 원리에 대한 공식화가 또는 한 계획의 정의가 둔중한 방식으로 언설의 역사 속에 새로운 관계를 도래시킨다고 말할 수 없다. 우리는 더 이상 그로부터 출발해 모든 것이 조직화되는, 모든 것이 가능하게 그리고 필연적이게 되는, 재시작을 위해 모든 것이 폐기되는 이 절대적인 시원의 또는 총체적인 혁명의 지점을 찾지 않는다. 우리가 문제삼는 것은 구분적인 역사적

씨줄들 속에서 취해진, 상이한 유형들과 수준들의 事件들이다. 수립
되는 언표적 등질성은 그 후 몇십 년 또는 몇백 년 동안 인간들이 말
하려 하는 것 그리고 똑같이 생각하려 하는 것을 전혀 함축하지 않는
다. 그것은, 명시적인 것이건 아니건, 그 모든 나머지를 그의 결과라
는 명목으로 전개시킬 일련의 원리들에 대한 정의 또한 함축하지 않는
다. 언표적 등질성들(그리고 다질성들)은 언어학적 연속성들(그리고 변
화들) 및 논리학적 동일성들(그리고 차이들) 및 서로 같은 발걸음을 내
디디지 않고서 또는 서로 명령하지 않고서, 얽힌다. 그럼에도 불구하
고 그들 사이에는 일련의 상호관계와 의존들—— (분명 매우 복잡할)
그들의 영역이 발견되어야 할——이 존재해야 하는 것이다.

  **2** 탐구의 또 다른 방향 : 언표적 규칙성들에 內在的인 位階들. 우
리는 이미 모든 언표들은 어떤 규칙성으로부터 떠오른다는 것——결
과적으로 순수하고 단순한 창조로, 또는 천재의 놀라운 무질서로 간주
될 수 없다는 것을 보았다. 그러나 또한 우리는 어떤 언표도 비능동적
인 것으로, 최초의 언표에 대한 희미한 복사 또는 그림자로 간주될 수
없음을 보았다. 모든 언표적 장은 규칙적인 동시에 깨어 있다. 그것은
잠을 자지 않는다. 최소한의 언표——가장 눈에 띄지 않는 또는 가장
진부한——조차도 그의 대상, 그의 양태, 그가 사용하는 개념들 그리
고 그가 참여하는 전략을 형성시키는 규칙들의 모든 놀이를 작동시킨
다. 이 규칙들은 결코 하나의 언어표현 속에 주어지지 않으며, 언어표
현들을 관통하여 그들의 共存의 空間을 구성한다. 그래서 우리는 언어
표현들을 그들 자체로서 연결시키는 단일한 언표를 찾을 수 없는 것이
다. 그럼에도 불구하고 언표들의 어떤 무리들은 이 규칙들을 그들의
가장 일반적인 그리고 가장 큰 적용범위를 지니는 형태 아래에서 작동
시킨다. 이들로부터 출발해 우리는 다른 대상들, 다른 개념들, 다른
언표적 양태들 또는 다른 전략적 선택들이 어떻게 보다 덜 일반적인
그리고 그 적용영역이 보다 특이한 규칙들로부터 출발해 형성될 수 있
는가를 볼 수 있다. 그래서 우리는 언표적 파생 dérivation énoncia-

206

tive의 나무를 기술할 수 있다 : 그 가장 아래에는, 형성의 규칙들을 그들의 가장 넓은 외연 속에서 작동시키는 언표들이, 그 가장 위에는 그리고 일련의 분지화를 거친 후에는, 동일한 규칙성을 작동시키는 그러나 보다 섬세하게 분절된, 그의 외연에 있어 보다 제한된 그리고 국소화된 언표들이 자리잡는 나무.

그래서 고고학은——이것이 그의 주요 테마 중 하나인바——한 언설의 파생의 나무를 구성할 수 있다. 예컨대 自然史의 그것. 고고학은 우선 뿌리 옆에, 주요 언표들로서, 관찰가능한 구조들의 그리고 가능한 대상들의 場에 대한 정의에 관련되는 것들, 記述의 형태들과 그들이 이용할 수 있는 지각적 코드들을 규정하는 것들, 특성화의 가장 일반적인 가능성들을 나타나게 하는 것들 그리고 그와 같이 해서 구성될 개념들의 모든 영역을 여는 것들, 마지막으로 하나의 전략적 선택을 구성함으로써 궁극적인 최대한의 선택에 자리를 마련해 주는 것들을 놓을 것이다. 그리고 고고학은, 잔가지들의 끝에 또는 적어도 여러 가지들의 얽힘에, 〈발견들〉(예컨대 화석화된 계열들의 발견), 개념적 변환들(예컨대 類에 대한 새로운 정의), 새로운 개념들의 출현(예컨대 포유류나 유기체의 출현), 技術들의 활용(예컨대 수집을 조직화하는 원리들, 분류와 명명의 방법)을 위치시킬 것이다. 주요 언표들로부터의 이러한 편차는 公理들로부터 출발해 실행되는 연역과 혼동되어서는 안된다. 그것은 또한 그 의미작용들이 경험들이나 정확한 개념화들 속에서 조금씩 전개될 철학적 核의 또는 일반적 개념의 發芽와 동일시되어서도 안된다. 마지막으로 그것은 그의 결과들을 조금씩 전개시킬 그리고 그의 가능성들을 조금씩 피어나게 할 발견으로부터 출발하는 어떤 心理學的 生成으로 간주되어서도 안 되는 것이다. 고고학적 편차는 이 모든 경로들과는 다르며, 그의 자율성 속에서 기술되어야 하는 것이다. 그래서 우리는 자연사에 있어서의 고고학적 편차들을 그의 증명불가능한 공리들로부터 또는 그의 근본적인 테마들(예컨대 자연의 연속성)로부터 출발하지 않고서도 그리고 출발점으로서 또 지도이념으로서 최초의 발견들이나 접근들(린네에 앞선 뚜른느포르의 발견들, 뚜른느포르에 앞선 존스톤 Jonston의 발견들)을 출발점이나 지도이념으로 삼지 않고서도 기술할 수 있는 것이다. 고고학적 질서는 체계성의 질서도 아니며 연대기적 계기의 질서도 아닌 것이다.

그러나 여기에서 가능한 의문들의 영역이 활짝 열리는 것을 볼 수 있다. 왜냐하면 이 상이한 질서들이 특이한 것들이며 각자가 그의 자율성을 지닌다 하더라도, 그들 사이에는 관계들과 의존들이 존재하기 때문이다. 어떤 경우들에 있어 그것이 연대기적 계기들을 뒤따르듯이, 어떤 언설적 형성들에 있어서는 고고학적 질서가 체계적인 질서와 크게 다르지 않을 것이다. 이러한 평행(우리가 다른 곳에서 찾을 수 있는 비틀림과 대조되는)은 분석해 볼 필요가 있다. 어쨌든 이 상이한 배치들을 혼동하지 않는 것, 최초의 〈발견〉 속에서 또는 한 언어표현의 시원성 속에서 우리가 그 모두를 연역하고 유도해 낼 수 있는 원리를 찾지 않는 것, 하나의 일반적인 원리 속에서 언표적 규칙성들의 또는 개인적 의도들의 법칙을 찾지 않는 것, 고고학적 편차로 하여금 시간의 질서를 재생해 내도록 또는 하나의 연역적인 도식을 드러내도록 요구하지 않는 것이 중요하다.

언설적 형성에 관한 분석 속에서 총체화적인 기간화 périodisation totalitaire의 시도를 보는 것보다 잘못된 것은 없을 것이다[5] : 어떤 순간으로부터 출발해서 그리고 어느 시간 동안, 모든 사람들이 표면의 차이들에도 불구하고 같은 방식으로 사유하리라는 것, 多形的인 어휘를 통해서 같은 것을 말하리라는 것, 그리고 그들이 그 모든 의미에 있어 무차별적으로 주파할 수 있을 일종의 巨大言說을 생산해 내리라는 것. 반면에 고고학은 그의 고유한 시간적 마름질을 지니는, 그렇지만 그 마름질에 의해 사람들이 언어 속에서 지표화할 수 있는 동일성

---

5) 이는 푸코의 철학에 대한 대표적인 그릇된 이해이다.

과 차이성의 모든 다른 형태들을 실어나르지는 않는 言表的 等質性의 한 水準을 기술한다. 그리고 이러한 수준에 있어, 고고학은 하나의 배치를, 위계들을, 둔중하고 무형적인 그리고 단번에 거시적으로 주어지는 그러한 공시성을 배제하는 모든 얽힘을 수립한다. 사람들이 〈시대 époques〉라 부르는 이 혼동스러운 단위 속에서, 고고학은 개념들의 시간 위에서, 이론적인 단계들 위에서, 언어표현의 단계들 위에서, 그리고 언어학적 진화의 단계들 위에서 서로 연결되는 그러나 서로 혼동되지는 않는 〈언표적 기간들 périodes énonciatives〉을, 그들의 특이성과 함께, 나타나게 하는 것이다.


## 3 모순들


지성사는 일반적으로 그가 분석하는 언설들의 程合性을 신용한다. 지성사가 말들의 사용에 있어서의 불규칙성, 양립불가능한 다수의 명제들, 서로 조화되지 못하는 의미작용들의 놀이, 체계화될 수 없는 개념들을 다루는 경우가 있겠는가? 지성사는, 다소간 심오한 수준에서, 언설을 조직화하고 그에게 숨겨진 통일성을 복원시켜 주는 一貫性의 원리를 찾아내는 것을 그의 의무로 삼는다. 이 정합성의 법칙은 하나의 교육학적 규칙, 과정상의 의무, 탐구의 도덕적 의무이다 : 모순들을 쓸데없이 복수화시키지 말 것, 작은 차이로부터 시작하지 않도록 한 것, 변화나 수정, 과거로의 회귀[6] 또는 논쟁들에 너무 큰 무게를 부과하지 말 것, 인간들의 언설은 그들의 욕구들의 모순과 그들이 받는 영향 또는 그들이 그 안에서 살고 있는 조건들에 의해 내부로부터 계속 파내어진다고 가정하지 말 것. 모순들이 말한다면, 그리고 그들이 서로 대화한다면, 그것은 차라리 이 모순들을 극복하고 그들을 정

---

6) 이 경우의 〈회귀〉란 지적인 퇴보를 의미한다.

복할 수 있는 出發點을 찾아내기 위해서라는 것을 인정할 것. 그러나
이 동일한 정합성은 또한 탐구의 결과이기도 하다 : 그것은 분석을 완
성하는 최종적인 통일성들을 정의한다. 그것은 한 텍스트의 내적인 조
직화를, 한 개별적인 작품의 발전의 형태를, 또는 상이한 언설들 사이
의 만남의 장소를 발견한다. 지성사는 이 정합성을 재건하기 위해 그
를 가정해야 하며, 그를 충분히 멀리까지 그리고 충분히 오랫동안 되
찾았을 때에만 그를 찾았다고 확신할 것이다. 그것은 하나의 최적조건
으로서 나타난다 : 가장 단순한 수단들에 의해 해결된 최대한의 모순
들.

　　그러나 사용되는 수단들은 매우 많으며, 때문에 발견된 정합성들은
매우 상이할 수 있다. 우리는 명제들과 그들을 결합해 주는 관계들의
진리를 분석함으로써 논리학적인 무모순의 장을 정의할 수 있다 : 우리
는 그와 같이 해서 하나의 체계성을 발견하고, 어구들의 가시적인 신
체로부터 문법의 애매함 및 단어들의 의미작용적 과중이 (그들이 그 場
을 번역한 만큼) 은폐시킨 이 관념적인 순수한 건축물로 거슬러 올라갈
것이다. 그러나 우리는 이와 반대로, 유비들과 상징들의 실타래를 따
라감으로써, 논증적이기보다는 상상적인, 합리적이기보다는 정감적
인, 개념보다는 욕구에 더 가까운 테마를 되찾아낼 수 있다. 그의 힘
은 가장 대립적인 것들까지도 활성화한다(그러나 이는 그들을 곧 하나의
느리게 변환가능한 통일성 속에 기초지우기 위해서이다). 이와 같이 해서
사람들이 발견하는 것, 그것은 유연한 연속성이다. 그것은 표상들,
이마쥬들 그리고 다양한 은유들 속에서 형태를 취하는 의미의 여정
parcours d'un sens이다. 테마적이든 체계적이든, 이 정합성들은 명시
적일 수 있거나 그렇지 못하다 : 사람들은 말하는 주체 속에서 의식적
이었던, 그러나 그의 언설이——환경으로 인해 또는 그의 언어의 형
태 자체에 연결되어 있는 무능력으로 인해——표현하는 데 지쳐버린
표상들의 수준에서 그들을 찾을 수 있다. 또 사람들은 그들을 구조들
——저자를 그가 그들을 구성했던 것 이상으로 제한하는, 그가 설명

하지 못할 정도로 그에게 가정들을, 조작적 도식들을, 언어학적 규칙들을 일련의 판단들과 기본적인 믿음들을 이마쥬의 유형들을, 또한 환각의 논리를 부과한——속에서 찾을 수 있다. 마지막으로 이는 사람들이 한 개인의 수준에서 수립하는 정합성들의 문제일 수 있다. 즉 그의 자서전의 또는 그의 언설의 단일한 환경들의 문제일 수 있다. 그러나 사람들은 그들을 보다 넓은 지표들에 따라 수립할 수도 있으며, 그들에게 한 시대의, 의식의 한 일반적인 형태의, 사회의 한 유형의, 전통들의 한 집합의, 하나의 문화에 공통된 상상적인 풍경의 통시적이고 집단적인 차원들을 줄 수 있는 것이다. 이 모든 형태들하에서, 그와 같이 발견된 정합성은 언제나 똑같은 역할을 수행한다 : 직접적으로 가시적인 모순들은 표면의 반짝거림에 지나지 않는다는 것을 보여주는 것, 이 分散된 破裂들의 놀이를 하나의 唯一한 核으로 가져가야 한다는 것을 보여주는 것. 矛盾, 그것은 숨는 또는 숨겨지는 어떤 통일성의 외관일 뿐이다 : 그것은 의식과 무의식 사이, 사유와 텍스트 사이, 관념성과 표현의 우발적인 신체 사이에서의 어긋남 속에서만 그의 자리를 잡는 것이다. 어쨌든 분석은 가능한 한 모순을 제거해야 하는 것이다.

이와 같은 작업의 끝에는 오직 잔여적인 모순들——우발사건들, 빈틈들, 단층들——만이 남거나 또는 반대로, 마치 분석들이 비밀스럽게 그리고 본의 아니게 그곳으로 이끌려왔다는 듯이, 근본적인 모순이 솟아오르는 것이다 : 양립불가능한 가정들, 화해시키기 힘든 영향들의 얽힘, 욕구의 최초의 굴절, 한 사회를 그 자신에 대립시키는 경제적이고 정치적인 갈등의 (경우에 따라서는 체계의 시원에 있어서의) 작동. 이 모든 것들은, 환원시켜야 할 피상적 요소들로서 나타나는 대신, 결국 조직화하는 원리로서, 모든 작은 모순들을 설명해 주고 그들에게 견고한 기초를 제공해 주는 기초적이고 비밀스러운 법칙으로서 부각되는 것이다 : 결국 다른 모든 대립들의 모델로서. 그러한 모순은, 언설의 우발사건이나 외관이기보다는, 그의 펼쳐진 진리를 해방시키기 위해 언설로부터 떼어내야 하는 무엇이기보다는, 언설의 실존의 법칙 자체를 구성하는 것이다 : 언설이 나타나는 것은 이 모순으로부터이며, 그것이 말하기 시작하는 것은 이 모순을 번역하기 위한 것이며 동시에 그를 극복하고자 하기 위한 것이다. 언설이 계속되는 것은 그리고 끝없이 다시 시작되는 것은 모순이 그를 통과해서 계속 다시 태어날 때 그를 피해 가기 위해서이다. 그리고 언설이 변하는 것, 형태변이하는 것, 스스로 그의 고유한 연속성을 비켜가는 것은 모순이 언제나 그를 넘어 가버리기 때문이며 그는 그것을 결코 완전히 감쌀 수가 없기 때문이다.

그래서 지성사는 矛盾의 두 水準(피해야 될 모순들과 근본원리로서의 모순)을 깨닫는다 : 언설의 심오한 통일성 속에서 용해되는 外觀들의 모순, 그리고 언설 자체를 발생시키는 定礎들의 모순.[7] 모순의 첫번째 수준에 관련하여, 언설은 그의 우연적인 현존으로부터, 그의 지나치게 가시적인 신체로부터 끄집어내야 할 관념적인 무엇이다. 두번째 수준과 관련하여, 언설이란 모순이 포착할 수 있는 그리고 사람들이 결국 그의 파열과 폭력 속에서 그를 되찾기 위해 그 외관적인 일관성을 파괴해야 할 경험적인 무엇이다. 언설이란 하나의 모순으로부터 다른 모순으로 가는 길이다 : 언설이 우리가 실제 보는 것들을 발생시킨다면, 이는 그것이 자신이 숨기고 있는 것에 복종하기 때문이다. 언설을 분석한다는 것, 그것은 모순들을 사라지게 하고 또다시 나타나게 하는 것이다. 그것은 모순이 언설 속에서 행하는 놀이를 보여주는 것이다. 그것은 언설이 어떻게 모순들을 표현할 수 있고, 그들에게 신체를 부여할 수 있고, 그들에게 일시적인 외관을 준비해 줄 수 있는가를 보여주는 것이다.

고고학적 분석에 있어서는, 모순들이란 극복해야 할 외관들도 이끌어내어야 할 비밀스러운 원리들도 아니다. 모순은, 어떤 관점으로부

---

7) 전자는 헤겔적인 목적론적 체계를 의미하고, 후자는 조로아스터적인 이원론적 체계를 의미한다.

터 그들을 제거할 수 있을 것인가를 그리고 어떤 수준에서 그들이 근원적인 것이 되고 결과가 아닌 원인이 되는지를 탐색함 없이, 그들 자체로서 기술해야 할 대상들이다. 하나의 단순한 그리고 이미 여러 번 들었던 예를 보자 : 린네의 고정주의적 원리는, 18세기에 있어, 그와 단지 적용양태가 다를 뿐인 正化의 발견과 모순된다기보다는 뷰퐁과 디드로, 보르되와 드 마이에 등에서 찾을 수 있는 일련의 〈진화론적〉 판단들과 모순을 이루었던 것이다. 고고학적 분석은 이러한 대립의 아래에서, 그리고 보다 본질적인 수준에 있어서, 모든 사람들이 일련의 근본적인 테제들(자연의 연속성과 충만성, 최근에 발견된 형상들과 풍토 사이의 상호관련, 무생물로부터 생물로의 거의 감지하기 힘든 이행)을 받아들였다는 사실을 보여주는 데에 있지 않다. 고고학적 분석은 또한 그러한 대립이, 자연사의 특수한 영역에 있어서, 18세기의 모든 지식과 思惟를 분배하는 보다 일반적인 갈등(잘 배열된, 단번에 획득된, 환원불가능한 비밀이 없이 전개된 창조의 테마와 팽창하는, 수수께끼 같은 힘을 부여하는, 역사 속에서 조금씩 전개되는, 그리고 시간의 거대한 밀침에 따라 모든 공간적인 질서들을 전복시키는 자연의 테마 사이의 갈등)을 반영한다는 것을 보여주는 데에 있지 않다. 고고학은 고정주의적인 그리고 〈진화주의적인〉 이 두 판단들이 어떻게 種들과 類들에 대한 어떤 기술 속에서 그들의 공통의 자리를 가지는가를 보여주고자 한다 : 기관들의 가시적인 구조(즉 그들의 형태, 크기, 수 그리고 공간적 배치)를 그의 대상으로서 취하는 記述. 그리고 그것을 두 가지 방식으로 제한하는 기술(유기체들의 집합에 있어 또는 그들의 어떤 요소들에 있어, 그들의 중요성을 위해서 규정되는 또는 그들의 계통학적인 편리함을 위해서 규정되는 요소들에 있어). 그래서 우리는, 두번째 경우에 있어, 규칙적인, 일련의 정의된 경우들을 부여받는, 그리고 어떤 의미에서 모든 가능한 창조의 프로그램을 부여받는(그래서 현실적인, 아직 미래의, 또는 이미 사라진 유들과 종들의 배치는 결정적으로 고정된다) 하나의 표를 나타나게 한다. 그리고 첫번째의 경우, 무규정적으로 그리고 개방적으로 머물러 있는, 상호간 분리되어 있는, 그 비규정적인 수에 있어 이미 존재하는 형태들의 (원하는 만큼에 가까운) 새로운 형태들에 대해 인내하는 친족의 무리들을 나타나게 한다. 이와 같이 어떤 대상들의 영역에 대한 그리고 그들의 제한과 분포에 대한 두 테제 사이의 모순을 이끌어냄으로써, 우리는 그 모순을 와해시키지 않는다. 고고학은 和解의 點을 찾지 않는 것이다. 그러나 그것은 그를 어떤 보다 근본적인 수준으로 이동시키지도 않는다. 고고학은 그것이 자리잡는 바의 장소를 정의한다on définit le lieu où elle prend place. 代案들의 갈라섬을 나타나게 한다. 그 두 언설을 併置시키는 발산과 장소를 위치지운다. 구조의 이론은 린네와 뷰퐁에 의해 배분된 일반적인 믿음의 기초, 하나의 공통된 가정이 아니며 또 보조적인 논쟁의 수준에서 진화론과 고정론의 갈등을 심화시킨 하나의 견고하고 근본적인 판단이 아니다. 그것은 그들의 兩立不可能性의 원리, 그들의 派生과 共存을 지배하는 법칙이다. 모순을 기술해야 할 대상으로 취함으로써, 고고학적 분석은 그들의 자리에서 어떤 공통의 형태나 테마를 발견하고자 하지 않는다. 고고학은 그들의 간극 écart 의 형태와 측도를 규정하고자 하는 것이다. [8] 모순을 거대한 존재의 準야상곡적인 통일성 속에 기초지우고자 하는, 또는 그들을 해석 내지 설명에 있어서의 하나의 일반적인, 추상적인 그리고 균일한 원리로 전환시키고자 하는 지성사와는 달리, 고고학은 상이한 不和의 空間들espaces de dissension 을 기술하는 것이다.

그러므로 고고학은 모순을 언설의 모든 수준들에 동일한 방식으로 적용되는 그리고 분석에 의해 완전히 제거되거나 하나의 원초적이고 구성적인 형태로 재인도되어야 할 하나의 일반적인 기능으로서 취급하기를 거부한다 : 그 모순——수많은 얼굴로 나타나서 제거되고 다시 그를 정상으로 끌어올리는 주된 갈등 속에서 재건되는——의 거대한 놀이를, 고고학은 모순의 상이한 유형들, 그들을 지표화할 수 있도록

8) 〈간극〉의 개념은 깡길렘의 저서들을 통해 개발되었다. 특히 *Idéoogie et rationalité*(J. Vrin, 1977)을 참조.

해주는 상이한 수준들, 그들이 수행할 수 있는 상이한 기능들에 대한 분석으로 치환하는 것이다.

1 우선 상이한 유형들. 어떤 모순들은, 그들을 가능케 한 언표적인 규제에 아무런 영향을 끼치지 않고서, 명제들이나 주장들의 평면에만 위치한다 : 그래서 18세기에 있어 화석들의 광물적 본성에 대한 보다 전통적인 테제에 대립되는 그들의 동물적인 특성에 대한 테제가 존재하게 되는 것이다. 분명 이 두 테제들로부터 이끌어낼 수 있는 결과들은 다수이며 계속 증가한다. 그러나 우리는 그들이 동일한 언설적 형성 속에서, 동일한 지점에서, 그리고 언표적 기능의 동일한 실행조건들에 따라 탄생되었음을 보여줄 수 있다. 이들은 고고학적으로 파생된 dérivées, 그리고 하나의 최종적인 상태를 구성하는 모순들이다. 반면 다른 것들은 한 언설적 형성의 한계들을 뛰어넘는다. 그리고 그들은 언표행위의 동일한 조건들로부터 나오지 않은 테제들을 대립시킨다 : 그래서 린네의 고정설은 다윈의 진화론에 의해 모순되는 것이다, 전자가 속하고 있는 자연사와 후자가 속해 있는 생물학 사이의 차이를 중성화시키는 한에서만. 이들은 구분되는 언설적 형성들 사이의 대립에 관련되는 외재적인 모순들이다. 고고학적 기술을 위해서(그리고 여기에서는 과정의 가능한 오고 감은 계산에 넣지 않고서), 이 대립은, 파생된 모순들이 분석의 목적지를 구성하는 데 반해, 분석의 출발점을 구성한다. 이 양극단 사이에서, 고고학적 기술은 우리가 내재적 모순이라 부를 수 있을 것을 기술한다 : 언설적 형성 자체의 내부에서 전개되는, 그리고, 형성들의 체계의 점 속에서 태이나, 하위체계들을 나타나게 하는 모순들 : 이와 같이 해서, 우리가 들었던 18세기 자연사의 예에 있어서, 〈방법적〉 분석과 〈체계적〉 분석이 대립되는 모순이 나오게 되는 것이다. 여기에서의 대립은 결코 최종적인 것이 아니다 : 이는 동일한 대상에 대한 두 모순된 명제들이 결코 아니다. 이는 동일한 개념에 대한 두 양립불가능한 사용이 결코 아니다. 그것은 어떤 대상들에 의해, 주체성의 어떤 위치들에 의해, 어떤 개념들에 의해 그리고

어떤 전략적 선택들에 의해 서로 특성화된, 언표들을 형성하는 두 방식인 것이다. [9] 그럼에도 불구하고 이 체계들은 최초의 것들이 아니다 : 왜냐하면 우리는 그 둘 모두 어떤 점에서 (자연사의 실증성인 바의) 유일하고 동일한 실증성으로부터 보여줄 수 있기 때문이다. 이들은 고고학적 분석에 적절한 내재적 대립들인 것이다.

2 다음으로 상이한 수준들. 고고학적으로 내재적인 모순은 하나의 원리로서 확인하는 것으로 또는 하나의 결과로서 설명하는 것으로 충분할 하나의 단순하고 순수한 사실이 아니다. 그것은 언설적 형성의 상이한 평면들에 배분되어 있는 하나의 복잡한 현상이다. 그래서, 체계적 자연사와 방법적 자연사——18세기 내내 서로 대립했던——에 있어 : 대상들의 不調和inadéquation(식물의 일반적인 형태를 기술하는 데 있어, 미리 규정된 어떤 변종들의 경우에 있어. 한 경우 사람들은 식물의 총체성을, 또는 적어도 가장 중요한 부분들을 기술하고, 다른 경우 계통학적인 편리함을 위해 임의적으로 선택된 일련의 요소들을 기술한다. 한 경우 식물의 성장과 성숙의 상이한 형태들을 고려하지만, 다른 경우 최적의 가시성의 한 순간이나 한 단계에 제한한다)가, 언표행위적 양태들의 發散 divergence(식물들의 체계적인 분석의 경우, 사람들은 엄격한 언어학적이고 지각적인 코드를 따라 그리고 일정한 階段에 따라 적용한다. 방법적인 기술의 경우, 코드들은 상대적으로 자유로우며 지표화의 계단들은 진동할 수 있다)이, 개념들의 兩立不可能性incompatabilité(〈체계들〉에 있어, 유적 특징의 개념은 유들을 지시하기 위해 적절한 것이라기보다는 임의적인 표식이다. 방법들에 있어서는 이 동일한 개념이 유에 대한 실재적 정의를 포함해야 한다)이, 그리고 마지막으로 이론적 선택들의 排除exclusion (체계적인 계통학은 〈고정설〉을 가능케 한다, 그것이 시간 속에서의 표들의

---

9) 이 네 가지 조건이 등질적으로 분포되어 있는 언설적 형성은 고고학의 문제거리가 아니다. 또 서로 전혀 다른 언설적 형성들도 문제거리가 아니다. 고고학의 주된 문제거리는 한 언설적 형성 내에서 위의 네 가지 언표적 조건들 〈때문에〉 갈라지는 대립인 것이다. 方法과 体系에 대해서는 *Les mots et les choses* (Gallimard, 1966)의 4장을 참조.

요소들을 조금씩 전개시키는 연속적인 창조의 개념에 의해 수정된다 해도, 우리들의 현실적인 응시에 의해 자연적인 이웃관계들의 선형적인 질서를 동요시킨 자연적인 카타스트로피의 개념에 의해 수정된다 해도. 그러나 그것은 방법이 그를 절대적으로는 함축하지 않은 채 받아들이는 한 변환의 가능성을 배제시킨다)가 존재했던 것이다.

**3** 상이한 기능들. 대립의 모든 이러한 형태들은 언설적 실천에 있어 동일한 역할을 수행하지 않는다 : 그들은 일괄적으로 극복해야 할 장애물들이나 성장의 원리인 것이 결코 아니다. 어쨌든 그들에게서 원인——역사의 지연의 원인이건 가속화의 원인이건——을 찾는 것으로는 충분하지 않다. 時間이 언설의 진리와 관념성에 도입되는 것은 對立의 일반적이고 공허한 형태로부터 출발해서가 아니다. 이 대립들은 언제나, 규정된 기능적 순간들이다. ① 어떤 것들은 언표적 장의 부가적인 발전développement additionel을 분명히 한다 : 그들은 논증의, 경험의, 검증의, 다양한 추론들의 연쇄를 연다. 그들은 새로운 대상들의 규정을 가능케 하며, 새로운 언표행위적 양태들을 나타나게 하며, 새로운 개념들을 정의하거나 기존하는 개념들의 적용의 장을 수정한다 : 그러나 언설의 실증성의 체계에 있어서의 어떤 것도 변하지 않고서(18세기에 있어 광물적인 것과 식물적인 것 사이의 관계에 대하여, 생명의 극한 또는 자연 및 화석의 유래에 대하여 자연사가들에 의해 행해진 논쟁들이 그렇다). 그러한 부가적인 과정들은 그들을 거부하는 증명이나 그들을 폐기하는 하나의 발견에 의해, 결정적인 방식으로, 열린 것으로 남거나 닫혀진 것으로 존재할 수 있다. ② 다른 대립들은 언설적 장의 재조직화réorganisation를 이끌어낸다 : 그들은 한 언표군의 다른 군으로의 가능한 번역에 대한, 그들 서로를 이어줄 수 있는 정합성의 관점에 대한, 보다 일반적인 공간으로의 그들의 통합에 대한 문제를 제기한다(그래서 18세기 자연사가들에 있어서의 체계-방법의 대립은 그 둘 모두를 기술의 유일한 형태 속에서 다시 쓰기 위한, 체계의 엄밀함과 규칙성을 방법에 부여하기 위한, 체계의 임의성을 방법의 구체적인 분석들과 일

치시키기 위한 일련의 시도들을 이끌어낸다). 이들은 새로운 대상들, 새로운 개념들, 이전의 것들에 선형적으로 부가되는 새로운 언표행위적 양태들이 아니다. 그들은 어떤 다른 수준의 대상들(보다 일반적이고 보다 특수한), 다른 구조 및 적용의 장을 형성의 규칙들이 수정됨 없이 가지는 개념들, 다른 유형의 언표행위들이다. ③ 다른 대립들은 비판 critique의 역할을 수행한다 : 그들은 언설적 실천의 실존과 〈수락가능성〉을 작동시킨다. 그들은 그의 현실적인 불가능성의 점 그리고 그의 역사학적인 회귀의 점을 정의한다(그래서 자연사 자체에 있어서의, 유기체적 견고성들과 기능들——해부학적 변종들을 통해서 실존의 정의된 조건들 속에서 수행되는——에 대한 기술은 더 이상, 적어도 자율적인 언설적 형성으로서는, 생명체들의 가시적 특징들로부터의 출발하는 하나 계통학적 과학이라고 할 수 있는 자연사를 가능케 하지 않는다).

따라서 하나의 언설적 형성은 관념적인, 연속적인 그리고 매끄러운, 모순들의 복수성 아래에 흐르면서 그들을 정합적인 사유의 고요한 통일성 속에서 용해시키는 텍스트가 아니다. 그것은 언제나 후퇴해 있는 그러나 도처에서 지배적인 한 모순이, 수많은 상이한 측면들 아래에서, 반영되는 표면도 아니다. 그것은 차라리 複數的인 不和의 공간 un espace de dissensions multiples이자 그 수준들과 역할들을 기술해야 할 相異한 對立들의 集合un ensemble d'oppositions différentes인 것이다. 고고학적 분석은 하나의 유일하고 동일한 명제의 동시적인 긍정과 부정 속에서 그의 모델을 가지는 矛盾의 優先性을 내세운다. 그러나 이는 모든 대립들을 사유의 일반적인 형태들 안에서 모든 대립들을 평평하게 만들기 위해서가 아니며, 강압적인 아프리오리에의 호소에 의해 힘으로 무마시키고자 하는 것이 아니다. 반대로 한 규정된 언설적 실천 속에서 그들을 구성하는 점을 지표화하는 것, 그리고 그들이 취하는 형태와 그들 사이에 존재하는 관계들 그리고 그들이 명령하는 영역을 정의하는 것이 문제인 것이다. 요컨대, 문제가 되는 것은 언설을 그의 울퉁불퉁한 복수성에 있어 유지시키는 것, 결과적으로,

로고스의 미분화된 요소 속에서 균일하게 소실되고 복구되는, 용해되었다 항상 다시 태어나는 모순이라는 테마를 제거하는 것이다.


  4 비교적 사실


  고고학적 분석은 언설적 형성들을 개별화시키고 기술한다. 즉 고고학적 분석은 그들을 비교하고, 그들 서로를 그들이 현존하는 동시성 속에서 대립시키고, 그들을 그들과 동일한 프로그램을 가지고 있지 않은 다른 것들로부터 구분하고, 그들을, 그들의 특이성 속에서, 그들을 둘러싸고 있는 그리고 그들에게 일반적인 요소로서 봉사하는 비언설적 실천들과 관계맺어 주어야 하는 것이다. 이런 점들에 있어서, 고고학은 한 이론의 내적인 구조를 분석하는 인식론적인 또는 〈건축학적인〉 기술들과는 구분되며,[10] 고고학적 연구란 언제나 複數的인 것을 지향하는 것이다[11] : 그것은 기록들의 복수성 속에서 실행되며, 빈틈들과 간극들을 가로지르며, 그 안에서 통일성들이 병치되고, 서로 분리되고, 자신들의 뼈대를 고정시키고, 서로 대항하고, 서로간에 하얀 공간을 그리는 그곳에 그의 영역을 가진다. 고고학적 분석이 언설의 한 단일한 유형(『광기의 역사』에 있어서의 정신의학, 『임상의학의 탄생』에 있어서의 의학)에 관계했다면, 이는 比較에 의해 그의 연대기적 경계선들을 수립하기 위한 것이었다. 이는 또한, 그들과 동시에 그리고 그들과의 상호관련하에서, 하나의 제도적 場을, 사건들의, 실천들의, 정치적 결정들의 집합을, 인구학적 진동, 복지의 기술, 수공업의 요구, 실업의 상이한 수준들 등이 그 안에서 모양지어지는 경제학적 과정들의 연쇄를 기술하기 위한 것이다. 그러나 그것은 또한, (『말과 사물』에

______________________________

  10) 푸코와 마르샬 게루 또는 레비-스트로스와의 차이점이 잘 나타나 있다.

  11) 현대 프랑스 철학은 복수적인 것 le multiple을 지향하며 이 점에서 푸코는
      들뢰즈, 세르 등과 궤적을 같이 하고 있다.

있어서처럼) 일종의 측면적인 접근에 의해, 다양한 구분적인 실증성들을 작동시킬 수 있으며, 한 주어진 시기에 있어서의 그들의 공시적인 상태들을 비교하고, 한 주어진 시대에 각자의 자리를 잡는 다른 유형의 언설들에 대면시키는 것이다.

그러나 이 모든 분석들은 사람들이 일반적으로 실행하는 바의 것들과는 매우 다르다.

1 여기에서의 비교는 언제나 제한적이고 국소적 régionale 이다. 고고학은 일반적인 형태들을 드러내고자 하기보다는 單一한 構造들을 소묘하고자 한다. 우리가 고전시대에 있어서의 일반문법, 부의 분석 그리고 자연사를 서로 맞세웠다면, 그것은 17세기와 18세기에 있어 일반적이었을 하나의 心性(표현적인 가치에 의해 특별히 충전되어 있는, 그리고 지금까지 이상스럽게도 무시되어 온)의 세 가지의 현시들을 재분류하기 위한 것이 아니었다. 그것은, 하나의 환원된 모델로부터 또 하나의 단일한 영역으로부터 출발해, 고전시대의 모든 과학들 속에서 작동되고 있던 合理性의 형태들을 재건하기 위한 것도 아니었다. 나아가 그것은 우리가 친숙한 것으로 생각하곤 했던 하나의 文化的 얼굴에 대한 보다 덜 알려진 모습을 밝혀보기 위한 것 또한 아니었다. 우리는 18세기의 인간들이 일반적으로 역사보다는 질서에, 생성보다는 분류에, 인과율의 메커니즘보다는 기호들에 관심을 가졌다는 것을 보여주고자 하지 않았다. 우리의 목적은 상호간에 일련의 記述可能한 關係들을 가지고 있는 言說的 形成들의 잘 規定된 集合을 나타나게 하는 것이었다. 이 관계들은 인접하는 영역들로 넘쳐흐르지 않으며, 그들을 점진적인 방식으로 현재의 언설들에로 이전시키는 것은 그리고 더욱이 사람들이 일반적으로 〈고전시대의 정신〉이라고 부르는 바의 것으로 이전시키는 것은 불가능하다 : 그들은 정확히 우리의 三元的 연구[12]에

---

12) 『말과 사물』에 있어서의 〈일반문법〉〈자연사〉〈부의 분석〉 간의 비교적 연구를 뜻함. 이 연구가 고전시대 전체에 대한 연구로 확대해석되어서는 안 된다는 것을 의미한다.

한정되며, 특이화된 것으로서 존재하는 영역 속에서만 가치를 지닌다. 이 間言說的 集合은 그 자체 그리고 그 집합의 형태하에서, 다른 유형의 언설과(한편으로 표상에 대한 분석, 기호들에 대한 일반적인 이론과 〈이데올로기〉, 다른 한편으로 수학, 대수적 해석학 그리고 일반대수학의 도입) 관계를 가진다. 이들은 자연사, 부의 분석 및 일반문법을 하나의 특이한 집합으로서 특성화하는, 그리고 그들에 있어 하나의 간언설적 구조configuration interdiscursive를 인지하는 내적이고 외적인 관계들이다.

다음과 같이 말하는 사람들이 있을 것이다 : 〈왜 우주론이나 생리학 또는 성경의 주석에 대해 논하지 않았는가? 라브와지에Antoine Lavoisier 이전의 화학, 오일러Leonhard Euler의 수학, 비코Giambattista Vico의 역사학은, 그들을 작동시킬 경우, 『말과 사물』에서 찾아낼 수 있는 분석들을 모두 무효화시키지 못한단 말인가? 18세기의 풍요로운 발명 속에는 고고학의 틀 속에 결코 엄밀한 방식으로 들어가지 않는 다른 많은 개념들이 존재하지 않는가?〉 이들에 대해, 그들의 정당한 조급함에 대해, 이 모든 반례들에 대해, 우리는 그들이 옳다는 것을 안다. 우리는 대답할 것이다 : 분명 그렇다고. 우리는 우리의 분석이 제한되어 있다는 것을 인정할 뿐만이 아니라, 그것을 원한다고, 그의 제한을 명령한다고 말할 것이다. 우리에게 올바른 반례로서 존재하는 것, 그것은 바로 다음과 같이 말할 수 있는 가능성이리라 : 세 가지의 특수한 형성들에 대해 당신이 기술했던 이 모든 관계들, 귀속의, 분절의, 지시의 그리고 파생의 이론들을 서로 연결해 주는 이 모든 그물들, 불연속적인 특성화와 질서의 연속성에 근거를 두고 있는 이 모든 계통학들, 우리는 이들을 기하학, 합리적 역학, 체액과 세포의 생리학, 성스러운 역사에 대한 비판 그리고 초기의 結晶學 속에서 균일하게 그리고 같은 방식으로 되찾는다. 이는[13] 결국 우리가

---

13) 이와 같은 반론들이 맞다면.

우리의 의도대로 간실증성의 구역 régions d'interpositivité 을 기술하지 못했음을 증명해 주는 것이다. 한 시대의 정신이나 과학을 특성화하는 것——이는 우리가 그렇게도 거부하고자 했던 그것이다. 우리가 기술했던 관계들은 특수한 구조를 정의하는 데 가치가 있는 것이다. 이는 한 문화의 얼굴을 그 총체성에 있어서 기술하기 위한 기호들이 결코 아니다. 우리가 수행했던 記述들, 우리는 그들이 속임수를 당한 〈세계관〉의 친구들의 것과는 다른 유형이길 원한다. 그들에게 있어 성긴 것, 잊혀진 것, 오류인 것이 우리에게 있어서는 잘 숙고된 그리고 방법적인 배제인 것이다.

그러나 사람들은 다시 말할 것이다 : 당신은 일반문법을 자연사와 부의 분석에 맞세웠다. 그러나 그들을 당시의 사람들에 의해 수행되었던 바의 역사, 성경의 비판, 수사학, 예술이론과 맞세우지 말아야 할 어떤 이유가 있는가? 당신이 발견했던 것은 간실증성의 전혀 다른 場이 아닌가? 그렇다면 당신이 기술한 바의 특권은 어떤 특권인가? —— 특권에 관해 말한다면, 어떠한 특권도 아니다. 그것은 기술가능한 집합들 중 하나일 뿐이다. 만일 우리가 일반문법을 택한다면, 그리고 역사학이나 문헌비판과 그의 관계들을 정의하고자 했다면, 분명 전혀 다른 관계들의 체계가 소묘되는 것을 볼 수 있을 것이다. 그리고 기술은 첫번째의 것과 중첩되는 것이 아니라 어떤 점들에 있어 그와 교차하는 간언설적 망을 드러내었을 것이다. 마찬가지로 자연사적인 계통학은 문법이나 경제학보다는 생리학이나 병리학과 맞세워질 수 있었을 것이다 : 여기에서 또한(우리가 『말과 사물』에서 분석한 계통학-문법-경제학의 관계들과 『임상의학의 탄생』에서 연구한 계통학-병리학의 관계들을 비교해 볼 수 있을) 새로운 간실증성들이 소묘될 것이다. 따라서 이 망들은 미리 그 수가 정의되어 있는 것이 아니다. 구체적인 분석만이 기술가능한 것들이 존재하는가의 여부를, 그들이 무엇인가를 드러낼 수 있는 것이다. 게다가 각 언설적 형성들은 이 체계들의 어느 하나에만 속하지 않는다(적어도 필연적으로는 속하지는 않는다). 그것은 그 안에서 그것이 동일한 자리를 차지할 수 없는 그리고 같은 기능을 행사할 수 없는 관계들의 여러 장들 속에 동시에 들어가는 것이다(계통학-병리학의 관계들은 계통학-문법의 관계들에 同形的이지 않다. 문법-부의 분석의 관계들은 문법-주석의 관계들과 동형적이지 않다).

고고학이 관련되는 지평, 그것은 〈하나의〉 과학, 〈하나의〉 합리성, 〈하나의〉 심성, 〈하나의〉 문화가 아니다. 그것은 그 한계들과 교차점들이 단번에 고정될 수 없는 간실증성들의 얽힘이다. 고고학 : 언설들의 다양성을 환원시키거나 그들을 총체화해야 하는 통일성을 그리는 것이 아닌, 그들의 다양성을 상이한 구조들 내에 재분배해야 하는 比較的 分析. 고고학적 분석은 통일화하지 않고 복수화하는 것이다.

**2** 17, 18세기에 있어서의 일반문법, 자연사 그리고 부의 분석을 대비시킴으로써, 우리는 이 시대에 있어 언어학자, 자연사가 그리고 경제이론가들이 어떤 개념들을 공유하고 있었는가를 물어볼 수 있을 것이다. 그들이 그들의 이론들의 다양성에도 불구하고 공히 전제했던 함축적인 가정들은 무엇인가, 그들이 (아마도 말 없이) 복종했던 일반적인 원리들은 무엇인가를 물어볼 수 있을 것이다. 언어에 대한 분석이 계통학에 어떤 영향을 행사했는가, 또는 질서잡힌 자연이라는 개념이 부에 관한 이론 속에서 어떤 역할을 수행했는가를 물어볼 수 있을 것이다. 우리는 마찬가지로 언설의 이 상이한 유형들에 있어서의 확산, 각자에 있어 인정되는 권위, 그의 오래됨으로 인한 (또는 반대로 그의 참신함으로 인한) 그리고 그의 보다 나은 엄밀성으로 인한 가치부여, 소통의 통로들과 정보의 교환을 가능케 해주는 길들에 대해서도 연구할 수 있을 것이다. 마지막으로 우리는 전적으로 전통적인 분석들을 연결시킴으로써, 루소 Jean-Jacques Rousseau 는 식물학자로서의 지식과 경험을 어느 정도까지 언어와 그의 기원에 대한 분석으로 이전시켰는가를, 튀르고는 어떤 공통적인 범주들을 화폐에 대한 분석과 언어 및 어원에 대한 이론에 적용시켰는가를, 나아가 보편적인, 인위적인 그리고 완전한 랑그에 대한 개념이 린네 또는 아당송과 같은 분류학자들

에 의해 어떤 방식으로 수정되고 사용되었는가를 물어볼 수 있을 것이다. 분명 이 모든 물음들은(적어도 그들 중의 어떤 것들은) 정당할 것이다. 그러나 그들 중 어떤 것도 고고학의 수준에 고유한 것들은 아닌 것이다.

고고학이 드러내고자 하는 것, 그것은 우선——다양한 언설적 형성들의 특이성과 그들간의 거리 속에서——形成規則들의 水準에 나타나는 대로의 類比들과 差異들의 놀이 le jeu des analogies et des différences이다. 이는 서로 구분되는 다섯 가지의 과제들을 함축한다 :

1) 전혀 상이한 언설적 요소들이 어떻게 類比的인 規則들로부터 출발해 형성될 수 있는가를 보여주는 것(동사, 주어, 보어, 어근 등과 같은 일반문법의 개념들은 그와 상이한, 매우 이질적인 자연사와 경제학의 개념들과 동일한 배치, 동일한 언표적 장——귀속의, 분절의, 지시의, 파생의——으로부터 출발해 형성되었다). 상이한 형성들 사이에서의 고고학적 동형성들isomorphismes archéologiques을 보여주는 것.

2) 이 규칙들이 어느 정도까지 같은 방식으로 적용되는지 또는 적용되지 못하는지, 같은 질서 속에서 서로를 이끌어내는지 또는 이끌어내지 못하는지, 언설의 상이한 유형들 속에서 동일한 모델에 따라 배치되는지 또는 그렇지 않은지를 보여주는 것(일반문법은 귀속의, 분절의, 지시의, 파생의 이론을 차례로 그리고 열거된 순서대로 이끌어낸다. 자연사와 부의 분석은 각각 처음의 두 개와 나중의 두 개를 재분류하지만, 이들을 각각 역의 질서로 이끌어낸다) : 각 형성들의 고고학적 모델들modèles archéologiques을 정의하는 것.

3) 서로 전혀 상이한 개념들(가치의 개념과 종적 특징의 개념, 또는 값의 개념과 유적 특성의 개념)이 어떻게, 그들의 적용영역, 그들의 공식화의 정도, 특히 그들의 역사적인 생성이 그들 서로를 전혀 낯선 것으로 만들었음에도 불구하고, 그들의 실증성의 체계의 분지화 속에서 類比的인 자리를 차지할 수 있었는가를 보여주는 것. 따라서

그들은 고고학적 同位性 isotopie archéologique[14]을 부여받는다.

4) 역으로 하나의 유일하고 동일한 개념(경우에 따라서는 하나의 유일하고 동일한 단어에 의해 지시되는)이 어떻게 고고학적으로 구별되는 두 요소(기원과 진화의 개념은 일반문법과 자연사의 실증성의 체계 속에서 동일한 역할도, 동일한 실증성도, 동일한 형성도 가지지 않는다)를 포괄할 수 있는가. 고고학적 어긋남들 décalages archéologiques을 지적하는 것.

5) 마지막으로 하나의 실증성으로부터 어떻게 服從과 相補의 관계들이 수립될 수 있는가를 보여주는 것(그래서 고전시대에 있어 언어에 대한 기술은 부의 분석과 관련하여 그리고 종의 분석과 관련하여, 그것이 표상 자체를 나타내고 중복시키고 표상하는 制度의 記號들에 대한 이론인 한에서 지배적인 역할을 했다). 고고학적 상호관계들 corrélations archéologiques을 수립하는 것.


이 모든 기술들 중 그 어느 것도 영향들의, 교환들의, 정보들의, 이전들의, 소통들의 부과에 기초하고 있지 않다. 이는 그들을 부정하는 것이, 그들이 기술의 대상을 형성할 수 없다고 생각하는 것이 문제이기 때문이라기보다는, 그들과의 관련하에서 잘 조절된 물러섬을 취하는 것이, 분석의 공격수준을 어긋나게 하는 것이, 그들을 가능하게 해준 것을 드러내는 것이 문제가 되기 때문인 것이다. 또 한 개념의 다른 개념에로의 투사가 수행될 수 있는 지점들을 지표화하는 것, 방법들이나 技術들의 이전을 가능케 하는 동형성을 고정시키는 것, 일반화들을 가능케 한 이웃관계들, 대칭들 또는 유비들을 보여주는 것, 요컨대 교환들의 놀이에 있어 역사적 가능성의 조건이었던 벡터들과 분화

---

14) 동위성이란 물리학(또는 화학)에서 같은 원자번호를 가지고 있지만, 원자량이 다른 원소를 뜻하며, 언어학에서는 한 텍스트 내의 각 요소들이 의미의 場을 공유하고 있음을 뜻한다. 그러나 여기에서는 각 意味論的 場에 있어서의 어떤 요소들이 그 장 내에서 유비적인 자리 topos를 차지하고 있음을 뜻한다.

적 수용성의(투과성과 비투과성의) 장을 기술하는 것이 문제이기 때문
인 것이다. 間實證性의 構造, 이는 이웃하는 과목들의 한 무리가 아니
다. 단지 유사성의 관찰가능한 현상인 것이 아니다. 단지 다양한 언설
들이 여러 다른 언설들과 맺는 전체적인 관계인 것이 아니다. 그것은
그들의 소통의 법칙 la loi de leurs communications인 것이다. 이렇게
말하지 말자 : 루소와 그의 동료들은 종들의 배치와 랑그의 기원에 대
해 차례로 반성했기 때문에, 계통학과 문법 사이에 관계들이 엮어지고
교환들이 생산되었다고. 튀르고는, 로와 페티 이후, 화폐를 기호로서
취급하고자 했기 때문에, 경제학과 언어이론은 서로 접근했고 그들의
역사는 계속 이러한 시도의 흔적들을 남기고 있다고. 차라리 우리는
——적어도 고고학적 기술을 실행하고자 한다면——이 세 실증성들
각자의 배치는 우리가 그들 작품들의, 저자들의, 개별적 실존들의,
계획들과 시도들의 수준에서 類似한 交換들을 찾아낼 수 있는 한에서
라고 말해야 할 것이다.

  **3** 고고학은 또한 언설적 형성들과 비언설적인 영역들(제도들, 정치
적 사건들, 경제학적인 실천들과 과정들) 사이의 관계들을 드러낸다. 이
러한 비교들은 거대한 문화적 연속성들을 드러내기 위한 것이거나 인
과율의 메커니즘들을 고립시키기 위한 것이 아니다. 고고학은 언표적
사실들의 집합 앞에서, 무엇이 그 집합을 동기지었는가(언어표현의 문
맥에 대한 탐구가 위치하는 곳이 이곳이다)를 물어보지 않는다. 또 고고
학은 그들에 있어 무엇이 표현되고 있는가(해석학의 과제)를 되찾고자
하지 않는다. 고고학은 그 집합을 지배하는——그리고 그 집합이 그
에 속해 있는 바의 실증성을 특성화시키는——形成의 規則들이 어떻
게 비언설적 체계들에 연결될 수 있는가를 규정하고자 한다. 즉 고고
학은 연결의 특이한 형태들을 정의하고자 하는 것이다.

  18세기 말에 있어서의 일련의 정치적 사건들, 경제학적 현상들, 그
리고 제도적 변화들과 동시대적으로 수립되었던 임상의학의 예를 들어
보자. 이러한 사실들과 병원적 의학의 조직화 사이에, 적어도 직관적

인 양식에 있어, 연결들을 짐작해 보는 것은 쉬운 일이다. 그러나 이들을 어떻게 분석할 것인가? 상징적인 분석은 임상의학의 조직화 속에서, 그에 부대해서 일어났던 역사적인 과정들 속에서, 서로를 반영하고 상징화하는, 상호적인 거울의 역할을 해주는, 그리고 그 의미작용들이 참고기호의 무한정한 놀이 속에서 취해졌던 두 개의 同時的인 表現들을 볼 것이다 : 오직 그들에 공통적인 형태만을 표현할 뿐인 두 표현들. 그래서 유기체적 견고성에 대한, 기능적 인과성에 대한, 조직적 소통에 대한 의학적 개념들은——그리고 신체적 상호작용에 대한 분석을 위한 병들의 분류적 원리에 대한 포기는——(그들을 반영하기 위해서 그러나 또한 그들 속에서 비추어지기 위해서) 아직 봉건적인 層化 아래에서 기능적인 유형의 관계들을, 경제학적인 견고성들을 발견하는 하나의 정치적 실천에 그리고 그 의존성과 상호성이 집단성의 형태하에서 생명의 유비물을 보호해야 했던 사회에 상응했다. 역으로 인과적인 분석은 정치학적 변화들이 또는 경제학적 과정들이 과학자들의 의식을 어느 정도까지 결정할 수 있었는가를 찾는 데 있다——그들의 관심의 지평과 방향, 그들의 가치체계, 사물을 지각하는 방식, 그들의 합리성의 유형. 그래서 공업자본주의가 수공업에 있어서의 필수적인 조건들을 조사하기 시작했을 시대에, 병은 하나의 사회적 차원을 취했던 것이다 : 건강의 유지, 치료, 빈곤한 환자들에 대한 복지, 병리생성의 원인과 진원지의 탐색은 국가가 한편으로 책임져야 하고 다른 한편으로 감시해야 할 집단적인 의무가 되었던 것이다. [15] 그리고 그로부터 노동의 도구로서의 신체에 대한 가치부여, 다른 과학들의 모델에 따라 의학을 합리화하고자 하는 노력, 한 인구의 건강수준을 유지시키려는 배려, 치료에, 효과들의 유지에 그리고 지속적인 현상들의 등록에 집중된 염려가 따라나왔던 것이다.

고고학적 분석은 이와는 다른 수준에 위치한다 : 표현의, 반영의 그

---

15) 이에 대해서는 『지식/권력』의 관련 논문을 참조.

리고 상징화의 현상들은 고고학에 있어서는 형식적인 유비들의 또는 의미의 번역을 추구하는 전체적 독해의 결과들일 뿐이다. 인과적 관계들에 관해 말하자면, 이들은 문맥의 또는 상황의 그리고 말하는 주체에 대한 그들의 영향의 수준에서만 부과될 수 있다. 이들은 그 관계들을 지배하는 실증성들 그리고 이 실증성들을 형성시킨 규칙들이 정의될 때에만 비로소 지표화될 수 있다. 한 언설적 형성을 특성화하는 관계들의 장은 그에 의해 상징화들과 결과들이 지각될 수 있는, 위치지어질 수 있는, 규정될 수 있는 장소인 것이다. 고고학이 일련의 실천들을 포함하는 의학적 언설에 접근한다면, 이는 표현보다 훨씬 덜 〈직접적인〉 그러나 말하는 주체의 의식에 의해 중계되는 인과율의 장보다는 훨씬 더 직접적인 관계들을 발견하기 위한 것이다. 고고학은 정치적인 실천이 어떻게 의학적 언설의 의미와 형태를 결정했는가를 보여주고자 하는 것이 아니라, 그것이 그의 출현의, 삽입의 그리고 기능작용의 조건들에 어떻게 그리고 어떤 자격으로 參與했는가를 보여주고자 한다. 이 관계는 여러 수준에서 부과될 수 있다. ① 우선 의학적 대상의 분절 및 제한의 수준 : 분명, 19세기 초 이래 의학에 조직적 상해나 해부-생리학적 상호관계와 같은 새로운 대상들을 부과한 것은 정치적 실천이 아니다. 그러나 그것은 의학적 대상들의 새로운 지표화의 장을 열었다(이 장들은 행정적으로 기록되고 감시된, 삶과 건강의 일정한 규범들에 따라 평가된, 문서적인 그리고 통계적인 기록의 형태들에 따라 분석된 인구들의 무더기에 의해 구성된다. 그들은 또한 혁명기의 그리고 나폴레옹시대의 거대한 인구적 군대에 의해, 그들의 특이한 의학적 조건의 형태와 함께, 구성된다. 그들은 또한 18세기 말 19세기 초 그 시대의 경제학적 요구와 사회적인 계급들의 상호위치와의 관련하에서 정의된 병원적 복지의 제도들에 의해 구성되었다). ② 정치적 실천과 의학적 언설의 이 관계, 우리는 그것이 또한 이 언설에 대해 특권적일 뿐만 아니라 어느 정도 배제적인 전문가가 된 의사에게 부여되는 地位 안에서, 의사가 병원화된 환자에 대해 또는 그의 사적인 피보호자에 대해 가지는 제도적인 관계의 형태 속에서, 이 지식을 위해 규정된 또는 승인된 교육과 확산의 양태들 속에서 나타나는 것을 볼 수 있다. ③ 마지막으로 우리는 이 관계를 의학적 언설에 부여된 機能 속에서 또는——개인들을 판단하는 것이 문제가 될 때, 행정적인 결정들을 취하는 것이, 한 사회의 규범들을 제시하는 것이, 어떤 다른 질서의 갈등들을(그들을 〈해결하기〉 위해서 또는 그들을 은폐시키기 위해서) 번역하는 것이, 사회에 대한 분석에 그리고 그에 관련되는 실천들에 자연적인 유형의 모델들을 제공하는 것이 문제될 때——이 의학적 언설에 요구되는 役割 속에서 포착할 수 있다. 그러므로 문제가 되는 것은 주어진 한 사회의 정치적 실천이 어떻게 의학적 개념들을 그리고 병리학의 이론적인 구조를 구성하고 수정시켰는가를 보여주는 것이 아니라 대상들의 어떤 場에 관련되는, 일정한 지위를 가진 어떤 개인들의 손들 사이에 존재하는 그리고 한 사회 속에서 일정한 기능들을 수행해야 하는 실천으로서의 의학적 언설이 어떻게 그에 외부적인 그리고 그 자체 언설적 성격을 지니지 않는 실천들과 연결되는가를 보여주는 것이다.

이러한 분석에 있어, 고고학이 표현에 대한 그리고 반성에 대한 테마를 의심한다면, 고고학이 언설 속에서 사건들의 상징적인 투사 또는 다른 곳에 위치해 있는 과정들의 표면을 보지 않고자 한다면, 그것은 우리가 꼼꼼하게 기술할 수 있을 그리고 하나의 발견과 하나의 사건을, 또는 하나의 개념과 한 사회적 구조를 관계맺어 줄 수 있도록 해줄 인과적인 연쇄를 되찾기 위한 것이 아니다. 그러나 다른 한편, 고고학이 그와 같은 인과적 분석을 의심한다면, 고고학이 말하는 주체에 의한 필연적인 중계를 피하고자 한다면, 이는 언설의 지고하면서도 고독한 독립을 확신하기 위한 것이 아니다. 이는 한 언설적 실천의 실존과 기능작용의 領域을 발견하기 위한 것이다. 달리 말해, 언설들에 대한 고고학적 기술은 일반사의 차원 속에서 전개된다. 고고학은 한 언설적 형성을 보듬고 있는 제도들의, 경제학적 과정들의, 사회적 관계들의 이 모든 영역을 발견하고자 한다. 그것은 언설의 자율성과 그의 특이성이 어떻게 그에게 순수한 관념성의 지위도 그리고 역사적인 총체적 독립의 지위도 부여하지 않는가를 보여주고자 한다. 고고학이 드러내고자 하는 것, 그것은 역사가 그곳에서 언설의 정의된 유형들(그들 자신 그들의 역사성의 고유한 유형을 가지는 그리고 다양한 역사성의 모든 집합과 관계맺고 있는)을 발생시킬 수 있는 이 單一한 水準인 것이다.


## 5 변화와 변환들

이제 변화에 대한 고고학적 기술은 어떤 모양을 띠게 될 것인가? 우리는 전통적인 지성사에게 우리가 원하는 또는 행할 수 있는 모든 이론적인 비판들을 던질 수 있을 것이다 : 전통적인 지성사는 적어도 고고학을 위해서 계기의 현상들과 시간적 연쇄들을 본질적인 테마로 취하고, 그들을 진화의 도식들에 따라 분석하고, 언설들의 역사적인 전개를 기술해 줄 수 있다. 역으로 고고학은 역사를 오직 그를 응고시키기 위해서만 다루는 것으로 보인다. 한편으로 고고학은, 언설적 형성들을 기술함으로써, 그들에게서 드러날 수 있는 시간적인 계열들을 무시한다. 그것은 균일하게, 그리고 같은 방식으로, 시간의 모든 점들에 있어 유효한 일반적인 규칙들을 찾는다 : 그렇다면 그것은, 아마도 느리고 거의 지각불가능한 발전에 있어, 어떤 共時性의 강제적인 모습을 부과하는 것이 아닌가? 그 자체로서 매우 불안정한 이 〈관념들의 세계〉 속에서, 외관상 가장 안정된 모습들이 그토록 빨리 소멸하는 그곳, 역으로 훗날 하나의 정의된 지위를 부여받을 그러한 불규칙성들이 생산되는 그곳, 과거가 끝없이 어긋날 때 미래가 여전히 그 스스로를 예견하는 그곳에서, 그것은 일종의 不動的인 思惟로서 행사하는 것이 아닌가? 그리고 다른 한편으로, 고고학이 연대기에 호소할 경우, 그것은 실증성들의 극한에 있어 두 개의 분기점을 고정시키기

위한 것으로 보인다 : 그들이 태어나는 순간과 사라지는 순간. 지속은
단지 이 초보적인 달력을 고정시키기 위해서만 사용되었다는 듯이, 그
러나 그것이 분석 그 자체를 따라서 생략되었다는 듯이. 시간이란 비
약의 텅 빈 순간 속에서만, 하나의 형성이 다른 형성을 갑작스럽게 대
치하는 이 하얗고 역설적으로 비시간적인 빈틈 속에서만 존재하는 듯
이. 실증성들의 공시성, 치환의 순간성, 시간은 빠져나가 버리며, 그
와 함께 역사적 기술의 가능성도 사라진다. 언설은 생성의 법칙으로부
터 뽑혀지며 불연속적인 비시간성 속에서 수립된다. 그것은 파편으로
서 움직인다 : 永遠의 잠정적인 破裂. 그러나 그러한 파열도 소용없을
것이다 : 계기하는 다양한 영원들, 각자의 역할에 따라 차례로 숨어버
리는 고정적인 이마쥬들의 놀이, 이들은 運動도, 時間도. 歷史도 만
들어내지 못하는 것이다.
　　그렇지만 이 문제를 보다 정확히 살펴볼 필요가 있다.


## 1


　　그리고 우선 언설적 형성들의 외관적인 공시성이 있다. 하나의 사실
은 분명하다 : 규칙들이 각각의 언표에 부여되어 있는 경우라 하더라
도, 그들이 결과적으로 각 언표들과 함께 다시 작동한다 하더라도, 그
들이 매번 수정되는 것은 아니다. 우리는 그들이 언표들 속에서 또는
시간 속에 분산되어 있는 언표들의 무리 속에서 작동하고 있는 것을
찾아낼 수 있다. 예컨대 이미 보았듯이 뚜른ㄴ포르에서 쥬시외에 이르
기까지의 한세기 동안, 자연사의 다양한 대상들은 동일한 형성규칙들
에 복종했던 것이다. 그리고 귀속의 이론은 랑슬로, 꽁디약 Etienne
Condillac 그리고 데스튀 드 트라시 Destutt de Tracy 에 있어 동일한
것으로 머물렀고 또 동일한 역할을 했던 것이다. 게다가 고고학적 파
생에 따른 언표들의 질서는 계기들의 질서를 확실한 형태로 재생산해
내지 않는다 : 우리는 포르-로와얄의 문법 속에서 만날 수 있는 것들보

다 고고학적으로 선행하는 언표들을 보제에게서 찾을 수 있다. 그래서 이와 같은 분석에 있어서는 시간적 계열 suite 에 대한 의심이, 보다 정확히 말해 언어표현들의 달력에 대한 의심이 존재하는 것이다. 그러나 이러한 의심은 언설적 형성들의 시간성을 특성화하는 그리고(그 얽힘이 분석을 방해하지 않는) 계열들 속에서 그를 연결하는 관계들을 나타나게 하기 위한 것이다.

1) 고고학은 한 언표적 집합의 형성규칙들을 정의한다. 그렇게 함으로써 고고학은 사건들의 어떤 계기가 어떻게, 그것이 나타나는 질서 자체 속에서, 언설의 대상이 되고, 기록되고, 기술되고, 설명되고, 개념들 속에서 정교화를 부여받는가를 그리고 한 이론적인 선택의 기회를 부여받는가를 드러낸다. 고고학은 한 언설의 투과성의 정도와 형태를 분석한다 : 그것은 계기적인 사건들의 연쇄에 있어서의 언설의 분절원리를 부여한다. 그것은 사건들을 언표들에로 옮겨 적을 수 있도록 해주는 연산자들을 정의한다. 그것은 예컨대 부의 분석과 17세기, 18세기 초의 거대한 貨幣攪動 사이의 관계를 검사해 보고자 하지 않는다. 그것은, 이 위기들에 있어, 언설의 대상으로서 주어질 수 있었던 것은 무엇인가, 그들이 어떻게 이 언설 속에서 개념화되었는가, 이 과정들의 진행에 직면했던 관심들이 어떻게 그 언설 속에서 그들의 전략을 배치할 수 있었는가를 보여주고자 하는 것이다. 고고학은 1832년의 콜레라가 의학에 있어서의 사건이 아니었다는 것을 주장하고자 하지 않는다 : 그것은 임상의학적 언설이 어떻게 모든 의학적 대상들의 영역이 그렇게 재조직화될 정도의 규칙들을 작동시켰는가, 사람들은 어떻게 염증의 개념을 버리고 열병의 오래된 문제들을 결정적으로 청산할 수 있었는가를 보여준다. 고고학은 〈외적인〉 사건들과의 상호관계하에서의 새로운 언표들의 가능성을 부정하지 않는다. 고고학의 과제는 그 가능성이 그 사건들과 어떤 조건하에서 그러한 상호관계를 가질 수 있었는가를, 그리고

그 조건은 정확히 이루어져 있었는지를(그의 한계들, 형태, 코드, 가능성의 법칙은 무엇이었는지를) 보여주는 것이다. 고고학은 언설들을 사건들의 지표에 따라 운동하게 만드는 이 動性을 피해 가지 않는다. 고고학은 그 동성이 시동되는 수준——우리가 사건기록적 연결장치 embrayage événementiel 라 부를 수 있을——을 해방시키고자 한다. (각 언설적 형성에 특이한, 동일한 규칙들도 동일한 연산자들도 그리고 동일한 감수성도 가지지 않는 연결장치——예컨대 부의 분석에 있어서와 정치경제학에 있어서, 〈체질〉에 관련되는 오래된 의학에 있어서와 근대의 전염병학에 있어서.)

2) 게다가 고고학에 의해 한 실증성에 부여된 모든 형성규칙들은 동일한 일반성을 가지지 않는다 : 어떤 형태들은 보다 특수하며 다른 것들로부터 파생된다. 이 의존관계는 단지 위계적일 수도 있지만 또한 하나의 시간적 벡터를 포함할 수도 있다. 그래서 일반문법에 있어, 동사-귀속의 이론과 명사-분절의 이론은 서로 연결된다 : 후자는 전자로부터 파생되지만, 그들 사이에 어떤 계기의 질서(이와는 다른 것, 연역적인 또는 수사학적인 것, 진술을 위해 선택된 것)를 결정할 수 있는 것은 아니다. 역으로 보어 또는 어근들의 탐구에 대한 분석은 귀속적 어구나 표상의 분석적 기호로서의 이름의 개념이 개발되자마자 나타날 수(또는 다시 나타날 수) 있었다. 또 다른 예 : 고전시대에 있어, 생명의 연속의 원리는 구조적 특징들에 따른 종들의 분류 속에 함축되어 있었다. 그리고 이러한 의미에서 그들은 동시적이다. 역으로 일단 이러한 분류가 시도되면, 비틈들과 결여들은 자연의, 지구의 그리고 종들의 역사의 범주들 속에서 해석될 수 있는 것이다. 달리 말해 형성규칙들의 고고학적 분지화는 균일하게 동시적인 망이 아니다 : 시간적으로 중성적인 관계들, 분지화들, 파생들이 존재한다. 그리고 결정된 시간적 방향을 함축하는 다른 관계들, 분지화들, 파생들 역시 존재한다. 따라서 고고학은 그 모델로서 동시성들의 순수하게 論理的인 圖式을 취하지도 사건들의 線形的인 繼

起를 취하지도 않는다. 그것은 필연적으로 계기적인 관계들과 그렇지 못한 관계들 사이의 얽힘을 보여주고자 한다. 결과적으로, 실증성의 체계를 통시적인 과정들의 집합을 괄호에 넣음으로써만 지각할 수 있는 공시적인 존재로서 이해하지 않는 것이 중요하다. 고고학은 계기에 무관여적이기보다 파생의 시간적인 벡터들 vecteurs temporels de dérivation을 지표화하는 것이다.

고고학은 계기적인 것으로서 주어진 것을 동시적인 것으로서 취급하고자 하지 않는다. 그것은 시간을 응고시키고 사건들의 흐름을 부동의 상호관계들로 치환하고자 하지 않는다. 고고학이 의심하는 것, 그것은 계기가 절대적인 것이라는 테마이다 : 언설이 그의 유한성의 법칙에 의해 복종해야 할 최초의 그리고 분리불가능한 연쇄. 고고학이 거부하는 것, 그것은 언설 속에는 계기에 있어서의 하나의 유일한 형태와 유일한 수준만이 존재한다는 테마이다. 고고학은 이러한 테마들을 언설 속에서 중첩되는 계기의 다양한 형태들(그리고 여기에서의 형태들이란 단순히 리듬이나 원인을 가리키는 것이 아니라 系列들 자체를 가리킨다)과 동시에 그와 같이 특이화된 계기들이 연결되는 방식을 나타나게 하는 분석들로 치환한다. 시원적인 달력의 실타래——그에 관련하여 계기적인 또는 동시적인 사건들의, 짧은 또는 긴 과정의, 순간적인 현상들과 존속의 연대기가 수립되는——를 따르는 대신, 고고학은 어떻게 계기라는 것이 존재할 수 있는지 그리고 어떤 상이한 수준들에서 구분적인 계기들을 찾을 수 있는지를 보여주고자 한다. 따라서, 언설의 고고학적 역사를 구성하기 위해서는, 의심할 바 없이 오랫동안 그 이마쥬들을 강요했던 두 모델들로부터 해방되어야 한다 : 파롤의(그리고 어떤 점에서는 적어도 글쓰기의) 선형적인 모델——그 안에서 모든 사건들이, 일치와 중첩의 효과를 제외하고 서로 계기하는——그리고 그의 현재가 언제나 미래의 개현 속에서 그리고 과거의 (현상학적) 과거지향 속에서 스스로를 비켜가는 의식의 흐름이라는 모델. 아무리 역설적이라 해도, 언설적 형성들은 의식의 또는 언어적 선형성의 과정과 동일한 역사성의 모델을 가지지 않는다. 언설——적어도 고고학에 의해 분석된 대로의 즉 그의 실증성의 수준에서의——은 언어의 외적인 형태 속에 그의 기투를 거주케 한 의식이 아니다. 그것은 의식이 아니며, 그를 말하기 위한 주체가 더 이상 아니다. 그것은 얽힘과 계기의 고유한 형태들을 지니는 하나의 實踐인 것이다.

## 2

  지성사보다 훨씬 자발적으로, 고고학은 단절들에 대해, 단층들에 대해, 무에 대해, 실증성의 전혀 새로운 형태들에 대해, 그리고 갑작스러운 재분배에 대해 말한다. 전통적으로 정치경제학의 역사를 기술하는 것은 리카르도를 선행할 수 있었던 모든 것, 그의 분석들에 앞서 소묘될 수 있었던 모든 것, 이들의 방법들과 주요한 개념들, 그의 발견을 보다 가능한 것으로 만들어줄 수 있었던 모든 것을 찾는 것이었다. 비교문법의 역사를 기술하는 것은, 보프와 라스크 Rasmus Christian Rask 이전, 랑그들의 친족체계와 친화성의 선행조건을 이루는 탐구들의 흔적을 재발견하는 것이었다. 그것은 인도유럽적 영역의 구성에 있어 앙끄띨-뒤페롱Anquetil Duperron이 했던 역할을 결정하는 것이었으며, 1769년에 최초로 행해졌던 산스크리트어와 라틴어의 연접들의 비교를 다시 드러내는 것이었으며, 그에 실패할 경우, 해리스 Zellig Harris 나 라무스 Ramus 에게까지 거슬러 올라가는 것이었다. 고고학은 이와는 반대의 방향으로 진행한다 : 고고학은 차라리 역사가들의 인내가 끌어당긴 이 모든 실타래들을 풀어버리고자 한다. 고고학은 差異들을 복수화시키고, 疏通의 선들을 엉클어지게 하고, 보다 어려운 移行들을 만들어내고자 한다. 고고학은 생산에 대한 중농주의적 분석이 리카르도의 분석을 준비했다는 것을 보여주고자 하지 않는다. 그것은, 그의 고유한 분석들을 위해서는, 꾀르두가 보프를 준비

했다고 말하는 것을 적절한 것으로 보지 않는 것이다. [16]

　불연속성들에 대한 이러한 주장은 무엇에 일치하는가？ 사실 이 주장이 역설적이게 되는 것은 역사가들의 습관에 있어서 뿐이다. 역설을 자주 보여주는 것은 이 습관——연속성, 이행, 기대, 선행적인 소묘에 대한 그의 염려와 함께——이다. 도방똥Louis Daubenton으로부터 큐비에에 이르기까지, 앙끄띨-뒤페롱으로부터 보프에 이르기까지, 그라슬랭 Louis–François de Graslin, 튀르고 또는 포르보네 Forbonnais로부터 리카르도에 이르기까지, 그와 같이 환원된 연대기적 간극에도 불구하고 차이들은 무한하며, 그 본성들은 매우 다양하다 : 어떤 것들은 위치 지어져 있고 다른 것들은 일반적이다. 어떤 것들은 방법들에 근거하고 있고, 다른 것들은 개념들에 근거하고 있다. 어떤 경우에는 대상들의 영역이 문제가 되며, 다른 경우에는 모든 언어학적 도구들이 문제가 된다. 의학의 예는 더욱 놀랍다 : 1790년에서 1815년까지의 사반세기 만에 의학적 언설은 17세기 이후보다, 의심할 바 없이 중세 이후보다, 그리고 아마도 그리스의 의학 이후보다도 더 심대한 변모를 겪었다 : 대상들(유기체적인 상해, 내부적 病原, 조직적 변이, 간유기체적 확산의 경로들과 형태들, 해부-임상학적 기호들과 상호관계들)을 나타나게 한, 관찰에 대한, 병리학적 病原의 검출에 대한, 기록에 대한 技術들을 나타나게 한 수정. 다른 형태의 지각적 도식화와 거의 전적으로 새로운 記述의 어휘. 개념들과 편집되지 않은 병리분류학적인 분배의 놀이들 (종종 몇백 년, 몇천 년 이어내려 온 범주들——예컨대 열병이나 구성의 범주들——은 사라졌으며, 아마도 세계만큼이나 오래되었을 병들——예컨대 결핵——은 결국 검출되었고 명명되었다). 그러므로 부주의하게도 『철학적 질병학』과 『莫論』을 한번도 읽어보지 못한 사람들에게 고고학은 차이들을 임의적으로 발명한다고 말하도록 내버려두자. 고고학은

---

16) 결국 고고학은 目的論을 거부한다. 목적론에서는 시간이 가장 중요한 역할을 하고 있는 듯이 보이면서도 사실상은 아무런 역할도 못 하고 있다. 역사란 이미 (미래의 시간을 응축하고 있는) 기획의 펼쳐짐에 불과하기 때문이다.

단지 그들을 진지하게 다루고자 할 뿐이다 : 그들의 실타래를 푸는 것, 그들이 어떻게 분할되는지를, 그들이 어떻게 서로를 함축하고, 소통하고, 서로에게 복종하는지를, 그들이 어떤 구분적인 범주들에 속하는지를 결정하는 것. 요컨대, 그들 사이에 그들의 차이들의 체계를 수립함과 함께 차이들을 기술하는 것이 문제이다. 고고학의 역설이 존재한다면, 그것은 고고학이 차이들을 복수화시킨다는 사실에 있는 것이 아니라 그들을 환원시키기를 거부한다는——그래서 습관적인 가치들을 전복시킨다는——사실에 있는 것이다. 지성사에 있어 현실적으로 나타나는 대로의 차이란 오류이거나 걸림돌이다. 그에 의해 멈추어지기보다는 분석의 현명함이 그를 풀어야 하는 것이다 : 차이 아래에서보다 작은 차이를 찾아내는 것, 그리고 이는 완전한 연속성의 비차이에 도달할 관념적인 극한에 이르기까지 계속된다. 역으로 고고학은 전통적으로 장애물로 여겨져 온 것을 그의 기술의 대상으로서 취한다 : 고고학은 차이들을 넘어서려는 기획을 가지고 있지 않다. 고고학은 차이들을 분석하고 그들이 무엇으로 구성되는지를, 정당하게, 말하고 그들을 分化시키고자 différencier 한다. 고고학은 이러한 분화를 어떻게 다루는가 ?

1) 고고학은, 언설이 등질적인 사건들(개별적인 언어표현들)의 계열로 이루어져 있다고 생각하는 대신, 언설의 두께 자체 속에서 가능한 다수의 사건들의 平面을 구분하고자 한다 distingue plusieurs plans d'événements possibles : 단일한 出現에 있어서의 언표들 자체의 평면. 대상들의, 언표행위적 유형들의, 개념들의, 전략적 선택들의(또는 이미 존재하는 전략들에 영향을 주는 변환들의) 출현의 평면. 이미 작동하고 있는——그러나 언제나 하나의 유일하고 동일한 실증성의 요소 속에서——규칙들로부터 출발하는 새로운 형성규칙들의 派生의 평면. 마지막으로, 네번째의 수준에 있어, 한 언설적 형성의 다른 언설적 형성에로의 置換(또는 한 실증성의 순수하고 단순

한 출현과 소멸)이 실행되는 평면. 극도로 희박한 이 사건들이 고고학에 대해서는 가장 중요한 것들이다 : 결국 고고학만이 그들을 나타나게 할 수 있는 것이다. 그러나 이들이 고고학적 기술의 배타적인 대상인 것은 아니다. 그들이 모든 다른 것들을 전제적으로 명령한다고, 그리고 그들이, 서로 구분되어야 할 상이한 평면들에 있어, 유비적이고 동시적인 비약들을 유도한다고 믿는다면 이는 잘못일 것이다. 언설의 두께 속에서 생산되는 모든 사건들은 서로 수직적이지 않다. 분명, 한 언설적 형성의 출현은 종종 대상들의, 언표행위의 양태들의, 개념들과 전략들의 방대한 쇄신과 상호적으로 일어난다 (그렇지만 결코 보편적인 것은 아닌 원리 : 일반문법은 문법적인 전통에 있어서의 외관상 별다른 수정 없이 17세기에 수립되었다). 그러나 규정된 개념 또는 갑자기 그의 현존을 드러내는 특수한 대상을 고정시키는 것은 가능하지 않다. 따라서 언어표현의 출현에 또는 새로운 단어의 출현에 일치할 수 있는 범주들에 따라 그와 같은 사건을 기술해서는 안 된다. 이 사건에 대해 다음과 같은 질문을 던지는 것은 무용한 것이다 : 〈그의 저자는 누구인가? 누가 말했는가? 어떤 상황 속에서 그리고 어떤 문맥 속에서? 어떤 의도들에 고무됨으로써 그리고 어떤 기획을 가짐으로써?〉 새로운 실증성의 출현은 한 새로운 章의 시작이건 새로운 화자의 개입이건 무엇인가를 말할 그리고 하나의 텍스트 속에 들어갔을, 새로운──예기치 못한, 갑작스러운, 논리적으로 예측불가능한, 그 양식에 있어 특이한──어구에 의해 표시되지 않는다. 그것은 전혀 다른 유형의 사건이다.

2) 그러한 사건들을 분석하기 위해서는, 수정들을 검사하는 것으로는, 그리고 곧 그들을 (신학적인 그리고 미학적인) 창조의 모델에 (그의 초월성과 함께, 그의 모든 독창성과 발명들의 놀이와 함께), 또는 의식의 포착에 대한 심리학적 모델에(그의 애매한 선행조건들, 그의 기대들, 그의 호의적인 상황들, 그의 재구조화의 능력들과 함께), 또는 진화의 생물학적 모델에 관계맺어 주는 것으로는 불충분하다. 이러

한 수정들이 무엇으로 되어 있는가를 정확히 정의해야 한다 : 즉 변화——모든 사건들의 일반적인 운반자이자 동시에 그들의 계기의 추상적인 원리인——에의 미분화적인 지시를 변환들에 대한 분석으로 치환하는 것. [17] 한 실증성의 사라짐과 다른 실증성의 출현은 변환의 다양한 유형들을 함축한다. 보다 특수한 것들로부터 보다 일반적인 것들로 이행함으로써, 우리는 다음을 기술할 수 있으며 또 기술해야 한다 : ① 형성의 한 체계의 상이한 요소들은 어떻게 변환되었는가(예컨대 실업률과 고용의무의 변이들은 무엇이었는가, 회사와 대학에 관련되는 정치적인 결정들은 무엇이었는가, 18세기 말에 있어서의 새로운 요구들과 복지의 새로운 가능성들은 무엇이었는가——모두 임상의학의 형성의 체계 속에 들어가는 요소들). ② 한 형성체계의 특징적인 관계들은 어떻게 변환되었는가(예컨대 17세기 중엽에 지각적 장, 언어적 코드, 도구적 매개와 생명체들에 대한 언설에 의해 작동되었던 정보 사이의 관계는 어떻게 수정되었으며, 그 결과 자연사에 고유한 대상들의 정의를 어떻게 가능하게 했는가). ③ 상이한 형성규칙들 사이의 관계는 어떻게 변환되었는가(예컨대 생물학은 어떻게 특성화의 이론과 시간적 파생들에 대한 분석 사이에서 자연사가 수립했던 질서와 의존을 수정했는가). ④ 마지막으로 다양한 실증성들 사이의 관계들은 어떻게 변화되는가(문헌학, 생물학 그리고 경제학 사이의 관계들은 문법, 자연사 그리고 부의 분석 사이의 관계들을 어떻게 변환시켰는가. 이 세 과목들의 특권적인 관계들을 그리는 間言說的 圖式은 어떻게 분해되었는가. 수학 및 철학에 대한 그들 각자의 관계들은 어떻게 수정되었는가. 하나의 자리가 다른 언설적 형성들을 위해 그리고 단일하게는 인간과학의 이름을

---

17) 이 경우 변화란 〈연속적인〉, 또는 〈목적론적인〉 운동을 의미하며 변환은 〈불연속적인〉 운동을 의미한다. 이는 수학의 역사와 일치한다. 근대의 많은 철학자들(라이프니츠로부터 베르그송에 이르기까지)이 〈무한소미분 calcul infinitésimal〉에 고무되었듯이 오늘날의 철학자들은 〈위상학 topologie〉에 고무되고 있음을 보여준다. 앞에서 말했듯이, 푸코 철학의 이해에 있어서도 〈변환〉의 개념은 위상학적으로 정확히 이해되어야 한다.

취할 이 간실증성을 위해 어떻게 소묘되는가). 변화의 생생한 힘을 환기시키기보다는(힘이 그의 고유한 원리인 듯이), 또한 그의 원인들을 찾기보다는(그것이 결국 어떤 원인들의 순수하고 단순한 효과일 뿐이라는 듯이), 고고학은 〈변화〉를 구성하는 변환들의 체계 le système des transformations를 수립하고자 한다. 고고학은 이 공허하고 추상적인 개념을, 그에 변환의 분석가능한 지위를 부여하기 위해, 정교화하고자 한다. 우리는 한세기 반 동안[18] 사람들로 하여금 역사(운동, 흐름, 진화)를 상상하게 했던 이 오래된 은유들 모두에 집착하는 어떤 정신들은 그곳에서 역사의 부정과 불연속의 마멸된 긍정을 볼 뿐이라는 것을 알 수 있다. 즉 사실 그들은 우리가 이 모든 부수적인 모델들의 변화를 닦는다는 것, 우리가 그에게서 그의 보편적 법칙의 우선성과 일반적인 효과의 지위를 제거한다는 것, 그리고 우리가 그를 다양한 변환들의 분석으로 치환한다는 것을 인정할 수 없는 것이다.

3) 한 언설적 형성이 다른 형성으로 치환된다고 말하는 것은 대상들의, 언표행위들의, 개념들의, 절대적으로 새로운 이론적 선택의 모든 세계가 그들을 단번에 자리잡아 주는 텍스트 안에서 완전히 무장한 채 그리고 완전히 조직화된 채 나타난다고 말하는 것이 아니다. 이는 關係들의 일반적인 變換(그러나 모든 요소들을 강력하게 바꾸지는 않는)이 생산된다는 것을 말하는 것이다. 이는 모든 대상들 또는 개념들, 모든 언표행위들 또는 이론적 전략들이 사라진다는 것을 말하는 것이 아니라 언표들이 새로운 형성규칙들에 복종한다는 것을 말하는 것이다. 반대로 이 새로운 규칙들로부터 출발해, 우리는 연속성의, 회귀의 그리고 반복의 현상들을 기술하고 분석할 수

---

18) 19세기 초부터 20세기 중엽까지를 가리킨다. 이 150년 동안의 철학을 〈구조주의〉가 거부했고 푸코도 그 연장선상 위에 있다. 그리고 구조주의와 유사한 형태를 띠고 있는 〈고전시대〉(17, 18세기)가 재발견되는 것도 이러한 맥락에서이다. 예컨대 세르의 『라이프니츠의 체계와 그 수학적 모델들』을 읽어볼 것.

있다 : 결국 하나의 형성규칙은 한 대상의 규정도, 언표행위의 한 유형에 대한 특성화도, 한 개념의 형태나 내용도 아니며 그들의 複數性과 分散의 原理일 뿐이라는 것을 잊어서는 안 되는 것이다. 이 요소들 중 하나――또는 그들 중 여럿――가 동일한 것으로 머물 수 (동일한 마름질을, 동일한 특성들을, 동일한 구조들을 보존할 수)도 있지만, 그러한 경우에도 그것은 分散의 相異한 體系들에 속할 수 있으며 구분적인 형성규칙들을 복귀시킬 수 있다. 그래서 우리는 다음과 같은 현상들을 찾아낼 수 있다 : 구분적인 다수의 실증성들을 따라 머무는 요소들, 동일한 것으로 머무는 그들의 형태와 내용, 그러나 이질적인 그들의 형성들(그래서 우선은 부의 분석의 대상이 다음에는 정치경제학의 대상이 되는 화폐유통, 우선은 자연사의 대상이 다음에는 생물학의 대상이 되는 특징의 개념). 하나의 언설적 형성 속에서 구성되고, 수정되고, 조직화되는 그리고 안정화되는, 다른 것들 속에서 소묘되는 요소들(죠르쥬 깡길렘이 윌리스에서 프로샤스카 Procha-ska에 이르기까지의 고전시대의 과학 속에서 그리고 현대생리학의 도입부에서의 형성을 보여준 바 있는 반사의 개념). 한 언설적 형성 속에서의 궁극적 파생으로서 뒤늦게 나타난 그리고 궁극적인 형성 속에서 최초의 자리를 잡는 요소들(그래서 자연사에 있어 18세기 말에 출현했던, 그리고 특성화에 대한 계통학적인 모든 시도의 결과로서 출현했던, 그리고 큐비에의 시대에 이르기까지의 생물학에 있어 주요한 개념이 되었던 유기체의 개념. 또 모르가니가 드러낸 그리고 임상의학의 주요개념 중 하나가 된 상해중심의 개념). 낡아버린, 망각된 또는 무효화된 뒤에 다시 나타나는 요소들(예컨대 큐비에와 같은 생물학자에게 있어서의 린네적 유형의 고정설의 재귀. 18세기에 있어서의 시원적 랑그라는 오래된 개념의 재활성화). 고고학에 있어서의 문제는 이러한 현상들을 부정하는 것도, 그들의 중요성을 감소시키는 것도 아니다. 반대로 그들의 측도를 취하고 그들을 고려하는 데에 있다 : 이러한 존속들이나 반복들이, 이러한 긴 연쇄들이나 시간을 건너뛰는 이러한 곡선들이

어떻게 존재할 수 있는가? 고고학은 그 내용을 (나머지를 설명해 줌이 틀림없는) 최초의 그리고 궁극적인 소여로서 간주하지 않는다. 고고학은 반대로 동일한 것, 반복적인 것 그리고 연속적인 것은 비약들 못지않게 중요한 문제들을 형성한다고 생각한다. 고고학에 있어서는, 동일한 것과 연속적인 것은 분석에 의해 되찾아야 하는 것이 아니다. 그들은 한 언설적 실천의 요소 속에서 그려진다. 또한 실증성들의 형성규칙들에 의해 명령받는다. 이들은 사람들이 그에 변화를 연결시키기 좋아하는 이 근본적이고 확실한 관성을 드러내기보다, 그들 자신 활동적으로, 규칙적으로 형성되는 것이다. 그리고 불연속에 대한 특권적 분석을 이유로 고고학을 비난하는 사람들에게, 이 모든 (시간과 역사에 대한) 광장공포증자들에게, 비약과 비합리성을 혼동하는 이 모든 사람들에게, 우리는 대답하리라 : 〈당신들의 사용에 의해, 연속의 가치를 떨어뜨리는 것은 당신들 자신이다. 당신들은 연속을 다른 모든 것이 그에 관계맺어야 하는 하나의 요소-지지물로서 취급한다. 당신들은 그로부터 最初의 法則을, 모든 언설적 실천의 본질적인 무게를 만들어낸다. 당신들은, 사람들이 모든 운동을 중력장 속에서 분석하듯이, 모든 수정들을 이 관성의 장 속에서 분석하기를 원한다. 그러나 당신들은 연속을 중성화시킴으로써만, 그리고 그를 시간의 외적 경계로서 간주하고 시원적인 수동성을 향해 다시 밀어냄으로써만 그에 이 지위를 부여할 수 있다. 고고학은 이러한 배치를 전복시키고자 한다, 아니면 차라리 (왜냐하면 지금까지 연속성에 부여되었던 역할을 불연속에 부여하는 것이 문제가 되는 것은 아니기 때문에) 연속과 불연속이 서로서로 작용하도록 하고자 한다 : 연속이 분산과 동일한 조건들 및 규칙들에 따라 어떻게 형성되었는가를 보여주는 것. 그리고 그것이 어떻게 차이들과 발명들 그리고 새로움들과 파생들보다 더도 덜도 아닌 방식으로 언설적 실천의 장 속에 들어가는가를 보여주는 것〉.

  4) 실증성들의 출현과 소멸, 그들이 야기시키는 치환들의 놀이는

도처에서 동일한 방식으로 전개되는 등질적인 과정들을 구성하지 않는다. 비약이 모든 언설적 형성들이 동시에 그에 복종할 일종의 거대한 일반적인 표류라고 믿지 않는 것이 중요하다 : 비약, 이는 두 명시적인 위상들 사이에서——순간적이라 해도——서로 교차하는, 죽은 그리고 미분화된 시간이 아니다. 이는 두 시대를 분리시킬 그리고 두 등질적인 시간을 빈틈의 한 부분으로부터 다른 부분으로 전개시킬 지속 없는 오류가 아니다. 그것은 언제나 정의된 실증성들 사이에서 일련의 구분적인 변환들에 의해 특이화되는 하나의 불연속이다. 그래서 고고학적 비약들에 대한 분석은 다양한 수정들 사이에서 유비들과 차이들, 위계들, 상보성들, 일치들과 어긋남들을 수립하는 것을, 요컨대 不連續性들 자체의 分散에 대해 기술하는 것을 그 목적으로 가진다.

모든 언설적 형성들을, 그들을 하나의 유일한 운동으로부터 탐구하고 동일한 규칙들에 따라 재구성함으로써, 단번에 그리고 주어진 순간에, 분배하는 하나의 유일하고 동일한 단절이라는 개념은 유지될 수 없다. 여러 변환들의 동시성은 그들의 정확한 연대기적 일치를 의미하지 않는다 : 각각의 변환은 시간적 〈粘度〉에 대한 그의 특이한 係數를 가질 수 있다. [19] 자연사, 일반문법 그리고 부의 분석은 모두 17세기에 있어 유비적인 양식들로 구성되었다. 그러나 부의 분석의 형성체계는 다른 둘보다 훨씬 많은 조건들 및 비언설적 실천들에 연관되어 있었다(상품들의 순환, 그들의 효과에 의한 화폐적 조작, 상업과 수공업의 보호체계, 화폐화된 금속량에 있어서의 진동) : 이로부터 문법과 자연사를 수립했던 변환들이 사반세기 이상으로 확장

---

19) 點度란 물리학의 용어로서, 한 流体의 〈끈끈함〉의 정도를 뜻한다. 각각의 유체가 자신의 고유한 점도를 나타내는 계수를 가지고 있듯이 각각의 변환들은 시간의 흐름에 따른 변화에 있어서의 각각의 고유한 계수들을 가진다. 예컨대 『말과 사물』 7장에 있어서의 문헌학, 정치경제학, 생물학의 형성의 비교에 대한 논의를 참조.

되지 못했던 데 반해, 부의 분석에 있어서는 한세기 이상 동안(그라몽 Grammont에서 깡띠용까지) 전개되었던 과정의 완만함이 나왔다. 역으로, 동시적이고 유비적인 그리고 연결되어 있는 변환들은 하나의 유일한 모델——언설들의 표면에서 여러 번 재생산되며, 모두에게 비약의 엄격히 동일한 형태를 부과할——에 연관되지 못한다 : 문헌학, 생물학, 경제학을 발생시킨 고고학적 단절 la coupure archéologique [20]을 기술할 때, 문제되는 것은 이 실증성들이 어떻게 (기호의 분석 및 표상이론의 사라짐에 의해) 서로 연결되었는가, 그 단절이 어떤 대칭적인 결과들을 산출해 낼 수 있는가이다(생명체에 있어서의 유기체적인 적응과 총체성의 개념, 랑그들에 있어서의 규제된 진화와 형태학적 정합성의 개념, 그 내적인 법칙들과 진화의 한계들을 가지는 생산형식의 개념). 이 변환들의 특이한 차이들이 무엇인가(특히 역사성은 어떻게 이 세 실증성들 속에 특수한 양식으로 도입되었는가, 결과적으로 어떻게 역사에 대한 그들의 관계는, 모든 것들이 그들과 일정한 관계를 가짐에도, 동일한 것일 수 없는가)라는 문제는 덜 중요한 것이다.

마지막으로 상이한 고고학적 비약들 사이에는——그리고 때로는 이웃해 있는 그리고 여러 관계들에 의해 강하게 연결되어 있는 언설적 형성들 사이에 있어서조차도——중요한 어긋남들이 존재한다. 그래서 언어에 대한 그리고 역사적 분석에 대한 과목들에 있어서는 : 19세기 초에 있어 역사적 내지 비교적 문법을 탄생시킨 거대한 변환보다 반세기 이전에 역사적 언설의 변이가 존재했다 : 그 결과 문헌학을 포함했던 간실증성의 체계는 19세기 후반에 문헌학의 실증성이 다시 문제되지 않고서도 다시 깊이 활성화되었던 것이다. 이로부터 그에 대해 우리가 적어도 하나의 다른 유명한 예를 들 수 있을 〈累層的 어긋남〉의 형성들이 나온다 : 마르크스에게서 볼 수 있는 잉여가치나 이윤율의 일정한 하락과 같은 개념들은 이미 리카르

---

20) 바슐라르의 〈인식론적 단절〉을 발전시킨 것이라고 할 수 있다. 『말과 사물』은 〈고고학적 단절〉을 논하고 있는 대표적인 저작이다.

도의 작품 속에 존재하는 실증성의 체계로부터 출발해 기술할 수 있다. 그러나 이 개념들(새롭기는 하지만 그 형성규칙들이 새로운 것은 아닌)은──마르크스 자신에게 있어──전혀 다른 언설적 실천과 동시에 복귀되는 것으로서 나타난다 : 그들은 그곳에서 특이한 법칙들에 따라 형성되며, 전혀 다른 위치를 점하며, 동일한 얽힘들 속에서 그려지지 않는다 : 이 새로운 실증성, 그것은 리카르도의 분석들의 변환이 아니다. 그것은 새로운 정치경제학이 아니다. 그것은 그 수립이 어떤 경제학적 개념들의 파생에 관련해 일어났던 언설, 그러나 다시 경제학자들의 언설이 그 안에서 수행되고 정치경제학의 이론 및 비판으로서 가치를 가질 수 있는 조건들을 정의하는 언설인 것이다.

고고학은, 변화와 사건의 추상적인 통일성을 분리시켰던 것처럼, 단절들의 공시성을 분해시킨다. 시대는 그의 기호의 통일성도, 그의 지평도, 그의 대상도 될 수 없다 : 고고학이 그에 대해 말한다면, 그것은 언제나 규정된 언설적 실천들에 관해서이며 그의 분석들의 결과로서이다. 고고학적 분석들에 있어 종종 언급된 고전시대는 그의 통일성과 그의 공허한 형태를 모든 언설들에 부과하는 시간적인 도식이 아니다. 그것은 연속과 불연속의 얽힘, 실증성에 있어서의 내적인 수정들의 얽힘, 나타나고 사라지는 언설적 형성들의 얽힘에 부여할 수 있는 이름이다. 마찬가지로 비약, 고고학에 있어서의 이 개념은 분석의 출발점도 또 고고학이 (그를 결정하지도 못하고 그에 특이성을 부여하지도 못하면서) 멀리에서 가리키는 극한도 아니다 : 비약은 하나의 또는 다수의 언설적 형성들의 일반적인 법칙성에 근거하는 변환들에 부여된 이름이다. 그래서 프랑스대혁명──지금까지의 모든 고고학적 분석들이 이 혁명을 축으로 해서 이루어졌으므로──은 언설에 외재적인 하나의 사건(우리가, 필연을 생각하기 위해, 모든 언설 속에서 그 분배의 효과를 되찾아야 할)의 역할을 하지 않는다. 그것은 일련의 실증성들을 건드리지 않은, 일련의 다른 규칙들을 위해 아직 우리의 것인 규칙성들은 고정시킨, 마찬가지로 여전히 우리의 눈앞에서 파괴되는(또는 파괴된) 실증성들을 수립한 변환들의 기술가능한, 분절된, 복합적인 집합으로서 기능하는 것이다.


## 6 과학과 지식

지금까지의 모든 분석들에는, 그 원리를 제시함 없이 또 그 도안을 명료화하지도 않은 채, 말 없는 제한이 가해졌었다. 제시된 모든 예들은 예외없이 매우 제한된 영역에 속하곤 했다. 우리는 언설의 거대한 영역을 제시하지도, 그 깊이를 측량해 보지도 못했다. 우리는 그것을 발명했다고 말하지도 않는다 : 왜 〈문학적〉〈철학적〉 또는 〈정치적〉 텍스트들을 체계적으로 무시했는가? 이 영역들 안에는 언설적 형성들이나 실증성의 체계들이 자리를 잡지 못한단 말인가? 그리고 우리가 오직 과학들의 질서에만 관심을 한정했다면, 왜 수학이나 물리학 또는 화학에 대해서는 침묵을 지켰는가? 왜 그렇게 의심스러운, 아직 정형화되지 못한 그리고 아직도 과학성의 문턱 아래에 여전히 머물러 있는 과목들에 주의를 집중했는가? 요컨대 제과학의 분석과 고고학의 관계는 무엇인가?

### 1 실증성, 과목, 과학

첫번째 물음 : 고고학은, 〈언설적 형성〉이나 〈실증성〉 같은 다소 기묘한 용어들 아래에서, 결국 의사과학들(예컨대 정신병리학)이나 前역사적 상태에 있어서의 과학들(예컨대 자연사) 또는 이데올로기에 의해 채색된 과학들(예컨대 정치경제학)을 기술할 뿐이 아닌가? 그것은 앞으로도 의사과학적인 것으로 머무를 분야들에 대한 특권적인 분석이 아닌가? 만일 그 조직화를 과학적인 모델들로부터 빌려오는, 과학의

정합성과 증명가능성에 경도되는, 과학과 같이 수용되고, 제도화되고, 이전되고, 종종 교육되는 언표들의 제집합을 〈과목들 disciplines〉이라 부른다면, 인식론이 실존하는 과목들로부터 출발해(또는 그들을 뛰어넘어) 형성될 수 있었던 과학들을 기술하는 데 반해 고고학은 결과적으로 과학들이라고 볼 수 없는 과목들을 기술한다고 말할 수 있지 않을까?

이러한 물음들에 대해 우리는 부정적으로 대답할 수 있다. 고고학은 과목들을 기술하지 않는다. 기껏해야 이들은, 그들의 명시적인 전개에 있어, 실증성들에 대한 기술에 도화선의 역할을 해줄 뿐이다. 이들이 실증성들의 한계를 고정해 주지는 못한다 : 이들은 실증성의 결정적인 분절들을 부과하지는 않는다. 우리는 분석을 통해 그렇지 않음을 보여줄 수 있다. 우리는 제도화된 과목들과 언설적 형성들간에 상응적인 관계를 수립할 수가 없는 것이다.

이러한 어긋남에 대한 예가 있다. 『광기의 역사』가 분석하고자 하는 지점, 그것은 19세기 초에 있어서의 한 정신의학적 과목의 출현이었다. 이 과목은 우리가 18세기 의학의 저서들 속에서 찾아내는 〈뇌병〉 또는 〈신경병〉에 대한 전통적인 장과 동일한 내용도, 동일한 내적 구조화도, 의학에 있어서의 동일한 자리도, 동일한 실천적 기능도, 동일한 사용양식도 가지지 않았다. 그래서 이 새로운 과목을 탐구함에 있어 우리는 두 가지의 사실을 발견했던 것이다 : 그 과목이 나타났던 시대에 그를 가능하게 해준 것, 개념들의, 분석들의 그리고 증명들의 경제학 속에서 이 거대한 변화를 결징했던 것, 그것은 병원화, 감금, 사회적 배제의 조건들과 과정들, 법률의 규칙들, 공업적인 노동의 그리고 부르주아적 도덕의 규범들, 요컨대 이 언설적 실천을 위해 그의 언표들의 형성을 특성화해 주는 모든 집합 사이들의 관계들의 놀이인 것이다.[21] 그러나 이 실천은 과학적 지위를 가진 것으로 주장하는 과

---

21) 즉 이 관계들의 놀이가 19세기 초 정신병리학의 탄생을 가능하게 해준 〈가능성의 조건〉이었다고 할 수 있다. 고고학이 탐구하고자 하는 것은 바로 이

목들 내에서만 명시적이었던 것은 아니다. 우리는 그를 법률적인 텍스트들 속에서, 문학적인 표현들 속에서, 철학적인 반성들 속에서, 정치적인 질서의 결정들 속에서, 일상적인 문제들에 있어서, 의견들에 있어서도 찾아낼 수 있다. 정신의학적 과목이 그 존재를 지표화할 수 있는 언설적 형성은 그와 同延的이지 않다 : 언설적 형성은 그를 크게 넘쳐흐르며 모든 부분에 있어 그를 둘러싼다. [22] 그러나 더 이상의 것이 있다 : 시간을 거슬러 올라감으로써 그리고 17, 18세기에 있어서의 정신의학의 수립에 선행할 수 있었던 것을 찾아내고자 했을 때, 우리는 그에 선행했던 어떤 과목도 존재하지 않았다는 것을 깨달을 수 있었다 : 고전시대에 있어 편집증, 정신착란, 우울증, 신경병에 대한 의사들의 논의들은 하나의 자율적인 과목을 전혀 구성하고 있지 못했으며, 기껏해야 열병에 대한, 기질의 변화에 대한, 뇌의 증상들에 대한 분석의 한부분이었을 뿐이다. 그러나 제도화된 과목들의 부재에도 불구하고, 그 규칙성과 일관성을 지니고 있는 하나의 언설적 실천은 기능하고 있었다. 이러한 언설적 실천은 확실한 의학으로 스며들기도 했지만, 그러나 또한 행정적인 규제들, 문학적 내지 철학적 텍스트들, 결의론, 의무적인 작업이나 빈민들에 대한 복지의 이론들 및 기획들 속으로도 스며들었다. 고전시대에 있어, 우리는 완전히 기술가능한, 정신의학에 비교할 수 있는 어떤 규정된 과목도 그에 상응하지 않는 하나의 언설적 실천과 실증성을 가질 수 있다. [23]

　그러나 실증성들이 제도화된 과목들의 단순한 이중렌즈가 아니라는 것이 사실이라면, 그들은 미래의 과학들에 대한 소묘가 아닌가? 언설

---

　〈가능성의 조건〉인 것이다.

22) 즉 고고학은 과목들로부터 탐구를 시작할 뿐이다. 고고학이 탐구하는 영역은 과목의 범위보다 훨씬 크다.

23) 즉 과목의 존재는 언설적인 실천과 실증성의 존재를 위한 필수적인 조건이 아니다. 이는 고고학의 범위가 전통적인 과학사의 범위보다 더 넓다는 것을 시사한다. 즉 고고학의 대상은 과학보다 넓은 외연을 가지고 있는 지식 savoir이다.

적 형성을 과학들의 그들의 고유한 과거에로의 회고적인 투사로서, 과학들이 그들을 앞섰던 그래서 그들을 선취했던 것들에 던지는 그들로서 이해하는 것이 아닌가? 예컨대 우리가 일반문법이나 부의 분석으로서——그들에게 아마도 매우 인위적인 자율성을 부여함으로써——분석한 것은 단순히 초보적인 상태에서의 정치경제학, 언어에 관한 엄밀과학의 수립에 필요한 전단계가 아닌가? 그 합법성을 수립하기가 분명 어려운 회고적인 운동에 의해, 고고학은 (그 공모성이 한 과학의 수립을 위해서는 필수적인 것이라는 것을 알 수 있는) 이질적이고 분산된 모든 요소들을 하나의 독립적인 언설적 실천으로 재분류하고자 하는 것이 아닌가?

이 문제에 대해서도 대답은 역시 부정적이다. 자연사라는 이름 아래에서 분석되었던 것은 17, 18세기 생명과학에 대한 소묘로서의 가치를 지닐 수 있었던 그리고 그의 합법적인 계보학 속에서 그려질 수 있었던 모든 것을 하나의 유일한 도식 아래에서 재포착하고자 하지 않는다. 그와 같이 해서 드러난 실증성은 결국 생명체들 사이에 존재하는 유사성과 차이성들, 그들의 가시적인 구조, 그들의 종적이고 유적인 특징들, 그들의 가능한 분류, 그들을 분리시켜 놓고 있는 불연속성들, 그들을 다시 이어주는 전이들에 관련되는 일련의 언표들을 잘 설명해 준다. 그러나 고고학은 동일한 시대에서 유래하는, 그리고 생물학의 원형적인 모습을 그려주는 다른 많은 분석들은 옆으로 제쳐놓는다 : 반사적인 운동에 대한 분석 (신경체계에 대한 해부생리학의 구성을 위해서 그토록 중요한), 胚들에 대한 이론 (진화의 문제와 유전학의 문제를 미리 제기하는 것으로 보이는), 동물적 또는 식물적 성장에 대한 이론 (유기체 일반에 대한 생리학의 가장 큰 문제 중의 하나라고 할 수 있는). 게다가 자연사——기호들에 대한 이론과 질서에 대한 과학의 기획에 연결되어 있는 계통학적 언설——는 미래의 생물학을 소묘했던 것이 아니라, 그의 견고함과 자율성에 의해, 생명에 관한 통일과학의 구성을 배제시켰던 것이다. 마찬가지로, 일반문법으로서 기술된 언설적 형성은 언어에 관하여 고전시대에 말해질 수 있었던, 그리고 보다 늦게 문헌학, 유산이나 (유산의) 포기, 부연이나 비평에서 찾아야 할 모든 것을 설명하지 않는다 : 고고학은 성경주석의 방법들과 비코나 헤르더 Johann Herder에 의해 공식화된 언어철학을 옆으로 제쳐놓는다. 언설적 형성들, 결국 이는 아직 스스로를 의식하지 못한 채 낮은 목소리로 구성하는 단계에 있어서의 미래의 과학들이 아니다 : 사실 이들은 과학들의 정향진화와의 관련하에서의 목적론적 복속의 상태로 존재하지는 않는 것이다. [24]

그렇다면 실증성이 존재하는 그곳에는 과학이 존재할 수 없다고, 실증성들은 그들이 발견될 수 있는 그곳에서 언제나 과학들을 배제한다고 말해야 할까? 실증성들은 과학들에 대해 연대기적인 관계를 맺고 있다고 말하는 대신 하나의 대안으로서 존재한다고 생각해야 할까? 그들이 일종의 어떤 인식론적인 결함에 대한 구체적인 예인 것은 사실이다. 그러나 이 경우에 있어서도 하나의 반례를 제시할 수 있을 것이다. 임상의학은 분명 하나의 과학은 아니다. 그것이 형식적인 규준들에 부합되지 못하고 우리가 물리학, 화학 또는 생리학에서 기대할 수 있는 엄밀함의 수준에 도달하지 못했기 때문만이 아니라, 그것이 이제 겨우 형성된 경험적 관찰들의, 시험들과 조야한 결과들의, 제조법의, 치료적인 규범들의, 제도적인 규제들의 축적을 포함하기 때문에. 그럼에도 불구하고 이 비과학은 과학을 배제하지 않는다 : 19세기에 있어, 이 비과학은 생리학, 화학 또는 미생물학과 같은 완전히 구성된 과학들 사이에서 일정한 관계들을 수립했던 것이다. 게다가 이 비과학은 결코 사이비과학이라고는 볼 수 없는 병리학적 해부학의 언설 같은 언설들을 발생시켰던 것이다.

그래서 우리는 언설적 형성들을 과학들에도, 이제 겨우 과학적이 된

---

24) 고고학은 일견 바슐라르가 〈정신분석〉에 의해 정화시키고자 한 前과학적 수준들에 대한 긍정적 분석으로 보인다. 푸코는 이러한 이해의 잘못을 지적하고 있다.

과목들에도, 멀리에서 이제 올 과학들을 소묘해 주는 것들에도, 마지막으로 모든 과학성의 시동을 배제하는 형태들[25]에도 동일시할 수 없다. 그렇다면 실증성과 과학의 관계는 무엇인가?

## 2 지식

실증성들은 인식의 형태들을 특성화하지 않는다——이들이 각자의 차례가 되면 역사에 의해 작동될 수 있을 필연적인 선험적 조건들이나 합리성의 형태들이라 하더라도. 그러나 그들은 주어진 시간에 있어서의 인식들의 상태 또한 정의하지 않는다 : 그들은 이 순간부터 증명될 수 있는 그리고 결정적인 것으로 수립된 지위를 취할 수 있는 것의 대차대조표도, 역으로 증명도 그리고 충분한 증명도 없이 받아들여진 것에 대한 또는 공통된 믿음에 의해 받아들여지거나 상상의 힘에 의해 수용된 것에 대한 대차대조표도 수립하지 않는다. 實證性들을 분석하는 것, 그것은 어떤 規則들에 따라 하나의 言說的 實踐이 대상들의 무리를, 언표행위들의 집합을, 개념들의 놀이를, 이론적 선택들의 계열을 形成할 수 있는가를 보여주는 것이다. 그와 같이 형성된 요소들은 일정한 관념성의 구조에 의해 하나의 과학을 구성하지 않는다. 그들의 관계들의 체계는 분명 덜 엄밀하다. 그러나 이들은 경험과 전통으로부터 또는 이질적인 발견들로부터 유래한, 그리고 단지 그들을 소유하는 주체의 동일성에 의해 연결되어 있을 뿐인 잡다한 것들을 쌓아놓은 인식들 또한 아니다. 그들은 그로부터 출발해 정합적인 명제들이 세워지는(또는 세워지지 못하는), 다소간 정확한 기술들이 개발되는, 검증들이 실행되는, 이론들이 전개되는 바의 존재이다. 그들은 하나의 인식으로서 또는 환상으로서 드러나고 기능할 것의 선행조건을, 수용된 진리나 파기된 오류를, 결정적으로 획득된 것이나 극복된 장애물을 형성

---

25) 즉 바슐라르의 〈인식론적 장애물들〉.

한다. 이 선행적인 것, 우리는 그것이 하나의 소여로서, 아직 상상적인 것 내지 지각에 전적으로 연루되어 있는, 인류가 그의 역사의 과정에 있어 합리성의 형태 안에서 다시 취해야 했던, 또는 각각의 개인이——그가 그(경험)에 의해 둘러싸여 있는 또는 은폐되어 있는 관념적인 의미작용을 되찾고자 한다면——스스로를 위해서 횡단해야 할 경험으로서 분석될 수 없다는 것을 알 수 있다. 문제가 되는 것은 직접적인 인식으로부터 논증가능한 인식으로 진행하는 운동 속에서의 前인식 또는 배아적 관계가 아니다. 문제가 되는 것은 경우에 따라 과학적인 언설이 형성될 수 있도록 하나의 언설적 실천에 의해 형성되어야 했던, 그의 형태와 엄밀함에 의해서만이 아니라 그가 다루는 대상들, 그가 작동시키는 언표행위의 유형들, 그가 조작하는 개념들, 그리고 그가 사용하는 전략들에 의해서도 특이화되었어야 했을 요소들이다. 그래서 우리는 과학을 (그에 고유한 관념성의 의도가 기초지어질 수 있도록) 체험되었음에 또는 체험됨에 틀림없는 것에 관련시키지 않는다. [26] 우리는 경우에 따라 실험적인 규준들이나 과학성의 형식들에 답하는 하나의 言說이 존재하기 위해 말해졌음에 또는 말해짐에 틀림없는 것에 관련시키는 것이다.

한 언설적 실천에 의해 규칙적인 방식으로 형성된 그리고 한 과학의 구성을 위해서 필수불가결한——그것이 반드시 과학을 탄생시켜야 하는 것은 아니지만——이 要素들의 集合, 우리는 그를 지식savoir이라고 부를 수 있다. [27] 지식, 그것은 (바로 그에 의해 특이화되는) 한 언설적 실천 속에서 그에 대해 말할 수 있는 바의 것이다ce dont on peut

---

26) 현상학과의 대비가 뚜렷이 드러나 있다. 현상학과 고고학은 과학을 통해서 과학 이전의 세계를 해석하기보다는, 과학을 가능하게 해준 장으로부터 과학을 설명한다는 점에서 일치한다. 그러나 그들의 설명방식은 전혀 다르다.

27) 즉 과학이 존재할 경우 반드시 그 과학의 가능성의 조건으로서의 〈지식〉이 있어야 하지만, 하나의 지식이 존재한다고 해서 반드시 그로부터 어떤 과학이 나와야 하는 것은 아니다. 이는 매우 중요한 사항이다.

parler dans une pratique discursive qui se trouve par là
spécifiée) [28] : 과학적 지위를 얻을 또는 얻지 못할 상이한 대상들에
의해 구성된 영역(19세기에 있어서의 정신의학의 지식, 이는 우리가 참이
라고 믿었던 것의 총화가 아니다. 그것은 우리가 정신의학적 언설 속에서
그에 대해 말할 수 있는 행위들, 단일성들, 파생들의 집합이다). 지식, 그
것은 또한 그 안에서 주체가 그가 그의 언설 속에서 관계해야 하는 대
상들에 대해 말하기 위해 자리를 잡을 수 있는 공간이다(이러한 의미에
있어, 임상의학적 지식이란 의학적 언설의 주체가 실행할 수 있는 시선의
기능, 질문의 기능, 해독의 기능, 기록의 기능, 결정의 기능과 같은 기능들
의 집합이다). 지식, 그것은 또한 그 안에서 개념들이 나타나고, 사라
지고, 적용되고, 변환되는 (언표들의 배치와 복종의) 장이다(이러한 수
준에 있어, 18세기에 있어서의 자연사의 지식은 그 당시에 말해졌던 모든
것의 총화가 아니다. 그것은 그에 따라 사람들이 기언에 모든 새로운 언표
들을 통합시킬 수 있는 양식들과 자리잡음의 집합이다). 마지막으로 지식
은 언설에 의해 제공되는 사용과 전유의 가능성들에 의해 정의된다(그
래서 고전시대에 있어서의 정치경제학의 지식은 제시된 상이한 테제들에 대
한 테제가 아니라, 그의 다른 언설들과의 또는 비언설적 실천들과의 연결점
의 집합인 것이다). [29] 과학들에 독립적인 (그들의 역사적인 소묘도 체험된
이면도 아닌) 지식들이 존재한다. 그러나 정의된 언설적 실천이 없는
지식이란 존재하지 않는다. 그리고 모든 언설적 실천은 그것이 형성하
는 지식에 의해 정의될 수 있다.

의식-인식-과학의 축(주체성이라는 指數로부터 해방되지 못하는)을 가

---

28) 중요한 대목. 지식과 언설적 실천의 관계가 선명하게 나타나 있다. 지식은
언설적 실천에 의해 형성되며, 언설적 실천은 지식에 의해 〈특이화된다〉.

29) 지식이 가질 수 있는 여러 가지 의미가 열거되었다 : 영역, 공간, 場, 가능
성들. 이 네 가지의 의미를 상호연관적으로 음미해 보는 것이 필요하다. 우리
는 언표에 대해 행해졌던 논의들이 여기에서 종합되고 있다는 것을 알 수 있
다. 이 책의 제목이 말해 주듯이, 고고학의 궁극적인 탐구영역, 그것은 곧 지
식이다.

로지르기보다, 고고학은 언설적 실천-지식-과학의 축을 가로지른다. 그리고 지성사가 인식의 요소 속에서 그의 분석의 평형점을 찾는 데 반해(그와 같이 함으로써 결국 그의 의도에 관계 없이 초험적인 물음을 만나야 하는 데 반해), 고고학은 지식 속에서——즉 주체가 (초험적 활동으로서든 경험적 의식으로서든) 특권적인 위치를 가지지 못한 채, 필연적으로 그 안에 위치해야 하고 의존해야 하는 영역 속에서——그의 분석의 평형점을 찾는다.

　이러한 조건들에 있어, 과학적 영역들과 고고학적 영토들을 조심스럽게 구분하는 것이 필요하다는 것을 알 수 있다 : 그들의 분절 및 조직화의 원리는 전혀 다른 것이다. 어떤 구성법칙들에 복종하는 명제들만이 과학성의 영역에 속한다. 동일한 의미를 가질, 동일한 사물을 가질, 또한 그들과 같이 참일, 그러나 동일한 체계성을 드러내지는 않는 판단들은 이 영역으로부터 배제된다 :『달랑베르의 꿈』이 종들의 생성에 대해 말한 것은 그 시대의 과학적인 가설들이나 개념들을 잘 번역해 줄 수 있다. 이는 미래의 진리를 기대케 하기조차 한다. 그러나 이는 자연사에 있어서의 과학성의 영역으로부터 생성되는 것이 아니라, 역으로 그의 고고학적 영토에——적어도 우리가 그곳에서 린네와 뷰퐁, 도방똥과 쥬시에에 있어서와 동일한 형성규칙들을 발견할 수 있다면——속하는 것이다. 고고학적 영토들은 과학적 텍스트들만이 아니라〈문학적〉또는〈철학적〉텍스트들을 횡단할 수 있다. 지식은 증명들 내에만 존재하는 것이 아니다. 그것은 또한 허구들, 반성들, 이야기들, 제도적 규제들, 정치적 결정들 속에 존재할 수도 있다. 자연사의 고고학적 영토는『철학적 윤회』나『텔리아메드』를 포함한다, 이들이 전체적으로 그 시대에 인정되어 있던 과학적 규범들에, 그리고 그 이상으로, 뒤에 요구되었을 규범들에 응답하지 못했다 하더라도. 일반문법의 고고학적 영토는 귀속적 명제들에 대한 분석——명증성의 빛과 함께 받아들여졌던, 그리고 그 안에서 일반문법이 오늘날 그의 미리 소묘된 진리를 식별해 낼 수 있는——못지않게 파브르 돌리베

Fabre d'Olivet──결코 과학적 지위를 획득하지 못했던 그리고 오히려 신비주의적 사유의 전통 속에 등록되었던──의 꿈들을 포함하는 것이다.

언설적 실천은 그것이 탄생시킬 수 있는 과학적 구축과 일치하지 않는다. 그리고 그것이 형성하는 지식은 꺼칠꺼칠한 소묘도 구성된 과학의 일상적인 하위생산물도 아니다. 과학들──지금으로서는 그 과학성에 대한 인정이나 그러한 지위를 가진 언설들과 실제 그의 형식적인 규준들을 제시하는 언설들 사이의 차이는 중요하지 않은──은 한 언설적 형성의 요소 속에서 그리고 지식의 기초 위에서 나타난다. 이제 두 계열의 문제들이 발생한다 : 과학성의 영역의 소묘를 포함하는 고고학적 영토 속에서 그 영역의 역할과 자리는 무엇일 수 있는가? 주어진 언설적 형성에 있어서의 과학성의 영역의 출현은 어떤 질서에 따라 그리고 어떤 과정들에 따라 수행되는가? 현재로써는 그리고 여기에서는 대답할 수 없는 문제들 : 단지 어떤 방향으로 이들을 분석할 수 있을지만을 언급해 보자.


## 3 지식과 이데올로기

과학은, 일단 구성된 이후에는, 그의 탄생지인 언설적 실천을 형성하는 모든 것을 그의 책임하에서 그리고 그에 고유한 얽힘들 속에서 다시 취하지는 않는다. 과학은──오류들의, 편견들의 또는 상상력의 前역사에 그를 연결시키고자──그를 둘러싸는 지식을 소멸시키지도 않는다. 병리학적 해부학은 임상의학의 실증성을 과학성의 규범들에로 환원시키거나 귀착시키지 않았다. 지식은 그를 완성시키는 과학 속에서 사라지는 인식론적 작업대가 아니다 Le savoir n'est pas ce chantier épistémologique qui disparaî-trait dans la science qui l'accomplit.[30] 과학 (또는 그러한 것으로서 주어지는 것)은 지식의 장 속에 위치하며 그 장 속에서 하나의 역할을 수행한다. 상이한 언설적 형성들에 따라 변화하는 그리고 그들의 변이와 더불어 수정되는 역할. 고전시대에 있어서 정신병에 대한 의학적 인식으로서 주어지는 것은 광기에 대한 지식 속에서 매우 제한된 자리만을 차지한다 : 그것은 다른 것들(법률, 결의론, 경찰적인 규제 등) 중에서, 水平化affleurement의 表面들 중 하나만을 구성할 뿐이다. 역으로, 역시 정신병에 대한 과학적 인식으로서 주어진 19세기의 정신병리학적 분석들은 광기에 대한 지식에 있어 매우 상이하고 중요한 역할(모델과 결정의 심급의 역할)을 했다. 마찬가지 방식으로, 과학적 언설(또는 과학적 추론)은 17세기의 경제학적 지식과 19세기의 그것에 있어 동일한 기능을 고정시키지 않는다. 모든 언설적 형성들에 있어, 우리는 과학과 지식 사이에 하나의 특이한 관계를 찾을 수 있다. 그리고 고고학적 분석은, (지식으로부터 나와 다시 과학에 저항하는 것, 이웃관계와 지식의 영향에 의해 과학에 포함되는 것을 찾음으로써) 그들 사이에 배제 또는 제거의 관계를 정의하는 대신, 하나의 과학이 지식의 요소 속에서 어떻게 각인되고 기능하는가를 실증적으로 보여주어야 한다 montrer positivement comment une science s'inscrit et fonctionne dans l'élément du savoir.

의심할 바 없이 과학들에 대한 이데올로기의 관계들이 수립되고 특이화되는 것은 바로 이 놀이의 공간 안에서이다. 과학적 언설에 대한 이데올로기의 점거와 과학들의 이데올로기적 기능작용이 연결되는 곳은 그들의 관념적인 구조의 수준이 아니며(그들이 그곳에서 다소간 가시적인 방식으로 번역될 수 있다 하더라도), 사회에 있어서의 그들의 기술적인 사용의 수준도 아니며(이 사회가 그에 영향을 끼칠 수 있다 하더라

---

30) 즉 지식이 〈발달되어〉 과학이 되는 것이 아니다(인식론적 단절). 지식과 과학은 서로 별개로서 각자 존재한다. 지식은 前과학이 아니다. 다만 과학이 그의 가능성의 조건으로서 지식을 필요로 할 뿐이다. 뒤에서 보게 되듯이 〈수학〉만은 예외라고 할 수 있다.

도), 그를 구축하는 주체들의 의식의수준도 아니다. 그들은 과학이 지
식 위에서 마름질되는 그곳 là où la science se découpe sur le savoir에
서 연결되는 것이다. [31] 이데올로기의 물음이 과학에 제기될 수 있다
면, 그것은 과학이, 지식에 동일시되지 않고서, 그러나 지식을 지
워버리거나 배제하지도 않고서, 그 속에 자리잡고, 그의 어떤 대상들
을 구조화하고, 그의 어떤 언표행위들을 체계화하고, 그의 어떤 개념
들과 전략들을 공식화하는 한에서이다. 그것은 이러한 정교화가 지식
을 분절시키고, 그를 수정하고 그리고 그를 한편으로는 재분배하고 다

---

31) 이 점에서 푸코는 다시 깡길렘을 따르고 있다. 깡길렘은 바슐라르의 〈인식
론적 단절〉을 여러 가지 점에서 수정하고 있는바, ① 과학사에서는 거대한 단
절들만이 있는 것이 아니라 〈연속적인〉 단절들, 〈부분적인〉 단절들도 존재하
며 (*Etudes d'histoire et de philosophie des sciences,* Vrin, 1970, p. 25), ②
하나의 동일한 이론(예컨대 Black의 비열의 발견)이 동시에 〈비준된〉 것이면
서 〈폐기된〉 것일 수 있으며, ③ 〈인식론적 장애물〉이 적어도 어떤 측면에서
는 과학의 발전에 도움을 주는 경우도 있으며 (*La connaissance de la vie,*
Vrin, 1975, p. 95). ④ 마지막으로 과학과 비과학은 날카롭게 구분할 수 있는
것이 아니다.
  이 마지막의 사항을 논하는 과정에서 매우 중요한 개념인 〈과학적 이데올로
기 idéologie scientifique〉라는 개념이 등장한다(이 개념의 형성에 있어 깡길
렘은 그의 제자들인 Althusser와 Foucault의 영향을 받았음을 말하고 있다.
*Idéologie et rationalité,* p. 9). 깡길렘에 따르면 어떤 과학은 前과학적 단계
로부터 과학적 단계로 가는 〈과도기〉를 가진다. 깡길렘은 이데올로기라는 말
의 원뜻인 〈관념들의 생성에 대한 과학〉을 상기시킨다. 과학적 이데올로기는
① 기존의 과학들로부터 그의 모델을 취하며, ② 현대의 과학이 취하는 주장보
다 더 큰 주장을 실재에 대해 취한다. 이러한 예로는 Maupertuis와 Spencer
의 철학을 들 수 있다. 과학은 그의 전항으로서의 이러한 〈과학적 이데올로
기〉들을 요구할 것이다. 결국 과학적 이데올로기는 과학의 구성을 위해 동시에
장애물로서/가능성의 조건으로서 기능하는 것이다(*Idéologie et rationalité,* p.
38).
  푸코는 이러한 깡길렘의 입장을 받아들이고 있지만, 깡길렘이 〈과학적 이데
올로기〉를 주로 과학과 철학의 관계에 있어 논하고 있는 데 반해 푸코는 보다
넓은 〈지식〉의 지평에서 다루고 있다.

른 한편으로는 확증하는 동시에 가치를 부여하는 한에서이다. 그것은 과학이 언설적 규칙성 안에 그의 장소를 찾는 한에서, 그리고, 그렇게 함으로써, 그것이 언설적 실천들의 모든 장 속에서 전개되고 기능하는 또는 못하는 한에서이다. 요컨대 과학에 제기된 이데올로기의 물음, 이는 그것이 다소간 의식적인 방식으로 반영하는 상황들과 실천들에 대한 물음이 아니다. [32] 그것은 그에 대한 사람들의 사용이나 그로부터 사람들이 만들어낼 수 있는 모든 잘못된 사용에 대한 물음도 아니다. [33] 그것은 언설적 실천으로서의 그의 존재에 대한 그리고 다른 실천들 중에서의 그의 기능작용에 대한 물음인 것이다.

우리는 대체적으로, 그리고 모든 숙고와 모든 특이성을 넘어서, 정치경제학은 자본주의 사회 속에서 하나의 역할을 한다는 것, 그것이 부르주아와 계급의 利害에 복종한다는 것, 그것이 이 계급에 의해 그리고 그들을 위해 행해졌다는 것, 그것이 그의 개념들에 있어서까지 그리고 그의 논리학적인 건축에 있어서까지 그의 시원들의 오점을 이 전시킨다는 것을 말할 수 있다. 그러나 경제학의 인식론적 구조와 그의 이데올로기적 기능 사이의 관계들에 대한 보다 정확한 모든 기술은 그를 발생시킨 언설적 형성들에 대한 그리고 (그것이 정교화해야 했고 체계화해야 했던) 대상들의, 개념들의, 이론적 선택들의 집합에 대한 분석을 거쳐야 한다. 그리고 그러한 실증성을 발생시킨 언설적 실천이 다른 실천들——언설적 질서일 수 있지만 또한 정치적 또는 경제적 질서일 수도 있는——사이에서 어떻게 기능했는가를 보여주어야 할 것이다.

이로부터 몇 가지의 명제를 개진시켜 볼 수 있다.

---

32) 즉 여기에서 문제되고 있는 것은 반드시 〈정치적〉 이데올로기인 것이 아니다.

33) 오류가 반드시 장애물은 아님을 함의한다. 현대 프랑스 인식론에서는 〈오류〉의 개념이 중요한 역할을 하고 있다. 『정상적인 것과 병리적인 것』의 마지막 장을 참조.

1) 이데올로기는 과학성과 모순되지 않는다. 임상의학적 언설이
나 정치경제학적 언설만큼 이데올로기에 자리를 내준 언설들은 거의
없다 : 그러나 이는 그들의 언표들에 오류의, 모순의, 객관성의 부
재에 대한 지표를 부과하기 위한 충분조건이 아니다.

2) 모순들, 빈틈들, 이론적 결함들은 한 언설의(또는 과학적임을
자칭하는 언설의) 이데올로기적 기능작용을 특징지을 수 있다. 그들
은 건축물의 어떤 지점에서 이 기능작용이 효과를 발휘하는가를 결
정할 수 있도록 해준다. 그러나 이 기능작용의 분석은 실증성의 수
준에서 그리고 형성규칙들과 과학성의 구조들 사이의 관계들의 수준
에서 행해져야 한다.

3) 스스로를 수정한다 해도, 스스로의 오류를 교정한다 해도, 그
언어표현들을 압축한다 해도, 하나의 언설은 이데올로기에 대한 그
의 관계를 크게 풀지 않는다. 이데올로기의 역할은 엄밀함이 증가함
에 따라 그리고 오류가 흩어짐에 따라 줄어드는 것이 아니다.

4) 한 과학의 이데올로기적 기능작용을 그를 드러내기 위해서 그
리고 수정하기 위해서 분석하는 것, 그것은 그 안에 포함되어 있는
철학적 전제들을 드러내는 것이 아니다. 이는 그를 가능케 해주는
그리고 그를 정당화하는 기초들로 되돌아가는 것이 아니다 : 그것은
언설적 형성으로서의 이데올로기에 물음을 던지는 것이다. 그것은
그의 명제들이 지니고 있는 형식적인 모순들을 분석하는 것이 아니
라, 그의 대상들의, 언표행위의 유형들의, 개념들의, 이론적 선택
들의 형싱의 제계를 분석하는 것이다. 즉 그를 다른 실천들 가운데
에서의 한 실천으로서 다시 취하는 것이다.


**4 상이한 문턱들과 그들의 연대기**


하나의 언설적 형성에 관련하여, 우리는 다수의 구분적인 出現들을
기술할 수 있다. 하나의 언설적 실천이 개별화되고 그의 자율성을 취

하게 되는 순간, 결과적으로 언표들의 한 유일하고 동일한 형성체계가 작동되는 것을 볼 수 있게 되는 순간, 또는 이 체계가 변환되는 순간, 우리는 이 순간을 〈실증성의 문턱〉이라 부를 수 있을 것이다. 한 언설적 형성들의 놀이 속에서 언표들의 한 집합이 마름질되고, 검증의 규범들과 정합성을 (그에 도달하지 못하는 경우에 있어서조차도) 두드러지게 할 때 그리고 지식에 관련해 (모델의, 비판의 또는 검증의) 지배적인 기능을 실행할 때, 우리는 그 언설적 형성이 〈인식론화의 문턱〉을 넘어섰다고 말할 것이다. 그와 같이 그려진 인식론적 윤곽이 일련의 형식적인 규준들에 복종할 때, 이 언표들이 형성의 고고학적 규칙들에만이 아니라 명제적 구축의 어떤 법칙들에게까지도 복종할 때, 우리는 그것이 〈과학성의 문턱〉을 넘어섰다고 말할 것이다. 마지막으로 이번에는 이 과학적 언설이 그에 필수적인 公理들을, 그가 사용하는 요소들을, 그에 정당한 명제적 구조들을 그리고 그것이 받아들이는 변환들을 정의할 수 있을 때, 그것이 그와 같이 해서 그 자신으로부터 출발해 구성하는 형식적 구축물을 전개시킬 수 있을 때, 우리는 그것이 〈공식화의 문턱〉을 넘어섰다고 말할 것이다. [34]

　이 상이한 문턱들의 시간적 배분, 그들의 계기, 그들의 어긋남, 경우에 따라서는 그들의 일치, 그들이 서로서로에 대해 명령하고 함의할 수 있는 방식, 그들을 차례차례 수립시키는 조건들은 고고학적 탐구의 주된 영역들 중 하나를 이룬다. 결국 그들의 연대기는 규칙적이지도 등질적이지도 않다. 언설적 형성들이 그들을 쇄신시키고, 그와 같이 해서 인간의 제인식들의 역사를 상이한 시대로 분절시키는 것은 결코

---

34) 바슐라르의 〈과학과 비과학 science et non-science〉의 구분에 대한 깡길렘의 비판을 이어받아, 푸코는 비과학으로부터 공리적 체계를 지닌 고도의 과학에 이르기까지의 공간을 細分함으로써 그를 보다 발전시키고 있다. 여기에서 제시되고 있는 네 가지의 문턱 중 보다 중요한 것은 〈실증성의 문턱〉과 〈과학성의 문턱〉이다. 고고학이 주로 다루는 영역은 이 두 문턱 사이에 존재하는 지식인 것이다.

동일한 발자국에 있어서도 동일한 시간에 있어서도 아니다 : 많은 실증성들이 공식화의 문턱을 넘어선 시대에, 다른 많은 실증성들은 아직도 과학성의 문턱에, 나아가서는 인식론화의 문턱에조차도 다다르지 못했다. 게다가 각각의 언설적 형성들은 (유일한 변수라고는 잠재의 시간이나 간격들의 지속이라고 할 수 있을) 생물학적 성숙의 자연적인 단계들에 있어서처럼 이 상이한 문턱들을 계기적으로 통과하지는 않는다. 여기에서는 사실상 그 분산이 진화적이지 않은 사건들이 문제되는 것이다 : 그들의 單一한 秩序는 각 언설적 형성들의 특성들 중 하나인 것이다. 이 차이들 중 몇 개의 예를 들어보도록 하자.

어떤 경우, 실증성의 문턱은 인식론화의 문턱 훨씬 이전에 정복된다 : 그래서 과학으로서 자처하는 언설로서의 정신병리학은 19세기 초에 핀넬, 하인로트와 에스퀴롤에 의해, 그에 앞서 광범위하게 존재했던 그리고 오래전부터 그의 자율성과 그의 규칙성의 체계를 획득했던 하나의 언설적 실천을 인식론화했다. 그러나 이 두 문턱들이 시간 속에서 혼동되는 것, 그리고 한 실증성의 수립이 동시에 한 인식론적 윤곽의 출현이 되는 것 또한 가능하다. 종종 과학성의 문턱들은 한 실증성으로부터 다른 실증성으로의 이행에 연결된다. 종종 그들은 이 연결들과 다르다. 그래서 자연사(그에게 고유한 과학성과 함께)로부터 생물학(생명체들의 분류의 과학이 아닌 상이한 유기체들의 특이한 상호관계들로서의)으로의 이행은 한 실증성에서 다른 실증성으로의 변환 없이는 큐비에의 시대에 이루어지지 않았을 것이다. 역으로 베르나르 Claude Bernard의 실험의학과 그를 뒤이은 파스퇴르 Louis Pasteur의 미생물학은, 그 시대에 수립되어 있던 대로의 임상의학의 언설적 형성을 소멸시키지 않고서도, 해부학과 병리학적 해부학에 의해 획득된 과학성의 유형을 수정시켰던 것이다. 마찬가지로 생물학적 과목들에 있어 진화론에 의해 제도화된 새로운 과학성은 큐비에의 시대에 정의되어 있던 생물학적 실증성을 수정시키지 않았다. 경제학의 경우에 있어서는 건너뜀들이 특히 많다. 우리는 17세기에 있어 한 실증성의 문턱을 확

인할 수 있다 : 그것은 거의 중상주의의 이론 및 실천에 일치한다. 그러나 그의 인식론화는 그 세기가 끝날 무렵에 이르러, 아니면 로크와 깡띠용을 뒤따르는 세기의 벽두에 이르러 다소 늦게서야 형성되었던 것이다. 그럼에도 불구하고 19세기에는 리카르도와 함께 새로운 유형의 실증성과 새로운 형태의 인식론화가 동시에 이루어졌고, 이는 다시 ——마르크스가 정치경제학에서 출발해 전혀 새로운 하나의 언설적 형성을 나타나게 할 바로 같은 시대에——쿠르노 Antoine Cournot 와 제본스 William Jevons에 의해 수정되었던 것이다.

과학 속에서 진리들의 선형적인 축적과 이성의 定向進化만을 읽어낸다면, 과학 속에서 그의 수준, 문턱, 다양한 비약들을 가진 하나의 언설적 실천을 읽어내지 못한다면, 우리는 시간을 관통해서 그리고 어떤 형태의 지식에 대해서도 그 모델이 계속 적용되는 유일한 역사적 배분만을 기술할 수밖에 없을 것이다 : 아직 과학적이지 못한 것과 결정적으로 과학적이 된 것 사이의 배분. 풀어짐의 모든 두께, 비약들의 모든 분산, 그 효과들의 모든 어긋남 그리고 그들의 상호의존의 놀이는 언제나 반복되어야 할 한 기초의 단선적인 행위로 환원되는 것이다.

물론 그 상이한 문턱들을 구분할 수 없고 그들 사이에서 어긋남들의 유사한 집합을 기술할 수도 없는 하나의 과학이 존재한다 : 數學은 실증성의 문턱, 인식론화의 문턱, 과학성의 문턱 그리고 공식화의 문턱을 단번에 넘어서 버린 유일한 언설적 실천이다. 이 과학의 존재가능성 그 자체가 도처에서 역사를 따라 분산되었던 것들이 돌연 주어졌고, 작동되기 시작했음을 함축한다[35] : 이 과학의 최초의 실증성은 이미 공식화된 언설적 실천을 구성했음에 틀림없다(다른 공식화들이 뒤이어 수행되었음이 틀림없다 하더라도). 이로부터 그들의 수립은 동시에 매우 신비하고(분석이 어려운, 절대적 시작의 형태 속에서 그렇게도 촘촘한) 동시에 그렇게 가치 있는 것이 되는(왜냐하면 그것은 동시에 시원으로서

---

35) 유클리드기하학의 성립을 말한다. 이는 논의의 여지가 있는 문제이다.

또 기초로서의 가치를 지니기 때문에) 것이다. 이로부터 최초의 수학
자가 취한 몸짓 속에서 우리는 역사를 관통해 전개되었던 그리고 반복
되거나 순수화되기 위해서만 의문에 부쳐졌던 한 관념성의 구성을 보
았던 것이다. 이로부터 수학의 시작은 역사적인 사건으로서보다는 역
사성의 원리로서 탐구되었던 것이다. 이로부터, 다른 모든 과학들에
대해, 우리는 그들의 역사적 생성에 대한, 그들의 머뭇거림과 좌절에
대한, 그들의 뒤늦은 성공에 대한 기술을 갑작스럽게 출현하는 기하학
의 그리고 측량의 모든 사소한 실천들의 메타역사적인 모델에 관련시
킨다. 그러나 수학적 언설의 수립을 모든 다른 과학들의 탄생과 생성
에 대한 원형으로 간직함으로써, 우리는 역사성의 모든 단일한 형태들
을 등질화하는, 위험을(하나의 언설적 실천을 변환시킬 수 있는 그리고
언제나 무한히 시원의 문제틀을 재생할 수 있는) 모든 상이한 문턱들을
하나의 유일한 절단의 순간으로 이끄는 위험을 범한다 : 그래서 역사적
-초험적 분석의 원리들이 재생산되는 것이다. 수학은 물론 대부분의
과학적 언설의 형식적 엄밀성과 증명가능성을 향한 노력에 있어 하나
의 모델이었다. 그러나 과학들의 결과적인 생성을 탐구하는 역사가들
에 있어, 수학은 하나의 골치아픈 예——결코 일반화될 수 없었던 하
나의 예——인 것이다. [36]

## 5 과학사의 상이한 유형들

우리가 지표화할 수 있었던 복수적인 문턱들은 역사적 분석의 상이
한 형태들을 가능하게 해준다.

우선 공식화의 수준에 있어서의 분석 : 수학이 그의 고유한 정교화의
과정에 있어 그 자신에 대해 끊임없이 말한 것이 이 역사이다. 수학이
한 주어진 순간에 소유했던 것들(그의 영역, 그의 방법, 그가 정의하는

---

36) 그래서 푸코는 수학을 기준으로 다른 과학들을 위계적으로 평가하는 꽁트적
입장을 거부한다(*Les mots et les choses*, Gallimard, 1966, 3장을 참조).

대상들, 그가 사용하는 언어)은 비과학성의 外的인 장 속에서 결코 거부
되지 않으며, 그가 구성하는 형식적인 구축물 속에서 계속 다시 정의
된다(이것이 낡아버림에 떨어진 또는 일시적으로 무용하게 된 영역에 있어
서일지라도). 이 과거는 보다 추상적인, 보다 강력한 또는 보다 높은
수준의 이론의 소박한 모델, 부분적인 그리고 불충분하게 일반화된 소
묘로서 드러난다. 수학은 그들의 실제 역사적인 관통을 이웃관계들
의, 의존들의, 복종들의, 점진적인 공식화들의, 스스로 감싸는 일반
성들의 어휘 안에 다시 써넣는다. 수학들의 이 역사(그들이 구성한 것
그리고 그들이 그들 자신에 대해 말하는 것)에 있어, 디오판토스
Diophantos의 대수학은 의심스러운 것으로 머문 경험이 아니다. 그것
은 우리가 아벨 Niels Henrik Abel과 갈로와 Evariste Galois 이래 알
고 있는 것과 같은 대수학의 한 특수한 경우이다. 그리스인들의 거진
법은 우회되어야만 했던 막다른 골목이 아니었다. 그것은 적분법의 소
박한 모델이었다. 각각의 역사적 원주는 그의 수준과 그의 형식적 자
리잡음을 가진다. 이것이 구성된 과학의 내부에서만 형성될 수 있는
그리고 일단 그의 공식화의 문턱을 넘어서야만 수행될 수 있는 회귀적
분석 analyse récurrentielle인 것이다. [37]

또 하나의 분석은 과학성의 문턱에 위치하는, 그리고 그것이 다양한
인식론적 문턱들로부터 출발해 쇄신될 수 있었던 방식을 탐구하는 역
사적 분석이다. 이는 예컨대 하나의 개념——아직 은유에서 벗어나지
못한 또는 상상적인 내용에서 벗어나지 못한——이 어떻게 순수화되
고 과학적 개념의 지위와 기능을 취할 수 있었는가를 아는 문제이다.
이미 지표화된, 이미 부분적으로 분절된(그러나 아직도 직접적인 실천적
사용들에 의해 또는 결과적인 가치부여에 의해 관통되는) 경험의 한 영역
이 어떻게 한 과학적 영역 속에서 구성될 수 있었는가를 아는 것이 문
제인 것이다. 보다 일반적인 방식에 있어, 한 과학이 그를 준비한 동

---

37) Michel Serres, *Hermès ou la communication* (Les édition de Minuit,
1968), p. 78.

시에 그에 미리 저항했던 하나의 前과학적 수준을 넘어서 또는 대항해서 수립될 수 있었으며, 아직도 그에 대립되는 장애물들과 한계들을 넘어설 수 있었는가를 아는 것이 문제인 것이다. 바슐라르와 깡길렘은 이러한 역사의 모델들을 제시했다. 이 역사는 회귀적 분석의 경우에 있어서처럼 과학의 내부 자체에 위치할, 그의 모든 일화들을 그것이 구성하는 건축물로 대치할 필요도 없으며, 오늘날 그의 것이 된 형식적 어휘 속에서 그의 공식화를 논할 필요도 없다. 게다가 과학이 어떻게 공식화되었는지를 논할 필요도 없는바, 왜냐하면 이러한 역사는 과학이 무엇에 의해 변환되었으며 어떤 것들을 버림으로써 과학성의 문턱을 넘을 수 있었는가를 보여주기 때문이다. 그것이 논하는 역사는 진리와 오류의, 합리적인 것과 비합리적인 것의, 장애물과 다산성의, 순수함과 비순수함의, 과학적인 것과 비과학적인 것의 대립에 의해 분절된다. 이는 과학들에 대한 인식론적 과학사 histoire épistémologi-que이다. [38]

역사적 분석의 세번째 유형 : 이는 분석의 초점으로서 인식론화의 문턱——실증성에 의해 정의된 언설적 형성들과 아직 과학에 도달하지 못한(그리고 그에 머무름으로써 아마도 결코 생성에 도달할 수 없을) 인식론적 구조물들 사이의 분기점——을 취한다. 과학성은 이 수준에 규범을 제시하지 않는다 : 이 고고학적 과학사 histoire archéologique에 있어 우리가 드러내고자 하는 것, 그것은 하나의 지식을 발생시키는 한에 있어서의, 그리고 이 지식이 과학의 지위와 역할을 취하는 한에 있어서의 언설적 실천들이다. 이러한 수준에서 과학사를 시도한다는 것은 인식론적 구조들을 간주하지 않고서 언설적 형성들을 기술함을 뜻하지 않는다. 이는 한 과학의 수립이 그리고 경우에 따라서는 공식화로의 그의 이행이 어떻게 하나의 언설적 형성 속에서 그리고 그의 실증성의 수정들에 있어서 그의 가능성과 굴절을 찾을 수 있었는가를

---

38) 푸코는 바슐라르/깡길렘을 묶고 그들과 자신을 구분하고 있지만, 사실은 깡길렘은 바슐라르와 푸코의 중간에 위치하고 있다고 보아야 한다.

보여주는 것이다. 따라서 이와 같은 분석에 있어서는 언설적 실천들에 대한 기술에서 출발해 과학들의 역사를 윤곽짓는 것이, 그것이 어떻게, 어떤 규칙성을 따라 그리고 어떤 수정들에 의해 인식론화의 과정에 의해 대치되고, 과학성의 규범에 도달하고, 그리고 아마도 공식화의 문턱에까지 도달하는가를 정의하는 것이다. 과학들의 역사적 두께 속에서 언설적 실천의 수준을 추구함으로써, 우리는 그를 심오하고 시원적인 수준에로 이끌고자 하는 것이 아니다. 우리는 실증성들과 지식, 인식론적 구조물 그리고 과학들 사이에서 차이들의, 관계들의, 간극들의, 어긋남들의, 독립들의, 자율성들의 모든 놀이와 그들의 고유한 역사성이 서로서로 연결되는 방식을 나타나게 하고자 하는 것이다.

언설적 형성들, 실증성들 그리고 지식을 그들의 인식론적 구조물들과 과학들과의 관계들 속에서 분석하는 것은 우리가 그를 과학사의 다른 가능한 형태들로부터 구분하기 위해서 에피스테메의 분석이라고 불렀던 것이다. 사람들은 이 에피스테메가 어쩌면 일종의 세계관, 모든 인식들에 공통된 그리고 각자에 동일한 규범들과 동일한 가정들을 부과할 역사의 단편, 이성의 일반적인 단계, 한 시대의 인간들이 피해가지 못할 사유의 어떤 구조——익명적인 손에 의해 단번에 씌어진 거대한 규제——가 아닌가 하고 의심할 것이다. 우리는 에피스테메l' épistémè 라는 말에 의해 사실상 ① 우선 한 주어진 시대에 있어 인식론적 구조물들을, 과학들을, 경우에 따라서는 공식화된 체계들을 발생시키는 언설적 실천들을 묶어줄 수 있는 관계들의 집합을 뜻하며, ② 다음으로 그에 따라 이 언설적 형성들의 각자에 있어, 인식론화로의, 과학성으로의, 공식화로의 이행들이 자리잡고 수행되는 바의 방식을 뜻하며, ③ 서로서로 일치할 수 있고, 복종될 수 있는 또는 시간 속에서 어긋날 수 있는 이 문턱들의 배분을 뜻하며, ④ 인식론적 구조물들 사이에 또는 과학들 사이에, 그들이 서로 이웃하기는 하지만 상호구분되는 언설적 실천으로부터 떠오르는 한에 있어, 존재할 수 있는 측면적인 관계들을 뜻한다. 에피스테메란 다양한 과학들을 관통함으로써 한 주체의, 한 정신의 또는 한 시대의 지고한 통일성을 드러내는 인식의 한 형태 또는 합리성의 한 유형이 아니다. 그것은, 한 주어진 시대에 있어서, 과학들 사이에서, 그들을 언설적 형성의 수준에서 분석할 때, 발견할 수 있는 관계들의 집합인 것이다.

　따라서 에피스테메에 대한 기술은 다양한 분석적 특성들을 보여준다 : 그것은 소진불가능한 그리고 결코 폐쇄될 수 없는 場을 연다. 그것은 한 시대의 모든 인식들이 복종하는 가정들의 체계를 재구성하기 위한 것이 아니라 관계들의 무한정한 場을 주파하기 위한 것이다. 게다가 에피스테메란 어느 날 나타나서 홀연히 사라질 부동의 도식이 아니다 : 그것은 수립되었다가 파괴되는 분절들의, 어긋남들의, 일치들의 무한히 동적인 집합인 것이다. 게다가 에피스테메는, 과학들의, 인식론적 존재들의, 실행들의 그리고 언설적 실천들의 집합처럼, 한 주어진 순간에 언설에 부과되는 제한들과 한계들의 놀이를 파악할 수 있도록 해준다 : 그러나 이 한계는 무지를 인식에 대립시키는, 상상력을 추론에 대립시키는, 외관에의 충실함을 뛰어난 경험에 대립시키는 그리고 몽상을 추론과 연역에 대립시키는 어떤 부정적인 한계가 아니다. 에피스테메는 (기술적 부족함, 정신적인 습관들 또는 전통에 의해 제기된 경계선들을 포함해) 한 시대에 있어 알 수 있는 것이 아니다. 그것은 언설적 실천들의 실증성 안에서, 인식론적 윤곽들과 과학들의 存在를 可能하게 해주는 것이다. 마지막으로 주지하듯이 에피스테메의 분석은 비판적인 물음(〈과학과 같은 무엇이 주어질 경우, 그의 권리 또는 정당성은 무엇인가?〉)을 다시 취하는 방식이 아니다. 그것은 이 과학에 있어 주어진 사실을 물어보기 위해서만 과학의 소여를 모으는 물음이다. 과학적 언설의 수수께끼 속에서 그것이 작동시키는 것, 그것은 그의 과학일 수 있는 권리가 아니다. 그것은 과학적 언설이 존재한다는 것이다. 그리고 에피스테메의 분석을 인식에 대한 모든 철학들로부터 분리시키는 점은 그것이 이 사실을 초험적 주체 속에서 사실과 권

리를 기초지을 시원적인 부여의 순간이 아닌 한 역사적 실천의 과정에
관계시킨다는 점이다.

## 6 다른 고고학들

하나의 물음이 남아 있다 : 한 지식의 규칙성을 나타나게 할 그러나
그를 인식론적 구조물들과 과학들의 방향아 아닌 다른 방향으로 분석
할 고고학을 생각할 수 있는가? 에피스테메에로의 정향이 고고학에
있어 가능한 유일한 것인가? 고고학은 배타적으로 과학들의 역사를
탐구하는 방식일 뿐인가? 달리 말해 지금까지 과학적 언설들의 영역
에만 스스로를 제한함으로써, 고고학은 그것이 넘어설 수 없을 어떤
필연성에 복종했었는가——또는 하나의 특수한 예에 입각해서, 전혀
다른 외연을 가질 수 있는 분석의 형태들을 소묘했는가? 우리는 이러
한 물음들에 결정적으로 대답하기에는 아직 충분히 나아가지 못했다.
그러나 우리는, 앞으로 시도해야 할 많은 증명과 시도들을 남겨둔 채,
상이한 방향으로 전개될 고고학들을 상상한다.

예컨대 〈性〉에 대한 고고학적 기술이 있다. 우리는 어떻게 이를 에
피스테메로 정향시킬 수 있을까를 생각해 볼 수 있다 : 우리는 성의 생
물학이나 심리학과 같은 인식론적 구성체들이 19세기에 어떤 방식으
로 수립되었는가를 보여줄 것이다. 그리고 과학적 유형의 언설이 어떤
비약에 의해 프로이트와 함께 수립되었는가를 보여줄 것이다. 그러나
우리는 또한 분석의 다른 가능성을 생각해 볼 수도 있다 : 한 사회적
구조 내에서의, 한 집단적 무의식 내에서의 또는 어떤 도덕적 태도에
있어서의 법칙을 탐구함으로써, 한 주어진 시대에 있어서의 사람들의
성적 행동을 연구하는 대신, 사람들이 성에 대해서 생각할 수 있었던
것에 대해 기술하는 대신(그들이 그에 어떤 종교적 해석을 부여했는가,
그에 어떤 가치부여를 또는 비난을 부과했는가, 그것이 의견들이나 도덕들
의 어떤 갈등들을 나타나게 할 수 있었는가), 우리는 이러한 행위들에 있

어서도 이러한 표상들에 있어서처럼 하나의 언설적 형성이 부여되지는 않는지를 물어볼 수 있을 것이다. 그리고 성이, 과학적 언설에로의 모든 정향의 바같에서, 우리가 그에 대해 말할 수 있는(또는 그에 대해 말하는 것이 금지되어 있는) 대상들의 집합이 아닌지, 가능한 언표행위들의 場(그것이 서정적인 표현들이든 또는 법률적인 규범들이든)이 아닌지, 개념들의 집합(의심할 바 없이 개념들이나 테마들의 초보적인 형태 아래에서 나타날 수 있는)이 아닌지, 선택의 놀이(행위들의 정합성 속에서 또는 규범의 체계들 속에서 나타날 수 있는)가 아닌지를 물어볼 수 있을 것이다. 이러한 고고학은, 그것이 그의 작업에 있어 성공을 거둔다면, 성에 대한 금지, 배제, 한계, 가치부여, 자유, 위반이, 이 모든 언어적인 또는 비언어적인 명시들이 하나의 규정된 언설적 실천에 연결되는지를 보여줄 것이다. 그것은 하나의 〈말하는 방식〉을, 성의 최종적인 진리로서가 아니라 그를 기술할 수 있도록 해주는 차원들 중의 하나로서, 나타나게 할 것이다. 그리고 우리는 이 말하는 방식이 어떻게 과학적 언설 속에서가 아닌 금지들과 가치들의 체계 속에서 다루어질 수 있는지를 보여줄 것이다. 에피스테메의 방향이 아닌 에티케 l'éthique라고 부를 수 있을 것의 방향에 정향되어 있는 분석.[39]

그러나 또 다른 가능한 정향의 예도 있다. 우리는 하나의 회화를 분석하기 위해서 화가의 잠재적인 언설을 재구성할 수 있다. 우리는 단어들 속에가 아니라 선들, 표면들 그리고 색깔들에 최종적으로 새겨지는 그의 의도들의 중얼거림을 다시 찾아내고자 할 수 있다. 우리는 자신의 세계관을 형성하는 것으로 간주되는 이 함축적인 철학을 이끌어내고자 할 수 있다. 마찬가지로 과학을, 또는 적어도 그 시대의 의견들을 탐구하는 것, 화가가 그들로부터 빌려온 것을 아는 것은 가능한 것이다. 고고학적 분석은 다른 목적을 지닌다 : 그것은 공간, 거리, 깊이, 색, 빛, 비례, 부피, 윤곽이 그 시대에 있어서의 한 언설적 실천

---

39) 이러한 탐구는 『性의 역사』를 통해 수행되었다.

속에서 직시되고, 이름지어지고, 언표되고, 개념화되었는지의 여부를 탐구한다. 그리고 이 언설적 실천이 발생시킨 지식이 이론들과 아마도 사물들 안에, 교육의 형태들 안에, 수용 안에만이 아니라 과정들 안에, 기술들 안에 그리고 화가의 몸짓 안에까지도 투자되지 않았는가를 탐구한다. 회화가 (단어들 없이 특이하게 실행되는) 의미하는 또는 〈말하는〉 방식이라는 것을 보여주는 것은 중요한 것이 아니리라. 중요한 것은 적어도 그의 여러 차원 중 하나에서, 회화는 技術들과 효과들 내에 참여하는 하나의 언설적 실천임을 보여주는 것이다. 그와 같이 기술될 경우, 회화는 일단 만들어진 뒤 공간의 물질성에로 번역되어야 하는 순수한 봄 vision이 아니다. 그것은 또한 그 말 없는 그리고 무한히 공허한 의미작용들이 궁극적인 해석들에 의해 해방되어야 하는 벌거벗은 몸짓이 아니다. 그것은 어떤 지식의 實證性에 의해——그리고 과학적 인식들과 철학적 논제들에 독립적으로——관통되는 것이다. [40]

우리는 또한 정치적인 지식에 관련해서도 동일한 유형의 분석을 행할 수 있을 것이다. 우리는 한 사회의, 한 집단의 또는 한 개념의 정치적인 행동이 어떤 규정된 그리고 기술가능한 언설적 실천에 의해 관통되지 않는가라는 것을 알고자 한다. 이 실증성은 분명 그 시대의 정치적인 이론들에도, 경제학적인 결정들에도 일치하지 않을 것이다 : 그것은 정치에 대한 언표행위가 될 수 있는 것, 이 언표행위가 취할 수 있는 형태들, 그 행위 속에서 작동되고 있는 개념들, 그리고 그곳에서 조작되고 있는 전략적 선택들을 정의할 것이다. 우리는 이 지식을 그것이 발생시키는 에피스테메의 방향으로 분석해 나가는 대신(그것이 언제나 가능하기는 하지만), 행동들의, 투쟁들의, 갈등들의, 결정들의 그리고 전술들의 방향으로 분석해 나아갈 것이다. 그렇게 함으로써 우리는 실천의 이차적인 이론화의 질서가 아닌, 더 이상 이론의 적

---

40) 이러한 탐구는 수행되지 못했지만 『이것은 파이프가 아니다』가 그 밑그림을 보여주고 있다.

용도 아닌 하나의 정치적 지식을 나타나게 할 것이다. 이 지식은 다른 실천들 사이에서 전개되는 그리고 그들 위에서 분절되는 하나의 언설적 실천에 의해 규칙적으로 형성되는 것이므로, 그것은 결코 다소간 적절한 방식으로 일련의 〈객관적 소여들〉이나 실제적 실천들을 〈반영하는〉 하나의 표현이 아닌 것이다. 그것은 처음부터 그것이 그의 특이화와 기능 그리고 의존성들의 망을 동시에 찾아내는 상이한 실천들의 장 속에 새겨지는 것이다. 하나의 記述이 가능하다면, 우리는 한 실천의 그리고 한 정치적 이론의 분절화의 장소를 포착하기 위해 한 개인적인 또는 집단적인 의식의 심급에 의해 진행할 필요가 없다는 것을 알 수 있다. 즉 이 의식이 어느 정도까지 한편으로는 말 없는 조건들을 표현하고 다른 한편으로는 이론적인 진리들에 감각적인 것으로 드러나는가를 찾을 필요는 없는 것이다. 의식의 포착에 대한 심리학적 문제를 제기할 필요는 없다. 우리는 차라리 한 지식의 형성과 변환을 분석해야만 할 것이다. 예컨대 문제는 어떤 시점에서 하나의 혁명적인 의식이 나타나는가를 결정하는 것도, 이 의식의 생성에 있어 경제학적인 조건들이 그리고 이론적 구축의 작업이 어떤 역할을 수행했는가를 결정하는 것도 아니다. 문제는 혁명적인 인간의 예와 일반적인 전기를 추적하는 것도 그의 계획의 뿌리를 찾아내는 것도 아니다. 문제는 하나의 언설적 실천이 그리고 행동들과 전략들에 싸여 있는, 사회에 대한 이론을 발생시키는, 서로서로 간섭하고 상호변환시키는 혁명적 지식이 어떻게 形成되는가를 보여주는 데에 있는 것이다. [41]

이제 앞에서 제기한 물음들──고고학은 과학들만을 다루는가? 그것은 과학적 언설들에 대한 분석일 뿐인가? ──에 대해 대답할 수 있다. 대답은 물론 부정적이다. 고고학이 기술하고자 하는 것은 그 특이한 구조에 있어서의 과학이 아니라 지식의 전혀 상이한 영역이다. 게다가, 고고학이 인식론적 구성체들이나 과학들과의 관계 안에서 지

----

41) 이러한 탐구는 『감시와 처벌』을 통해 수행되었다.

식에 몰두한다면, 그것은 또한 상이한 방향에 있어서의 지식을 탐구할 수 있고 그를 관계들의 또 다른 망 속에서 기술할 수 있다. 에피스테메에로의 정향은 지금까지 탐구된 것이었을 뿐이다. 그 이유는, 의심할 바 없이 우리의 문화를 특성화해 주는 속도에 의해, 언설적 실천들이 계속 인식론화되기 때문이다. 실증성들의 영역이 나타날 수 있었던 것은 과학들, 그들의 역사, 그들의 낯선 통일성, 그들의 분산과 비약들을 탐구함으로써이다. 이러한 조건들하에서라면 가장 다산적인 그리고 고고학적 기술에 대해 가장 개방적인 구역이 르네상스에서 19세기까지 그렇게 많은 실증성들의 인식론화가 전개된 이 〈고전시대〉였다는 것은 결코 놀라운 일이 아닐 것이다. 그리고 또한 언설적 형성들과 지식의 특이한 규칙성들이 과학성의 그리고 공식화의 수준들이 가장 도달하기 어려웠던 그곳에서 소묘되었다는 것도 놀라운 일이 아닌 것이다. 그러나 이 시대는 상대적으로 분석의 보다 흥미로운 부분일 뿐이다. 고고학이 이 부분을 의무적으로 다루어야 하는 것은 물론 아니다.

# 5장 결론


1  이 책 전체를 통해서 당신(푸코)은 요령 있게 〈구조주의〉라는 딱지를, 아니면 사람들이 일반적으로 이 말에 의해 이해하는 바를 벗어버리려고 노력했다. 당신은 자신이 구조주의의 方法들도 槪念들도 사용하지 않았다는 것, 언어학적 記述의 과정에 관련하지 않았다는 것, 형식화의 추구에 결코 몰두하지 않았다는 것에 가치를 두고자 했다. 그러나 이 차이들,[1] 그들이 무엇을 의미한다는 말인가? 그것은 단지 당신이 구조주의적 분석이 가지는 어떤 긍정적인 점들을, 그들이 엄격하게 그리고 논증적으로 행할 수 있었던 점들을 실현시키는 데 실패했다는 것을 의미하는 것은 아닌가? 그것은 단지 당신이 다루고자 했던 領域이 이러한 종류의 시도를 받아들이지 않는다는 것 그리고 그 영역의 풍요로움이 당신이 그를 그 안에 가두려고 했던 도식들을 끝없이 피해 간다는 것을 의미하는 것이 아닌가? 그리고 거침없는 발걸음으로, 당신은 당신의 방법상의 무능함을 피해 갔다. 이제 당신은 우리에게 진정한 구조주의적 분석으로부터 당신을 언제나 격리시켜 왔고 앞으로도 격리시킬 극복하기 힘든 거리를 하나의 자발적으로 만들어진 차이로서 제시하고자 하고 있다.

---

1) 구조주의와 당신 사이의 차이들.

왜냐하면 당신은 우리를 속이는 데에까지 이르지 못했기 때문이다. 당신이, 당신이 사용하지 않은 방법들에 의해 비워진 빈칸에다가, 오늘날 랑그나 신화를 또는 문학작품들이나 이야기들을 기술하는 사람들에 의해 받아들여진 개념들과는 이질적인 것으로 보이는 일련의 개념들을 제시한 것은 사실이다. 당신은 형성들에 대해, 실증성에 대해, 지식에 대해, 언설적 실천에 대해 말했다 : 당신이 그들의 단일성과 놀라운 힘들을 강조하면서 한 발자국을 내디딜 때마다 그토록 자랑해 마지않던 이 한 벌의 용어들. 그러나 당신이 구조주의의 어떤 근본적인 논제들이 이 괴기한 용어들로 환원될 수 없게 되는 영역[2]에서 그 논제들을 사용하고자 했다면, 당신은 그 이상한 개념들을——그리고 그 가장 미심쩍은 가정들과 가장 의심스러운 철학을 구성하는 것들 자체를——발명하려고 했을까? 마치 당신이 분석의 현대적인 방법들을 취한 것처럼, 특히 그들의 경험적이고 진지한 작업들보다는 필연적인 원리들이 아닌 일종의 외삽들에 더 가까운 몇 가지의 논제들을 다시 취한 것처럼 진행되었다.

그래서 당신은 언설에 고유한 차원들을 환원시키고, 그의 특이한 불규칙성들을 무시했으며, 그것이 주체적 시원성 initiative과 자유에 의해 가질 수 있는 것을 숨겼으며, 그것이 랑그 속에 수립한 비평형을 보상받고자 했던 것이다 : 당신은 이 開現을 닫아버리고자 했다. 언어학의 어떤 형태를 본땀으로써, 당신은 말하는 主體를 지나쳐 버리고자 했고, 언설로부터 그의 모든 인간학적 지시들을 긁어낼 수 있다고 믿었으며, 언설을 그것이 결코 누군가에 의해 표현된 적이 없었던 것처럼, 그것이 특수한 상황 속에서 태어나지 않았던 것처럼, 그것이 아무에게도 관계되지 않은 것처럼 취급했다. 마지막으로, 당신은 언설에다가 同時性의 原理를 적용했다 : 당신은 언설이, 아마도 랑그와는 달리, 본질적으로 역사적이라는 것을, 그것이 우리가 마음대로 사용

---

2) 고고학적 분석을 비켜가는 영역.

할 수 있는 요소들이 아닌 그것이 펼쳐진 時間의 바깥에서는 분석될 수 없는 현실적이고 계기적인 事件들로 구성되어 있음을 보기를 거부한다.

——당신들이 옳다 : 우리는 언설의 초월성을 오해했다. 우리는 언설을 기술하면서 그를 하나의 主體性에 연관시키기를 거부했다. 우리는 무엇보다도, 그리고 이것이 그의 일반적인 형태가 되어야만 한다는 듯이, 그의 通時的인 특성에 정당한 가치를 부여해 주지 못했다. 그러나 이 모든 것은 랑그의 영역을 넘어서서 그곳에서 경험된 개념들과 방법들을 확장시키고자 한 것은 아니었다. 우리가 言說에 관해 논했다면, 그것은 결코 랑그의 메커니즘 또는 과정이 언설 속에서 총체적으로 유지된다는 것을 보여주기 위한 것이 결코 아니었다. 그것은 언어적 수행들의 두께 속에서, 분석의 可能한 水準들의 다양성을 나타나게 하기 위한 것이었으며, 언어학적 구조화(또는 해석)의 방법 외에도 言表들에 대한, 그들의 형성에 대한 그리고 언설에 고유한 규칙성들에 대한 하나의 特異한 記述을 수립할 수 있다는 것을 보여주기 위한 것이었다. 우리가 말하는 주체에의 연관을 의문에 부쳤다면, 그것은 모든 말하는 주체들에 대해 동일한 방식으로 적용될 수 있는 구성의 또는 형태들의 법칙들을 발견하기 위한 것이 아니었으며, 한 시대의 모든 사람들에게 공통된 보편적인 巨大言說로 하여금 말하게 하기 위함도 아니었다. 그것은 차라리 그 반대로서, 차이들이 무엇으로 구성되는가, 동일한 언설적 실천의 안에 있는 사람들이 서로 다른 대상들에 대해 말하고, 대립되는 의견들을 가지고, 모순되는 선택을 행하는 것이 어떻게 가능한가를 보여주기 위한 것이었다. 그것은 또한 언설적 실천들이 어떻게 서로 구분되는가를 보여주기 위한 것이었다. 요컨대 우리는 주체의 문제를 제거하고자 한 것이 아니라, 주체가 언설들의 다양성 속에서 차지할 수 있는 위치들과 기능들을 정의하고자 définir les positions et les fonctions que le sujet pouvait occuper dans la diversité des discours 한 것이다. 마지막으로, 당신들도 알 수 있었겠지만, 우리는 역사를 부정하고자 하지 않았다. 우리는 단지 상이한 水準들의 變換들을 나타나게 하기 위해서 변화라고 하는 일반적이고 공허한 범주를 의문에 부쳤던 것이다. 우리는, 각 언설적 실천에 직면하여, 그들의 추적의, 배제의, 재활성화의 규칙들을, 그들의 유도의 고유한 형태들과 다양한 계기들에의 호소의 특이한 양식들을 기술하기 위해서 시간화의 均一한 모델을 거부했을 뿐이다.

따라서 우리는 구조주의적인 시도를 그의 합법적인 한계 이상으로 확장시킬 의도는 없었다. 그리고 당신들은 우리가 『말과 사물』에서 구조라는 용어를 단 한번도 사용하지 않았다는 점을 쉽게 인정할 수 있을 것이다. 그러나 원한다면 이제 〈구조주의〉를 둘러싼 논쟁들을 내버려두자. 그들은 이제 작업하는 사람들에 의해 내버려진 영역들 속에 간신히 살아남아 있을 뿐이다. 한때 생산적이었던 이 싸움은 이제는 단지 희극배우들과 행상인들에 의해 영위되고 있을 뿐이다.

2  논쟁을 피하고자 해도 소용없다. 당신은 문제를 벗어날 수 없을 것이다. 왜냐하면 우리가 논박하고자 하는 것은 구조주의에 대해서가 아니기 때문이다. 우리는 기꺼이 이 방법론의 정당성과 그 효용성을 인정한다 : 하나의 랑그, 신화들, 대중적인 이야기들, 詩들, 꿈들, 문학작품들, 그리고 아마도 영화들을 분석하는 경우, 구조주의적 記述은 그 없이는 드러날 수 없었던 관계들을 나타나게 한다. 구조주의는 반복적인 요소들을 그들의 대립의 형태들 및 개별화의 규준들과 함께 정의할 수 있게 해준다. 구조주의는 또한 구성의 법칙들과 등가성들 그리고 변환의 규칙들을 수립하도록 해준다. 그리고 처음에는 어떤 망설임을 동반했다 할지라도, 우리는 이제 랑그와 무의식, 인간의 상상력이 構造의 法則들을 따른다는 것을 어려움 없이 받아들일 수 있게 되었다. 그러나 우리가 절대적으로 거부하고자 하는 것, 그것은 바로 당신의 작업이다 : 즉 과학적인 언설들을, 그들을 주체의 구성적 활동과 같은 어떤 것에 연관시키지 않고서, 어떤 시원적인 계획의 또는 근

원적인 목적론의 개현을 인식하지 못하고서, 그들을 이어주는 그리고 우리가 그들을 다시 포착할 수 있는 點에까지 인도하는 근원적 연속성을 되찾지 않고서, 그들의 계기 속에서 분석할 수 있다는 것. 그와 같이 해서 理性으로부터 生成을 풀어내고, 모든 주체성의 지침으로부터 사유의 역사를 해방시킬 수 있다는 것. 논의를 재개해 보자 : 우리는, 요소들의 용어들을 가지고서 그리고 구성규칙들의 용어들을 가지고서, 언어 일반에 대해, 그리고 다른 한편 신화들의 언어인 이 언어에 대해, 또는 우리의 무의식에 관한 또는 우리의 작품들에 관한 언어인 이 어쨌든 다소 낯선 언어에 대해 말할 수 있다는 것을 인정한다. 그러나 우리들의 지식에 관한 언어, 우리가 지금 여기에서 취하고 있는 이 언어, 우리로 하여금 그의 역사적인 두께 속에서의 그만큼의 다른 언어들을 분석할 수 있도록 해주는 이 구조주의적 언설 자체를, 우리는 환원불가능한 것으로 취한다. 당신은 그를 오늘날의 상태로까지 몰아온 것은 그리고 우리가 구조들에 의거해 다른 언설들에 대해 말할 수 있는 것은 이로부터, 그의 느린 생성으로부터, 이 애매한 생성으로부터라는 사실을 망각해서는 안 된다. 우리에게 다른 언설들의 가능성과 권리를 준 것은 이 구조주의적 언설이었다. 그것은 우리 주위의 사물들을 우리가 오늘날 그들을 보는 것과 같이 배열되도록 한 그 맹목적 작업을 형성한다. 우리가 인도-유럽의 전설들이나 라신느의 비극들을 분석할 때 요소들, 관념들 그리고 불연속들을 가지고서 작업한다는 것에 우리는 동의한다. 될 수 있다면, 말하는 주체들에 관련되는 물음 없이 지나갈 수 있다는 것, 우리는 이것 역시 받아들인다. 그러나 우리가 문제삼는 것은 분석을 역류시키기 위해서, 그들을 가능하게 하는 언설의 형태들에까지 거슬러 올라가기 위해서, 그리고 우리가 오늘날 그로부터 출발해 말하는 바의 장소 자체를 의문에 부치기 위해서 이 성공적인 시도들을 정당화할 권리를 지닐 수 있다고 하는 그 점이다. 주체성을 교묘히 피해 가는 이 분석들의 역사는 주체성의 옆에서 그의 고유한 초월성을 지킨다.

──당신들이 문제삼고 비판하는 것이 무엇인지(그리고 그 초점이 구
조주의에 대한 면밀히 조사된 물음에 있다는 점이) 이제야 분명해졌다.
당신들도 알다시피 우리는 해석에 대한 특별한 *好不好*는 없으므로, 보
다 분명하게, 위와 같은 비판에 대해 우리가 어떻게 이해하고 있는지
를 말할 수 있게 해주기 바란다. 〈당신은 은연중에 이제 우리가, 우리
가 치러야 했던 모든 후방전투에도 불구하고, 연역적인 언설들을 공식
화한다는 것을 받아들여야 한다고 말하곤 했다. 분명 우리는 우리가,
영혼의 역사보다는, 실존의 한 기획보다는, 한 철학적 체계의 건축물
을 기술한다는 데에 동의해야 한다. 그리고 그에 대해 우리가 무엇을
생각했건, 우리는 문학적 작품들을 한 개인의 체험된 경험에가 아닌
랑그의 구조들에 관련시키는 이 분석들을 용인해야 한다고 말하곤 했
다. 분명 우리는 우리가 다른 곳에서 의식의 지고함에로 이끌었던 이
모든 언설들을 버려야만 한다고 말하곤 했다. 그러나 우리는 우리가
반세기 이상 잃어버리고 있었던 것을, 이 모든 분석들에 대한 분석에
의해 아니면 적어도 우리가 그들에게 부여했던 근본적인 물음에 의해
이차적으로 회복하고자 한다. 우리는 그들에게 그들이 어디에서 왔는
지를, 아무런 설명도 없이 그들을 관통하는 역사적 운명이 무엇인지,
어떤 소박함이 그들로 하여금 그들을 가능하게 해준 조건들에 눈이 멀
게 만들었는지, 그들의 초보적인 실증주의가 어떤 형이상학적 울타리
속에 갇히게 되었는지를 물어볼 것이다. 그리고 나아가 무의식이 우리
가 믿었고 판단했던 만큼 의식의 함축적인 경계선이 아니라는 것은 결
국 중요한 것이 아니게 될 것이다. 신화학이 더 이상 세계관이 아니라
는 것, 소설이 어떤 체험된 경험의 외부적인 측면 이외의 것이 아니라
는 것은 중요한 것이 아니게 될 것이다. 왜냐하면 이 모든 새로운 '진
리들'을 수립하는 이성, 우리는 이를 위에서 감시하기 때문이다 : 이
이성도 그의 과거도, 그를 가능하게 해준 것도, 그를 우리의 것으로
만들어준 것도 초험적인 부과를 피해 가지 못한다. 우리가 시원에의
물음을, 최초의 구성에 대한 물음을, 목적론적인 지평에 대한 물음

을, 시간적인 연속성에 대한 물음을 제기하는 것은 이제 이 점에 대해서이다——그리고 우리는 이를 결코 포기하지 않을 것이다. 오늘날 우리의 것으로서 실현되어 있는 것, 우리가 역사적-초험적 영역 안에서 보존시키는 것은 이 사유이다. 바로 그렇기 때문에, 우리가 어쨌든 모든 구조주의들을 지지해야 한다면, 우리는 우리 자신의 것인 이 사유의 역사를 다루리라는 것을 인정할 수 없을 것이다. 우리는 19세기 이래 시원과 주체성의 문제들에 그를 연관시켰던 이 모든 초험적 실타래를 푼다는 것을 인정할 수 없을 것이다. 우리가 숨어 있는 그러나 견고하게 지킬 수 있는 이 성채에 접근하는 사람들에게 우리는, 俗化를 응고시키는 몸짓과 함께, 다시 말할 수 있으리라 : 나를 만지지 말라 Noli tangere. 〉[3]

그래서 우리는 더 나아가야 한다. 우리가 승리에 대해서 확신하고 있기 때문이 아니며, 우리의 무기에 대해 자신이 있기 때문도 아니다. 단지 현재로서는 여기에 본질적인 것이 존재하는 것으로 보이기 때문이다 : 사유의 역사를 그의 초험적 예속으로부터 해방시키는 것 affranchir l'histoire de la pensée de sa sujétion transcendantale. 우리의 문제는 랑그의 영역에서 그들의 증거들을 만들어낸 범주들을 지식의 생성이나 과학들의 생성에 적용시킴으로써, 그를 구조화시키는 것이 결코 아니었다. 문제는 이 역사를 어떤 목적론도 미리 환원시킬 수 없는 不連續性 속에서 분석하는 것, 어떤 필연적인 지평도 가둘 수 없을 分散 속에서 지표화하는 것, 어떤 초험적 구성도 주체의 형식을 부과할 수 없을 匿名性 속에서 전개되도록 히는 것, 어떤 새벽으로의 회귀도 허락하지 않을 時間性으로 개현시키는 것이다. 즉 모든 초험적 자아도취로부터 그것을 떼어내는 것이다. 그것을 그것이 갇혀 있었던 이 잃어버린 그리고 되찾은 시원의 원환으로부터 해방시켜야 한다. 사유의 역사는 칸트 이래에 합리적 역학이, 후설 이래의 수학적 관념성

---

3) 예수의 말.

들이, 메를로-퐁티 이래의 지각된 세계의 의미작용들이——그들이 그를 발견하고자 하기 위한 사실들을 가지고자 노력했다 하더라도——더 이상 이 계시자적인 역할을 가질 수 없었다는 것을 보여주어야 한다.

그리고 우리는 근본적으로, 구조주의의 외면적인 논의에 의해 도입된 다의성에도 불구하고, 우리가 완전히 이해되었다고 믿는다. 우리는 우리가 하고자 원했던 바의 것을 서로 완전히 이해했다. 당신들이 목적론의 작업에 그리고 동시에 인과율의 무한한 과정들에 열려 있는, 연속적인 역사의 권리들을 방어했다는 것은 매우 정상적인 것이다. 그러나 이는 결코 그들이 그 운동과 자발성과 내적인 역동성을 오해했던 구조주의적 침략으로부터 그를 보호하기 위한 것이 아니었다. 당신들은 사실상 構成하는 意識의 전략들을 보호하고자 한 것이다. 왜냐하면 우리가 문제삼고 있는 것은 바로 그들이기 때문이다. 그래서 이러한 방어는 다른 곳에서 일어나야 하며, 결코 논의의 장소 자체에서 일어나서는 안 되는 것이다 : 왜냐하면 만일 당신들이 경험적인 탐구에 있어, 역사의 얇은 노동에 있어 초험적 차원을 의문에 부칠 권리를 인식한다면, 당신들은 본질적인 것을 상실하는 것이기 때문이다. 이로부터 일련의 자리바꿈이 일어난다. 고고학을 시원에 대한, 형식적 아프리오리들에 대한, 정초하는 행위들에 대한 탐구로서, 요컨대 (고고학의 목적이 현상학적 영향력으로부터 역사를 해방시키는 것인데도) 일종의 역사적 현상학으로서 취급하는 것, 그리고 고고학은 그의 작업에 있어 막다른 골목에 다다르게 되며 결국 일련의 경험적 사실밖에는 찾아내지 못하리라는 논의를 가지고서 그를 거부하는 것. 다음에는 고고학적 기술에, 문턱들, 비약들 그리고 변환들을 수립하려는 그의 노력에 (수십 년 이래 역사의 목적이 변화되었음에도 불구하고) 연속성들을 내세우는 역사가들의 참된 작업을 대립시키는 것. 그리고는 고고학을 문화적 총체성들을——가장 분명한 차이들을 등질화시키고 강요하는 형식들을 보편성을 되찾기 위해(그러나 고고학은 언설적 실천들의 단일한 특이성을 정의하고자 하는 것이 아닌가!)——기술하기 위한 시도로 간주하고 그에 차이들, 변화들 그리고 변이들을 대립시키는 것. 마지막으로 고고학을 (그의 방법들과 개념들이 명백히 혼동을 방지해 주고 있음에도 불구하고) 역사의 영역 내로의 구조주의의 도입으로서 이해하고 그것이 진정한 구조적 분석으로서 기능하지 못하리라는 것을 보여주고자 하는 것.

　이 모든 밀어내기들과 오해들의 놀이는 완전히 정합적이고 필연적이다. 그것은 그의 이차적인 이익을 포함한다 : 인내해야 할 그리고 이미 그렇게 양보해야만 할 구조주의들의 이 모든 형태들에 대각선적으로 말을 거는 것. 그리고 그들에게 말하는 것 : 〈당신이 아직 우리의 것인 이 영역들을 건드린다면, 당신이 무엇에 맞닥뜨리게 되는지를 알 것이다. 아마도 다른 곳에서는 어떤 유효성을 가질 수 있을 당신의 과정들은 그곳에서 곧 그 한계들에 직면할 것이다. 그들은 당신이 분석하고자 했던 모든 구체적인 내용들을 비켜가게 했다. 당신은 자신의 신중한 경험주의를 포기해야만 했을 것이다. 그리고 당신은 자신의 의지에 反해서 구조의 낯선 존재론으로 기울어졌을 것이다. 그러니 당신이 확실히 정복한 그러나 그 후 우리가 당신에게 양도하는 척했던 (왜냐하면 우리는 우리 자신을 그 한계에 고정시키므로) 지역들에 만족하시오〉. 주된 이익은 물론 우리가 오랫동안 몸담고 있는 그리고 그 크기가 증가하기만 하는 위험을 은폐시키는 데에 있다 : 칸트 이래의 철학이 그에 동일시되고 있는 이 초험적 반성 réflexion transcendantale 으로부터 오는 위험. 始源에 대한 이 테마로부터, 우리의 현재의 차이를 소묘하도록 해주는 이 回歸에의 約束으로부터 오는 위험. 인간의 존재에 대한 물음에의 이 모든 탐구를 질서지우는, 그리고 실천의 분석을 피할 수 있도록 해주는 인간학적 사유로부터 오는 위험. 모든 휴머니즘적 이데올로기로부터 오는 위험. 당신들이 은폐시키고자 하는 것 그리고 생성과 체계의, 공시성과 생성의, 관계와 원인의, 구조와 역사의 즐거운 놀이들을 쫓음으로써 주의를 돌리고자 하는 것은 바로 이 논의인

것이다. 당신들이 이론적인 메타테제를 실천하고 있지 않다고 확신할
수 있는가?

**3** 그렇다면 논의의 초점이 당신이 말하는 그곳에 있다고 하자. 초
험적 사유에 대한 최후의 의심을 공격하고 방어하는 것이 문제라고 가
정하자. 그리고 오늘날의 우리의 논의가 당신이 말하는 위기 안에 자
리를 잡는다는 것을 인정하자 : 그렇다면 당신의 언설의 제목은 무엇인
가? 그것은 어디에서 오며 어디에서 그의 말할 권리를 취하는가? 그
것은 어떻게 스스로를 정당화할 수 있는가? 당신이 단지 제언설의 출
현과 변환에 바쳐진 경험적 연구만을 했을 뿐이라면, 언표들의 집합들
과 인식론적 윤곽들 그리고 지식의 역사적 형태들을 기술했을 뿐이라
면, 당신은 어떻게 모든 실증주의들이 범하는 소박성을 벗어날 수 있
겠는가? 그리고 당신의 시도는 어떻게 시원에의 물음과 구성하는 주
체에로의 필연적인 회귀에 反해 가치를 가질 수 있겠는가? 그러나 당
신이 근본적인 질문을 개시하고자 한다 해도, 당신의 언설을 우리가
우리 자신을 위치시키는 수준에 위치시키고자 한다 해도, 당신은 그것
이 우리의 놀이 속에 들어오리라는 것 그리고 그것은 그것이 그로부터
해방되고자 하는 이 차원을 확장시키리라는 것을 알고 있다. 그것은
우리에게 도달하지 못하거나, 우리가 그를 청구할 것이다. 어쨌든 당
신은 우리들로 하여금 당신이 10년 이래 추구해 온 이 언설들이 무엇
인가를, 그들의 신분증명서를 확인해 보지도 않은 채, 말하도록 했
다. 요컨대 그들은 무엇인가 : 역사인가 철학인가?

――방금 전의 반론과는 달리, 고백하거니와 이 물음은 우리를 당
황하게 한다. 이 물음이 우리를 놀라게 하는 것은 전혀 아니다. 그러
나 우리는 아직 얼마간은 이 물음을 보류해 놓고자 한다. 즉 잠시 동
안은, 그리고 우리는 아직 하나의 용어를 준비해 놓지 않았으므로, 우
리의 언설은, 그것이 말을 시작할 수 있는 장소를 결정하기는커녕, 그
것이 기댈 수 있을 토양을 피해 가는 것이다. 그것은 언설들에 대한

언설이다Il est discours sur des discours : 그러나 그것은 그들 안에서 하나의 숨겨진 법칙, 그것이 이제 해방시키기만 하면 될 하나의 재발견된 시원을 찾고자 하지 않는다. 그것은 스스로 그리고 자신에게서 출발해 그들이 그 구체적인 모델들이 되어줄 일반적인 이론을 수립하고자 하는 것도 아니다. 우리의 언설의 목표는 차이들의 유일한 체계로 결코 환원시킬 수 없는 하나의 分散을, 지시의 절대적인 축들에 관계시킬 수 없는 開花를 전개시키는 것이다. 그리고 어떤 중심에도 특권을 부여하지 않는 脫中心化를 수행하는 것이다. 이와 같은 언설의 역할은 망각을 흐트러뜨리고, 말해진 것들의 가장 깊은 곳에서 그리고 그들이 침묵하는 곳에서 그들의 탄생의 순간(그것이 그들의 경험적인 창조이건, 그들에게 시원을 부여해 주는 초험적 행위이건) 속에서 되찾는 것이 아니다. 그것은 시원적인 것의 상기 혹은 진리의 회상이고자 하지 않는다. 반대로 그것은 차이들을 만들어내어야 한다 : 그들을 대상으로서 구성하고, 그들을 분석하고, 그들의 개념들을 정의해야 한다. 의심스러운 총체화들을 다시 만들어내기 위해 언설들의 장을 주파하는 대신, 말해진 것 속에서 이 다른——그러나 같은 것으로 머무르는 ——숨겨진 언설을 되찾는 대신(결과적으로 계속해서 풍유와 동어반복을 演技하는), 그것은 계속해서 分化들을 조작한다. 그것은 診斷學 diagnostic이다. 철학이 기억이라면 또는 시원에로의 회귀라면, 우리의 작업은 어떤 의미에 있어서도 철학으로 간주될 수 없다. 그리고 사상사가 반쯤 사라진 존재들에게 다시 생명을 부여하는 것이라면, 우리의 작업은 역사 또한 아닌 것이다.

4 이제 당신이 말한 것에 관하자면, 적어도 당신의 고고학은 과학이 아니라는 것을 다시 말해야 할 것 같다. 당신은 그것을 記述의 불확실한 지위와 함께 떠다니도록 내버려두었다. 또한 의심할 바 없이, 그것을 초보적 상태에 있는 어떤 과목으로 간주되고자 하는 언설들 중의 하나로 방치해 두었다. 이는 그들의 저자들에게 그의 명시적이고 엄격한 과학성을 정초하지 않아도 될 그리고 어떤 일반성 위에서 그를

그의 탄생의 우연들로부터 해방시키는 미래를 그에게 개방시킬 이중의
이득을 마련해 준다. 또한 그것은 언제나 보다 늦게 그들의 과제가 지
니는 본질적인 면, 그들의 검증의 순간 그리고 그들의 정합성의 일정
한 자리부여를 보고함으로써 사실상 그들이 아닌 것들에 의해 정당화
되는 이 기획들 중의 하나이며, 또한 19세기 이래 그토록 끊임없이 알
려진 대로의 이 정초들 중 하나이다 : 왜냐하면 우리는 근대의 이론적
장에 있어서, 사람들이 즐겨 발명했던 것은 증명가능한 체계가 결코
아니었으며, 사람들이 그 가능성을 여는, 그 프로그램을 도안하는,
그의 다른 미래와 운명에 부여하는 과목들이라는 것을 알고 있기 때문
이다. 그래서, 그들의 설계도가 이제 겨우 소묘되었을 뿐이지만, 그
들은 그들의 저자들과 함께 사라지는 것이다. 그리고 그들이 이끌어야
할 이 장은 척박한 것으로 머무르는 것이다.

　　──우리가 고고학을 하나의 과학으로서 제시하지 못했다는 것, 미
래의 과학을 위한 최초의 정초로서조차도 제시하지 못했다는 것, 그것
은 사실이다. 그리고 우리는 미래의 건축물에 대한 설계보다는──많
은 수정을 가해야 한다는 부담에도 불구하고──우리가 구체적인 탐
구들을 통해서 시도했던 것의 재론에 몰두했다. 고고학이라는 단어는
예견의 가치를 전혀 지니고 있지 않다. 그것은 단지 언어적 수행들의
분석을 위한 접근방향들 중 하나를 가리킬 뿐이다. 즉 한 수준의 특이
화 : 언표와 문서고의 특이화. 한 영역의 규정과 명료화 : 언표행위적
규칙성들, 실증성들, 형성의 규칙들, 고고학적 파생들, 역사적 아프
리오리와 같은 개념들의 놀이. 그러나 그의 거의 모든 차원들에 있어
그리고 그의 거의 모든 뼈대들에 있어, 우리의 시도는 과학들과, 과학
적 유형에 대한 분석들과 또는 엄격함의 규준들에 답하는 이론들과 관
계를 가진다. 그것은 우선 고고학적으로 기술된 지식 속에 그들의 규
범들을 구성하고 수립하는 과학들과 관계를 지닌다 : 이 과학들은 그러
한 시도를 위해 병리학적 해부학, 문헌학, 정치경제학, 생물학에 있

어 그럴 수 있었듯이, 과학-대상들로서 거기에 존재한다. 그것은 또한 그것이 수준에 의해서든 영역에 의해서든 그로부터 구분되는 바의 그리고 그것이 특징적인 분배의 선들에 따라 명령하는 바의 분석의 과학적 형태들과 관계를 가진다. 말해진 것들의 더미 속에서, 언어적 수행의 실현의 기능으로서 정의되는 언표를 분석함으로써, 그것은 언어적 능력을 그 특권적 장으로서 가지는 탐구로부터 유리된다 : 그러한 기술이, 언표들의 수용가능성을 정의하기 위해서, 하나의 생성적인 모델을 구성하는 반면, 고고학은, 그들의 實現의 條件들을 정의하기 위해서, 형성의 규칙들을 수립하고자 하는 것이다. 이로부터, 이 두 분석 모델 사이에 일련의 유비들이 존재하게 되지만 그러나 또한 일련의 차이들도 존재하게 되는 것이다(특히 언어표현의 가능한 수준에 관련하여). 결국 고고학에 있어서는 생성문법이란 분석-연결점의 역할을 하는 것이다. 게다가 고고학적 기술들은, 그들의 전개에 있어 그리고 그들이 주파하는 장들에 있어, 다른 과목들에 연결된다 : 고고학은 심리학적인 주체성 또는 구성하는 주체성에의 모든 지시의 바깥에서, 언표들이 함축할 수 있는 주체의 상이한 위치들을 정의하고자 함으로써, 오늘날 정신분석학에 의해 제시된 하나의 물음을 지워버리고자 한다. 고고학은 개념들의 형성규칙들, 언표들의 계기, 연쇄, 공존의 양태들을 나타나게 하고자 함으로써, 인식론적 구조들에 관한 문제들에 직면하게 된다. 대상들의 형성, 그들이 그 안에서 나타나고 특이화되는 장들을 연구함으로써, 또한 언설들의 전유의 조건들을 연구함으로써, 고고학은 사회적 형성들에 관한 분석에 직면한다. 이들이 고고학에 대해 상관적 공간들을 구성하는 것이다. 마지막으로 생산에 대한 일반적인 이론을 구성하는 것이 가능한 한에서, 상이한 언설적 실천들에 고유한 규칙들의 분석으로서의 고고학은 우리가 그의 포괄적인 이론이라고 부를 수 있을 것을 찾았던 것이다.

우리가 고고학을 이미 구성된 다른 언설들 가운데에 위치시킨다면, 이는 그로 하여금, 근접성과 오염에 의해서처럼, 그것이 스스로는 가지지 못할 하나의 지위를 이용하게 하기 위한 것이 아니다. 이는 그에게 부동의 별자리 속에서 결정적으로 소묘된 하나의 자리를 부여하기 위한 것이 아니다. 이는 문서고와 함께 언설적 형성들을, 실증성들을, 언표들을, 그들의 형성조건들을, 하나의 특이한 영역을 나타나게 하기 위한 것이다. 아직 다른 분석의 대상을 만들지 못한 영역(적어도 그것이 해석들과 공식화들에로 환원불가능한 그리고 특수하게 가질 수 있는 것에 있어서). 그러나 그에 대해——우리가 지금 그 위에 서 있는 아직 초보적인 지표화의 점에 있어——그것이 안정되고 자율적인 것으로 머무르리라는 것을 미리 보장해 줄 아무것도 존재하지 않는 영역. 결국 고고학이 과거보다 덜 부정확한 방식으로 사회적 형성들에 대한 분석과 고고학적 기술을 연결시킬 수 있는, 또는 주체의 위치들에 대한 분석을 과학들에 대한 역사의 이론에 연결시켜 줄, 또는 생산에 대한 일반적인 이론과 언표들에 대한 생성적 분석 사이에 교차의 장소를 위치시킬 수 있도록 해줄 도구의 역할을 행할 뿐이라는 것은 가능하다. 마지막으로 고고학이란 오늘날 그러하듯이 이론적인 연결점의 어떤 부분에 부여되는 이름이라는 것이 드러날 수 있을 것이다. 이러한 연접이 그 첫번째 특성들과 전체적인 한계들이 여기에 소묘될 수 있는 하나의 개별화 가능한 과목을 발생시킨다는 것, 또는 그 연접이 그 현실적인 정합성이 그들이 보다 뒤에 다른 곳에서 즉 보다 고양된 수준에서 또는 상이한 방법들에 따라 채워질 수 있음을 방해하지 않으리라는 것, 이 모든 것들에 대해 우리는 당분간 판단을 유보할 것이다. 그리고 사실을 말하자면 결정을 수립할 사람은 의심할 바 없이 우리가 아니다. 우리는 우리의 언설이 그것을 지금까지 이끌어올 수 있었던 존재처럼 지워지리라는 것을 받아들인다.

  5 당신은 다른 사람들에 관해 당신이 그 가치를 의심하는 이 자유를 낯선 방식으로 사용하고 있다. 왜냐하면 당신은 당신이 명료화하기를 거부하는 어떤 자유로운 공간의 장을 가지고 있기 때문이다. 그러나 당신이 다른 사람들의 언설을 규칙들의 체계 속에 가두어놓고자 했

다는 것을 잊었는가? 당신이 꼼꼼하게 기술했던 이 모든 제약들을 잊어버렸는가? 당신은 사람들로부터 그들의 언설이 위치하고 있는 실증성들 속에 개인적으로 간섭할 권리를 박탈하지 않았는가? 당신은 순응주의에 최소의 개혁들만을 인정하는 굴레를 그들의 최초의 파롤들에 부과했다. 당신은 당신 자신에 관계될 경우 손쉬운 혁명을 소유하지만 다른 사람들에 관계할 경우 어려운 혁명만을 인정하는 것이다. 의심할 바 없이 당신이 당신의 말을 제한하는 조건들에 보다 명료한 의식을 가지는 것이, 역으로 사람들의 실제 행동에 그리고 그들의 가능성들에 보다 큰 확신을 가지는 것이 나을 것이다.

——우리는 당신들이 이중의 오류를 범하지 않을까 두렵다 : 우리가 정의하고자 했던 언설적 실천들에 대해서 그리고 당신들 자신이 인간적인 자유를 위해 유보해 두었던 부분에 대해. 우리가 수립하고자 했던 實證性들은 외부로부터 개인들의 사유에로 부과되는, 또는 내부로부터 미리 부과되는 규정들의 총체로서 이해되어서는 안 된다. 그들은 차라리 그에 따라 하나의 실천이 수행되는, 그에 따라 이 실천이 부분적으로 또는 전체적으로 새로운 언표들을 발생시키는, 그에 따라 실천이 수정되는 條件들의 集合 l'ensemble des conditions 을 구성한다. 이는 주체들의 자발성에 제기된 경계선들의 문제이기보다는 그 자발성이 (그 중심을 구성하지 않고서) 분절되는 場에 대한, 그것이 (그들을 발명하거나 공식화하지 않고서) 작동시키는 規則들에 대한, 그에 (그의 마지막 결과도 수렴의 점도 아닌) 지지물로서 봉사하는 關係들에 대한 문제이다. 즉 문제는 언설적 실천들을 그들의 복잡성과 두께 속에서 나타나게 하는 것, 말한다는 것은 생각한 것을 표현하는 것과는 다른, 아는 것을 번역하는 것과는 다른, 한 랑그의 구조들을 가지고 노는 것과는 다른 무엇을 행하는 것이라는 사실을 보여주는 것, 기존의 일련의 언표들에 하나의 언표를 덧붙이는 것은 하나의 복잡하고 값비싼, (상황이나 문맥, 동기만이 아닌) 조건들을 함축하는, 그리고 (논리학적인

그리고 구축의 언어학적인 규칙들과는 다른) 규칙들을 포함하는 몸짓이라는 것을 보여주는 것, 언설의 질서에 있어서의 변화는 〈새로운 개념들〉을, 다소간의 발명과 창조성을, 다른 심성을 전제하는 것이 아니라 실천 속에서의, 경우에 따라서는 그에 이웃하는 것들 속에서의 그리고 그들의 공통의 분절화 속에서의 변환임을 보여주는 것이다. 우리는 언설을 변화시킬 수 있는 가능성을 부정하지 않았다 : 우리는 주체의 지고함으로부터 그의 배타적이고 순간적인 권리를 빼앗았을 뿐이다.

그리고 우리로 말하자면 우리는 끝맺기 위해 당신들에게 하나의 질문을 제기하고 싶다 : 의미의, 기획의, 시원과 회귀의, 구성하는 주체의 테마들에 요컨대 역사에 로고스의 보편적인 현존을 보장해 주는 모든 테마들에 변화를 연결시킬 때, 당신들은 적어도 과학적 질서 안에서 그리고 언설들의 장 안에서 변화 즉 혁명에 대해 무엇을 의미하는가? 변화를 역동적인, 생물학적인, 진화론적인 은유들에 따라 분석하고 그렇게 함으로써 역사적 변이의 특이하고 어려운 문제들을 해결할 때, 당신들은 그에 어떤 가능성을 부여하는 것인가? 보다 정확히 말하자면, 언설 속에서 사물들과 사유들의 극한에서 한 순간이 빛나는 얇은 투명성밖에는 보지 않는다면 당신들은 그에 어떤 정치적 지위를 부여하는 것인가? 200년 이래의 유럽에 있어서의 혁명적인 언설들과 과학적인 언설들의 실천은 말들이란 역사의 진지함 속에서 겨우 이해될 수 있는 바람, 외부적인 쑥덕거림, 날개짓이라고 하는 이 생각으로부터 당신들을 해방시키지 않았는가? 아니라면 이러한 가르침을 거부하기 위해서 당신들이, 그들의 고유한 실존에 있어서의 언설적 실천들을 오해하는 데 열중한다는 것 그리고 당신들이 그에 反해 정신의, 이성의 인식들의, 개념들이나 의견들의 역사를 지속시키기 원한다는 것을 상상할 필요가 있을까? 그렇다면 우리가 실천들에 대해, 그들의 조건들에 대해, 그들의 규칙들에 대해, 그들의 역사적인 변환들에 대해 말할 때 당신들로 하여금 의식적으로 응답하도록 만드는 이 두려움이란 무엇인가? 당신들로 하여금, 모든 극한들, 비약들, 동요들, 분절들의 저편에서, 서구의 거대한 역사적-초험적 운명을 찾도록 만드는 것은 무엇인가?

이러한 물음들에 대해 우리는 오직 정치적인 대답만이 존재할 뿐이라고 생각한다. 지금은 이 문제를 미루기로 하자. 아마도 우리는 이 문제를 다시 그리고 다른 방식으로 취해야 할 것이다. [4]

이 책은 단지 몇 가지의 난점들을 제거하고자 했을 뿐이다. 다른 사람들처럼, 우리는 우리가 그에 대해 말했던 그리고 우리가 지금까지 시도해 왔던 탐구들이 그 말의 엄격한 의미에 있어서 〈메마른〉 것이었다는 것을 안다. 우리는 언설에서 표현되는 부드럽고 말 없는, 친숙한 의식으로부터가 아닌 익명적인 집합들의 어두운 집합으로부터 출발해 언설들을 취급함에 있어 다소 삐걱거리는 것이 있다는 점을 인정한다. 천재성과 자유의 놀이들이 순수한 투명성 속에서 전개되는 것을 보곤 했던 그곳에서, 한 실천의 한계들과 필연성들이 나타나도록 하는 불쾌한 작업. 지금까지 생물의 확실한 형태변이 또는 체험된 것의 지향적인 연속성에 의해 활성화되었던 이 언설들의 역사를 변환들의 망으로 취급하는 기묘한 작업. 각자가, 그가 말하고자 할 때, 그의 고유한 언설 속에 〈自身〉을 위치지우고자 하는 것을 부정하는 그리고 결코 저자의 얼굴이 그려지지 않은 채 이제 침묵으로 환원된 이 모든 텍스트들을 마름질하고, 분석하고, 조합하고, 재구성하는 지지할 수 없는 작업 : 〈뭐라고! 수많은 시선들에 제공되는 그 많은 종이들 위에 쌓인 수많은 말들과 표식들, 그들을 연결시키려는 몸짓을 넘어서 그들을 유지하기 위한 그토록 큰 노력, 그들을 인간들의 記憶 속에 보존하고 새기려는 그토록 깊은 경건성——이 모든 것들이 그들을 추적한 이 가없은 손에, 그들 속에서 평온해지고자 했던 이 불안에, 그 후 오직 그들만을 가지는 이 완성된 삶에 아무것도 남기지 않기 위해서란 말인가? 언설이란 그의 가장 심오한 규정에 있어서 〈흔적trace〉일 뿐이란

---

4) 후기의 〈계보학 généalogie〉으로 넘어가는 부분이다.

말인가? 그리고 그의 웅얼거림이 실체 없는 不死性들의 장소가 아니란 말인가? 언설의 시간이 역사의 차원으로 옮겨진 의식의 시간 또는 의식의 형태 안에 현존하는 역사의 시간이 아니라는 것을 인정해야 한다는 말인가? 나의 언설 속에는 나의 存續의 자리가 매겨져 있지 않단 말인가? 우리가, 말함으로써, 죽음을 쫓아내는 것이 아니라 그를 일깨우는 것이란 말인가? 내가 나의 삶에 그토록 무관심한, 그토록 중성적인 이 바깥 안에서 모든 내면성을 제거한다는 말인가? 나의 삶과 죽음 사이에는 아무런 차이도 존재하지 않는다는 말인가?〉

우리는 이 모든 不安들을 이해한다. 그들은 분명 그들의 역사, 그들의 경제, 그들의 사회적 실천, 그들이 말하는 랑그, 그들의 선조들의 신화, 그들의 부모가 어린 그들에게 이야기해 주는 우화들까지도 그들의 의식에 전적으로 주어져 있는 것이 아닌 규칙들에 복종하는 것이라는 사실을 충분히 깨닫지 못했다. 그들은 우리가 그들에게서 그들로 하여금 그들이 생각하거나 믿거나 또는 상상하는 것을 직접적으로, 거리를 두지 않고 말할 수 있도록 해주는 이 언설을 빼앗아가는 것을 결코 원하지 않는다. 그들은, 그들 자신으로부터 오는 그리고 그 근원 가까이에 무한히 머무를 파롤의 신선함에 의해 (세계나 생명은 아니라 해도) 적어도 그들의 〈意味〉를 바꿀 수 있는 이 (위안을 주는) 부드러운 확실성을 빼앗기기보다는, 언설이 규칙들과 분석가능한 변환들에 복종하는 하나의 복잡한 그리고 분화된 실천이라는 사실을 부정하고자 할 것이다. 그들의 말에 따르면 그러한 것들이 이미 그들을 비켜갔다 : 게다가 그들은 그들이 말하는 것, 그 허약하고 불확실한 실존이 그들의 삶을 보다 멀리 그리고 보다 오랫동안 실어나를 이 언설의 작은 조각(그것이 파롤인가 글쓰기인가는 중요하지 않다)이 그들을 비켜가기를 더 이상 원하지 않는다. 그들은 지지할 수 없다(우리는 이를 약간은 이해할 수 있다) ── 어떤 목소리를 듣는 것 : 〈언설은 생명이 아니다 : 그것의 시간은 당신들의 것이 아니다. 당신들은 언설 안에서 죽음과 화해할 수 없을 것이다. 당신들은 당신들이 말한 모든 것들의 무게 아래

에서 神을 죽였을지도 모른다. 그러나 당신들이, 당신들이 말한 모든
것들을 가지고서, 신보다 더 오래 살 한 인간을 만들어내리라고 생각
하지는 말라〉.

# 참고문헌

## 1 미셸 푸코의 저작


*Maladie mentale et psychologie*, puf, 1954, rééd., 1966.

*Folie et déraison : histoire de la folie à l'âge classique*, Plon, 1961 ; rééd., Gallimard, 1972.

*Naissance de la clinique*, puf, 1963.

*Raymond Roussel*, Gallimard, 1963.

*Les mots et les choses*, Gallimard, 1969.

*L'Archéologie du savoir*, Gallimard, 1969.

*L'Ordre du discours*, Gallimard, 1971.

*Ceci n'est pas une pipe*, Fata Morgana, 1973.

*Surveiller et punir*, Gallimard, 1975.

*La volonté de savoir*, Gallimard, 1976.

*L'Usage des plaisirs*, Gallimard, 1984.

*Le souci de soi*, Gallimard, 1984.

*Le pensée du dehors*, Fata Morgana, 1986.


## 2 역서


『광기의 역사』(축약판), 김부용 옮김, 인간사랑.

『말과 사물』, 이광래 옮김, 민음사.

『감시와 처벌』, 박홍규 옮김, 강원대학교 출판부.

『앎의 의지』, 이규현 옮김, 나남.

『쾌락의 활용』, 문경자/신은영 옮김, 나남.

『자기에의 배려』, 이혜숙/이영목 옮김, 나남.

『미셸 푸코의 문학비평』, 김현 외 편역, 문학과지성사.

『권력과 지식 : 미셸 푸코와의 대담』, 콜린 고든 편, 홍성민 옮김, 한울.

# 3 연구서

김현, 『시칠리아의 암소』, 문학과지성사.

이광래, 『미셸 푸코』, 민음사.

윤평중, 『푸코와 하버마스를 넘어서』, 교보문고.

존 라이크만, 『미셸 푸코 : 철학의 자유』, 심세광 옮김, 인간사랑.

드레피스/레비노우, 『미셸 푸코 : 구조주의와 해석학을 넘어서』, 서우석 옮김, 나남.

마크 포스터, 『푸코, 맑시즘, 역사』, 이정우 옮김, 인간사랑.

한상진/오생근 외, 『미셸 푸코론』, 한울.

# 4 주요 외국 문헌

J. Beaudrillard, *Oublier Foucault*, Galilée, 1977.

M. Blanchot, *Michel Foucault tel que je l'imagine*, Fata Morgana, 1986.

G. Deleuze, *Foucault*, Les éditions de Minuit, 1986.

J. Derrida, *L'écriture et la différence*, Seuil, 1967.

G. Gutting, *Michel Foucault's archaeology of scientific reason*, Cambridge U. P., 1989.

J. Habermas, *Der Philosophische Diskurs der Moderne*, Suhrkamp, 1989.

A. Kremer-Marietti, *Michel Foucault : archéologie et généalogie*, Le Livre de Poche, 1985.

D. Lecourt, *Pour une critique d'épistémologie : Bachelard, Canguilhem, Foucault*, Maspero, 1972.

P. Major-Poetzl, *Michel Foucault's Archaeology of Western Culture*, Harvester, 1983.

M. Serres, *Hermès ou la communication*, Les éditions de Minuit, 1968.

ㄱ

간극  33, 214
갈로와  264
개념들의 변위와 변환  20
개별화의 원리  66, 68
건축학적 통일성  22
게루  22
계열들의 계열들  18, 31
고고학  27, 39, 191, 192, 193-198,
    229, 254, 271
고고학적 과학사  265
고고학적 단절  244
고고학적 동위성  225
고고학적 동형성  224
고고학적 모델  224
고고학적 상호관계  225
고고학적 어긋남  225
공시성  35, 230
과목  247
관념성  60
광기  59, 61, 71, 72
『광기의 역사』  37, 39, 101, 247
구조주의  32, 38, 273, 274
그레샴  205
그림  200
극한  23, 29, 30, 33, 36, 43, 58, 161
기념비들  26, 27
기억  49, 112, 144
깡길렘  21, 241, 265
깡띠용  103, 244

꽁디약  231
꾀르두  200

ㄴ

노이만  59
니체  34, 35, 36, 37, 47

ㄷ

다윈  64, 65, 153, 183, 202
담화행위  122, 125
데스튀 드 트라시  231
도방똥  201
돌리베  255
동일자  43
뒤끌로  63
뒤 로렌스  70
디드로  65, 183, 213
디오판토스  264
뚜른느포르  93, 94, 208

ㄹ

라브와지에  221
라이네크  62
랑그  53, 56, 78, 83, 96, 100, 126,
    128, 133, 148
랑슬로  63
로  103, 226
로크  205
루소  223

이정우

서울대학교 철학과에서 미셸 푸코 연구로 박사 학위를 받았으며, 현재 경희사이버대학교 교수이다. 지은 책으로『탐독: 유목적 사유의 탄생』,『세계철학사 1: 지중해 세계의 철학』,『세계철학사 2: 아시아 세계의 철학』,『세계철학사 3: 근대성의 카르토그라피』등이 있고, 푸코의『지식의 고고학』, 들뢰즈의『의미의 논리』등을 옮겼다.

현대사상의 모험 3

# 지식의 고고학

1판 1쇄 펴냄  2000년 3월 27일
1판 20쇄 펴냄  2024년 2월 26일

지은이  미셸 푸코
옮긴이  이정우
발행인  박근섭·박상준
펴낸곳  (주)민음사

출판등록  1966. 5. 19. 제16 490호
주소  서울특별시 강남구 도산대로1길 62(신사동) 강남출판문화센터 5층 (06027)
대표전화  02-515-2000 | 팩시밀리  02-515-2007
홈페이지  www.minumsa.com

한국어판 ⓒ (주)민음사, 2000. Printed in Seoul, Korea

ISBN  978-89-374-1603-3 (94160)
　　　 978-89-374-1600-2 (세트)

* 잘못 만들어진 책은 구입처에서 교환해 드립니다.